ALMANACH
LUSO-AFRICANO

ALMANACH LUSO-AFRICANO

PARA
1899
ANNUARIO ULTRAMARINO
ENCYCLOPEDICO E ILLUSTRADO COM PHOTOGRAPHIAS
DESENHOS E MUSICAS INDIGENAS
DEDICADO Á JUVENTUDE DE PORTUGAL, BRASIL E COLONIAS PORTUGUEZAS

DIRECTOR
ANTÓNIO MANUEL DA COSTA TEIXEIRA

ALMEDINA
CLEPUL

2011

ALMANACH LUSO-AFRICANO PARA 1899

ORGANIZADORES
João Lopes-Filho
Alberto Carvalho

EDITOR
EDIÇÕES ALMEDINA, S.A.
Rua Fernandes Tomás, n.ºs 76, 78, 80
3000-167 Coimbra
Tel.: 239 851 904 · Fax: 239 851 901
www.almedina.net · editora@almedina.net

DESIGN DE CAPA
FBA.

PRÉ-IMPRESSÃO, IMPRESSÃO E ACABAMENTO
G.C. – GRÁFICA DE COIMBRA, LDA.
Palheira Assafarge, 3001-153 Coimbra
producao@graficadecoimbra.pt
Julho, 2011

DEPÓSITO LEGAL
330979/11

Toda a reprodução desta obra, por fotocópia ou outro qualquer processo, sem prévia autorização escrita do Editor, é ilícita e passível de procedimento judicial contra o infractor.

apoio:

FCT Fundação para a Ciência e a Tecnologia
MINISTÉRIO DA CIÊNCIA, TECNOLOGIA E ENSINO SUPERIOR

patrocínio:

EMBAIXADA DA REPÚBLICA DE CABO VERDE

ALMANACH LUSO-AFRICANO
PARA 1899

Justificação editorial
(em reprodução parcial da do primeiro volume)

A presente edição do *Almanach Luso-Africano*, do Cónego António Manuel da Costa Teixeira, integra-se nos domínios da investigação desenvolvida no Centro de Literaturas de Expressão Portuguesa das Universidades de Lisboa (FLUL/CLEPUL/FCT), Área-2: Literaturas Africanas de Língua Portuguesa, como finalização de um projecto dedicado à cultura e literatura cabo-verdianas.

Ocasionalmente referido, pelo menos desde meados do século xx, o "*Almanach* do Cónego Teixeira" tem apenas dado lugar a estudos sumários, por ângulos de apreciação sobretudo pouco lisonjeira, ou a breves nomeações indirectas em apontamentos que correm "on-line". Tem por isso vivido numa espécie de limbo-distância que se repercute no facto de, na maioria dos casos, as referências não excederem a citação de citações, sem contacto com a fonte, de fácil justificação, mas também com prejuízos evidentes. No estado actual dos nossos conhecimentos, temos notícia segura dos exemplares seguintes: três do volume do ano de 1895 (Praia/Cabo Verde, Lisboa/Sociedade de Geografia e Londres/British Library) e outros tantos do ano de 1899 (Praia/Cabo Verde, Lisboa/Biblioteca Nacional e Lisboa/Arquivo Histórico Ultramarino).

Deste facto decorrem os fundamentos que subjazem ao actual projecto de edição, a oportunidade de devolver à contemporaneidade uma preciosidade cultural e o interesse em a tornar acessível ao público e aos estudiosos, em consideração das suas valências notáveis, documental como facto histórico-cultural, e monumental como representação literária. Por se tratar de um género de atributos muito peculiares, as suas características documentais, técnicas (e económicas) e monumentais, composicionais (e artísticas), obedecem a um espírito e linguagens de época cuja imagem de autenticidade não se compaginaria com os tipos de reedição corrente.

Critérios de edição

Entre as primeiras questões daí derivadas, determinantes, aliás, avultam o acesso às cópias dos textos originais e os respectivos encargos, motivos que nos aconselharam a adopção de soluções casuísticas na forma das reproduções. E sem descurar o respeito pelas exigências deste tipo de edição, não deixámos de proceder a intervenções de pormenor a seguir discriminadas, no pressuposto de não desrespeitarem a cláusula de fidelidade aos originais.

Quanto ao volume de 1899:

1. digitalização cedida pelo Arquivo Histórico Ultramarino;
2. conservação da capa dura, mas de concepção contemporânea evocadora, em vez do revestimento discreto em papel marmoriado de desenho cinza-verde em fundo negro.
3. conservação da forma concisa (neste volume originalmente sem publicidade), respeitando a sequência dos itens significantes;
4. adopção do critério de actualidade quanto a folhas de guarda, intercaladas e de rosto (os dois exemplares originais existentes na BNL e no AHU apresentam divergências no tocante às folhas brancas e à duplicação, ou não, da folha de rosto);
5. conservação das medidas de capa e de mancha gráfica para preservação da imagem original. A ampliação no entanto, das medidas de capa e de mancha gráfica do primeiro volume obedece a um princípio uniformizador: assumimos que os dois volumes constituem uma unidade de termos materialmente inseparáveis (sentido que, entre outros aspectos, decorre dos comentários que o Director, neste segundo volume, expende em atenção ao primeiro).

Em nota derradeira apraz-nos assinalar o nosso reconhecimento à British Library e ao Arquivo Histórico Ultramarino pela gentileza e prontidão no atendimento dos nossos pedidos. Igualmente testemunhamos a nossa gratificante satisfação devida ao interesse da Embaixada de Cabo Verde em Lisboa e da Sociedade de Geografia de Lisboa em concederem a esta edição a honra dos seus patrocínios de prestígio. Também a Editora Almedina, por mediação da Dra. Paula Valente, nos concita o mais franco reconhecimento devido à sua disponibilidade para aceitar as nossas frequentes recomendações.

João Lopes-Filho
Faculdade de Ciências Sociais e Humanas da Universidade Nova de Lisboa

Alberto Carvalho
Faculdade de Letras da Universidade de Lisboa

EDIÇÃO FAC-SIMILADA

ALMANACH Luso-Africano

PARA

1899

ANNUARIO ULTRAMARINO

*Encyclopedico e illustrado com Photographias
Desenhos e Musicas indigenas*

Dedicado á Juventude de Portugal, Brasil e Colonias Portuguezas

Contendo duas partes :

I.ª PARTE. — INFORMAÇÕES UTEIS

Tabellas astronomicas; navegação e caminhos;
Correio, telegraphos e estatisticas.
Pautas das alfandegas, lei do sello e
Calendarios : ecclesiastico, juridico e natalicio.

II.ª PARTE. — MISCELLANEA :

Sciencia popular, Historia, Geographia, Litteratura, Philosophia,
Poesia, Artes, Agricultura, Ethnographia,
Moral, Educação, Medicina,
Instrucção publica, Composições enigmaticas, Religião, Descripções,
Lingua portugueza, Dialectos indigenas, Musica,
Legislação, Industria, Commercio, Bibliographia, etc., etc., etc.

sob a direcção de

Antonio Manuel da Costa Teixeira

GUILLARD, AILLAUD & Cⁱᵃ

CASA EDITORA E DE COMMISSAO

96, Boulevard Montparnasse	Filial : 242, Rua Aurea, 1.º
PARIS	**LISBOA**

CABO-VERDE

A'

Illustrissima e Excellentissima

SOCIEDADE DE GEOGRAPHIA

DE

LISBÔA

O. D. C.

O Director.

CARTEIRA DO
Almanach Luso-Africano
PARA 1900

Cortar esta folha e remettê-la, com as indicações ou informações uteis, até a 31 d'Outubro, á « Redacção do *Almanach Luso-Africano* » S. Nicolau de **Cabo Verde.**

CALENDARIO E MEMORANDUM SYNOPTICO

1899

Os dias santificados da semana lévão um ponto adeante

Mezes	Dom.	2.ª	3.ª	4.ª	5.ª	6.ª	Sab.	Mezes	Dom.	2.ª	3.ª	4.ª	5.ª	6.ª	Sab.
Janeiro	1 8 15 22 29	2 9 16 23 30	3 10 17 24 31	4 11 18 25	5 12 19 26	6. 13 20 27	7 14 21 28	Julho	2 9 16 23 30	3 10 17 24 31	4 11 18 25	5 12 19 26	6 13 20 27	7 14 21 28	1 8 15 22 29
Fevereiro	5 12 19 26	6 13 20 27	7 14 21 28	1 8 15 22	2. 9 16 23	3 10 17 24	4 11 18 25	Agosto	6 13 20 27	7 14 21 28	1 8 15. 22 29	2 9 16 23 30	3 10 17 24 31	4 11 18 25	5 12 19 26
Março	5 12 19 26	6 13 20. 27	7 14 21 28	1 8 15 22 29	2 9 16 23 30.	3 10 17 24 31.	4 11 18 25.	Septembro	3 10 17 24	4 11 18 25	5 12 19 26	6 13 20 27	7 14 21 28	1 8 15 22 29	2 9 16 23 30
Abril	2 9 16 23 30	3 10 17 24	4 11 18 25	5 12 19 26	6 13 20 27	7 14 21 28	1 8 15 22 29	Outubro	1 8 15 22 29	2 9 16 23 30	3 10 17 24 31	4 11 18 25	5 12 19 26	6 13 20 27	7 14 21 28
Maio	7 14 21 28	1 8 15 22 29	2 9 16 23 30	3 10 17 24 31	4 11. 18 25	5 12 19 26	6 13 20 27	Novembro	5 12 19 26	6 13 20 27	7 14 21 28	1. 8 15 22 29	2 9 16 23 30	3 10 17 24	4 11 18 25
Junho	4 11 18 25	5 12 19 26	6 13 20 27	7 14. 21 28	1. 8 15 22 29.	2 9 16 23 30	3 10 17 24.	Dezembro	3 10 17 24 31	4 11 18 25.	5 12 19 26	6 13 20 27	7 14 21 28	1. 8. 15 22 29	2 9 16 23 30

A 2ª columna, em branco, servirá de *memorandum*, adoptando-se particularmente um systema de signaes (como as lettras do alphabeto), cada um para cada serviço. Marcaremos, portanto, qualquer serviço ou agencia adeante do dia do mez por meio do signal correspondente, e assim verificaremos n'um instante se tal ou tal dia está ou não impedido.

MORREU O LUSO-AFRICANO!

Era o 'que de mim dizião todos, mas não morri, não!

Facto é que me quizeram esganar, mas eu não cahi na tolice de me deixar matar. Ahi vou, de novo, por esse mar em fóra! Morrer!?... Eu?!... quando a vida é primavera, quando o sangue é puro, é forte, é vermelhinho?...

Quando a vida tem robustas raizes n'uma vontade de diamante, n'uma juventude sedenta de curiosidades e litteratura. Morrer?! Eu? nascido na immensa, fertil e abrasadora Africa que vomita oiro e brilhantes? Morrer? Eu? Eu?! Escoltado pela immensa e sympathica pléiade da « Terra da Vera-Cruz », cujo enthusiasmo pelas lettras excede toda a malicia humana?

Morrer?... Eu?... Eu?... Eu?...

Quem quizer que o faça, morra; eu, não; n'essa não caio eu......
Saibão todos, pois, que não tenciono morrer...

* * *

Se só agora appareço, depois de 4 annos de ausencia, não foi porque estivesse a dormir, ou doente, ou a agonisar, — quod Deus avertat..... *Luctava! E luctava com quem não devia luctar commigo, por gratidão, por consciencia, por tudo o que é recto, honesto e justo...*
Luctava com o meu primeiro editor, que me teria machucado a focinheira, se esta não fosse dura como o diamante.
A minha bôa fé alimentou o projecto lusafricanocida.
A resposta a cada carta minha demorou sempre o sufficiente para eu perder um anno .....
E assim forão-se 96, 97 e 98.....
Mas saiba elle e saibão todos que não tenciono morrer.
Morra quem não quizer viver!
Eu quero viver, e com o dom de ubiquidade; saiba-o todo o mundo.
E vivão tambem todos por muitos annos, com o elixir Godineau!

O « Luso-Africano ».

* * *

Agradecemos, cheios de sincera e penhorada gratidão, o dedicado interesse que centenares de pessôas de Africa e Brasil têm mostrado pelo nosso humilde livrinho, enviando-nos um grosso cabedal litterario, e perguntando instantemente pela reapparição da revista, — o que devéras nos ha consolado, na lucta que temos tido pela sua restauração, estimulando-nos a redobrar de esforços, para que o nosso annuario corresponda á sympathia, enthusiasmo e dedicação dos amigos.
Fieis ao nosso programma, e pòrque houve longa interrupção, depois do 1º anno não podemos deixar de repetir n'este volume o nosso :

CARTÃO DE APRESENTAÇÃO

No intuito de, n'esta provincia de Cabo-Verde, e por toda a Africa portugueza, diffundir e fazer propagar a instrucção pratica; — crear, fomentar e desenvolver o gosto pela litteratura recreativa, modelada pelos mais puros e seguros principios da vernaculidade e bom gosto, do civismo e da bôa educação; — dar a conhecer lá fóra, com a maxima fidelidade historica e são criterio, o que por estas tão vastas como ricas Colonias, em que crêmos vêr a prosperidade futura de Portugal, e o que é necessario fazer para que se dê essa prosperidade, que será ao mesmo tempo reciproca, estreitando-se cada vez mais, o laço cinco vezes secular, que tão gloriosamente nos une á Metrópole, cuja attenção, rasgadamente protectora, se deve pronunciar sem receio, e exercer de vez; — vae Cabo-Verde, provincia africana, que de certo não marcha á rectaguarda do progresso, a que ávidamente aspira, continuar n'este anno a publicação da Revista annual, sob a fórma attrahente de almanach, que se apresenta humilde, implorando a poderosa protecção de todos os que se interessão devotadamente pelo verdadeiro, omni modo, progresso das Colonias africanas, sob o titulo de

ALMANACH LUSO-AFRICANO

cujo programma é : — Instruir, Educar e Recrear.

* * *

Se no 1º anno inaugurámos a nossa publicação, ligando-a á memoria do 5º Centenario do inclito INFANTE D. HENRIQUE, *o* proto-africanista *(apezar do nosso primeiro editor não se haver dignado de mandar á Exposição Insular e Colonial d'então o nosso livrinho, como producto Colonial,-contra a nossa expressa intenção e ordem); — vamos restaurar n'este anno a publicação da nossa* revista, *ligando-a á memoria do 4º Centenario de Vasco da Gama, que, tomando das mãos do Infante o fio das nossas arrojadas descobertas, e de Bartholomeu Dias a gloriosa pista, — como que tentou inscrever o mesmo Continente africano com essa linha ainda vermelha do sangue dos mouros, avançando até aos confins do mar das Indias, para no seio d'este desfraldar as sagradas Quinas.*

* * *

Tem duas partes o Luso-Africano:

1.ª — *Informações : tabellas e regulamentos, uteis na vida pratica, taboas chronologicas, etc.*
2.ª — *Miscellanea : — Sciencia popular — Historia — Geographia — Litteratura — Philosophia — Poesia — Artes — Agricultura elementar e pratica — Ethnographia — Moral — Educação — Musicas (indigenas) — Medicina pratica — Instrucção publica — Composições enigmaticas — Religião — Descripções — Lingua portugueza — Legislação — Biographias — Pensamentos — Bibliographia — Industria — Conselhos uteis — Dialectos indigenas — Curiosidades — Annuncios.*

A todos, portanto, que estimam a vulgarisação recreativa dos melhores principios litterarios, scientificos, artisticos, industriaes, agricolas, moraes, civis e religiosos, e aos africanos, especialmente, pertence á arriscada por difficil, gratissima por sympathica, dedicada por interessante, e gloriosa tarefa de collaborar no presente annuario, concorrendo com todos os seus dotes intellectuaes e moraes para o seu maximo desenvolvimento e prosperidade.

Para todos estes, portanto, appellamos, como appellamos para essa intelligente galeria dos collaboradores do Almanach de lembranças Luso-Brazileiro, *para que tenhamos mais um livrinho, que nos recreie e nos aligeire as horas d'enfado, instruindo-nos e educando-nos.*

ILL^{mas} E EX^{mas} COLLABORADORAS

do

ALMANACH LUSO-AFRICANO

~~~~~~~~~~

D. Adelina Cabral Varella.
D. Antonia da Costa.
D. Antonia Pusich.
D. Celerina Aldegonda V. Gudula.
D. Esperança de Jesus.
D. Etelvina Costa.
D. Euphrasia Paschasia.
D. Fortunata da Graça.
  Humilde Camponeza.
D. Ismenia Lara.
D. Josephina B.
  Lilásia.
D. Maria A. G. Doria.
D. Maria C. Pereira de Vasconcellos.
D. Maria da Costa.
  Obscura Paülense.
D. Sophia de Souza.
D. Sara Mendes.
  Uma desconhecida.

~~~~~~~~~~

ILL.mos E EX.mos COLLABORADORES

do

ALMANACH LUSO-AFRICANO

~~~~~~~~~~~

A

* * *
* * M
A
A. Arduin.
Abbade de Beiriz.
Abilio
A. C.
A. C. L.
A. C. Magalhães.
A. D.
A. d'Almeida Netto.
A. da C.
A. da Costa.
A. da C. T.
A. da L. Nereu.
Addisson.
A. E. F. Mesquita.
A. F. de Castilho.
A. Férrer.
Affonseca Mattos.
Affonso Vargas.
Afra.
A. Gonsalves.
Agostinho da Cruz.
A. J. Oliveira.
A. J. Oliveira Bouças.

— XVI —

Alexandre d'Almeida.
Alfredo de Pratt.
Alfredo Monteiro
Amancio.
A. Moreira Bello.
Annibal Baptista Furtado.
Anonymo (d).
Anthero de Carvalho Magalhães (d).
Antoine J. S. B. da Virge.
Antonio Bossu.
Antonio de Campos Junior.
Antonio Franco.
Antonio Franklin Lindozo (d).
Antonio Hermano (P°.)
Antonio Lopes (P°.)
Antonio Maria.
Antonio Roberto L. da Silva.
Antonio Vieira (P°.)
A. Oliveira Bouças (Conego).
A. P. Teixeira.
A. R. de Serpa Pinto (Conego).
A. Sarmento.
A. S. d'Oliveira.
A. S. Lopes.
A. Tinoco.
Augusto F. Simões (Dr.)

B

Benjamim Nobre.
Bispo de Salamanca.
Botelho de Amaral.

C

C.
Caçador Parahybano.
Canjodiseda.
Carlos R. N. Ferrão.
Castro Freire.

— XVII —

Castro Neves (d).
Cecilio (d).
Chernoviz (Dr.)
Club africano (d).
Club do Valete de Paus (d).
C. N.
Conego, J. da Silva Caetano.
Coripe.
C. S.
C. T.
Curioso.
C. von Bonhorst.

D

D. Antonio da Costa.
Domingos dos Reis Quita.
D. P. da G.
Draco.

E

Ed. Ch. St-Aubyn.
Edemund.
Eduardo Lopes.
Encyclopedia das Familias.
Ernesto Adão.
Ernesto de Vasconcellos.
Estevão.
Eugenio Paula Tavares.
Exir.

F

F.
F. A. d'Oliveira.
F. Agricio.
F. A. Oliveira.
Francisco Arrobas Crato.

F. Costa.
F. de M.
Fenelon.
F. Ferreira da Silva.
Fidelis Pinto.
F. J. Knech (Conego).
F. M. M. d'Oliveira.
F. P.
F. Pinto.
F. (Professor p.)
Francisco Frederico Kopffer (Dr.)
Frederico Antonio d'Oliveira.
F. Santos.

G

Guilherme de Souza.
Guilhermino de Barros (Dr.)
Guilhermino de Barros, filho (Dr.)

H

Henry Lasserre.
Henry Perreyve.
Henrique Rizzoli.
H. F. de N.
Hesperitano.
Hull.
H. O. da Costa Andrade.

I

Ignotus.
Izidoro de Castro.

J

Jacome Victor.
J. A. Ruhle.

Janjão e Lulú.
Januario.
Jeronymo Osorio.
J. F. Machado.
J. J. Rodrigues.
J. Q. Santos.
J. M.
J. M. Latino Coelho.
J. Marques Loureiro
João Augusto Martins (Dr.)
João Baptista Lima.
João Baptista Leite.
João Cesario de Lacerda (Dr.)
João da Matta C.
João de Deus.
João do Amaral.
João do Amaral Pimentel (Dr.)
João Eliot (d).
João Miguel da Cruz.
João Ninguem.
Joaquim A. de Moraes (Pe.)
Joaquim Alves Crespo (Dr.)
Joaquim de Freitas Abreu.
Joaquim Malheiro (d).
Jonio e Bittencourt.
J. O. P.
Jorge Pinto.
Jornal Horticola-agricola.
José A. da Graça.
José Glicerio.
José Lopes.
José Rodrigues Cosgaya.
José T. Gomes.
Joseph Brandão.
Julio d'Almeida (d).
Julio de Castilho.
Julio d'E. Carvalho.
Julio Diniz.
Julio Simon.
J. S. Afra.
Julio Simas Vera-Cruz (d.).

L

Latino Coelho.
L. da Fonseca.
Leão XIII, Papa.
Leibnitz.
Le Noël.
Leonardo B. da Fonseca (d).
Leuret (Dr.)
Lopes da Silva.
Lord Fitz Willam.
Luiz d'Araujo.
Luiz Loff Nogueira (P.)

M

M.
M. A.
M. A. Brito
M. A. d'Almada Junior (P.)
M. A. M.
Maninho.
Manuel Bernardes (P.)
Manuel d'Almeida.
Manuel de J. Teixeira (d).
Manuel de Jesus Teixeira, J[or].
Manuel Xavier P. Barreto (d).
Marcellino de Barros (Conego).
Mario Pereira.
Martim Smith.
Mathias da Luz Soares.
M. de Chamery.
M. F. Solariano.
Mgr. Frayssinous.
Miguel A. Monteiro (P.)
M. M.
M. M. Alves da Silva.
M[r]. Virey.
M. X. Paes Barreto.

N

Napoleão.
Nemo.
N. Ferrão.
« Noël » (Le).
« Novo Mensageiro ».

O

Oliveira Bouças (Conego).
Osorio de Barros (d).
Osorio Goulart.

P

Pá Rorô.
P. Daniel.
Pedro A. d'Oliveira.
Pedro Fernandes Thomaz.
Pinheiro Chagas.
P. J. C. Debreyne.
P. Miguel.
P. M. M.
P. P. Tavares (P⁰.)
Progresso Catholico.

Q

Quirino Avelino de Jesus (Dr.)
Quetelet.

R

Rangel de Quadros.
Ribeiro da Costa.
Rodrigues de Bastos (Cs⁰).

S

S. C.
Salomão.
S. Orient.
Sebastião Kneipp.
Senna Freitas (Conego).
Silva Caetano (Conego).
Soerhaave (Dr.)

T

Theodorinho do Bom Amor.
Thiago Nogueira.
Thianor (d).
Tim.

U

Um logista.
Um patriota.
Um pygmeu.

V

Vanora (d).
Velhinho Carioca.
Victor Hugo.
Villa Pouca.

X

Xavier C.
Xico Banancira.
Xico Margarida.
X. P. T. O.

CORRESPONDENTES OBSEQUIOSOS

PORTUGAL

As principaes livrarias e jornaes litterarios

LISBOA

Guillard, Aillaud & C^{ia}, rua Aurea, 242 — 1º.
José Antonio Rodrigues, r. Aurea.
Livraria catholica. — Calçada do Carmo.
—   M. Gomes, Chiado.
—   José Bastos, Chiado.
—   Ferin, rua Nova do Almada.
—   A. Maria Pereira, r. Augusta.
—   Arnaldo Bordalo, Travessa da Victoria.

COIMBRA

Livraria F. França Amado, Calçada.
—   Manoel d'Almeida Cabral, Calçada.
—   José Diogo Pires, Sé Velha.

PORTO

Livraria Chardron. — José Pinto de Souza Lello & Irmão,
    successores, 96, Clerigos.
—   Joaquim Maria da Costa, Largo dos Loyos.
—   Antonio José Fernandes, Largo dos Loyos.
—   Lopes & C^{ia}, rua do Almada.
—   V^{va} Jacintho Silva, rua do Almada.
—   Fernando Possas, rua do Almada.

BRAGA

Livraria Laurindo Costa.
—   Cruz & C^{ia}.
—   Moreira de Castro.

VIZEU

José Maria d'Almeida.

PENAFIEL

Livraria. — Luiz Antonio d'Almeida.

LAMEGO

Livraria. — Manoel d'Almeida Azeredo.

SANTAREM

Livraria. — Joaquim d'Oliveira Baptista.

GUARDA

Livraria. — Antonio Joaquim de Carvalho.

AVEIRO

Livraria. — Fontes & C^{ia}.
—   D. da Silva Mello Guimarães.

CASTELLO BRANCO

Livraria. — Joaquim Lucas Peleijão.

LAMEGO

Livraria. — Custodio José dos Santos.

FRANÇA
PARIS

~~~~~~~~~~

Guillard, Aillaud & C[ia]

96, boulevard Montparnasse

LIVREIROS EDITORES DO

ALMANACH LUSO-AFRICANO

EXECUTAM TODAS AS ORDENS QUE LHES FOREM

TRANSMITTIDAS PELO INTERMEDIARIO DO

ALMANACH LUSO-AFRICANO

em **PARIS-LISBOA-LONDRES**

tendo correspondentes especiaes

na Allemanha, Italia, Belgica e em todas as cidades do Brasil.

CORRESPONDENTES OBSEQUIOSOS

— AÇÔRES —

ILHA TERCEIRA

Angra. — « O Peregrino de Lourdes. »
Praia da Victoria. — P.e Joaquim da Silva Mattos.

ILHA DO FAIAL

Horta. — « O Açoriano. »

ILHA DO PICO

Lagens do Pico. — « O Lagense. »
S. Roque. — « O Picoense. »

ILHA DAS FLÔRES

Santa Cruz. — O jornal « Ilha das Flôres. »

ILHA DE S. MIGUEL

Ponta Delgada. — « Diario de Noticias. »
Lagôa. — Direcção do correio: João Jacintho de Medeiros.
Villa de Nordeste. — Direcção do correio: Amancio Machado Macedo.
Povoação. — « O Clamôr Popular. »
Ribeira Grande. — « A Estrella Oriental. »
Villa F. do Campo. — « A Liberdade. »

ILHA DE Sta MARIA

Villa do Porto. — Direcção do Correio: Pedro Julio.

ILHA DE S. JORGE

Calhêta. — Pº Manuel Azevedo da Cunha.
Vélas. — Conego, Julio Augusto Rebello.

ILHA GRACIOSA

Santa Cruz. — Pº Theotonio Martins Pamplona.

MADEIRA

Funchal. — « O Diario de Noticias. »
Calhêta. — Direcção do correio : Henrique Augusto Cunha.
Camara de Lobos. — Antonio Gomes de Faria.
Machico. — Direcção do correio : João Pedro de Ornellas e Vasconcellos.
Ponta do Sol. — Direcção do correio : Antonio Cabral d'Azevedo.
S. Vicente. — Direcção do correio : Francisco Bento Gouveia.
Sant' Anna. — Direcção do correio : Antonio Henriques de Freitas.
Santa Cruz. — Agencia Falcão.

ILHA DE PORTO SANTO

Agencia Falcão.

CABO-VERDE

ILHA DE SANTO ANTÃO

Vª de D. Maria Pia. — José Luiz de Mello.
Villa Rª Grande. — Antonio Pedro Teixeira.
Paül. — João Baptista Rocheteau.

ILHA DE S. VICENTE

Mindello. — Roberto Duarte Silva.

ILHA DE S. NICOLAU

R.ª **Brava**. — Theophilo Duarte (Corr.^{te} geral).
Seminario. — Manuel da Silva Garcia.

ILHA DO SAL

P. Santa Maria. — Julio Simas Vera-Cruz.

ILHA DA BÔA VISTA

Porto Sal-Rei. — José Alexandre Pinto.

ILHA DO MAIO

P. Inglez. — J. Quintino dos Santos.

SANT'IAGO

Praia. — Francisco de Paula Rosa.
S. Domingos. P.º Manuel Alves d'A. J.ºʳ.
Santa Catharina. — João Baptista dos Reis.
Tarrafal. — Francisco de Paula Rosa.

ILHA DO FOGO

S. Filippe. — Joaquim de Freitas Abreu.
S. Lourenço. — Manuel de Jesus Teixeira.

ILHA BRAVA

Povoação. — Eugenio de Paula Tavares.

GUINÉ

Cacheu. — P.º Henrique Lopes Cardoso.
Bissáu. — Pedro dos Reis Pires. (Agencia da casa Gouveia).
Bolama. — Julio Antonio Pereira.

S. THOMÉ

Banco Nacional Ultramarino. — A. Filippe dos Ramos.
Principe. — João Maria de Carvalho.

ANGOLA

Loanda. — Banco Nacional Ultramarino: José da Restauração C. de Mello.
Alto Dande. — Bento A. d'Azevedo Martins.
Ambaca. — Frederico Cravia Machado.
Ambriz. — Direcção do correio: Antonio Augusto do Prado.
Barra do Bengo. — Direcção do correio.
Barra do Dande. — Direcção do correio: Columbo. — Dembos. — Encoge. — Golungo Alto, Icolo e Bengo. — Cambambe. — Cazengo. — Duque de Bragança. — Maçangano Muchima. — Novo Redondo. — Pungo-Andongo. — Tala-Mugongo. — Zenza do Golungo: Direcção do correio.
Malange. — Missão: P° Jorge Krafft.

DISTRICTO DE LUNDA

Lunda. — Direcção do correio.

DISTRICTO DO CONGO

Cabinda. — Direcção do correio: José A. Ferreira de Castro.
Landana. — Missão, J. Gervasio.
Cacongo. — Direcção do correio.
Santo Antonio do Zaire. — Direcção do correio.
S. Salvador. — Missão.
Ambrisette. — Direcção do correio.

DISTRICTO DE BENGUELLA

Benguella. — Direcção do correio: Joaquim Fernandes d'Aguiar, J°r.

Caconda. — Catumbella. — Dombe Grande. — Egito. — Quillengues. — Direcção do correio.
Bié. — Missão, P° Thomaz Fischer.
Baillundo. — Missão, P° Emilio Blanc.

DISTRICTO DE MOSSAMEDES

Mossamedes. — Direcção do correio : J. de Paiva Ferreira.
Quiteve. — Lubango. — Direcção do correio.

MISSÕES

Huilla. — P° José Severino da Silva.
Caconda. — Emilio Riedlinger.

MOÇAMBIQUE

Moçambique. — Leonardo B. da Fonseca.
Angoche. — Agostinho Fabre e filhos.
Zambesia. — Direcção do correio: Mathias Camillo de Noronha.
Tete. — Pereira Dulio & C^{ia}.
Quilimane. — Agostinho Fabre e filhos.
Inhambane. — Direcção do correio : Domingos Mascarenhas Arouca.

DISTRICTO DE LOURENÇO MARQUES

Lourenço Marques. — Agostinho Fabre e filhos.
Cabo-Delgado. — Agostinho Fabre e filhos.
Companhia de Moçambique. — Direcção do correio: F. J. A. Alves.

INDIA

Nova-Goa. — Direcção do correio : Luiz J. de Souza e Brito.
Correspondente litterario: Dr Alberto Carlos Supico.
Salsete. — Conego, Matheus d'Oliv^{ra} Xavier, Vice-Reitor do seminario de Rachel.
Bardez. — Direcção do correio : Joaquim Anselmo Affonso.
Pondá. — Direcção do correio : Lirio Seneca I. Castellino.

Sanguem. — Direcção do correio: Aleixo Aventino Rodrigues.
Canácona. — Direcção do correio: Visomata Rogonata Sinay.
Quepem. — Correio: Miguel Antonio da Costa.
Pernem. — Direcção do correio: Domingos José de Mello.
Sanquelim. — Direcção do correio: Atmarama Sinay.
Damão. — Vice-Reitor do Seminario, Conego, Antonio Maria Calejo.
Praganã. — **Nagar.** — **Avely.** — Direcção do correio: Leopoldino R. C. da Cunha.
Diu. — Direcção do correio: Sivelal Emotramo.

MACÁU

Engenheiro, Matheus Antonio de Lima.
Timor. — (Dilly) Direcção do correio.

BRASIL

Rio de Janeiro. — Laemmert & C^{ia}.

HESPANHA

Madrid. — Livraria Bailly-Bailliere e hijos, Plaza de S. Ana, 10.

SUISSA

Bâle. — Librairie R. Keich, r. Franche, 40.

ITALIA

Roma. — « Vera Roma », Henri Filiziani, 7, Pozzo delle Cornachie, 8.

ESTADOS UNIDOS

New Bedford, Mass., « The Morning Mercury. »
Nova-York (*New-York*), « El Correo Americano », Lockwood Press, Northwest Corner Bleecker Street and West Broadway.

1899
COMPUTO

Lettra Dominic	A	BENÇAOS MATRIMONIAES
Aureo numero	19	Todos os dias, menos:
Epacta	XVIII	Desde 15 fev. a 9 d'abril.
Indicção Rom	12	Desde 3 dez. a 6 de janeiro.

Janeiro
15 — S.S. Nome de Jesus. | 29 — Septuagesima.

Fevereiro
5 — Sexagesima.
12 — Quinquagesima.
15 — Cinzas.
17 — As 5 chagas de N. S.

19 — Quadragesima (1.º).
20 — Eleição de Leão XIII (1878).
26 — 2.º Dom. de Quaresma.
22, 24, 25 — TEMPORAS.

Março
5 — 3.º Dom. de Quaresma.
12 — 4.º Dom. de Quaresma.
19 — 5.º Dom. PAIXÃO.

26 — 6.º Dom. RAMOS.
30 — 5.ª feira Santa.
31 — 6.ª feira PAIXÃO.

Abril
2 — Paschoa.
9 — Paschoela.

10 — N.ª S.ª dos Prazeres.
23 — Fuga para o Egypto.

Maio
7 — Maternidade de N.ª S.ª
11 — Ascensão.
8, 9, 10 — Rogações.

21 — Espirito Santo.
28 — Trindade.
24, 26, 27 — TEMPORAS.

Junho
1, CORPUS CHRISTI ; 9, CORAÇÃO DE JESUS ; 23, Pureza de N.ª S.ª

Julho
3, Preciosiss.º Sangue ; 16, Anjos Custodios do Reino ; 30, S.tª Anna.

Agosto
20 — S. Joaquim, Pae de N.ª Senhora.

Septembro
10 — S.S. Nome de Maria ; 17 — N.ª S.ª das Dôres ;
20, 22, 23 — TEMPORAS.

Outubro
1 — N.ª S.ª do Rosario ; 8 — Patrocinio de S. José.

Novembro
12— Patrocinio da S.S. Virgem.

Dezembro
Domingos d'Advento — 3, 10, 17, 24 ; TEMPORAS — 20, 22, 23.

DIAS DE JEJUM
TEMPORAS : 22, 24 e 25 de Fevereiro ; 24, 26 e 27 de Maio ; 20, 22 e 23 de Septembro e Dezembro.
ROGAÇÕES : 8, 9, 10 de Maio.
VIGILIAS : da Epiphania, Purificação, S. José, Annunciação, Ascensão, S. João, S. Pedro, E. Santo, Assumpção, Trindade, Todos os Santos, Coração de Jesus, Natal. Em todas as 6.ªs e Sabbados dentro do ADVENTO. Em toda a QUARESMA, menos nos DOMINGOS. Vigilia do Padroeiro.

TABELLA DE NASCIMENTOS E OCCASOS DO SOL

(Cabo-Verde.)

Dias	Janeiro N.	Janeiro O.	Fevereiro N.	Fevereiro O.	Março N.	Março O.	Abril N.	Abril O.	Maio N.	Maio O.	Junho N.	Junho O.
1	6.30	5.30	6.21	5.39	6.10	5.50	5.54	6.06	5.41	6.19	5.32	6.28
5	6.29	5.31	6.20	5.40	6.07	5.53	5.53	6.07	5.40	6.20	5.31	6.29
10	6.28	5.32	6.19	5.41	6.05	5.55	5.50	6.10	5.37	6.23	5.30	6.30
15	6.27	5.33	6.16	5.44	6.02	5.58	5.48	6.12	5.36	6.24	5.30	6.30
20	6.25	5.35	6.13	5.47	6.00	6.00	5.47	6.13	5.35	6.25	5.30	6.31
25	6.24	5.36	6.12	5.48	5.59	6.01	5.44	6.16	5.33	6.27	5.29	6.31
30	6.23	5.37	—	—	5.55	6.05	5.41	6.19	5.32	6.28	5.29	6.31

Dias	Julho N.	Julho O.	Agosto N.	Agosto O.	Setembro N.	Setembro O.	Outubro N.	Outubro O.	Novembro N.	Novembro O.	Dezembro N.	Dezembro O.
1	5.30	6.30	5.37	6.23	5.50	6.10	6.04	5.56	6.17	5.43	6.29	5.31
5	5.31	6.29	5.39	6.21	5.51	6.09	6.06	5.54	6.20	5.40	6.29	5.31
10	5.31	6.28	5.40	6.20	5.54	6.06	6.08	5.52	6.21	5.39	6.30	5.31
15	5.32	6.28	5.43	6.17	5.56	6.04	6.10	5.50	6.23	5.37	6.31	5.29
20	5.32	6.27	5.44	6.16	6.00	6.00	6.12	5.48	6.25	5.35	6.30	5.30
25	5.33	6.26	5.47	6.13	6.01	5.59	6.15	5.45	6.27	5.33	6.30	5.30
30	5.36	6.24	5.48	6.12	6.04	5.56	6.17	5.43	6.28	5.32	6.30	5.30

PHASES DA LUA

Epacta 18 — Aureo numero 19

MEZES	Minguante Dia	Minguante Hora	Minguante Minuto	Nova Dia	Nova Hora	Nova Minuto	Crescente Dia	Crescente Hora	Crescente Minuto	Cheia Dia	Cheia Hora	Cheia Minuto
Janeiro........	5	6 m.	14	11	10 t.	06	19	6 m.	06	27	9 m.	38
Fevereiro......	3	3 t.	04	10	10 m.	43	18	3 m.	12	26	— m.	48
Março.........	3	10 t.	32	11	— m.	13	19	2 m.	—	26	— t.	49
Abril.........	2	5 m.	39	9	2 t.	33	17	6 t.	40	24	10 t.	16
Maio..........	1	1 t.	18	9	5 m.	42	17	9 m.	50	24	6 m.	05
Maio..........	30	10 t.	19									
Junho.........	29	9 m.	23	7	9 t.	21	15	9 t.	17	22	1 t.	12
Julho.........	28	11 t.	06	7	— t.	47	15	5 m.	42	21	8 t.	27
Agosto........	27	3 t.	41	6	3 m.	14	13	— t.	08	20	4 m.	44
Setembro.....	26	10 m.	35	4	4 t.	18	11	5 t.	51	18	2 t.	45
Outubro......	26	6 m.	26	4	4 m.	09	11	— m.	02	18	3 m.	52
Novembro.....	25	1 m.	31	2	3 t.	21	9	7 m.	46	16	8 t.	05
Dezembro.....	24	6 t.	23	2	2 m.	22	8	6 t.	04	16	3 t.	02
Dezembro.....	—	—	—	31	1 t.	22						

LUCTO

(*Pragmatica de 28 de maio de 1749*)

Obs	QUALIDADE DE PESSOAS	TEMPO
1	Por marido, mulher; ascendentes e descendentes (de bisavós a bisnetos).....	6 mezes
2	Por sogros, genros, noras, irmãos, cunhados.............................	4 »
3	Por tios, sobrinhos, primos co-irmãos...	2 »
4	Outros parentes (até ao 4º grau).......	15 dias
5	A metade do tempo é de lucto pesado e outra metade de lucto alliviado.......	

— XXXV —

QUADRO SYNOPTICO
dos DIAS UTEIS E FERIADOS
(não uteis)

MEZES	Dias em que não ha serviço official					Ferias		Dias uteis			(Total dos dias) RESUMO
	Domingos	Santific.	Total	Galas	TOTAL	Judiciaes	Escolares	Escolares	Judiciaes	Repartições	
Janeiro...	1,8,15,22,28 (=5)	1,6 (=2)	7	7	7	Até 6	1 a 5,12,19,26	18	21	25	53 Domingos............
Fevereiro..	5,12,19,26 (4)	2	5	5	9	13,14,15	9,23,13,14,15	18	20	21	18 Santificados.........
Março.....	5,12,19,26 (4)	20,25,30,31	8	2	8	27—31	2,9,16,27—31	16	19	23	23 Total de domingos e santif.
Abril.....	2,9,16,23,30 (5)		5	29	5	1 a 9	1—9,13,20,27	14	15	23	23 (fundidos)
Maio......	7,14,21,28 (4)	1,11	6		6		4,18,25	22	25	25	70 Galas...............
Junho.....	4,11,18,25 (4)	1,9,24,29	8	8	8		15,22	20	22	22	6 Total de doming. santif.
Julho......	2,9,16,23,30 (5)		5	31	6		6,13,20,27	21	25	25	e galas.............
Agosto.....	6,13,20,27 (4)	15	6	8	6	Ferias	Ferias		26	26	75 e galas.............
Setembro.	3,10,17,24 (4)		4	28	5	Ferias	Ferias				53 Ferias judiciaes.....
Outubro...	1,8,15,22,29 (5)		5	5	5		5,12,26	22	25	25	114 F. escolares.........
Novembro.	5,12,19,26 (4)		4	1,15	6		9,16,23,30	21	25	25	189 Dias uteis escol.....
Dezembro.	3,10,17,24,31 (5)	8,25 (2)	7	2,7	7		14,27,26—31	17	19	24	242 » » judic.....
											289 Repartições.........
TOTAL.....	53	48	70	6	75	53	114	189	242	289	

Dias não uteis :

Escolar.	Judic.	Repart.
176	123	76

FESTAS MOVEIS 1900-1910

(Tabella temporaria)

ANNO	Lett. Dominic.	Aureo Num.	Epacta	Septuagesima	Cinzas	Paschoa	Ascensão	Espº Santo	Corpus Christi	Coração de Jesus	Indic. Rom.	(Dom. dep. Pent.)	1º Dom. Advento
1900	g	1	29	11 fev.	28 fev.	15 abr.	24 mai	3 jun.	14 jun.	22 jun.	13	23	2 dez.
1901	f	2	10	3 —	20 —	7 —	16 —	26 maio	6 —	14 —	14	26	1 —
1902	e	3	21	26 jan.	12 —	30 mar.	8 —	18 —	29 maio	6 —	15	27	30 nov.
1903	d	4	2	8 fev.	25 —	12 abr.	21 —	31 —	11 jun.	19 —	1	25	29 —
1904 (*bis*)	c,b	5	13	31 jan.	17 —	3 —	12 —	22 —	2 —	10 —	2	26	27 —
1905	a	6	24	19 fev.	8 mar.	23 —	1 jun.	11 jun.	22 —	30 —	3	24	3 dez.
1906	g	7	5	11 —	28 fev.	15 abr.	24 maio	3 —	14 —	22 —	4	25	2 —
1907	f	8	16	27 jan.	13 —	31 mar.	9 —	19 maio	30 maio	7 —	5	27	1 —
1908 (*bis*)	e,d	9	27	16 fev.	4 mar.	19 abr.	28 —	7 jun.	18 jun.	26 —	6	24	29 nov.
1909	c	10	8	7 —	24 fev.	11 —	20 —	30 maio	10 —	18 —	7	25	28 —
1910	b	11	19	23 jan.	9 —	27 mar.	5 —	15 —	26 maio	3 —	8	27	27 —

OBSERVANDA

(a todos os ex^mos collaboradores).

1 — *Todas* as collaborações devem ser remettidas *em duplicado.*
2 — Em todas as copias deve vir, no fundo do linguado, a verdadeira *assignatura*, quando haja anonymo ou pseudonymo.
3 — Nas cartas que acompanharem as collaborações devem escrever-se, além do verdadeiro nome, o *pseudonymo*, a *senha* para a *correspondencia* e o logar, no alto da 1ª pagina.
3 — Todas as composições grandes devem ser escriptas em *papel* commercial grande, para economia postal e melhor disposição do trabalho. As pequenas podem ser remettidas em papel pequeno.
4 — O formato do papel deve corresponder, approximadamente, ao do livrinho, em numero de linhas e lettras de cada linha, para o cálculo da composição typographica (por nos acharmos longe da respectiva typographia).
5 — Deve o papel ser, pois, cortado em *linguados*, e *escripto* só de um lado, como se usa em toda a imprensa, para evitar *as latas no rabo do deputado*...
6 — As copias devem ser feitas com intelligivel calligraphia, tendo-se todo o cuidado : em não confundir o n com u, em fazer bem as lettras g, r, t, v, x, z, e em *pôr os pontos nos* ii.....
7 — As composições enigmaticas, e principalmente os enigmas pittorescos, devem ser copiadas cada uma em seu papel (em duplicado), com as respectivas *chaves* no fim da pagina.
No fim do linguado, virão tambem quaesquer explicações convenientes á rapida verificação do enigma ou symbolo.
8 — Os *desenhos* dos enigmas pittorescos devem ser nitidos, fazendo-se copiar por quem melhor os faça, pois em taes composições deve haver dois exercicios egualmente importantes : o da intelligencia — o *symbolismo*, e o artistico — o *desenho*.

9 — Terão o nome de *arithmogrammas*, os *logogriphos*, cujos conceitos parciaes sejão representados por algarismos, como ordinariamente se compõem.

Ha de haver todo o escrupulo na revisão e escripta dos algarismos que representão as lettras do conceito geral, para que se evitem equivocos.

10 — As *charadas novissimas* poderão ser reunidas sob um só numero e assignatura, quando sejão do mesmo auctor.

11 — Fica aberta uma secção de *charadas novissimas*, em *verso* e *acrostico*, para o effeito do n° anterior, e novo exercicio de composição.

12 — Abrimos uma *secção infantil* ou para as escolas primarias, com recreios faceis, para estimular a mocidade curiosa.

13 — O *limite* maximo ordinario, para cada artigo litterario, é de pagina e meia do *almanach*.

14 — As *composições criolas* devem ser dispostas em *duas columnas* a par, de modo que facilmente se compare a traducção, que deve ser rigorosamente litteral, ainda que defeituosa, para o estudo da respectiva syntaxe. A orthographia deve approximar-se, quanto possivel, dos elementos etymologicos da palavra materna, para a historia da palavra.

15 — As *listas das decifrações* devem ser feitas segundo o modêlo indicado na respectiva secção (Concurso enigmatico).

16 — Serão publicadas, de preferencia, as musicas indigenas africanas, quer sejão inventadas pelo povo, quer feitas por qualquer africano.

17 — Todas as correspondencias devem estar na «Redacção» do Almanach, nos tempos seguintes :

Secção de concursos.............. até 31 de Outubro
Secção litteraria................. até 30 de Novembro
Decifrações...................... até 31 de Dezembro

18 — Serão annunciados gratuitamente os livros de que recebermos dois exemplares. E serão devolvidos aquelles livros ou annuncios, cuja publicação não julgarmos conveniente á natureza e fim d'esta revista.

19 — De todos os nossos collaboradores esperamos o favor de nos indicar as correcções, projectos e melho-

ramentos tendentes ao progresso litterario da nossa publicação, segundo as ideias novas que lhes suggerirem as circumstancias e o interesse que tiverem pelo livrinho, enviando-nos as suas observações lançadas na *Carteira do Almanach Luso-Africano*, que vem no principio.

20 — Toda a correspondencia deve ser dirigida á *Redacção do « Almanach Luso-Africano »*.

Ilha de S. Nicolau.

CABO-VERDE.

EXPEDIENTE

1. Correspondencias. *Direcção:*

Á Redacção do

« Almanach Luso-Africano »,

Ilha de S. Nicolau.

CABO-VERDE.

2. — *Prazo.* Limite maximo do prazo em que devem estar na *redacção* as collaborações para o anno seguinte:

Concursos.................... até 31 *d'Outubro*
Secção litteraria................ até 30 *de Novembro*
Decifrações.................... até 31 *de Dezembro*

3. — Não se admittem composições enigmaticas de conceito ou *palavras exoticas*.

4. — Não se exclue nenhum *genero de composição*; mas deve ser declarada a secção a que pertence (infantil, juvenil ou superior), segundo a difficuldade da composição.

5. — Observaremos, todavia, que revelão maior engenho as composições *breves*, com uma difficuldade apenas apparente.

6. — Serão recebidas e publicadas com particular interesse todas as *informações* que esclareção outras menos exactas, a respeito de logares, pessoas e costumes, bem

como quaesquer propostas tendentes ao melhoramento do livrinho (Vide a folha da Carteira do Almanach).

7. — Receberemos, com reconhecimento, quaesquer *photographias* ou desenhos de edifícios, logares, arvores, paizagens, rios, lagos, animaes e costumes africanos, sem excluir quaesquer outros.

8. — De todos os nossos ex.ᵐᶜˢ collaboradores esperamos o *retrato*, em miniatura ou cartão-visita, com alguns traços biographicos e noticias litterarias.

9. — A todos os rev.ᵐᵒˢ *missionarios* rogamos nos informem sobre costumes e explorações africanas, pois são esses soldados da patria e da fé quem melhor o pode fazer.

10. — Poderemos publicar o *calendario especial* de cada diocese ultramarina, se no-lo enviarem já preparado (em fórma resumida), até novembro.

11. — Serão publicados os *annuncios* de livros, utensilios agricolas, negocios, etc., que respeitem ao interesse da instrucção, industria e commercio, principalmente colonial...

12. — Desejando nós publicar em cada anno o *resumo das leis e regulamentos* de cada colónia, pedimos aos ex.ᵐᵒˢ chefes das respectivas repartições o favor de nos fornecer os indispensaveis apontamentos, ou o trabalho já preparado.

13. — Publicaremos todos os annos as photographias de todos os ex.ᵐᵒˢ *Governadores* e *Prelados* do Ultramar, se a tempo recebermos os necessarios apontamentos, que esperamos nos forneção os seus ex.ᵐᵒˢ secretarios particulares.

14. — Chamamos a attenção dos jovens estudantes para a secção dos Concursos, que offerecemos aos ex.ᵐᵒˢ *professores*, como poderoso estimulo escolar.

15. — As pessoas, que quizerem fundar a « Associação Escolar Esperança », de cujos estatutos publicamos adeante um resumo, podem dirigir-se á Redacção do « Luso-Africano », que poderá remetter os diplomas e dar todos os esclarecimentos que se pedirem.

16. — Chamamos tambem a attenção dos curiosos para a novidade litteraria « *Ortografia popular portugueza.* »

17. — A direcção dará todos os esclarecimentos a respeito do « Méthodo Normal Portuguêz », para o ensino de leitura, segundo os melhores méthodos modernos.

VOTAÇÃO DO MERITO

1. — Fica permanentemente aberta a votação do merito litterario ou artistico de todos os generos de composição do « Almanach Luso-Africano » do anno anterior.
2. — Será premiado pela « Empreza do Almanach Luso-Africano » cada genero de composição mais votada. A empreza acceita, porém, qualquer premio que se lhe queira offerecer.
3. — Se a votação conferir egualdade de merito a muitas composições do mesmo genero, a preferencia do premio será decidida por um jury nomeado pela direcção do « Luso-Africano », servindo a sorte de desempate.
4. — Em absoluta egualdade de merito, haverá, porém, mais de um premio para cada genero.
5. — O resultado da votação deve estar na *Redacção* até 31 de Outubro.

CONCURSOS

CONCURSO DE COMPOSIÇÃO E TRABALHOS MANUAES

1. — O « *Almanach-Luso Africano* » propõe, a premios, um concurso de composição litteraria (1ª classe), e de trabalhos manuaes (2ª classe), escolares e domesticos, — segundo os generos indicados na respectiva secção.
2. — Os objectos de cada genero podem ser propostos á Redacção por qualquer dos ex.mos collaboradores.
3. — Em todos os generos haverá tres secções : 1ª — a *infantil* ou *escolar*, para creanças e alumnos das escolas primarias, até 10 annos ; 2ª — a *média* ou *juvenil*, para os estudantes do curso dos lyceus e outros jovens, até 20 annos ; 3ª — a *superior*, para os restantes collaboradores de mais de 20 annos de edade.
4. — Os premios serão conferidos como na *votação do merito*.

5. — As composições enviadas ao concurso devem ser feitas em duplicado (como tudo o que nos fôr dirigido), havendo o cuidado de escrever no alto da composição e das respectivas cartas a *classe*, o *genero* e a *secção respectiva*.

6. — Os collaboradores da 1ª secção devem ajuntar ás suas composições ou trabalhos uma declaração dos seus paes, superiores ou professores, attestando a edade e o trabalho individual do candidato, sem o *auxilio primario* de qualquer pessôa, a fim de sabermos se forão os unicos auctores da propria composição.

7. — Os trabalhos manuaes devem vir acompanhados do correspondente desenho ou esboço que serviu de modêlo (em duplicado e em ponto pequeno).

8. — Estes trabalhos são destinados ao «Bazar da Caridade» do «Luso-Africano», a favor das escolas da «Associação Escolar Esperança», para utensilios e roupas de creanças pobres (de ambos os sexos, até 7 annos), que frequentarem as escolas da mesma «*Associação*».

9. — Os concorrentes, de todas as secções, poderão enviar-nos a sua photographia, em ponto pequeno, para ser opportunamente publicada com o resultado dos concursos.

10. — Toda a correspondencia relativa a concursos deve trazer a lettra C, no sobrescripto e no alto da carta, e estar na Redacção até 31 d'Outubro, limite maximo.

CONCURSO ENIGMATICO

Ex.ᵐᵒˢ decifradores do Almanach " Luso Africano "

(1.º Anno 1895)

Nome dos decifradores	Logar.	Quan.
Antonio E. F. de Mesquita............	Praia.	66
Caçador Parahybano................	Pernambuco.	59
Castro Neves	Bahia.	59
Cecilio.........................	Dondo.	59
Club de Valete de paus.............	Fogo.	59
Janjão e Lulú....................	Rio de Janeiro.	59
Jonio Bittencourt..................	Rio de Janeiro.	59
Thianor	Petropolis.	59
Vanor...........................	Cascatinha.	59
Velhinho Carioca..................	Rio de Janeiro.	59
Anonymo........................	Paúl.	58
Antonio Franklin Lindoso...........	Pernambuco.	57
Draco & Oliva....................	S.ᵗᵒ Antão.	57
D. Josephina B....................	Brazil.	57
Julio d'Almeida...................	S.ᵗᵒ Antão.	57
Leonardo B. da Fonseca............	Moçambique.	57
Lilasia..........................	Rio de Janeiro.	57
Manuel de J. Teixeira..............	Fogo.	57
Club africano.....................	Loanda.	55
Anonymo........................	?	54
João Eliot.......................	Bahia.	54
Manuel Xavier P. Barreto...........	Pernambuco.	54
Joaquim Malheiro.................	Loanda.	50
Frederico Antonio d'Oliveira........	Santo Antão.	50
J. Simas Vera-Cruz................	Sal.	45
Osorio de Barros..................	Pernambuco.	30

EXPEDIENTE DA SECÇÃO

As listas devem ser feitas segundo o modelo seguinte (exemplificado): Total ?
N... (Nome do decifrador, ou pseudonymo)?
Logar (residencia ou provincia)?

Paginas	Especie Nome	Nº	Decifração	Observação (sobre quaesquer inexactidões, variedades, etc.)
142	Ch. nov.	XII	Carapinhada.	Faltou a declaração de *novissima*.

(Assignatura.)

DECIFRAÇÕES

do Almanach " Luso-Africano " (1895)

1º ANNO

Pagina	Especie	Numero	Decifração
87	Ch.	1	Gaiola.
89	»	2	Perúa.
93	Log.	1	Empregado.
95	Ch.	3	Rosario.
98	Log.	2	Porto de Sal-Rei.
104	E.	1	Amar-rama.
108	Ch.	4	Amelia.
109	Log.	3	Africa-Portugal.
111	Ch.	5	Marmello.
114	Ch.	6	Malvado.
116	»	7	Seminario.
118	Log.	4	Tenho copiado a valer.
120	E. p.	2	A extensão liquida do mundo comprehende mares, golfos, rios, lagos, etc.
122	Ch.	8	Ataféra.
125	Log.	7	Amelia.
130	Ch.	9	Physica.
132	Log.	8	Africa.
133	Ch.	10	Bôa Vista.
136	Ch.	11	Redoma.
138	Log.	9	Portugal.
142	Ch.	12	Carapinhada.
144	»	13	Belladona.
146	Log.	10	Seminario.
147	Ch.	14	Tabaco.
154	Log.	11	Santo-Thyrso.
156	Ch.	15	Rosalina (Rosalia, Idalina, etc.).
160	E.	3	O poeta só tem poesia.
163	Ch.	16	Cabo-Verde.
164	L.	12	Bôa Vista.
166	Ch. E.	17	Céo.
168	Log.	13	Porto de Sal-Rei.
170	Ch.	18	Amelia.

— XLV —

Pagina	Especie	Numero	Decifração
175	Log.	14	Senegambia.
176	E.	4	Horta sem agua, casa sem telhado.
184	E.	5	A preguiça tudo difficulta, o trabalho tudo facilita..
189	Ch.	19	São Vicente (São Nicolau).
191	Log.	15	Catholicismo.
192	E.	6	Agóra—Agorà.
194	Ch.	20	Metromania.
196	Log.	16	Carolina.
198	Ch.	21	Santo Antão.
199	Log.	17	Inglaterra.
200	Ch.	22	Malmequer.
203	»	23	Jalapa.
205	»	24	Bolacha..
206	Log.	18	Monarchia.
208	Ch.	25	Regalo.
210	»	26	Cavalla.
211	Log.	19	Archipelago de Cabo-Verde.
218	Ch.	27	Cróca.
221	»	28	Cabello.
224	»	29	Fogo.
227	»	30	São Nicolau (São Vicente).
228	»	31	Calaluz.
230	»	32	Rosario.
232	E.	7	Endez.
236	Ch.	33	Salvatella.
239	»	34	Patacão.
240	E.	8	Missa-assim.
192	E.		Perguntas enigmaticas.
	Para Cabo-Verde	1.ª	Por ter « Leme-Velho » (logar).
		2.ª	Por ter « Cabeçadas » (»).
		3.ª	Por ter « Porto Inglez » (Porto).
		4.ª	Por ter « Bôa Vista (largo).
		5.ª	Por ter « Mosteiros » (logar).
		6.ª	Por ter « Vinagre » (»).
		7.ª	A « Mesa » (»).
		8.ª	Por ter « Cabeça de Vacca » (»).
		9.ª	Por ter « Estancia » (»).

SERVIÇO POSTAL

(ULTRAMARIÑO)

(Vales do correio. — Entre o Reino e Ilhas adjacentes e o Ultramar)

É auctorisada a remessa de fundos por meio de vales do correio do continente do reino e das ilhas adjacentes para as provincias de Angola, Cabo-Verde, Guiné, S. Thomé e Principe e Moçambique e vice-versa, devendo, para mais regular e conveniente execução d'este serviço, fixar-se successiva e opportunamente a data em que elle deverá principiar em cada uma das ditas provincias, e podendo, outrosim, em casos extraordinarios, ser suspenso total ou parcialmente em qualquer d'elles.

São auctorisados a emittir vales pagaveis no continente do reino ou nas ilhas adjacentes :

1.º Na provincia de Angola os correios de Loanda, Benguella e Mossamedes;

2.º Na provincia de Cabo-Verde os correios da Praia e de S. Vicente;

3.º Na provincia da Guiné o correio de Bolama;

4.º Na provincia de S. Thomé e Principe o correio de S. Thomé;

5.º Na provincia de Moçambique os correios de Moçambique, Quelimane e Lourenço Marques.

As repartições postaes de cada provincia podem, quando as necessidades publicas o aconselharem, ser auctorisadas a receber de particulares dinheiro para ser convertido, na estação postal respectivamente auctorisada a emittir vales na conformidade d'este artigo, em vales pagaveis no continente do reino ou nas ilhas adjacentes.

São auctorisadas a receber fundos, para o effeito da conversão de que trata este paragrapho, todas as direcções do correio provinciaes e as delegações respectivas, nas localidades onde existem delegações da thesouraria geral. (Vid. as instrucções adeante).

Os vales não podem representar fracções inferiores a 5 réis.

Os vales do correio emittidos quer no continente do

reino e ilhas adjacentes, quer nas provincias ultramarinas serão passados em réis fortes.

Os vales emittidos em Lisboa para serem pagos em qualquer provincia ultramarina ou emittidos no ultramar para serem pagos no continente do reino ou nas ilhas adjacentes são validos por um anno contado da data da emissão, prescrevendo, no fim d'este prazo, a sua importancia a favor da fazenda nacional.

Exceptuam-se para a contagem do prazo, de que trata este artigo, os vales sobre os quaes tenha havido algum processo, reclamação ou despacho, contando-se para estes o prazo de cinco annos, da data d'este processo, reclamação ou despacho.

A importancia dos vales prescriptos pertencerá á metropole ou á provincia ultramarina respectiva, conforme houverem sido emittidos em uma ou outra.

Os vales emittidos nas provincias ultramarinas para serem pagos no continente do reino ou nas ilhas adjacentes não são entregues aos tomadores, são enviados *em sobrescripto fechado e registado* á 3.ª repartição da direcção geral do Ultramar, juntamente com os respectivos avisos, dos quaes não serão separados, para ahi serem conferidos e visados. Feita esta operação pela fórma indicada no artigo 8.º serão separados os vales dos avisos, enviando-se aquelles aos destinatarios e estes aos encarregados do pagamento.

Os vales passados em Lisboa para serem pagos em qualquer provincia ultramarina serão enviados a descoberto e com as formalidades do registo pela primeira mala directamente aos destinatarios, os avisos de emissão, cortados dos mesmos vales, serão enviados em sobrescripto fechado ao encarregado do pagamento.

O pagamento dos vales far-se-ha no continente do reino e nas ilhas adjacentes em harmonia com os preceitos estabelecidos para o pagamento dos vales de correio nacionaes.

O pagamento dos vales nas provincias ultramarinas será feito mediante recibo assignado pelo destinatario.

Os vales emittidos em Lisboa, para serem pagos no ultramar, ou emittidos nas provincias ultramarinas, para serem pagos no continente do reino ou nas ilhas adjacentes, podem ser endossados, preenchendo-se os dizeres do verso dos mesmos vales.

Os tomadores de vales podem ser reembolsados, nas localidades em que se tiver effectuado a emissão, das quantias representadas pelos mesmos vales, fazendo para isso, dentro do prazo de um anno, contado da data da emissão, o competente requerimento documentado com o recibo do vale dirigido:

a) Á direcção geral do ultramar, para os vales emittidos em Lisboa;

b) Á administração dos correios da provincia, para os vales emittidos na mesma provincia.

Em caso de perda ou inutilisação, o tomador ou o destinatario requererá a substituição do vale e juntará ao requerimento o recibo do mesmo vale.

Instrucções

I — Podem ser recebidos fundos, com destino aos correios da Praia e de S. Vicente de Cabo Verde, em todas as estações do continente e das ilhas adjacentes auctorisadas a emittir *vales do serviço interno*.

II — As quantidades recebidas fóra de Lisboa serão para ali enviadas, bem como as importancias dos respectivos premios e séllos, em *vales de serviço*, emittidos a favor do fiel chefe da primeira secção da repartição postal da administração dos correios e telegraphos de Lisboa.

III — Os premios e sellos que os tomadores teem de pagar são:

Até 1$995 réis, premio 100 réis; de 2$000 a 5$000 réis, premio 100 réis, sello 20 réis; de mais de 5$000 réis até 10$000 réis, premio 200 réis, sello 20; de mais de 10$000 réis a 15$000 réis, premio 300 réis, sello 20 réis; de mais de 15$000 réis a 20$000 réis, premio 400 réis, sello 20 réis; de 20$000 réis a 25$000 réis, premio 500 réis, sello 40 réis; de 25$000 réis a 30$000 réis, premio 600 réis, sello 40 réis; de mais de 30$000 réis a 35$000 réis, premio 700 réis, sello 40 réis; de mais de 35$000 réis a 40$000 réis, premio 800 réis, sello 40 réis; de 40$000 réis a 45$000 réis, premio 900 réis, sello 40 réis; de mais de 45$000 réis a 50$000 réis, premio 1$000 réis, sello 40 réis.

Nas estações postaes de Cabo-Verde pagam-se mais 20 réis por cada 5$000 réis ou fracção.

Vales do correio interinsulares

CABO-VERDE

(Port. prov. 6.ª, 22-1-92)

São auctorisados a emittir vales do correio pagaveis dentro da provincia :

Todas as direcções do correio e as delegações respectivas da Ribeira Brava (S. Nicolau) e da povoação de S. João Baptista (Brava).

E são auctorisados a pagal-os :

A thesouraria geral, a sua delegação na cidade do Mindello (S. Vicente), as dos concelhos da Ribeira Grande (Santo Antão), do Fogo e da Brava, Tarrafal e S. Nicolau.

Os vales de quantia não excedente a 5$000 réis são pagos a tres dias de vista, e a oito os de quantia superior.

O valor maximo de cada vale, pagavel na thesouraria geral e na sua delegação do Mindello, é fixado em 50$000 réis, e em 20$000 réis nas outras estações.

O premio da emissão é de 50 réis por 5$000 réis ou fracção.

Estações postaes (Portugal)
onde podem ser pagos os vales ultramarinos

Abrantes	Alemquer	Amarante
Agueda	Alfandega da Fé	Amares
Aguiar da Beira	Alijó	Anadia
Alandroal	Aljezur	Ancião
Albergaria a Velha	Aljustrel	Angra do Heroismo
Albufeira	Almada	
Alcacer do Sal	Almeida	Arcos de Val de Vez
Alcobaça	Almeirim	
Alcochete	Almodovar	Arganil
Alcoutim	Alter do Chão	Armamar
Aldeia Gallega do Ribatejo	Alvaiasere	Arouca
	Alvito	Arraiolos

— L —

- Arronches
- Arruda
- Aveiro
- Aviz
- Azambuja
- Baião
- Barcellos
- Barquinha
- Barrancos
- Barreiro
- Batalha
- Beja
- Belmonte
- Benavente
- Boticas
- Borba
- Bouças (Matosinhos)
- Braga
- Bragança
- Cabeceir. de Basto
- Cadaval
- Caldas da Rainha
- Calhêta (Madeira)
- Calhêta (Açôres)
- Camara de Lobos
- Caminha
- Campo Maior
- Cantanhede
- Carrazeda de Anciães
- Carregal do Sal
- Cartaxo
- Cascaes
- Castello Branco
- Castello de Paiva
- Castello de Vide
- Castro Daire
- Castro Marim
- Castro Verde
- Ceia
- Celorico de Basto
- Celorico da Beira
- Certã
- Cezimbra
- Chamusca
- Chaves
- Cintra
- Coimbra
- Condeixa
- Constancia
- Coruche
- Corvo (Açôres)
- Covilhã
- Crato
- Cuba
- Elvas
- Espozende
- Estarreja
- Estremoz
- Evora
- Fafe
- Faro
- Feira
- Felgueiras
- Ferreira
- Ferreira do Zezere
- Figueira de Castello Rodrigo
- Figueira da Foz
- Figueiró dos Vinhos
- Fornos d'Algodres
- Freixo de Espada á Cinta
- Fronteira
- Funchal
- Fundão
- Gavião
- Goes
- Gollegã
- Gondomar
- Gouveia
- Grandola
- Guarda
- Guimarães
- Horta (Açôres)
- Idanha a Nova
- Ilhavo
- Lagens (Açôres)
- Lagôa
- Lagôa de S. Miguel (Açôres)
- Lagos
- Lamego
- Leiria
- Lisboa
- Loulé
- Lourinhã
- Louzã
- Louzada
- Mação
- Macedo de Cavalleiros
- Machico (Mad.ª)
- Macieira de Cambra
- Mafra
- Magdalena (Açôres)
- Maia
- Mangualde
- Manteigas
- Marco de Canavezes
- Marvão
- Mealhada
- Meda
- Melgaço
- Mertola
- Mesão Frio
- Mira
- Miranda do Corvo
- Miranda do Douro
- Mirandella
- Mogadouro
- Moimenta da Beira
- Moita
- Monsão

— LI —

Monchique
Moncorvo
Mondim de Basto
Mondim da Beira
Monforte
Montalegre
Montemór o Novo
Montemór o Velho
Móra
Mortagua
Moura
Mourão
Murça
Nellas
Nordeste (Açôres)
Niza
Obidos
Odemira
Oeiras
Oleiros
Olhão
Oliveira de Azemeis
Oliveira do Bairro
Oliveira de Frades
Oliveira do Hospital
Ourique
Ovar
Paços de Ferreira
Pampilhosa
Paredes
Paredes de Coura
Pedrogão Grande
Penacova
Penafiel
Penalva do Castello
Penamacor
Penedono
Penella
Peniche
Peso da Regua

Pinhel
Pombal
Ponta Delgada
Ponta do Sol (M.)
Ponte da Barca
Ponte de Lima
Ponte de Sor
Portalegre
Portel
Porto
Porto Moniz (Madeira)
Porto de Moz
Porto Santo (Açôres)
Povoa de Lanhoso
Povoa de Varzim
Povoação (Açôres)
Praia da Victoria
Proença a Nova
Redondo
Reguengos de Monsarás
Rezende
Ribeira Grande (Açôres)
Ribeira de Pena
Rio Maior
Sabrosa
Sabugal
Salvaterra de Magos
Sant'Anna (Madeira)
Santa Comba Dão
Santa Cruz (Açôres)
Santa Cruz (Madeira)
Santa Martha de Penaguião
Santarem
Santo André de

Poiares
Santo Thyrso
S. João de Areias
S. João da Pesqueira
S. Pedro do Sul
S. Roque (Açôres)
S. Thiago de Cacem
S. Vicente (Madeira)
S. Vicente da Beira
Sardoal
Satam
Seixal
Sernancelhe
Serpa
Setubal
Sever do Vouga
Silves
Sinfães
Soure
Souzel
Tábua
Tabuaço
Tarouca
Tavira
Terras do Bouro
Thomar
Tondella
Torres Novas
Torres Vedras
Trancoso
Vagos
Valença
Valle Passos
Vallongo
Vélas (Açôres)
Vianna do Alemtejo
Vianna do Castello
Vidigueira
Vieira

Villa do Bispo
Villa do Conde
Villa Flôr
Villa Franca (Açôres)
Villa Franca de Xira
Villa Nova de Cerveira
Villa Nova de Famalicão
Villa Nova de Foscôa
Villa Nova de Gaia
Villa Nova de Ourem
Villa Nova de Paiva
Villa N. de Portimão
Villa do Porto (Açôres)
Villa P. d'Aguiar
Villa Real
Villa R. de Santo Antonio
Villa de Rei
Villa V. de Rodão
Villa Verde
Villa Viçosa
Vimioso
Vinhaes
Vizeu
Vouzella

PORTES

TABELLA Nº 1

(Entre as ilhas de Cabo-Verde.)

Especies	Quantidade	Réis
Cartas	Cada 15 gr. ou fracção	25
Jornaes ou periodicos (cintados)	Cada 50 gr. ou fracção	2 1/2
Impressos lithographias ou gravuras (cintados)	Cada 50 gr. ou fracção	5
Manuscriptos	Até 250 gr.	25
	Cada 50 gr. a mais ou fracção	5
Amostras (cintadas)	Cada 50 gr. ou fracção	5
(Régisto) Aviso de recepção	Cada volume — além do porte	25
Premio do régisto	Cada volume	50
Correspondencia não franqueada	Cada 15 gr. ou fracção	50

A franquia insufficiente paga o dobro dos sellos que fáltão.

TABELLA 2.ª
Correspondencias permutadas entre Portugal, Açôres, Madeira, Cabo-Verde, Guiné, S. Thomé, Principe, Angola, Moçambique, India, Macau, Timor e *vice-versa*.

N.º 1.º—Por navios nac. ou estrang. que transportam malas gratuitam.

Carta	Bilhetes postaes	Bilhetes postaes resposta paga	Jornaes, impressos e amostras	Manuscriptos		Premio de registo	Cartas de valor declarado	Aviso de recepção
Cada 15 gram.	Cada	Cada	Cada 50 gr.	Até 500 grammas	Cada 50 a mais	Cada volume além do porte	Cada 100$000 além do porte e registo	Cada
50	10	20	5	50	5	50	250	25

Cartas não franqueadas—cada 15 grammas ou fracção =100 réis.
Franquia insufficiente, o dobro do valor do que falta.

N.º 2.º— Por navios estrang. que não transportam malas gratuitam.

Cartas	Bilhetes postaes	Bilhetes postaes resposta paga	Jornaes e impressos	Amostras		Manuscriptos		Premio de registo	Aviso de recepção
Cada 15 gram.	Cada	Cada	Cada 50 grammas	Até 100 grammas	Cada 50 a mais	Até 250 grammas	Cada 50 a mais	Cada volume além do porte	Cada
100	30	60	20	40	20	100	20	50	50

Cartas não franqueadas— cada 15 gr. 200 réis (ou fracção de 15).
Franquia insufficiente, o dobro do valor do que faita.

Observações. — Os portes d'uma provincia ou possessão para outra são os mesmos da tabella retro — N.º 1.

TABELLA 3.ª
Portes das correspondencias ou das cartas para Portugal e para o estrangeiro.

		Cartas	Bilhetes postaes	Impressos
Impressos, 50 grammas. Cartas, 15 grammas.	Portugal, Açôres, Madeira, Hespanha, Canarias e Barberia....	25	10	5
	Europa, Russia e Turquia asiaticas, Egypto, Persia, Estados Unidos da America, Terra Nova, Canadá, Algeria, Nova Escocia, Nova Brunswich, Tunis, Van-Couver.............	50	20	10
	Santa Helena, Ascensão, Australia, Victoria, Cabo...........	150	30	20
	India, China, Japão, Sião, Timor, Mexico, Venezuela, Honduras, Guatemala, Costa Rica, Colonias da Europa................	80	30	20
	Brasil, Republica Argentina, Bolivia, Chile, Paraguay, Perú, Uruguay..................	100	30	20
	Cabo-Verde, Angola, Moçambique.	50	20	5

Jornaes. — Pagam como impressos, e só para o reino, Açôres, Madeira e Hespanha é que o porte é de 2,5 réis por 50 grammas; as amostras pagam como impressos. Os maços com impressos não devem exceder o peso de 2 kilog. e os das amostras de 250 grammas.

Manuscriptos. — Os manuscriptos ou papeis commerciaes não teem limite de peso nem de volume, e pagam 25 réis por qualquer peso até 250 grammas, accrescendo 5 réis por cada 50 grammas ou fracção, que tiver a mais das 250 grammas.

Isto é para o reino, ilhas e Hespanha.

Amostras. — Para o Continente e Ilhas não devem exceder o peso de 250 grammas, nem ter dimensões superiores a 30 centimetros em qualquer das faces. A franquia é de 5 réis por cada 50 grammas; para Hespanha, 500 gr.; África Oriental, 500 gr.; África Occidental, 250 gr., para as localidades para onde se expedem encommendas, e 500 gr. para as localidades para onde se não expedem; India Portugueza, 500 gr.; para a França, Bélgica, Italia e Inglaterra, 350 gr.; para outros paizes, 250 gr.

Registo. — 50 réis por cada carta ou maço, além do porte. No caso de perda o correio paga 9:000 réis. Sendo o seguro de valor declarado, o premio é de 250 réis por 100$000 réis ou fracção.

Encommendas postaes

Nas encommendas para o reino o seu peso maximo é de 3 kilos e o seu volume não deve exceder a 20 decimetros cubicos e não deve ter em uma das suas faces dimensão superior a 60 centimetros. A franquia das encommendas é de 200 réis para o reino e de 250 réis para as ilhas adjacentes. Para as provincias ultramarinas portuguezas o peso maximo é de 5 kilos e a franquia é de : para Cabo-Verde e Guiné, 500 réis, e para S. Thomé e districto de Angola, 700 réis. — *Vêde o regulamento provincial das Encomm. postaes.*

ENCOMMENDAS POSTAES

(Regulamento provincial)

Entre o continente e o Ultramar (Decreto de 28 de maio de 1896, publicado no nº 25 do *Boletim Official*).

São estações de permutação : a estação central dos correios de Lisboa, a estação telegrapho-postal do Funchal e as agencias da Empreza Nacional em São Vicente, S. Thiago, em Cabo-Verde, Bolama, S. Thomé, Cabinda, Ambriz, Loanda, Benguella e Mossamedes.

No transporte maritimo empregam-se os vapores da mesma Empreza.

As encommendas não devem exceder o peso maximo de cinco kilogrammas nem ter capacidade superior a 20 centimetros cubicos ou dimensões superiores a 60 centimetros em cada uma das faces, salvo quando sejam de facil accommodação.

Os portes a que estão sujeitas são de 500 réis, sendo entre esta provincia de Cabo-Verde ou Bolama e o continente, Açôres e Madeira, e de 100 réis com as restantes estações das outras provincias.

O numero de declarações para a alfandega, que deve acompanhar cada encommenda, é de um.

Em caso de perda ou avaria de uma encommenda postal, será paga ao remettente, ou a pedido d'este ao destinatario, indemnização de 3$000 réis, se a encommenda não exceder o peso de 3 kilos, e de 5$000 réis, se pesar mais de 3 kilos.

A permutação *com os paizes estrangeiros* só se realiza por intermedio da estação central dos correios de Lisboa, e em conformidade com as convenções vigentes.

Encommendas postaes

Para o	Reino	200 réis
»	Açôres e Madeira	250 »
»	Argelia	400 »
»	Allemanha	450 »
»	Argentina (Republica)	800 »
»	Austria	550 »
»	Belgica	450 »
»	Bulgaria	800 »
»	Chili	850 »
»	Colombia	1$000 »
»	Congo	850 »
»	Corsega	450 »
»	Costa Rica	950 »
»	Dinamarca	550 »
»	Egypto	700 »
»	França	350 »
»	Grecia	650 »
»	Hawai	240 »
»	Hespanha	300 »
»	Hollanda (Paizes Baixos)	550 »
»	Inglaterra	500 »
»	Italia	500 »
»	Japão	1$460 »
»	Luxemburgo	400 »
»	Marrocos	550 »
»	Mexico	850 »
»	Montenegro	700 »
»	Noruega	600 »
»	Persia	2$300 »
»	Roumania e Servia	700 »
»	Salvador	700 »
»	Sião	850 »
»	Siberia	800 »
»	Suecia	750 »
»	Suissa	450 »
»	Tripoli	550 »
»	Tunisia	450 »
»	Turquia	850 »
»	Uruguay	800 »
»	Venezuela	1$000 »
»	Zanzibar	850 »

ALFANDEGAS

TARAS

a deduzir do peso bruto das mercadorias sujeitas a direitos

(Art.º 25 das instrucções preliminares)

	Mercadorias	Natureza dos volumes	Taxa
1	Assucar............	Barris, barricas e caixas............	15 %
		Saccas...........................	2 %
2	Chá...............	Caixas simples....................	30 %
		Caixas encapadas..................	40 %
3	Liquidos, excepto *melaço*, generos em salmoura, *molhados*......	Vasilhame de madeira...............	18 %
		dito de vidro..................	10 %
		dito de barro..................	25 %
		dito de folha de Flandres........	6 %
4	Manteiga...........	Barris............................	20 %
		Potes ou boiões de barro...........	30 %
5	Melaço.............	Latas.............................	6 %
		Vasilhame de madeira..............	10 %
6	Outros generos não especificados (quando não pesados fóra dos envoltorios).....	Barris, barricas e caixas...........	12 %
		Paneiro, scanastras, canastreis, gigos, latas, condeças, cabazes e grades de madeira...............	6 %
		Saccos e fardos...................	2 %
		Volumes encapados, além da respectiva tara, mais......	2 %

— LIX —

ALFANDEGAS

(Art.º 38) EMOLUMENTOS (Art.º 38)

dos empregados do serviço interno (Cabo-Verde)

1	Por expediente relativo a embarcações de longo curso (de negocio)	9	000
2	Idem que não fizer negocio	1	000
3	Por embarcação de cabotagem		500
4	Termos de fiança e responsabilidade		200
5	Serviço diario de assistencia ao transbordo de carga sujeita a directos (excepto carvão) de navio para navio (e documentos)	1	000
6	Cada empregado que assistir aos naufragios na *abra*	1	500
7	Idem Idem na *costa*, *a pedido*	5	000
8	Verificações ou serviços fóra d'alfandega ou do tempo oficial, *a pedido*	1	000
9	Certidão de livros ou documentos, até duas laudas		400
10	Idem por cada lauda além das duas		100
11	Buscas de mais de *um anno* (sem indicação da parte), cada anno		500
12	Vistorias a bordo (para innavigabilidade)	6	000
13	Emolumentos de processos, tabella judicial da provincia	—	—
14	Vistoria, a pedido, fóra d'alfandega: caminho — a ref. tabella	—	—
15	Quota deduzida da receita (art.º 38)		3.0/0
16	Licença aos barcos de passageiros e venda de generos		050

São pessoaes os emolumentos n.ºs 5, 6, 7 e 8.

Obs. — Os emolumentos dos guardas e remadores são regulados por uma tabella especial (tab. III).

PAUTAS

DAS

ALFANDEGAS DE CABO-VERDE

Pauta A = Direitos de Importação

Numeros dos artigos	NOMENCLATURA	Unidades	Direitos
1	Alcatrão, breu e coaltar..............	Kilogr.	$020
	Agulhas e alfinetes. (V. artigo 4.)		
	Algodão. (V. artigos 20 e 35.)		
	Ancoras. (V. artigo 24.)		
2	Armas de fogo:		
	a) Espingardas de silex e de fulminantes não raiadas (taes como as denominadas lazarinas, «reunas» e similhantes, importadas para o commercio com o gentio) e canos para as mesmas espingardas...........	Uma	1$000
	b) Espingardas não especificadas (*a*)	»	3$000
	c) Revolvers, pistolas e respectivos canos............................	»	$800
	Arroz. (V. artigo 21.)		
3	Assucar de qualquer qualidade.........	Kilogr.	$040
	(*a*) A importancia d'esta especie de armamento fica sujeita ás instrucções e formalidades estabelecidas nos regulamentos de administração e policia.		
4	Artefactos diversos:		
	a) Agulhas, alfinetes, bengalas, boquilhas, cachimbos, capsulas para garrafas, colchetes, escovas, fulminantes, pinceis e pentes............	Kilogr.	$300
	b) Artefactos para adorno pessoal, taes como alfinetes de peito, anneis, brincos, cadeias de relogio, pulseiras e similhantes (excepto os de metaes preciosos), botões de qualquer qualidade (excepto os de metaes preciosos), brinquedos e perfumarias..	Kilogr.	$500

Numeros dos artigos	NOMENCLATURA	Unidades	Direitos
5	Azeite e qualquer outro oleo usado na alimentação......................	Decal.	1$000
	Azulejos. (V. artigo 30.)		
	Bacalhau.... ⎫		
	Banha...... ⎬ (V. artigo 21.)		
	Batatas...... ⎭		
6	Bebidas fermentadas :		
	A) Cerveja, cidra e outras quaesquer não mencionadas...............	»	1$000
	B) Vinhos communs ou licorosos e vinagre :		
	a) Em cascos.................	»	$600
	b) Engarrafados...............	»	1$200
	c) Vinhos espumosos..........	»	3$000
7	Bebidas distilladas :		
	a) Aguardente simples com menos de 24° Cartier...............	»	1$200
	b) Alcool e aguardente simples de 24° Cartier ou superior a esta graduação.	»	4$000
	c) Aguardente preparada, cognac, genebra, licores e quaesquer outras................	»	3$000
	Bengalas. (V. artigo 4.)		
	Biscouto e bolacha. (V. artigo 21.)		
	Boquilhas...... ⎫ (V. artigo 4.)		
	Botões......... ⎭		
	Breu. (V. artigo 1.)		
	Brinquedos (V. artigo 4.)		
	Brins. (V. artigos 22 e 34.)		
	Cachimbos (V. artigo 4.)		
8	Cal............................	Kilogr.	$004
9	Calçado :		
	a) Butes, ou calçado grosseiro, para commercio com o gentio, e com peso superior a 700 grammas cada par....................	»	$300
	b) Calçado de outras qualidades.....	»	1$000
10	Carvão de pedra................	»	$300
	Carnes preparadas. (V. artigo 21.)		
11	Caoutchouc em obras não especificadas..	»	$500
	Cebolas. (V. artigo 21.)		
12	Chá...........................	»	$500

— LXII —

Numeros dos artigos	NOMENCLATURA	Unidades	Direitos
	Chales e lenços. (V. artigo 34.)		
13	Chapéus para homem....................	Ad. val.	25 %
	Chapéus de sol. (V. artigo 38.)		
14	Cimento................................	Kilogr.	$001
	Coaltar (V. artigo 1.)		
	Conservas alimenticias. (V. artigo 21.)		
15	Contaria...............................	»	$100
	Correntes...... } (V. artigo 24.)		
	Cutelaria		
16	Embarcações de véla ou de vapor.......	Ad. val.	2 %
	Escovas. (V. artigo 4.)		
	Especiarias. (V. artigo 21.)		
	Especies medicinaes. (V. artigo 23.)		
17	Espelhos (incluindo molduras)	Kilogr.	$200
18	Fardas usadas e fato usado (para commercio com o gentio)..................	»	$050
	Farinha. (V. artigo 24.)		
	Fateixas. (V. artigo 24.)		
19	Feltro simples (incluindo o tinto ou estampado), em peça ou em obra.......	»	$300
	Ferramentas. (V. artigo 24.)		
20	Fios :		
	a) De algodão simples (trama e urdidura)............................	»	$180
	b) De algodão, torcido...............	»	$260
	c) De linhos, lã, seda, ou de quaesquer outras materias filamentosas, simples ou torcido...............	»	$200
	Fulminantes. (V. artigo 4.).		
	Garrafões de vidro ordinario preto ou verde. (V. artigo 41.)		
21	Generos alimenticios :		
	a) Arroz......	»	$020
	b) Bacalhau, batatas, bolacha de embarque, cebolas e farinha de trigo..	»	$030
	c) Farinha de milho...............	»	$001
	d) **Manteiga de vacca e suas imitações, queijo, banha, unto, toucinho, carnes preparadas de qualquer especie, conservas alimenticias de qualquer qualidade (incluindo taras), especiarias, fructas seccas, biscouto e bolacha doce e quaesquer**		

Numeros dos artigos	NOMENCLATURA	Unidades	Direitos
	outros productos alimenticios não especificados....................	Kilogr.	$150
	Grossarias. (V. artigo 35.)		
22	Lonas e brins de linho ou de algodão proprios para vélas de embarcações e artefactos de cordoaria, ainda mesmo em obra............................	»	$050
	Louça. (V. artigo 30.)		
	Manteiga. (V. artigo 21.)		
23	Medicamentos simples ou compostos e quaesquer substancias empregadas na pharmacia.........................	»	$500
24	Metaes :		
	A) Metaes preciosos em barra ou em obras com pedras preciosas........	Ad. val.	10 %
	B) Cobre puro, latão, bronze e ligas analogas :		
	a) Fundido, batido ou laminado (barras, chapas, folhas, varões e verguinhas).............	Kilogr.	$010
	b) Fio e tubos...................	»	$100
	c) Em obra não especificada (simples, estanhada, nikelada, prateada ou dourada)...........	»	$500
	C) Chumbo :		
	a) Fundido ou laminado (barras, chapas, folhas) e metralha...	»	$005
	b) Em obra não especificada....	»	$070
	D) Estanho e zinco :		
	a) Fundido ou laminado (barras, chapas, barrinhas e folhas)..	»	$005
	b) Em obra não especificada.....	»	$300
	E) Ferro e aço :		
	a) Fundido, forjado ou laminado (barras, vergas, varões, verguinhas, arcos, ferro em T e em cantoneiras, fio e chapas lisas ou onduladas, simples, zincados, acobreados ou estanhados), correntes, fateixas e ancoras..	»	$003
	b) Em columnas, tubos, vigas, rede, gradeamentos, tanques e outras obras analogas não espe-		

Numeros dos artigos	NOMENCLATURA	Unidades	Direitos
	cificadas, destinadas a construcções (simples ou zincadas)....	Kilogr.	$025
	c) Fundido em obra não especificada.................	»	$060
	d) Em obra de folha de Flandres	»	$300
	e) Em fechaduras, fechos, trincos, gonzos, puxadores, ornamentos e outros artefactos miudos destinados a construcções; ferramentas e utensilios (com cabos ou sem elles) para artes e officios, e quaesquer outras obras não especificadas de ferro ou aço forjado ou laminado (incluindo cutelaria com cabos ou sem elles) simples, pintados, zincados, estanhados ou esmaltados.................	»	$100
	Oleos usados na alimentação. (V. artigo 5.)		
25	Papel :		
	a) Papel de escrever e sobrescriptos, ainda mesmo com dizeres impressos.................	»	$200
	b) Papel de outras qualidades......	»	$100
	Pentes. (V. artigo 4.)		
	Perfumarias..... } (V. artigo 4.) Pinceis.......... }		
26	Pregadura :		
	a) De cobre, latão e ligas analogas, excepto a destinada para forro de embarcações.................	»	$200
	b) De qualquer outro metal e a destinada para forro de embarcações..	»	$080
27	Petroleo.................	»	$020
28	Phosphoros ou pavios phosphoricos.....	»	$120
29	Polvora	»	$250
30	Productos ceramicos :		
	a) Telha e tijolo.................	»	$004
	b) Azulejos.................	»	$020
	c) Tubos de barro.................	»	$010
	d) Tubos de grés	»	$030
	e) Louça de qualquer qualidade.....	»	$050

Numeros dos artigos	NOMENCLATURA	Unidades	Direitos
	Queijo. (V. artigo 21.)		
31	Relogios :		
	a) Relogios de algibeira	Ad. Val.	10 %
	b) Relogios não especificados	»	25 %
	Russos. (V. artigo 35.)		
32	Sabão	Kilogr.	$050
	Saccos. (V. artigo 35.)		
33	Sal	Decal.	$250
	Sobrescriptos. (V. artigo 25.)		
34	Tabaco :		
	A) Nacional :		
	a) Em folha, rolo ou pasta	Kilogr.	$050
	b) Em charutos	»	$300
	c) Manipulado de qualquer especie	»	$200
	B) Estrangeiro :		
	a) Em rama	»	1$800
	b) Manipulado de qualquer especie	»	3$600
35	Tecidos :		
	A) Tecidos de seda pura ou mixta em peça ou em obra	»	2$500
	B) Tecidos de lã em peça ou em obra :		
	a) Pannos e casimiras puras ou mixtas, ainda mesmo com seda	»	2$000
	b) Flanella de lã pura	»	$700
	c) Flanella de lã e algodão	»	$500
	d) Chales e lenços de lã pura e algodão	»	1$200
	e) Tecidos de malha e ponto de meia	»	1$000
	f) Tecidos não especificados de lã pura ou de lã e algodão	»	$500
	C) Tecidos de algodão em peça ou em obra (a) :		
	a) Crus ou branqueados	»	$250
	b) Russos	»	$300
	c) Tintos ou estampados não especificados	»	$500
	D) Tecidos de linho não especificados em peça ou em obra	»	$300

Numeros dos artigos	NOMENCLATURA	Unidades	Direitos
	E) Canhamaços e grossarias de linho e seus congeneres e saccos dos mesmos tecidos..................	Kilogr.	$050
	Telha. (V. artigo 30.)		
36	Tintas em pó e terras corantes.........	»	$010
37	Tintas preparadas por qualquer modo...	»	$020
	Tijolo. (V. artigo 30).		
	Toucinho. (V. artigo 21.)		
	Tubos. (V. artigos 24 e 30.)		
38	Umbellas ou chapéus de sol:		
	a) Cobertos de seda............	»	1$500
	b) Cobertos de qualquer outro tecido.................................	»	$250
	Unto. (V. artigo 19.)		
39	Vélas para illuminação.	»	$070
40	Vidraça e vasilhas não especificadas de vidro ordinario preto ou verde........	»	$100
41	Garrafões de vidro ordinario preto ou verde.............................	Um	$030
42	Vidro em obra não especificada.........	Kilogr.	$150
43	Mercadorias não especificadas	*Ad. val.*	20 %
	(*a*) Estas taxas são applicaveis unicamente aos tecidos com preparo, ou que se apresentarem no estado de acabamento em que são entregues ao consumo. Os tecidos sem preparo, ou em incompleto estado de acabamento, ficam sujeitos ao pagamento do dobro da importância das referidas taxas.		

Pauta B. — *Mercadorias isentas de direitos de importação.*

1 Aduelas.
2 Aguas mineraes.
3 Animaes vivos.
4 Construcções de ferro ou mixtas, destinadas para habitações, usos industriaes ou agricolas, montadas ou desmontadas (quando sejam de origem nacional).
5 Dinheiro estrangeiro em oiro.
6 Dinheiro portuguez procedente de portos estrangeiros.

7 Feltro para coberturas.
8 Fio para redes de pesca (quando seja de origem nacional).
9 Gelo.
10 Legumes.
11 Livros impressos em qualquer idioma.
12 Machinas de costura.
13 Machinas e instrumentos para a agricultura e industria, e seus pertences e instrumentos e apparelhos de calculo, observação e precisão.
14 Madeiras para construcção, em bruto ou em obra (quando sejam de origem nacional).
15 Pertences ou peças separadas para vehiculos (quando sejam de origem nacional).
16 Plantas e fructas verdes.
17 Redes de pesca (quando sejam de origem nacional).
18 Saccos de grossarias ou canhamaços de linho e seus congeneres (quando sejam de origem nacional) e os de qualquer origem especialmente destinados á carga e descarga de carvão de pedra.
19 Ladrilhos e cantaria (quando sejam de origem nacional).
20 Vasilhame armado ou abatido (sendo de origem nacional).
21 Vasilhas de vidro ou louça que servirem para transporte de generos importados.
22 Vagons, vagonettes, carruagens de caminhos de ferro e carris.
23 Vehiculos de qualquer especie (completos), armados ou desarmados (quando sejam de origem nacional).

Pauta C. — Exportação.

Azeite de purgueira — decalitro....................................	$240
Café — kilogramma..	$004
Coral — kilogramma...	$600
Semente de purgueira — kilogramma.............................	$006
Todos os mais generos não mencionados — kilogramma.	$002

OBSERVAÇÕES

Os generos exportados de Cabo-Verde para o continente do reino e ilhas adjacentes ficam sujeitos a *metade* das taxas estabelecidas n'esta tabella.

Itinerario dos Vapores correios

Cabo-Verde e Guiné

Itinerario	Portos	Chegada Dia	Chegada Horas	Sahida Dia	Sahida Horas
Descendente	S. Vicente......	—	—	14	10 manhã.
	Sto. Antão......	14	1 tarde.	14	10 noite.
	S. Nicolau......	15	6 manhã.	15	10 noite.
	Sal.............	16	6 manhã.	16	12 manhã.
	B. Vista........	16	3 tarde.	16	10 noite.
	Maio............	17	6 manhã.	17	9 manhã.
	Praia...........	17	12 manhã.	17	10 noite.
	Fogo............	18	6 manhã.	18	12 manhã.
	Brava...........	18	1 tarde.	18	12 noite.
	Tarrafal........	19	6 manhã.	19	10 manhã.
	Bissau..........	21	8 noite.	23	5 manhã.
—	Bolama..........	23	9 manhã.	25	5 manhã.
Ascendente	Bissau..........	25	9 manhã.	26	5 manhã.
	Praia...........	28	8 noite.	29	10 noite.
	Brava...........	30	6 manhã.	30	12 manhã.
	Fogo............	30	1 tarde.	30	10 noite.
	Tarrafal........	31	6 manhã.	31	10 manhã
	Praia...........	31	2 tarde.	1	2 tarde.
	Maio............	1	5 tarde.	1	8 noite.
	B. Vista........	2	6 manhã.	2	12 manhã.
	Sal.............	2	3 tarde.	2	10 noite.
	S. Nicolau......	3	6 manhã.	3	10 noite.
	Sto. Antão......	4	6 manhã.	4	2 tarde.
	S. Vicente......	4	9 noite.	—	—

TABELLA DE PASSAGENS

(da carreira de 2 de cada mez) de LISBOA para

os Portos de	1.ª classe	2.ª classe	3.ª classe
S. Vicente, S. Thiago, Sto. Antão..............	48.000	36.000	24.000
Das outras ilhas........	54.000	40.000	27.000
Bissau e Bolama........	67.000	47.000	33.500

Sahida de Lisboa — dia 2.
Chegada a Lisboa — de 18 a 20 (do 2.º mez).

1. — Fretes entre Lisboa, Cabo-Verde e Guiné
(Pelos paquetes da « Empreza Nacional ».)

Procedencia	CARGA	De ou para Cabo-Verde	De ou para Bissau e Bolama
De Lisboa	Farinha (barrica de 90 k. liquidos)	900	1:200
	Liquidos (pipa até 450 litros).......................	5:000	6:000
	Azeite (lata de 1 almude)............................	400	500
	Garrafões vasios de 1 almude, cada............	160	200
	Arroz ou legumes, — sacco regular............	650	1:200
	Cebola e batata, — caixa de 60 kilos...........	650	1:000
	Cal, cimento, louça, madeira, mobilia, telha, tijolo; cada metro cubico............................	5:000	7:000
	Carga não especificada, — metro cubico.......	8:000	9:000
	Carga de peso, á escolha do vapor, 1.000 k.....	8:000	9:000
Para Lisboa	Purgueira ensaccada, moio) De Praia	4:500	
	Purgueira a granel, moio... (e Fogo.............	5:000	
	Dos outros Portos, mais 1.000 N. por moio		
	Milho da Praia e Fogo, moio......................	7:500	
	Milho dos mais Portos, moio.......................	9:000	
	Coconote e Mancarra, 1.000 k......................	5:000	5:000
	Café, cêra e gômma copal, 1.000 k.............	8:000	8:000
	Borracha, 1.000 k...	9:000	9:000
	Couros, 1.000 k..	12:000	12:000
	Urzella, 1.000 k...	15:000	15:000
	Garrafões cheios de almude, cada..............	400	500
	Ouro ou prata em moeda ou barra..............	1/2 0/0	1/2 0/0
	— em obra, joias, etc................................	1/2 0/0	1/2 0/0
	Cobre ou bronze, em moeda......................	2 0/0	2 0/0

OBS. — Por moio entende-se o de Cabo-Verde.
Minimo de frete 1$000 réis.
Volumes de grande peso, animaes vivos e generos não especificados, ajuste especial.

2. — Fretes entre Cabo-Verde e Guiné.

As mercadorias e bagagens em excesso do permittido ao passageiro :
1.º — Cada metro cubico, 1.000 k. ou 1.000 l. (á escolha da Empreza), — 1 passagem de 2.ª cl. ;
2.º — Fretes de Cabo-Verde para a Guiné, uma passagem de 3.ª cl. ;
3.º — Cavallos ou muares, uma passagem de 3.ª cl. ;
4.º — Gado vaccum, etc., metade de uma passagem de 3.ª cl. ;
5.º — O minimo de frete é de 600 réis ;
6.º — O frete de cães (tambem para fóra da provincia), 4.ª parte d'uma passagem de 3.ª classe.

Reg. de 1891, Circ. de 21-11º.-99, e 25-6º.-96)

TABELLA DAS PASSAGENS

NOS VAPORES DA « EMPREZA NACIONAL » (CABO-VERDE)

Milhas	Portos	1.ª Classe	2.ª Classe	3.ª Classe
\multicolumn{5}{c}{**De S. Vicente para**}			
23,0	Santo Antão.......	2$400	1$800	$800
72,0	S. Nicolau	4$500	3$000	1$800
77,0	Sal................	6$500	4$500	2$000
28,0	Bôa-Vista.........	7$500	5$500	2$400
52,0	Maio	8$000	6$000	2$400
22,0	S. Thiago.........	9$000	7$000	2$400
62,0	Fogo...............	10$000	7$500	3$000
9,0	Brava.............	10$000	7$500	3$000
245,0	Bissau	28$000	17$000	8$400
18,0	Bolama............	29$000	18$000	9$400
\multicolumn{5}{c}{**De Sant'Antão para**}			
72,0	S. Nicolau........	3$000	2$000	1$000
77,0	Sal................	6$500	4$500	2$000
28,0	Bôa-Vista.........	6$500	4$500	2$000
52,0	Maio	8$000	6$000	2$400
22,0	S. Thiago.........	9$000	7$000	2$400
62,0	Fogo...............	10$000	7$500	3$000
9,0	Brava.............	10$000	7$500	3$000
245,0	Bissau............	28$000	17$000	8$400
18,0	Bolama............	29$000	18$000	9$400

Milhas	Portos	Classes		
		1.ª	2.ª	3.ª

De S. Nicolau para

77,0	Sal.............	4$000	3$000	1$000
28,0	Bôa-Vista........	4$500	3$000	1$000
52,0	Maio............	7$000	5$000	1$800
22,0	S. Thiago.......	8$000	6$000	1$800
62,0	Fogo............	8$500	6$000	2$500
9,0	Brava...........	9$000	7$000	2$800
245,0	Bissau..........	28$000	17$000	8$400
18,0	Bolama..........	29$000	18$000	9$400

De Brava para

245,0	Bissau..........	18$000	10$000	5$000
18,0	Bolama..........	19$000	11$000	6$000

De Sal para

28,0	Bôa-Vista........	2$000	1$500	$800
52,0	Maio............	6$500	4$500	2$300
22,0	S. Thiago.......	7$500	5$500	1$500
62,0	Fogo............	8$000	5$500	2$000
9,0	Brava...........	8$500	6$000	2$400
245,0	Bissau..........	28$000	17$000	8$400
18,0	Bolama..........	29$000	18$000	9$400

De Bôa-Vista para

52,0	Maio............	4$000	3$000	1$500
22,0	S. Thiago.......	6$500	4$500	1$500
62,0	Fogo............	7$500	5$000	1$800
9,0	Brava...........	8$000	5$500	2$000
245,0	Bissau..........	25$000	15$000	8$000
18,0	Bolama..........	27$000	16$000	9$000

Milhas	Portos	Classes 1.ª	Classes 2.ª	Classes 3.ª

De Maio para

Milhas	Portos	1.ª	2.ª	3.ª
22,0	S. Thiago........	2$000	1$500	$800
62,0	Fogo.............	6$000	4$000	1$500
9,0	Brava............	7$000	5$000	2$000
245,0	Bissau	21$000	12$500	6$800
18,0	Bolama...........	22$000	13$500	7$800

De Sant'iago para

Milhas	Portos	1.ª	2.ª	3.ª
62,0	Fogo.............	4$000	2$500	1$200
9,0	Brava............	4$500	3$000	1$600
245,0	Bissau	19$000	11$000	6$000
18,0	Bolama	20$000	12$000	7$000

De Fogo para

Milhas	Portos	1.ª	2.ª	3.ª
9,0	Brava...	1$000	$700	$400
245,0	Bissau	19$000	11$000	6$000
18,0	Bolama...........	20$000	12$000	7$000

De Bissau para

Milhas	Portos	1.ª	2.ª	3.ª
18,0	Bolama...........	4$500	3$000	1$500

Nos vapores da « Empreza nacional » (África)

Milhas	Portos	Classes 1.ª	Classes 2.ª	Classes 3.ª
	De Lisboa para			
524	Madeira................	25$650	17$100	8$550
1044	S. Vicente...............	68 400	54 300	28 500
148	Sant'Iago...............	68 400	51 300	28 500
552	Guiné..................	85 500	66 500	34 200
1600	Principe................	114 000	85 500	38 000
77	S. Thomé...............	114 000	85 500	38 000
470	Cabinda................	142 500	104 500	42 750
150	Ambriz.................	»	»	»
56	Loanda.................	»	»	»
156	N. Redondo.............	152 000	114 000	47 500
80	Benguella...............	»	»	»
180	Mossamedes............	161 500	132 500	52 250

Menores até 2 annos, livres; de 2 a 4, 1/4 de passagem; de 4 a 10, 1/2 passagem. — O passageiro que quizer ir só n'um camarote pagará nos outros beliches, com desconto de 20 p. c.

Bagagem livre de cada passageiro:
1.ª ou 2.ª classe 1/2 metro cubico. — 3.ª classe 1/4 metro cubico.

Caminhos de ferro — India — (Mormugão)

Milhas	Estações De Mormugão a	1.ª R.s T. R.	2.ª R.s T. R.	3.ª R.s T. R.
2	Vasco da Gama........	0 2 0	0 1 0	0 0 6
6	Dabolim................	0 6 0	0 3 0	0 1 6
10	Cansaulim..............	0 10 0	0 5 0	0 2 0
13	Majordá................	0 13 0	0 6 6	0 3 0
17	Margão.................	1 1 0	0 9 0	0 3 6
22	Chaudor................	1 6 0	0 11 0	0 4 6
27	Sauvordem.............	1 11 0	0 14 0	0 5 9
33	Kalay..................	2 1 0	1 1 0	0 7 0
38	Collem.................	2 6 0	1 3 0	0 8 0
46	Dud-Sagur.............	2 14 0	1 7 0	0 11 6

Caminhos de ferro

Linha de Loanda-Ambaca

Estações	Kilomet.	Preços 1.ª cl. Réis	2.ª cl. Réis	3.ª cl. Réis
LOANDA				
Cidade-alta..................	3	120	90	20
Cacoaco.......................	21	840	630	210
Quifangondo	30	1$200	900	300
Funda.........................	46	1 840	1$480	460
Cabiri	70	2 8C0	2 100	700
Catete	96	3 840	2 880	960
Cunga.........................	117	4 680	3 510	1$170
Cassoneca...................	140	5 600	4 200	1 400
Barraca	159	6 360	4 770	1 590
Calinguembo................	180	7 200	5 400	1 800
Zenza d'Itombe............	190	7 600	5 700	1 900
Cassoalalla..................	219	8 760	6 570	2 190
Oeiras	228	9 120	6 840	2 280
Talla Quizanga.............	254	10 160	7 620	2 540
Luinha........................	262	10 480	7 860	2 620
Canhoca.....................	287	11 480	8 610	2 870
Queta.........................	300	12 000	9 000	3 000

de Lourenço Marques a Pretoria

Linha portugueza

DE LOURENÇO MARQUES a				
Matolla.......................	21	$630	$480	$110
Pessene......................	39	1 170	880	220
Movene	70	2 040	1 530	340
Incomati.....................	81	2 430	1 830	400
Ressano Garcia (fronteira)...	89	2 670	2 010	450

— LXXV —

Linha Transvaaliana

Estações	Milhas	Ida 1.ª cl. S.ˢ p.ˢ	Ida 2.ª cl. S.ˢ p.ˢ	Classe p.ª gent de côr S.ˢ p.ˢ	Ida e Volta 1.ª cl. S.ˢ p.ˢ	Ida e Volta 2.ª cl. S.ˢ p.ˢ
Komatipoort..	58	13	10	4,6	20	15,6
Hectorspruit..	77	17,6	13,6	7	27	21
Kaapmuidem .	101	23,6	18,6	9,6	36,6	29
Krokodilpoort.	113	26,6	21	11	41,6	33
Nelspruit.....	127	30	23,6	12,6	47	37
Alkmaar......	139	33	26	14	52	41
Elandshock....	153	36,6	29	15,6	57,6	45,6
Goduanrivier .	162	39	30,6	16,6	61,6	48
Nooit Gedacht	171	41	32,6	18	64,6	51,6
Waterval-Ond.	184	43,6	34,6	19	68,6	54,6
Waterval-Bov.	186	45	35,6	19,6	71	56
Machado-dorp.	194	47	37	20,6	74	58,6
Dalmanutha ..	203	49	39	21,6	77,6	61,6
Belfast	213	51,6	41	22,6	81,6	65
Wonderfontein....	226	55	43,6	24	87	69
Pan..........	241	58,6	46,6	26	92.6	73,6
Middelburg...	254	62	49	27,6	98	77,6
Olifanstrivier..	269	65,6	52	29	104	82,6
Brugspruit ...	282	69	54,6	30,6	109,6	86,6
Balmoral.....	293	71,6	57	32	113,6	90,6
Bronkhoretspruit..	309	75,6	60	34	120	95,6
Elandsrivier..	320	78,6	62	35	124,6	98,6
Eerste Fabricaken.	336	82,6	65,6	37	131	104
Pretoria......	349	85,6	68	38,6	136	108

TELEGRAPHOS

Taxas dos telegrammas entre as estações do reino.

Ordinarios. — Taxa fixa 50 réis; cada palavra 10 réis.

Noticiosos e suburbanos. — Taxa fixa 25 réis; cada palavra 5 réis.

Urbanos. — Taxa fixa 20 réis; cada palavra 2 réis.

Para os despachos suburbanos é limitada a 15 kilometros de Lisboa, 10 kilometros do Porto e 5 kilometros de qualquer outra cidade, a distancia das localidades para onde se podem expedir.

Para o estrangeiro e colonias portuguezas.

A PARTIR DO CONTINENTE DO REINO	Preço por palavra — Réis.
Açôres	110
Aden	865
Allemanha	50
Algeria e Tunisia	60
Australia	1$140
Austria	75
Bahia	1$210
Baltimore	380
Belgica	60
Benguella	2$180
Bissau	980
Bolama	980
Bolivia	2$800
Boston	340
Bulgaria	90
Cabo da Boa Esperança	1$940

A PARTIR DO CONTINENTE DO REINO	Preço por palavra — Réis.
Canarias	155
Ceará	1$210
Ceylão	925
Chili	1$900
Dinamarca	85
Egypto	390
França (continental)	40
Gabão	1$475
Gibraltar	40
Gran-Bretanha, Irlanda e ilhas da Mancha	90
Grecia	135
Grecia (ilhas)	140
Hespanha	20
Hungria	75
Italia	65
Japão	1$870
Loanda	1$880
Lourenço Marques	1$915
Luxemburgo	60
Macau	1$880
Madeira	155
Malta	85
Maranhão	1$210
Marrocos	70
Moçambique	1$915
Montenegro	85
Mossamedes	2$375
Natal	1$905
Noruega	105
Nova York	340
Paizes Baixos (Hollanda)	70
Pará	1$210
Pernambuco	1$210

A PARTIR DO CONTINENTE DO REINO	Preço por palavra — Réis.
Philadelphia	380
Pittsburg	380
Principe	1$550
Republica Argentina	1$485
Rio de Janeiro	1$210
Rio Grande do Sul	1$210
Roumania	85
Russia Europea	125
Santos	1$210
Senegal	320
Servia	90
S. Thiago de Cabo-Verde	640
S. Thomé	1$430
Suissa	60
Suecia	90
S. Vicente de Cabo-Verde	465
Transvaal	1$940
Turquia Europea	135
Uruguay	1$970
Zanzibar	1$680

A todas estas taxas accresce mais a percentagem do cambio actual, para o estrangeiro e colonias.

LEI DO SELLO

~~~~~

Recibos entre particulares

De 1$000 réis até 10$000 réis....................	$040
De mais de 10$000 réis até 50$000 réis..........	$020
De mais de 50$000 réis até 100$000 réis.........	$030
De mais de 100$000 réis até 500$000 réis........	$050
De mais de 500$000 réis até 1:000$000 réis.......	$100

Augmentando 50 réis por cada 500$000 réis ou fracção de 500$000 réis.

Lettras commerciaes

Á vista ou até oito dias de prazo :

De 5$000 réis até 20$000 réis....................	$020
De mais de 20$000 réis até 50$000 réis..........	$050
De mais de 50$000 réis até 300$000 réis.........	$100
De mais de 300$000 réis até 500$000 réis, inclusive	$200
Em cada 500$000 réis ou fracção de 500$000 réis..	$100

A mais de oito dias de prazo :

De 5$000 réis até 20$000 réis....................	$020
De mais de 20$000 réis até 100$000 réis..........	$100
Cada 100$000 réis a mais ou fracção de 100$000 réis.	$100

~~~~~~~~~

— LXXX —

Itinerario dos vapores da Empreza Nacional
Carreira quinzenal entre Lisboa e África occidental

PORTOS	Carreira do dia 6 Sahida do Norte	Carreira do dia 6 Chegada do Sul	Carreira de 23 Sahida do Norte	Carreira de 23 Chegada do Sul
Lisboa............	6 de cada	9-10 (3.º mez)	23 de cada	24 (3.º mez)
Madera............	8 »	—	—	22 »
S. Vicente........	12 »	—	—	17 »
S. Thiago.........	13-14 »	1-2 »	29-30 »	16 »
Principe..........	23 »	—	—	7 »
S. Thomé.........	24-26 »	21-23 (2.º)	8-10 »	4-6 »
Cabinda...........	28 »	19 »	12 »	2 »
Sᵗ A. do Zaire...	—	18 »	13 »	—
Ambrizette........	29 »	17 »	—	1 (2.º)
Ambriz............	30 »	16 »	14 »	30 »
Loanda............	1-3 »	13-15 »	15-17 »	27-29 »
N. Redondo........	4 »	12 »	18 »	26 »
Benguella.........	6 »	10-11 »	20 »	24-25 »
Mossamedes........	7-9 »	8-10 »	21-23 »	22-24 »
P. Alexandre......	7-9 »	Ultimo P.	21-23 »	Ultimo P.

As demoras nos portos podem ser abreviadas, mas nunca serão inferiores a seis horas, conforme ao contracto.

Caminhos de Ferro africanos

Horario — Loanda

Comboios		Tempo	Estações	Chegad.	Demora	Partida
		H. m.		H. m.	H. m.	H. m.
Ascendentes	Comboio nº 1	—	Loanda (partida)	—	—	6.00m.
		0.09	Cidade alta	6.09m.	0.20	6.29
		0.51	Cacuaco	7.20	0.05	7.25
		0.30	Quifangondo	7.55	0.15	8.10
		0.51	Funda	9.01	0.05	9.06
		1.12	Cabiri (bufete)	10.18	0.30	10.48
		1.18	Catete (cruzamento)	12.06 t.	0.10	12.16 t.
		1.03	Cunga	1.19	0.15	1.34
		1.09	Cassoneca	2.03	0.15	2.58
		0.57	Barraca	3.55	0.05	4.60
		1.03	Calunguembo	5.03	0.05	5.08
		0.30	Zenza (buf., pernoitamento)	5.38	—	—
	Comboio nº 3	—	Zenza (partida)	—	—	8.00m.
		1.27	Cassualalla	9.27m.	0.20	9.47
		0.27	Oeiras	10.14	0.15	10.29
		1.44	Tala-Quizanga (buf., cruz.)	12.13 t.	0.30	12.43 t.
		0.32	Luinha	1.15	0.15	1.30
		1.30	Canhoca	3.00	0.20	3.20
		0.52	Queta	4.12	0.20	4.32
		0.30	Babá (chegada)	5.02	—	—
Descendentes	Comboio nº 4	—	Babá (partida)	—	—	7.45m.
		0.30	Queta	8.15m.	0.15	8.30
		0.52	Canhoca	9.22	0.15	9.37
		1.40	Luinha	11.17	0.15	11.32
		0.28	Tala-Quizanga (buf., cruz.)	12.00 t.	0.25	12.25 t.
		1.32	Oeiras	1.57	0.15	2.12
		0.37	Cassualalla	2.39	0.15	2.54
		1.27	Zenza (buf., pernoit.)	4.21	—	—
	Comboio nº 2	—	Zenza (partida)	—	—	6.30m.
		0.30	Calunguembo	7.00m.	0.05	7.05
		1.03	Barraca	8.08	0.05	8.13
		0.57	Cassoneca (buf.)	9.10	0.30	9.40
		1.09	Cunga	10.19	0.15	11.04
		1.03	Catete (cruzamento)	12.07 t.	0.10	12.17 t.
		1.48	Cabiri	1.35	0.10	1.45
		1.12	Funda	2.57	0.05	3.02
		0.51	Quifangondo	3.53	0.15	4.08
		0.30	Cacuaco	4.38	0.05	4.43
		0.51	Cidade alta	5.34	0.15	5.49
		0.09	Loanda (chegada)	5.58	—	—

Comboios ordinarios.— Paragem de 1 minuto nos kms. 13, 36, 58, 78, 88, 107, 127, 147, 167, 197, 208, 237 e 280, para passageiros.

LATITUDES E LONGITUDES

Tabua do numero de milhas que ha em cada grau de long. por cada grau de lat.

Latitude	Long.	Latitude	Long.	Latitude	Long.
1°	60.0	31°	51.4	61°	29.1
2	60.0	32	50.9	62	28.2
3	59.9	33	50.3	63	27.2
4	59.9	34	49.7	64	26.3
5	59.8	35	49.1	65	25.4
6	59.7	36	48.5	66	24.4
7	59.6	37	47.9	67	23.4
8	59.4	38	47.3	68	22.5
9	59.3	39	46.6	69	21.5
10	59.1	40	46.0	70	20.5
11	58.9	41	45.3	71	19.5
12	58.7	42	44.6	72	18.5
13	58.5	43	43.9	73	17.5
14	58.2	44	43.2	74	16.5
15	58.0	45	42.4	75	15.5
16	57.7	46	41.7	76	14.5
17	57.4	47	40.9	77	13.5
18	57.1	48	40.1	78	12.5
19	56.7	49	39.4	79	11.4
20	56.4	50	38.6	80	10.4
21	56.0	51	37.8	81	9.4
22	55.6	52	36.9	82	8.4
23	55.2	53	36.1	83	7.3
24	54.8	54	35.3	84	6.3
25	54.4	55	34.4	85	5.2
26	53.9	56	33.6	86	4.2
27	53.5	57	32.7	87	3.1
28	53.0	58	31.8	88	2.1
29	52.5	59	30.9	89	1.0
30	52.0	60	30.0	90	0.0

Nota: (Whitaker). — Ao 1° grau de latitude, o grau tem 60 milhas. — Aos 30°, tem 52 milhas; aos 60°, tem 30 milhas; aos 90° (no pólo), nada tem, é um ponto.

— LXXXIII —

Tabella de dias de trabalho a 20 e 100 réis

Encontra-se o total no vertice do angulo formado pela columna dos dias e a linha de salarios

Dias de trabalho

Vintens (20 réis)	Tostoes (100 réis)	1/4	2/1	3/4	1	2	3	4	5	6	7	8	9	10
1/2		2,5		7,5	10	20	30	40	50	60	70	80	90	100
1		5	10	15	20	40	60	80	100	120	140	160	180	200
2		10	20	30	40	80	120	160	200	240	280	320	360	400
3		15	30	45	60	120	180	240	300	360	420	480	540	600
4		20	40	60	80	160	240	320	400	480	560	640	720	800
5	1	25	50	75	100	200	300	400	500	600	700	800	900	1.000
6		30	60	90	120	240	360	480	600	720	840	960	1.080	1.200
7		35	70	105	140	280	420	560	700	840	980	1.120	1.260	1.400
8		40	80	120	160	320	480	640	800	960	1.120	1.280	1.440	1.600
9		45	90	135	180	360	540	720	900	1.080	1.260	1.440	1.620	1.800
10	2	50	100	150	200	400	600	800	1.000	1.200	1.400	1.600	1.800	2.000
15	3	75	150	225	300	600	900	1.200	1.500	1.800	2.100	2.400	2.700	3.000
20	4	100	200	300	400	800	1.200	1.600	2.000	2.400	2.800	3.200	3.600	4.000
25	5	125	250	375	500	1.000	1.500	2.000	2.500	3.000	3.500	4.000	4.500	5.000
30	6	150	300	450	600	1.200	1.800	2.400	3.000	3.600	4.200	4.800	5.400	6.000
35	7	175	350	525	700	1.400	2.100	2.800	3.500	4.200	4.900	5.600	6.300	7.000
40	8	200	400	600	800	1.600	2.400	3.200	4.000	4.800	5.600	6.400	7.200	8.000
45	9	225	450	675	900	1.800	2.700	3.600	4.500	5.400	6.300	7.200	8.100	9.000
50	10	250	500	750	1.000	2.000	3.000	4.000	5.000	6.000	7.000	8.000	9.000	10.000
100	20	500	1000	1.500	2.000	4.000	6.000	8.000	10.000	12.000	14.000	16.000	18.000	20.000

POTENCIAS COLONIAES (Estatistica)

Ordem da sua importancia em dominios, areas e população

Importancia em territorios	Estados	Milhas quadradas Dominios	Milhas quadradas Europa	População Total	População Por milha q.da	Área dos dominios para a da Europa	Classificação Dominios para a area da Europa	Classificação População
1º	Inglaterra...	11.213.412	120.979	39.466.000	326	92,0	1º	2º
2º	Russia......	6.564.778	2.095.504	103.703.000	47	3,13	6º	8º
3º	França.....	2.600.747	204.092	38.518.000	188	12,7	4º	5º
4º	Allemanha..	1.020.070	208.670	52.280.000	250	4,8	5º	4º
5º	Hollanda...	783.000	12.648	4.859.000	384	60,2	2º	1º
6º	Portugal...	743.204	34.038	5.082.000	144	21,8	3º	6º
7º	Hespanha...	405.338	197.670	17.566.000	88	2,0	7º	7º
8º	Italia......	88.500	110.623	31.103.000	281	0,8	8º	3º

DISTRIBUIÇÃO DOS MARES (Area, profundidade, volume)

Nomes	Area			Profundidade			
	Milhas quadradas	Percentg. sobre toda a terra	Diametro de circulo (Milhas)	Pés: Maxima	Pés: Média	Milhas: Maxima	Milhas: Média
Pacifico..........	51.676.000	37.4	8.111.4	30.000	14.544	5.68	2.75
Oceano austral...	30.592.000	22.8	6.241.0	25.200	11.197	4.77	2.12
Atlantico.........	27.540.000	20.1	5.921.6	27.366	12.611	5.18	2.39
Indico............	17.084.000	12.3	4.663.8	18.582	13.715	3.52	2.59
Mediterraneo.....	813.000	.6	1.017.4	12.900	4.611	2.44	0.87
Restantes mares..	9.494.000	6.8	3.476.8	25.200	3.125	4.77	0.59
Total......	137.199.000	100.0	13.214.0	30.000	12.458	5.68	2.35

VOLUME DO OCEANO	Nomes dos mares	Milhas³	Percentg. sobre toda a terra	Diam. da esphera (milhas)	Bilhões de Gallões	Bilhões de Toneladas
	Pacifico.........	142.351.000	43.9	647.8	130.490.000	582.500
	Oceano austral..	64.875.000	20.1	498.5	59.472.000	265.500
	Atlantico........	65.779.000	20.3	500.8	60.301.000	269.200
	Indico...........	44.377.000	13.7	439.2	40.681.000	181.600
	Mediterraneo....	710.000	.2	110.7	630.870	2.905
	Restantes mar.	5.620.000	1.8	220.4	5.152.000	22.990
	Total......	323.712.000	100.0	831.8	296.746.870	1.324.695

(*Whitaker*).

DISTRIBUIÇÃO DA TERRA

1º Elevação acima do nivel do mar

| NOME | Milhas quadradas |||| Percentagem |||| Média ||
	Abaixo de 600 pés	De 600 a 1.500	De 1.500 a 3.000 pés	Além de 3.000 pés	Abaixo de 600 pés	De 600 a 1.500 pés	De 1.500 a 3.000 pés	Além de 3.000 pés	Pés	Milhas
Europa.....	2.040.600	991.800	362.000	275.700	56	27	10	7	938	9 18
Asia........	4.049.500	2.603.700	3.551.900	6.463.400	25	16	22	37	3.190.0 6
Africa......	1.410.100	3.859.800	3.066.200	2.756.700	13	35	27	25	2.022 0 3
Amer. do N	2.466.200	2.450.600	1.015.900	1.690.400	33	32	13	22	1.887 0 3
Amer. do S	2.725.600	1.842.800	1.151.600	1.442.000	40	27	17	16	2.077 0 3
Australia...	896.300	1.935.700	123.900	58.200	30	64	4	2	804 6 1
Ilhas	476.400	600.000	611.500	1.092.800	17	22	22	39	2.378 0 4
Total....	14.064.700	14.284.400	9.882.400	13.179.200	27	28	19	26	2.252 0 4

| NOME | 2º Area da Terra |||| 3º Volume da Terra |||
	Milhas quadrad.	Percentagem sobre toda a terra	Diametro de circulo (Milhas)	Perimetro	Milhas cubicas	Percentagem sobre toda a terra	Diametro da esphera (Milhas)
Europa	3.670.100	7 14	2.162	19.500	652.800	2 98	107 6
Asia...........	16.368.500	31 84	4.564	35.000	9.887.000	45 09	266 3
Africa	11.092.800	21 58	3.757	16.000	4.246.400	19.38	200 9
America do N..	7.623.100	14 83	3.116	24.500	2.725.500	12 43	173 3
America do S..	6.861.400	13 34	2.955	14.500	2.699.900	12 31	172 8
Australia......	3.014.100	5 86	1.959	10.000	459.400	2 10	95 7
Ilhas	2.780.700	5 41	4.881	......	1.252.200	5 71	133 8
Total	51.410.700	100 00	8,092	......	21.923.200	100 00	347 2

(Whitaker).

CALENDARIO JURIDICO

JANEIRO

Pagamentos. — *Contribuições.* — Predial, industrial, juros, sumptuaria renda de casa. *Derrama parochial. Matriz.* Entregam-se esclarecimentos ao Escrivão de Fazenda. *Sinistros prediaes.* — Requer-se a annullação. *Audiencias geraes.* Abertura.

Cabos de policia. — Nomeão-se — *Piscicultura.* Reunião e trabalhos da commissão central permanente.— *Collectas* — Reclamações dos proprietarios sobre collectas, impostos, etc.

ESPECIAL

Dia 1

Jurados. — Sorteio dos jurados nos paços do concelho, pela commissão recenseadora — *Vencimento das annuidades da contribuição de registo,* titulo gratuito, por usofructo transmittido em separado da propriedade.

Desde o dia 2

Collectas. — Reclamação dos proprietarios sobre collectas injustas, até ao fim de março.

Dia 2

Matrizes. — Installação da Junta Fiscal. *Editaes* pedindo as declarações dos contribuintes.

Contribuintes. — Declarações até 2 de *fevereiro* das alterações prediaes occorridas no anno antecedente.

Do dia 2 a 17

Contribuição industrial. — O Escrivão de Fazenda recebe as declarações para a respectiva matriz.

Até ao dia 25

Recenseamento eleitoral. — Nomeação de vogaes (eff. e subst.) pelos Juizes de Direito, Camaras municipaes e Commissões districtaes, para a constituição da respectiva commissão.

Documentos. — Remessa dos documentos legaes aos secretarios das commissões eleitoraes pelos Parochos, Escrivão de Fazenda, officiaes de registo criminal e civil.

Até ao dia 31

Operarios. — Relação dos operarios ao Escrivão de Fazenda pelos chefes das repartições publicas e directores das fabricas.

Processos de perdão. — Remessa pela Procuradoria geral da corôa e fazenda ao ministerio da justiça.

Minas. — Nota de minerios exportados no anno anterior pela direcção d'alfandega e caminhos de ferro á repartição das minas. Mappas dos concessionarios, nota dos delegados.

Do dia 2 a 29 de fevereiro

Recenseamento militar. — Organização do respectivo livro.

FEVEREIRO

Todo o mez a 31 de Março.

Collectas. — Reclamações sobre collectas (abertas em 2 jan.º).

Pagamentos. — Renda de casa e sumptuaria (Lisbôa e Porto).

ESPECIAL

Dia 5

Recenseamento eleitoral. — Installação das commissões.

De 6 a 5 de março

Recenseamento eleitoral. — A commissão delibera sobre a inscripção dos eleitores e sua eligibilidade.

Até ao dia 29

Sinistros prediaes. — O Escrivão de Fazenda envia ao Del.do do Thesouro os requerimentos para as annullações.

Dia 29

Recenseamento militar. — As commissões devem concluir o respectivo livro.

MARÇO

Recenseamento militar. — Apresentação das reclamações á commissão e entrega das petições à Camª mal.

Sinistros prediaes. — Remessa dos requerimentos das annullações pelos Deleg. do Th. á direcção geral das contribuições directas.

Collectas. — Termina no dia 31 o praso das reclamações sobre collectas injustas (aberto em 2 de jan.º)

ESPECIAL

Desde o dia 1 a 15

Processo de perdão. — Até 15 estarão visados pelo cons.º do Estado os remettidos pelo ministro da justiça.

Matrizes prediaes. — O Escriv. de Fazenda envia á Junta fiscal a proposta das alterações recebidas para a revisão annual, que termina em 30 de Junho.

Contribuintes. — Depois da revisão annual, o prazo das reclamações é annunciado por editaes.

Recenseamento militar. — Intima-se a inscripção aos mancebos. *Copias de recenseamento.* — Estarão affixadas. *Livro original do recens.* - Patente em poder do secretario da Cam.ª

Dia 5 d'abril

Termina o serviço eleitoral começado em 6 de fevereiro.

Dia 6 a 15

Recenseamento eleitoral. — O secretario da commissão organiza a lista triplice, por freguezias, dos eleitores inscriptos, e remette dois exemplares ao Juiz de Direito da Comarca.

Dia 17

Recenseamento eleitoral. — Affixação de um exemplar d'estas duas listas eleitoraes.

Até 31

Estatistica. — Os informadores e cobradores (Lisbôa e Porto) e os regedores entregarão ao Escrivão de Fazenda a relação das pessoas residentes ou industriaes.

De 18 a 1 d'abril

Recenseamento eleitoral. — Exposição para exame e reclamações de um dos exemplares das listas eleitoraes, recebidas pelo Juiz, no tribunal ou cartorio do Escrivão do processo. Exposição do exemplar, em poder do secretario da Camara, na respectiva casa das sessões.

Reclamações eleitoraes. — Contra a indevida ou inexacta inscripção, perante o Juiz de Direito, podendo ser feitas pelo interessado, pelos vogaes da commissão, ou por qualquer cidadão do circulo, recenseado no anno anterior; — e *contra a omissão*, podendo egualmente ser feitas as reclamações pelos individuos referidos, menos os do ultimo caso

Dia 31

Conservatorias. — Termina o serviço das 10 ás 4, começando no dia seguinte das 9 ás 3.

ABRIL

Contribuição predial e industrial. — Pagamento da 2ª prestação.

Audiencias geraes. — Abertura.

ESPECIAL

Dia 1

Conservatorias. — Começa o serviço (das 9 h. da manhã ás 3 da tarde) até fim de setembro. Termina o serviço eleitoral começado em 18 de março.

Orçamentos ordinarios. — Os das instituições pias e de caridade são propostos pelos presidentes respectivos á discussão e approvação das mesas.

De 1 a 15

Recenseamento militar. — A Cam.ª m.ᵃˡ remette as petições á commissão.

De 2 a 25

Recenseamento eleitoral. — Decisão das reclamações pelo Juiz de Direito; o escrivão do processo organiza a lista triplice, por freguezias, das alterações (da lista eleitoral recebida) ordenadas pelo Juiz de Direito.

De 5 a 15

Livro de recenseamento militar. — Patente, em poder do secretario da camara depois de notadas as reclamações.

Até 30

Recenseamento militar. — As commissões remettem ao Juiz de D^{to}. as reclamações e petições.

Orçamentos ordinarios. — Os presidentes os remettem aos Administradores dos concelhos, depois de approvados pelas mesas no principio do mez.

Dia 26

Recenseamento eleitoral. — Affixação de um exemplar das listas feitas de 2 a 25 (alterações) na egreja respectiva.

De 27 a 1 de maio

Eleitoral. — Patente um exemplar da lista das alterações, no tribunal ou cartorio do escrivão do processo.

Recurso eleitoral. — Das decisões do Juiz de Direito para a Relação do districto, pelo reclamante, interessado, Administrador do concelho, ou vogaes da commissão.

MAIO

Do dia 1 a 10

Eleitoral. — Termina o prazo eleitoral aberto em 27 de maio.

Matrizes prediaes. — Patentes aos contribuintes (em Lisbôa e Porto), as de contribuição de renda de casa e sumptuaria, para as reclamações.

Até 15

Orçamentos ordinarios. — Das instituições de piedade e caridade. São remettidos ao Governador pelos Administradores de concelhos com a informação d'estes.

De 2 a 20

Eleitoral. — Remettem-se officialmente os recursos das

decisões dos Juizes de Direito á Relação do districto que os decidirá n'este prazo.

De 11 a 20

Renda de casa e sumptuaria. — A Junta fiscal decide as reclamações recebidas de 1. a 10.

Até 31

Recenseamento militar. — O Juiz de Direito decide as reclamações e petições.

De 21 a 25

Renda de casa e sumptuaria. — Patentes (em Lisbôa e Porto) as decisões das Juntas fiscaes, (sobre as reclamações), podendo os contribuintes recorrer d'ellas para o Juiz de Direito.

Eleitoral. — Recurso das decisões da Relação para o Supremo Tribunal de Justiça.

De 26 a 9 de Junho

Eleitoral. — Remessa official dos recursos das decizões da Relação para o Supremo Tribunal de Justiça, que os julgará.

JUNHO

Dia 9

Cessa o prazo aberto a 26 de maio.

De 10 a 12

Eleitoral. Os processos de recursos baixão á 1.ª instancia para as ultimas alterações nas listas.

De 13 a 15

Eleitoral. — O Juiz de Direito ordena as alterações superiormente julgadas. Remessa da lista assim alterada pelo Escrivão do processo ao secretario da commissão.

Até 30

Matrizes prediaes. — Conclusão da revisão annual.

Contribuição industrial. — Os delegados do thesouro remettem os mappas estatisticos do anno anterior á direcção geral das contribuições directas.

Matrizes prediaes. — Não existirá conhecimento algum em poder dos recebedores.

Matrizes industriaes. — Estão escripturadas.

Contribuições. — Reclamarão dentro de 10 dias, no prazo dos editaes.

De 16 a 27

Eleitoral. — O secretario da Camara organiza o livro, pela lista original, e pelas alterações do Juiz da comarca, a quem a remette para a conferenciar.

Dia 30

Eleitoral. — O Juiz de Direito encerra o livro, depois de conferido e rubricado por elle, e o remette ao secretario da Camara municipal.

Recebedores. — Encerrão as contas do anno economico, que hoje finda.

JULHO

Pagamentos. — De decimas prediaes e industriaes — 3ª prestação trimestral ou 2ª semestral.

Audiencias geraes. — Abertura.

Congruas. — Derrama pela Junta de revisão.

Piscicultura. — A commissão permanente procede aos seus trabalhos.

Dia 1

Jurados. — Installa-se a commissão recenseadora, procedendo ao sorteio.

Até 10

Renda de casa e sumptuaria. — Os Escrivães de Fazenda (Lisbôa e Porto) remettem aos recebedores os conhecimentos para a cobrança.

De 1 a 15

Eleitoral. — O secretario da commissão, remette ao Governo pelo Administrador do concelho a copia authentica do livro ou do addicionamento.

De 1 a 17

Matriz industrial, renda de casa e sumptuaria. — Recebem-se na repartição de Fazenda os esclarecimentos que os interessados são obrigados a fornecer (Lisbôa e Porto).

De 1 a 20

Jurados. — A commissão organiza o recenseamento.

Até 30

Contas. — As repartições de Fazenda remettem á direcção geral da contabilidade tabellas e notas das fontes de receita e divida activa do estado do anno anterior.

Até 31

Estatistica. — Os informadores e cobradores darão ao Escrivão de Fazenda as relações dos estabelecimentos industriaes (Lisbôa e Porto).

Matrizes industriaes. — Escripturadas (n.ºˢ 1 a 13) (Lisbôa e Porto).

Contribuintes. — Reclamações dentro de 10 dias, no prazo dos editaes.

Dia 25

Jurados. — Publicação, por editaes, da lista dos cidadãos recenseados. Notificação aos inscriptos, pelos officiaes do Juizo de direito ou de paz, até 10 d'agosto.

De 25 até 2 de agosto

Jurados. — Reclamações sobre a injusta inscripção ou omissão no recenseamento respectivo.

AGOSTO

Pagamentos. — Contribuição de renda de casa e sumptuaria;
1ª. prest. semestral, dentro de 30 dias (Lisbôa e Porto).

Até 2

Jurados. — Reclamações sobre a injusta inscripção ou omissão no recenseamento.

Até 10

Jurados. — Notificação marcada em 25 de julho.

Até 15

Recenseamento militar. — A commissão envia a copia authentica do recenseamento ás camaras municipaes, aos commandantes dos districtos e ao Governador civil.

De 10 a 20

Matriz de renda de casa e sumptuaria. — Patente. Reclamações.

De 21 a 30

Matriz de renda de casa e sumptuaria. — As Juntas fiscaes decidem as reclamações.

Até 31

Conta de gerencia economica. — Apresentam-na os presidentes das corporações pias e de caridade a examinarem-se pelas respectivas mesas.

SETEMBRO

De 26 a 1 de setembro

Jurados. — A commissão julga as reclamações apresentadas, sobre o recenseamento.

De 31 a 4 de setembro

Matrizes de renda de casa e sumptuaria. — Patentes as decisões das Juntas fiscaes, sobre reclamações.
Recurso das decisões p.ª o Juiz de Direito.

Prestações. — Os que quizerem pagar em quatro prestações trimestraes, as suas contribuições no anno seguinte, assim o declarem ao Escrivão de Fazenda.

Derrama parochial. As juntas de Parochia fazem o respectivo rol para a gerencia do anno seguinte, ouvindo dois informadores nomeados pela Cam.ª municipal ou por ellas mesmas, na omissão d'esta.

Serviço militar. — Começa a inspecção dos mancebos, até 31 de Outubro.

Dia 1

Jurados. — Termina o julgamento das reclamações.

De 1 a 15

Phyloxera. — Reclamação dos proprietarios pelas perdas.

Até 4

Matrizes de renda de casas e sumptuarias. — Cessa o prazo aberto a 31 de agosto.

Até 30

Contribuição predial. — Concluso, sommado e encerrado o mappa da repartição pela Junta fiscal.

Contribuintes. — Reclamações dentro de 10 dias, no prazo dos editaes.

Dia 30

Recens. militar. — A commissão publica por editaes a subdivisão dos contingentes pelas freguezias.

Conservatorias. Termina o serviço das 9 ás 3, continuando no dia seguinte das 10 ás 4.

OUTUBRO

Pagamento. — Da 4ª. prestação predial e industrial do anno anterior.

Recens. militar. — As camaras municipaes nomeão os membros da commissão.

Orçamento parochial. — Proposto pelo presidente, á discussão e approvação da Junta de Parochia.

Audiencias geraes. — Abertura.

Serviço militar. — Termina a inspecção dos mancebos.

Dia 1

Conservatorias. — Começa o serviço das 10 ás 4, até ao fim de março.

Até 10

Recens. militar. — As commissões envião a copia da subdivisão do contingente pelas freguezias ao respectivo commandante do districto.

Jury commercial. — Organiza-se pelas secretarias do tribunal do commercio.

Renda de casas e sumptuaria. — Os Escrivães de Fazenda entregão aos recebedores, os conhecimentos, para a cobrança da contribuição.

Até 30

Rendimento collectavel. — Os delegadosdo thesouro remettem á direcção geral das contribuições directas o mappa, por freguezias, com a certidão dos encerramentos das matrizes.

Até 31

Sinistros prediaes. — Os Escrivães de Fazenda remettem ao delegado do thesouro, com a sua informação, os requerimentos de annullações sobre os prejuizos do phyloxera.

Juros. Conclusão do lançamento. Reclamações, dentro de 10 dias, sobre a respectiva matriz, no prazo dos *editaes* da Junta de repartidores.

Custas — das corporações pias e de caridade. Enviadas pelos presidentes ao administrador do concelho, em duplicado.

De 1 ao 1° de novembro

Perdão da Semana Santa. — Os reus apresentam os seus requerimentos aos procuradores regios ou seus delegados, ou aos directores da Penitenciaria de Lisbôa.

NOVEMBRO

Orçamentos municipaes. — Propõe-se a discussão é approvação.

Serviço militar. — Sorteio dos recenseados nas sédes dos concelhos. Reclamações no proprio acto, até o 5°. dia.

Dia 1

Termina o prazo dos requerimentos a perdão.

De 2 a 2 de dezembro

Renda de casa e sumptuaria. — Pagamento da contribuição nos districtos de Aveiro, Braga, Bragança, Coimbra, Guarda e Porto.

Até ao dia 10

Jury commercial. — Reclamação das inclusões ou exclusões no recenseamento.

De 1 até 15

Sinistros prediaes. — (Phyloxera). — Os delegados do thesouro remettem á direcção geral das contribuições directas os requerimentos d'annullações e as relações dos escrivães de Fazenda.

Até ao dia 20

Jury commercial. — Os tribunaes commerciaes resolvem os recursos do recenseamento.

Do dia 15 a 15 de dezembro

Renda de casa e sumptuària. — Pagamento das contribuições (Faro).

Até ao dia 25

Perdão. — Os delegados remettem á Procuradoria os requerimentos informados.

Dia 25

Eleição do jury commercial.

Até ao dia 30

Recens. militar. — Os Juizes de Direito resolvem as reclamações sobre a nomeação ou escuza dos vogaes das commissões.

Predial e industrial. — Os Escrivães de Fazenda entregam aos recebedores os conhecimentos (Fóra de Lisbôa e Porto).

Perdão. — O Director da Penitenciaria de Lisbôa, remetterá informados os requerimentos á direcção dos Neg. da justiça.

DEZEMBRO

Renda de casa e sumptuaria. — Pagamento da contribuição (Leiria, Villa-Real).
Bibliotheca nacional agricola. — O Conselho superior propõe os premios das obras.

Dia 2

Termina o prazo aberto em 2 de novembro (Pagamento).
Jurados. — A commissão faz as alterações ordenadas pelos tribunaes.

Até ao dia 15

Junta fiscal. — As Cam.^{as} municipaes remettem ao Delegado do Thesouro, pelos Escrivães de Fazenda, a relação dos doze individuos para a escolha dos vogaes.

Desde 1 a 10

Matrizes. — (renda de casa e sumptuaria) : patentes — exame e reclamações.

Até ao dia 12

Junta de repartidores. — As Cam.^{as} do commercio, ou as municipaes, envião ao Escrivão de Fazenda duas listas, de seis nomes cada uma, para nomeação dos vogaes.

Até ao dia 15

Junta de repartidores. — O Escrivão de Fazenda propõe a escolha do presidente e supplente, e remettem com a sua informação as propostas para vogaes.

De 11 a 20

Matriz (renda de casa e sumptuaria). — As juntas fiscaes decidem as reclamações (Lisbôa e Porto).
Contribuição industrial. — As juntas de repartidores julgam as reclamações.

Até 20

Contribuição ind. — Os Escrivães de Fazenda entregão aos recebedores os conhecimentos de cobrança (Lisbôa e Porto).

Junta de repartidores. — Entrega dos alvarás de nomeação aos vogaes.

Dia 15

Termina o prazo aberto em 15 de novembro — (Casa e sumpt.)

Do dia 20 a 25

A Junta (do imposto das aguas med.) procede aos seus trabalhos.

De 21 a 25

Renda de casa e sumpt. — Patentes (em Lisbôa e Porto) as decisões das Juntas fiscaes sobre as reclamações.
Recurso para o Juiz de Direito.

De 15 a 31

Matrizes. — (ind., renda de casa, sumpt.) esclarecimentos particulares ao Escrivão de Fazenda (Lisb. e Porto).

Até ao dia 31

Perdão — remessa dos requerimentos da Procuradoria regia.

Recens. militar — remessa da relação de mancebos de 19 annos, pelos Parochos, Directores d'Hospitaes, asylos, e estabelecimentos similhantes, e Administradores de concelho — á commissão de recenseamento.

Dia 31

Junta de repartidores. — Installação da que servirá no anno seguinte.

Juntas fiscaes e de repartidores. — Consideram-se dissolvidas.

DISPENSAS E CONCESSÕES ECCLESIASTICAS

no

BISPADO DE CABO-VERDE

segundo a

Pastoral do ex.^{mo} e rev.^{mo} Prelado, D. Joaquim Augusto de Barros, datada de 26 de fevereiro de 1897.

1.ª É permittido o uso de comida de carne na refeição principal de cada dia, na presente Quaresma, excepto, além das sextas-feiras e sabbados, o dia de quarta-feira de Cinza, as vigilias de S. José e da Annunciação da SS. Virgem e os tres ultimos dias da Semana Santa, sendo inteiramente vedada a promiscuidade de carne e peixe no referido tempo, ficando salva a lei do jejum para aquelles que são obrigados a guardal-a.

2.ª Fóra do tempo da Quaresma, é permittido o uso de carne aos sabbados, excepto aquelles em que cahir a vigilia de Pentecostes e os quatro sabbados das temporas.

3.ª E' dispensada a abstinencia dos mais dias do anno, exceptuando, além das sextas-feiras, as vigilias do Natal, dos Apostolos, d'Ascensão de Nosso Senhor, do SS. Coração de Jesus, Todos os Santos, Annunciação e Purificação de Nossa Senhora.

4.ª O uso de tempero de gordura de porco, ovos e lacticinios, não é vedado em tempo algum do anno, nem a comida de carne aos domingos de Quaresma em qualquer refeição.

5.ª Aos individuos que vivem em união illicita e resolverem sahir d'esse estado peccaminoso, recebendo-se em matrimonio, dentro do tempo que vae de quarta-feira de Cinza ao dia d'Ascensão de Nosso Senhor, é concedida dispensa gratuita da falta de cumprimento de preceitos quaresmaes no ultimo triennio, devendo comtudo, antes da celebração do matrimonio, cumprir a desobriga d'este anno.

6.ª Será egualmente concedida dispensa gratuita aos

parentes em 4.º grau de consanguinidade, vivendo em mancebia, com tanto que se separem logo que tenhão conhecimento d'esta concessão e solicitem sua dispensa para se receberem, dentro do tempo marcado na concessão anterior, que só poderá ser ultrapassado com permissão Nossa, por motivo attendivel.

7.ª Desde o principio da Quaresma até ao dia d'Ascensão auctorisamos os reverendos parochos a administrar o baptismo aos adultos, previamente catechisados, sem outra licença especial.

8.ª Aos reverendos parochos e mais sacerdotes habilitados para confessar, damos jurisdicção para absolver de todos os casos reservados n'este Bispado, excepto do da falta de cumprimento dos preceitos, fóra do tempo indultado nas concessões 5.ª e 6.ª.

Todos os fieis, porém, que quizerem aproveitar-se das referidas graças, deverão tomar a Bulla da Cruzada que será da taxa de 40 réis para os neóphytos de sete annos d'edade para cima, de 30 réis para os nubentes indultados, e para todos os mais da taxa correspondente ao valor de seus bens e rendimentos, sem o que não lhes aproveitarão.

~~~~~~~

CORREIO LITTERARIO

(em cifra).

As difficuldades enormes que nos creou o primeiro editor do nosso livrinho, como que querendo de proposito suffocar-lhe a existencia, forão a unica razão por que o *Almanach Luso-Africano* só agora apparece, para 1899, abrangendo os annos de 96, 97 e 98. Onde reside a direcção não ha imprensa, e a distancia que a separa de Portugal, onde se imprime o livrinho, é um dos grandes obstaculos que se têm a vencer para a bôa regularidade da edição que esperamos não tardará a tomar um curso regular.

Foi-nos impossivel attender a todos os ex.^mos concorrentes, pela extraordinaria affluencia de artigos e mais ainda pelas difficuldades da edição, acima referidas.

Aos que se não virem contemplados, portanto, n'este volume, pedimos desculpa, certos de que nos perdoarão. Muitos, porém, não figurão n'este anno, porque o nosso primeiro editor não tem querido restituir-nos a grande copia de artigos que ainda estão em seu poder, desde o primeiro anno.

Portugal. — Agradecemos, penhorados, as obsequiosas expressões que nos dirigirão muitas pessoas da Metrópole, a respeito do nosso humilde livrinho, esperando a continuação do seu valioso auxilio.

Cabo-Verde, Guiné, S. Thomé, Angola e Moçambique. — São tantas as cartas que temos recebido d'estas provincias, fallando da importancia pratica do « Luso-Africano » e do bom acolhimento que teve este livrinho — que, não podendo especificar aqui ninguem, agradecemos, em globo, a todos que se nos teem dirigido, animando-nos a proseguir e concorrendo com farta e variada collaboração.

Brazil. — Excedeu toda a nossa espectativa o enthusiastico acolhimento que a intelligente, sympathica e nobre provincia litteraria brasileira nos tem manifestado, já em cartas demasiado lisongeiras, já nas remessas de numerosos e variados artigos para o « Luso-Africano. »

A todos, o nosso eterno e cordeal agradecimento.

J. S. A. (Lisbôa). — Recebemos e agradecemos. Á confiança que depositavamos em um dos companheiros dos primeiros trabalhos foi que deu motivo á sua justa queixa. Depois da sua carta foi que, relendo o assumpto, o achámos devéras inconveniente. Perdôe agora ao auctor que deixou de existir. Esperamos sempre a sua honrosa visita.

Draco (Santo Antão). — Co'a bréca! por um triz que nos entupia. Desafiamo-lo a faze-lo.

Chico X. (Cabo-Verde). — Preguiçoso. Olhe: uma vez um sapo, depois de ter levado tres dias a subir o camalhão de um rêgo e cahido, apenas lá chegado, disse: *sempre me aborrecêrão as pressas....*

J. G. P. (Cabo-Verde). — Diligencia contra a Preguiça......
adivinhe, meu loiro, que lhe dou *melões* e *quina*...

Braga (Pára-raios). — Santo Deus! São tão horriveis os seus productos, que o amigo mereceria mais glorias que Franklin, se os apresentára como pára-raios; porque estes, antes de sairem do seio das nuvens, desvião-se da terra, á simples probabilidade de serem repellidos pelos seus versos. Funileiro, amigo.

Julio Verne (Archivo de-). — Angola — (Sabiá). É extraordinario, amigo, nas suas concepções. A falta de orientação levou-o a um estado cahotico. E querem vêr como o Sabiá canta os areaes da sua terra? Vá. « A Norte 4°. S-Oeste magnetico demora o luxuriante *dunal* do occidente da minha aldeia. As dunas parecem copas de margaridas e os seus valles graniticos são cordilheiras de recifes nodosos. As areias, de côr niger-blanc-ruber, são tão finas, superfinas, que se escapão ao olhar longiquo do peão equestre. De longe, a 26 milhas de distancia, vê-se em noites de luar o dunal ou areal espalhando estrellas, rutilando raios, fingindo bosques calcinantes, imitando cavernas zodiacaes e abysmos penumbrosos semi-mechanicos, multifariamente illusorios.... = « E mais, e mais, e mais, que o bestuntó inspirou...

Moçambique (Chácha). — Para ser matriculado no livro dos collaboradores do « Africano », falta-lhe um documento: *o attestado authentico de haver frequentado o curso inicial do B,A = BA*...

Lilázia (Brasil). — Recebemos e agradecemos. Que Deus nos não falte com a sua Divina Graça e V. Ex.ᶜⁱᵃ com a sua primorosa collaboração. Esperamos a visita da sua aprimorada revista.

L. da Fonseca (Moçambique). — Recebemos os premios, que agradecemos. Que se restabeleça no « *Luso-Africano*, » o nosso alegre convivio de alguns annos no Lyceu. Obrigadissimo, meu L...

S. Vicente = Cabo-Verde (???). — Interroga tres vezes? Interrogue quatro: uma em cada anno, a vêr se no quarto os gonzos não estarão ainda oxydados com a cataplasma que nos mandou.

Liz (Santo Antão). — Só aqui poderemos archivar parte dos seus versos, versos *seus*, como attestado da sua applicação, bôa vontade e enthusiasmo pelos noivos, que de certo lh'os compensarão com 3 frascos de grog. Ei-los :

EM DIA DE CASAMENTO

1º

Elles vae igreja casar hoje
E depois faserom bóda.
Já é de nóte tem escuro
E depois faserom bóda

(Com tambor de saude agora e palmas)

Côro

Ó-lá sabe, oh sabe!
Cri-cri-cri, cri-ri-ri!
Oh sabe, cri-ri-ri!
Oh sabe, oh sabe, oh sabe!

2.º

La vae saude pa senhóra noiva!
Ti tri-li-li — oh sabe — oh sabe!
La vae saude la pa senhor noive!
Oh sabe — la-ri — la-rô, oh sabe!
Côro (etc.)

3º.

Quem crê casá, oh sabe!
El bá pa greja, oh doéce!
Lari-la-rô, oh doéce!
Quem crê casá, oh sabe!
Côro
etc. etc. etc.

Faltou ao auctor dizer que versejou depois do grog...

Siló (Cabo-Verde). — Surprehendeu-nos, amigo; continue, que a estreia não é má. Mas, sempre vá estudando mais algum tempinho a charadistica do Zé bitósga.

California (America-Expatriado). — Não o é da republica das lettras, porque é d'ella digno cidadão e prestimoso. *Córagem!*

B. Vista; Cabo-Verde (Nho Manél). — Era melhor que tomasse por senha o *So Manél*, titulo d'uma canção popular que bem deve conhecer, e fosse cantando ahi pelos seus areáes, no tom do *Oh So Manél, que toquim tom sabe*, e ao som da viola da Pio Mancanja, o reportorio versocida que de certo por engano para aqui mandou. Mammujar nos dedos é melhor.

Brasil (Pharol). — Honra-nos tanto com a sua distincta e variada collaboração, que lhe registramos o direito a uma cadeira de 1ª classe na 1ª galeria. Não nos esqueça.

Brava (E. P. T.). — São botões de rosa e jasmim, que ahi abundão, tudo o que nos mandou. A sua galleria é a das flôres. Esperamos ramalhetes para os concursos agora abertos.

Pode entrar o recem-vindo? (Brasil-Pernambuco-Tamandaré). — Com armas e bagagens. Ficão á sua disposição os modestos aposentos do « Luso-Africano », para os concursos e mais e mais.

V. de S. (Algarve). — Ahi vae parte da sua trova, para que os leitores do Africano saibão que ha carreiros fadistas, quando o sol surge do occidente:

> « *Quando, oh Sol, em dias tristonhos*
> *Surgindo no oeste dos meus sonhos,*
> *Vejo comtigo o meu rico amôr,*
> *Que nasceu ridente com o teu calor;*
>
> *Sinto que minh' alma se evapora,*
> *Que minha sorte não melhora,*
> *E por isso acompanho-te oh Sol,*
> *Com o meu amor, o meu pharol.*
>   (etc. etc. etc.)

Só parra, parrinha só. Outra vida, compadre Zanaga.

Sou crente, mas não caróla (S. Vicente). — Ha profunda differença entre caróla e protestante, como a ha entre protestante e catholico. Todos creem, são crentes, em qualquer coisa; mas o catholico crê no verdadeiro Deus, em Jesus-Christo, na revelação, no dogma, e na auctoridade da egreja estabelecida por Jesus, que teve o seu primeiro representante em S. Pedro, primeiro élo da eterna cadêa dos Vigarios de Christo, na terra. — Não é a pedra ou a madeira que o catholico adora, mas Aquelle que, morto na Cruz, esta honra com o seu Preciosissimo Sangue, como o diz o Santo Bispo, Francisco de Sales :

« *Ce n'est pas la pierre ni le bois*
Que le catholique adore;
Mais le roi, qui, mort en croix,
De son sang la croix honore. »

C.º S.ª (Cabo-Verde). — Bemvindo; e que sempre tenhamos a honra de o receber ao portão e conduzi-lo pessoalmente á nossa modesta sala de visitas...

Collegial (Portugal). — « Agua molle em pedra dura tanto dá até que fura » — diz o proverbio. Trabalhe, meu amigo, e escreva nas paredes do seu quarto os seguintes versos de Morel de Vindé.

« *Le travail.*

Le travail seul conduit à la prospérité;
N'allons pas nous flattant d'une espérance vaine.
Attendre des succès sans travail et sans peine :
On n'obtient jamais rien sans l'avoir mérité. »

Brasil (Bahia). — D. Fricandó. Pena que V. Ex.ᶜⁱᵃ não escolhesse uma senha digna da belleza e suavidade da sua dicção. A sua *harpa é crente*, a sua lyra domina e enleva.

Angola (Cada qual em seu officio). — Tem razão: funileiro. Muitas vezes dá Deus dentes a quem não tem nozes...

B. Vista (Gato escaldado....) — Ha sujeitos que devião ir mais longe : temer o proprio gêlo. Em vez de linguados, linguas de gato, para *fazer biço*, amigo, antes de escrever.

A muitos. — As copias devem ser feitas com intelligivel calligraphia, tendo-se todo o cuidado em não confundir o *n* com o *u*, em fazer bem as lettras *g, r, t, v, x, z*, e em *pôr os pontos nos ii*, pois muitos os põem nos *nn*, nos *mm*, e até nos *oo*..., quando não os comem... para fazerem *ô*... *ô*... Bellas calligraphias — *phantasias* — ha muitas; mas, calligraphias claras, intelligiveis, verdadeiras... mui poucas. Confunde-se frequentemente o *n* com *u*, o *v* com *u* e com *n*, o *r* com *n* e com *v*, o *g* com *q* e com *j*, e muitos fazem um *x* que bem se parece com um gato, *escrevendo*, portanto, *gato com x*. Outros não cortão o *t*, outros não fechão o *o*, o *a* e as lettras d'estas formadas. Não seria mau que muitos outros começassem a aprender a calligraphia elementar, porque nunca põem o *til* ou os *accentos* e até as *virgulas* e *as cedilhas* no seu logarzinho...., como o til em vogal oral ou consoante, accento em *z* e cedilha em *e* ou no principio da palavra, confundindo-a com a *virgula*, ou a *virgula* abaixo da linha da escripta, confundindo-a com a *cedilha* ou com os accentos da linha seguinte...... Uma perfeita anarchia calligraphica.

Cabo-Verde (Si ceciderim....) — *Cadit asina, et est qui sublevet eam....* (S. Bernardo). Fica entre nós, porque ninguem mais o pesca....

Bernardo (Algures). — Visto que-se lembrou de S. Bernardo para d'elle tomar o nome, receitamos-lhe a sua mostarda, que é a melhor.

Brasil (Pernambuco-Oliveira Flôr). — Distincto, senhor Flôr. O seu soneto é magnifico; mas não pode ser publicado aqui e dado ao conhecimento dos honestos leitores do « *Africano,* » porque tal producção é leitura só para netos de Ninon; e, como diz saber francez, aqui lhe offerecemos uma quadra de Corneille, patricio de Lenclos, por naturalidade, mas não em sentimentos :

« *La pureté du cœur.*

Pour t'élever de terre, homme, il te faut deux ailes :
La pureté du cœur et la simplicité :
Elles te porteront avec facilité
Jusqu'à l'abîme heureux des clartés éternelles. »

Club africano (Angola). — Requerimento. Senhor = Miguel Guedes de Carvalho e Annibal Correia Taborda, membros honorarios e socios fundadores do *Club africano*, estabelecido na cidade de S. Paulo de Loanda, provincia de Angola, Africa occidental da America do Sul, desejando que os seus nomes adornem uma das paginas do almanach *Luso-Africano*, e não o podendo fazer sem prévia auctorisação de V. Ex^{cia}, — vem por este meio solicitar de V Ex^{cia} a mesma auctorisação, enviando-lhe, como carta de recommendação, algumas decifrações do almanach de 1895, assim como uma charada em losango da qual V. Ex^{cia}. fará o que melhor entender. Esperamos que defira agradavelmente. Deus guarde a V. Ex^{cia}. Loanda, 28 de maio de 1895. (Ass.) Club africano. Deferido. Haja vista o consul polar do Mexico...

M. d'A. (Moçambique). — Agradecemos a remessa. Vimos já publicada « A Vida »; não obsta, porém, a que esta poesia acompanhe o resto, como adiante verá. A demora do apparecimento do 2º anno causou, como crêmos, a publicação d'alguns artigos destinados ao « *Africano* », em outros periodicos. Não *predejica*...

O. B. (Cabo-Verde) — Um telegramma com esta cifra, antes da sua sempre esperada visita annual, para que o vamos receber na estação do enthusiasmo e gratidão, com a *nossa charanga*.

Xexé (Paul). — Para que não vá ao limbo em corpo e

alma com a sua má lingua, deixamos aqui uma oitava do *seu*......

Perfil.

És, poéta, | *No c'ração,*
Gran patéta; | *Maldição;*
Nos miólos, | *No fallar,*
Só abrólhos; | *Um alvar...* (*xexé*)

Tianor (Cascatinha). — Acolhido e sempre esperado.

A. E. F. M. (Cabo-Verde). — Confundiu-nos sobremodo a sua obsequiosissima carta. Não precisa requerer logar na modesta galleria do «*Africano*» quem o tem com direitos tão fundamentados e por dotes tão elevados.

Velhinho Carioca (Rio de Janeiro). — Que o velhinho ainda festeje muitissimos invernos, que lhe sejão primaveras, para que não tenha necessidade de instituir procurador que aqui o represente.

Cecilio (Dondo). — É tão digno de ser collaborador do nosso «*Africano*» que não devia ter chamado tentativa á sua primeira visita. Ficão-lhe, pois, escancaradas as portas do salão, onde terá sempre uma poltrona.

Maninho (S. Nicolau). — Foi agora merecedor de attenção. Continue os ensaios, para melhor figurar na orchestra do «*Luso-Africano*», aperfeiçoando-se no compasso da medição syllábica. Será melhor ensaiar na partitura de «*Menina e môça*» (septisyllábicos).

Lindoso (Pernambuco). — Esperamos ter o praser de o receber todos os annos, em renhido certamen.

Dona J. B. (Rio de Janeiro). — Que tódos tivessem os direitos litterarios que assistem a V. Ex.ia, apesar do acanhamento que confessa, por modestia, na sua seguinte quadra :

« *Com bastante acanhamento*
E modestia, bem no vê,
Apresento-me ante vós
Eu, a   *Josephina B.* »

Esperamo-la, pois, para os concursos, que n'este anno abrimos.

Ratinho (**Pelótas**). — De vagar se vae ao longe. Prosiga nos seus ensaios. *A l'ouvrage, — Du courage—!*

J. M. (**Loanda**). — Venha sempre, que encontrará um reservado assento na galeria dos mais dedicados concorrentes.

Castro Neves (**Bahia**). — Não pode ir ao limbo quem é baptisado, crê e pratica bôas obras. Está baptisado, crê e faz boas obras; salvar-se-ha, portanto, com gloria.

P. V. (**Praia**). — Bata directamente, que os nossos gonzos não são perros para os que merecerem uma entrada franca.

M. A (**S. Nicolau**). — Apezar de apparecer armado de cacete para abrir enigmas, matriculamo-lo em bôa paz.

J. Eliot (**Bahia**). — Não poderá tomar posse do seu reservado sofá, se não pagar a contribuição especial dos concursos...

Zarolho (**India**). — Como que então julga que vem para terra de cegos? Se ninguem é propheta na sua terra, vá para Gaza, onde faz muita falta um Gungunhana, para rolador d'imprensa.

J. d'A. (**Santo Antão**). — Nem gaveta, nem *ferrupc*. Pouco a pouco, fia a velha o copo. Vá fiando......

J. B. (**Praia**). — Agradecemos e esperamos sempre o favor da sua visita.

Teimoso (**Santo Antão.**) — Continuão escancaradas as portas, que ajudou a abrir com síncera dedicação no 1º anno.

A. B. F. (**Guiné**). — Serão sempre bem recebidas as suas visitas, se não se esquecer das chaves dos enigmas.

A. S. de V. (**Cabo-Verde, Praia**). — Quem ajudou a esfolar o rabo á despedida do dezanove, não deve faltar até á despedida do seculo vinte, com ramalhetes, perfumes e gorgeios.

J. J. (Santo Antão). — Foi matriculado, mas desapparecerão dois dos seus artigos. Com o pouco d'este anno e outra coisinha do vindouro, o papo não ficará vasio. Verá, pois, alguma obra sua... por um canudo... dos do Mané do Tarrafal, onde ha bons limões para chupar.

Angola (Quem porfia......). — Não mata, não. Vá caçar n'outra tapada. Todos têm seu pé de pavão.

J. M. da Cruz (Maranhão). — Basta a direcção indicada na secção — *Expediente* — do almanach, para que chegue á redacção qualquer correspondencia com destino ao mesmo. Agradecemos o favor da sua remessa e pedido. Transmitta aos illustrados patricios.

Terei um logar? (Bahia). — Se nos fosse concedido dar logar a quem já o tem pelos seus dotes litterarios, fa-lo hiamos gostosamente. Esperamos, pois, a obsequiosa honra de sua collaboração nos concursos que agora abrimos. Tiroteio vivo!

Camillo (Farim-Guiné). — Pode visitar-nos sempre que possa, pois achará sempre abertas as portas do « *Africano*, » como africanista dedicado que é.

A. da C. Magalhães (Loanda). — Agradecendo a sua extrema amabilidade e a remessa de varios artigos para o nosso humilde livrinho, dispensamo-nos de dizer-lhe que os seus merecimentos não poderião deixar de abrir-lhe o gabinete do « *Africano* », que simplesmente aspira a um canhenho de recreio.

Chegou um recruta, é acceito? (Palmeira-Brasil). — Pois não. Se a sua modestia fá-lo recruta, o seu valor militar promove-o a official do batalhão litterario d'esse enthusiastico nobre e dedicado Brasil.

Envergonhada (Bissáu). — As lettras são cheias de fogo, como o pudor; mas, quem as sabe cultivar, não se deve envergonhar de as publicar, furtando-as á modestia avara do acanhamento,

Cintra (Cabo-Verde). — Deferido, por dez lustros, sem custas.

Brasil (Serei atrevida?) — Peço licença para acompanha-la na dúvida. Mas é possivel, provavel mesmo, que saiamos ambos da dúvida, depois de algum tirocinio. Coragem, pois, que vencerá. Desculpa-nos, sim?

Zé (Transtagano). — Fingindo o vozeado dos animaes, folgando-se na folia campesina e entupindo-se com •o sarrabulho de queijo e milho torrado, vivendo da sabugice aduladora, vendendo a verdade e o pundonor; — eis como pinta o seu biographado. Não pode ser, amigo. Nunca foi pasquim o theatro das lettras. Esqueça-nos para sempre.

Brasil (D. Aurora). — Rubras, como ella, são as suas mimosas producções. É rubro o enthusiasmo da sua saüdação. Bemvinda, minha senhora; e que o 1º centenario do « *Africano* » possa vê-la ainda tão rubra como a aurora e tão forte como a energia do sol.

Caloiro (Moçambique). — Continúa aberto o consultorio (1895).

Tenho receio (Sant'Iago). — Era de suppôr que já não o tivesse, depois de tres annos de applicação. Tem razão...

Coripe (Cabo-Verde). — Não me venha com algebras, oh! compadre. Sabem melhor as aboboras e os feijões da « Gamboeza. »

Ansimol (Santo Antão). — Não *percebemos* o telegramma. Marquez, ou Duque, ou Barão, tudo pode ser. Porque é *célibe*, porque não é *camareiro* e porque não tem *sobrinhos*. Mas seja antes simples Simplicio, e vá desossar gafanhotos...

P. A. O. (Sant'Iago). — Sentimos esteja ainda em Lisbôa o que devia apparecer n'este anno. Não ficará, porém, desconsolado de todo. Esperámo-lo tão alegre, como no 1º anno.

EXTRACTO DA CORRESPONDENCIA
do « LUSO-AFRICANO ».

CUMPRIMENTOS E AMABILIDADES

Ao Almanach « Luso-Africano ». — Saudação.

Empunho a penna com indizivel prazer, sempre que a isso me impelle um estimulo qualquer, agora mais que nunca ao vêr-te surgir no esplendido horisonte de minha querida Africa, qual *refulgente astro* derramando sobre ella vivido clarão! Sinto-me devéras possuido de um deslumbramento intimo, não só por te apresentares modestamente formoso, como pelo triplice motivo que altamente te recommenda. Essa Luz, Flôr e Fructo que começas a espargir sobre estas paragens, é para mim, de *um valor mui subido*, como o é para aquelles que comprehendem a tua analyse, — obscura para os que a não comprehendem. A'vante! Na alvorada de teus dias, caminharás sobre abrolhos (1), não vacilles; segue firme e forte o teu caminho, que te escuda mão segura e essa te levará por onde o odio, a magoa dos homens, não te interceptem os passos, quer nas noites borrascosas, quer em dias de sol em pleno azul. A'vante! Acceita estas linhas, querido Livrinho de puro affecto e de desinteressado amor, tu, Filha mimosa do velho e sympathico *Almanach Luso-Brasileiro*, tão adorado e festejado por estas paragens, e assim espero que o sejas.

Astro que flammejas formosissimas côres pelas vastas campinas dos Céus, eu te saúdo!... Segue o teu norte por flôres odoriferas que juncão estas paragens, que em bôa hora me inundaram de luz ao nascer... segue; que eu te acompanharei na jornada, carregado do meu cabaz de flôres, para espargir no teu caminho — flôres amarellecidas da amarga experiencia, mas formosissimas — isto, se a ventura me

---

(1) Parece que o auctor prophetizava a lucta do Almanach pela sua restauração.

dér um cantinho nas tuas douradas paginas. Oxalá que a essa intelligente galeria dos collaboradores do *Almanach Luso-Brasileiro* » te auxilie tanto quanto desejas, para que satisfaças o fim para que foste creado.

Segue o teu destino, por flôres immarcesciveis e cheirosas e sê feliz.

(*Benguella, 6 de janeiro de* 1895).

JACOMO VICTOR — (*africano*).

Lisbôa, 20-9-94...

Permitta que em primeiro logar o saúde pela iniciativa que tomou, dotando a nossa Africa com um almanach com o sympathico titulo de « Luso-Africano ». *Bem vindo seja!*...

J. S. AFRA (*europeu*).

S. Nicolau, 14-11-94... Em mim só imperou o desejo de contribuir para a realização, ou melhor, para a continuação de uma idéa que *tão sympathico acolhimento* teve logo ao nascer e que, na sua pequenez, ainda muito pode concorrer para o progresso da provincia de Cabo-Verde... Todavia não esquecerei o *sympathico almanach*, emquanto vivo fôr, e isto só prova o quanto estremeço a provincia onde vivo ha 27 annos. — José Felix Machado (conego-europeu).

Praia, 28-7-94... Foi arrojado e por assim dizer completo o exito do emprehendimento de V. Ex.ᶜⁱᵃ da publicação do seu almanach « Luso-Africano ». Mas a bôa vontade, a perseverança, intelligencia e acerto, que o meditaram, erão garantia segura para que fosse levado á sua conclusão tão satisfatoria e completamente. Forão, pois, coroados os esforços de V. Ex.ᶜⁱᵃ com a apparição do primeiro volume do seu *tão bem acceite almanach*, o que de certo *deve contribuir para que do futuro novos volumes sejão dados á publicidade*. Eu, sem ser africano, milito comtudo ha 20 annos pela nossa tão querida Africa e por isso mesmo me orgulho de tudo quanto n'ella tenha a sua origem e acceitação...

A. E. FERREIRA MESQUITA (*europeu*).

...Como apreciador do seu « *Almanach Luso-Africano*», que...
Desejo sinceramente que tenha *longa vida* o Almanach.
8-11-94.

    (*S. Gonçolo de Una — Pernambubo*).
    A. Franklin Lindoso (*brasileiro*).

Fervoroso apreciador do vosso *conceituadissimo annuario*, tomo a liberdade de enviar-vos...
(*Brasil-Pernambuco-Tamandaré*, 20-3-95.)
    M. Xavier Paes Barreto (*brasileiro*).
    (Bacharel em Direito).

S^{to} *Antão, 25 de janeiro de* 1895...
Agradecendo a publicação dos meus versos no seu primeiro annuario, que *mereceu a estima do publico em geral*, venho hoje apresentar os meus miseros productos para o segundo Almanach, se assim V. Ex.^{cia} Rev.^{ma} intender conveniente, pois a *leitura do prestimoso livrinho*, que veio engrandecer o nosso Cabo-Verde, inspirou-me mais gosto pelo estudo, apezar de pouco favorecido de dotes intellectuaes, que Deus entendeu não me dever dar. Todavia, estudarei sempre que pudér e receberei humilde. os conselhos, as correcções, è emfim, tudo o que diga respeito ás minhas pauperrimas producções, que mando para o publico, confiado em que V. Ex.^{cia} Rev.^{mo} — nosso protector da instrucção em Cabo-Verde — não as deixará apparecer tão incorrectas, como sahem da penna de quem as escreve, com o unico intuito de apprender...
    Julio d'Almeida (*caboverdiano*).

A força de vontade pode muito. Só ella dissiparia o grande receio que tive d'apresentar a V. Ex.^{cia} estes avellorios, que me parece não serem dignos de publicação. No entanto, se algum d'elles merecer ingresso no seu *sympathico almanach*, muito obsequiará ao. — De etc.
S^{to} *Antão*, 7-2-95.
    Frederico Antonio d'Oliveira (*caboverdiano*).

Capital Federal da Republica dos Estados Unidos do Brasil, Março de 1895... Venho cedo para mais facilmente obter um logar no seu annuario, caso os meus dotes intellectuaes o mereção. Coméço por felicita-lo effusivamente pelo *bello successo* que o seu livro aqui obteve. Não vou envaidece-lo, mas de certo dar-lhe uma bôa noticia, dizendo-lhe que, para eu alcançar um exemplar, tive que o mandar vir de Lisbôa. Já vê que os brasileiros, e mui principalmente as brasileiras, recebem com o justo e devido favor livrinhos *amenos* e *interessantes*, como é o seu *almanach Luso-Africano*... Sem mais assumpto, etc.

(Direcção de « *O Pharol* », revista quinzenal, litteraria, illustrada).

Lilázia
(brasileira).

Praia, 28 *de fevereiro* de 1895... Tomo a liberdade de submetter á illustrada apreciação de V. Ex.^{cia} as inclusas producções poeticas, que, se a sua reconhecida benevolencia não condemnar aos negrores do esquecimento, por humildes e mal rendilhadas, peço o obsequio de mandar inserir no *interessante* « *Luso-Africano* » para 1896, pedindo licença para voltar nos annos seguintes com as minhas flôres pequenitas, nascidas no campo e aromatisadas pelo perfume do rosmaninho.

Com toda a consideração, o — De etc.

A. Sarmento — (europeu).
(Secretario particular do Governador de Cabo-Verde).

... Tenho em minha humilde estante um primeiro volume do *illustrado* « *Almanach Luso-Africano* » organisado por V. S.ª e, entendendo eu que d'alli começa a desenvolver-se uma *fonte de instrucção* para aquelles que desejão deixar seu nome gravado no pedestal da litteratura, — venho perante V. S.ª implorar de vossa bondade sem limites a inclusão de meu rasteiro nome no quadro dos illustres collaboradores, que perfumão as paginas do *vosso instructivo annuario*...

(*Palmeira de Garanhuns, Brasil*, 2 *de março de* 1895.)

Osorio de Barros.
(brasileiro.)

Estado Federado da Bahia, 9 *de março de* 1895.

...Mandar-vos-hei sempre alguma cousa para o vosso conceituado *Almanach;* conceituado, sim, porque ha-de ter a mesma apreciação que tem tido até hoje o conhecido e popular *Almanach Luso-Brasileiro*...

Maria Amelia Gomes Doria
(*brasileira*).

S. Bento dos Perizes (Maranhão), 9 *de março de* 1895).

...Chegou-me já um pouco tarde, o vosso Almanach, que *tem sido aqui lido com satisfação.* Desejando eu ser admittido como collaborador do *Almanach Luso-Africano*, e não tendo agora tempo para enviar a V. S.ª artigos noticiosos de usos e costumes d'esta localidade, vou pedir a minha admissão, offerecendo a V. S.ª as poesias e charadas inclusas, unicas cousas que o pequeno prazo de tempo me permittem mandar para o precioso livrinho de V. S.ª... Aproveitando esta occasião, peço a V. S.ª o favor de nos dar, em seu almanach, uma fórma mais clara para remettermos artigos d'aqui do *interior do Maranhão*, indicando as vias postaes por onde deve seguir a correspondencia. (Basta a direcção indicada no *expediente*).

João Miguel da Cruz
(*brasileiro*).

Loanda, 15 *de março de* 1895.

...Em primeiro logar felicito a V. Ex.ª por vêr coroados os seus esforços, dando á luz da publicidade o *mui desejado e sympathico Almanach « Luso-Africano »*. Apezar de ser a primeira vez que appareceu nas lides litterarias, foi aqui mui bem recebido, e creio que o deverá ser mais de futuro, preenchido que seja o seu programma (como é de esperar da alta pessoa que o dirige); teremos então *um livro que rivalisará com outros no seu genero,* já pelas suas *leituras instructivas* e *suaves,* já pelos *fins humanitarios* com que foi fundado...

Anthero de Carvalho Magalhães.

Cascatinha, Brasil, 21 de março de 1895.

...O abaixo assignado, ainda alumno da escola charadistica, vem por esta pedir a V. S.ª um logarzinho no vosso *conceituado Almanach*, para fazer parte como collaborador na parte litteraria...

THIAGO NOGUEIRA
(*brasileiro*).

Bahia, 6 *de abril de* 1895.

...Em primeiro logar, permitta-me V. Ex.ª que eu o saude e lhe dê os meus parabens, pela publicação do seu *mimoso Almanach « Luso-Africano »*. Presumindo ser conferida a graça de escriptores brasileiros publicarem os seus trabalhos no seu Almanach, é que tomo a liberdade de enviar a V. Ex.ª algumas producções minhas...

JOÃO ELIOT
(*brasileiro*).

...Só ha 12 dias tivemos conhecimento da existencia d'este almanach. Apressamo-nos, pois, a enviar as nossas decifrações, por nos parecer que só chegão á ultima hora, pois, se assim não fosse, temos a firme certeza de que, mais dez dias, enviariamos a decifração de todas as composições enigmaticas do *muito apreciado e bem vindo « Almanach Luso-Africano »*, do qual serei collaborador, se me derem a respectiva licença...

Loanda, 21 *de abril de* 1895.

JOAQUIM MALHEIRO.

...Saudo a V. Ex.ª pelo seu nobre e arrojado trabalho. Oxalá que todos comprehendessem o dever, ainda que humilde, de influir no engrandecimento e prosperidade nacional. V. Ex.ª, pelo seu valoroso e assiduo emprehendimento, ha de ter nome, não vulgar, na historia da sua patria. D'isso estou certissimo. Li o livro de que V. Ex.ª é mui·digno director, deixando-me bastante maravilhado, porque é, sem dúvida, mais uma *publicação de propaganda educativa*...

Santo Antão, maio de 1895.

J. J. RODRIGUES

(*europeu*).

Omittimos o extracto de muitas outras cartas, e principalmente das que temos recebido durante a interrupção do nosso livrinho, já por brevidade, já para não abusar mais da paciencia do leitor, que precisa do seu precioso tempo para melhores diversões e trabalhos.

AGRADECIMENTO

O Almanach Luso-Africano

do intimo do seu coraçãozinho infantil,
agradece,
penhoradissimo, confundido, cheio de gratidão,
o favor immerecido de
tantos votos, tantas felicitações, tantos
cumprimentos, tanta amabilidade,
dos seus tão
benevolos e amaveis collaboradores,
a quem deseja venturas mil.

1º de Janeiro de 1898.

— CXXIII —

QUADRO CURIOSO PARA ADIVINHAR AS
Idades de todas as pessoas

A	B	C	D	E	F	G
1	2	4	8	16	32	64
3	3	5	9	17	33	65
5	6	6	10	18	34	66
7	7	7	11	19	35	67
9	10	12	12	20	36	68
11	11	13	13	21	37	69
13	14	14	14	22	38	70
15	15	15	15	23	39	71
17	18	20	24	24	40	72
19	19	21	25	25	41	73
21	22	22	26	26	42	74
23	23	23	27	27	43	75
25	26	28	28	28	44	76
27	27	29	29	29	45	77
29	30	30	30	30	46	78
31	31	31	31	31	47	79
33	34	36	40	48	48	80
35	35	37	41	49	49	81
37	38	38	42	50	50	82
39	39	39	43	51	51	83
41	42	44	44	52	52	84
43	43	45	45	53	53	85
45	46	46	46	54	54	86
47	47	47	47	55	55	87
49	50	52	56	56	56	88
51	51	53	57	57	57	89
53	54	54	58	58	58	90
55	55	55	59	59	59	91
57	58	60	60	60	60	92
59	59	61	61	61	61	93
61	62	62	62	62	62	94
63	63	63	63	63	63	95
65	66	68	72	80	96	96
67	67	69	73	81	97	97
69	70	70	74	82	98	98
71	71	71	75	83	99	99
73	74	76	76	84	100	100
75	75	77	77	85	101	101
77	78	78	78	86	102	102
79	79	79	79	87	103	103
81	82	84	88	88	104	104
83	83	85	89	89	105	105
85	86	86	90	90	106	106
87	87	87	91	91	107	107
89	90	92	92	92	108	108
91	91	93	93	93	109	109
93	94	94	94	94	110	110
95	95	95	95	95	111	111
97	98	100	104	112	112	112
99	99	101	105	113	113	113

EXPLICAÇÃO.—Pede-se á pessoa que quizer que se lhe adivinhe a idade a fineza de nos dizer as columnas (A, B, C, D, E, F, G), em que está o numero que representa a sua idade. Sabidas as columnas em que se acha esse numero, sommamos os primeiros numeros das columnas indicadas e obteremos assim a idade da pessoa. *Exemplo* : O numero que representa a minha idade está nas columnas : A, B, C, D, E. Ora o primeiro numero da columna A é 1, da B é 2, da C é 4, da D é 8, da E é 16; sommando 1+2+4+8+16, teremos 31. Logo a idade da pessoa, que nos disse achar-se o numero correspondente á sua idade nas columnas : A, B, C, D, E, é de 31 annos.═Devem ser indicadas *todas as columnas* em que se encontra o numero da idade da pessoa, para que o calculo seja exacto.

CALENDARIO (1899)

(Folhinha de Cabo-Verde)

JANEIRO

Galas (G):
Dia 1.

Feriados:
Até 6, e as 5.ᵃˢ f.ᵃˢ:
Dias: 12, 19, 26.

Sanctificados:
Dia 1 — Circumcisão.
Dia 6 — Reis.

Domingos:
Dias: 1, 8, 15, 22, 29.

Total dos dias uteis:
Escolares........ 18 dias.
Judiciaes........ 21 »
Repartições...... 25 »

Festas mudaveis:
S. S. Nome de Jesus..... 15.
Septuagesima.......... 29.

DIA	SEMANA	RITO	SANTOS E FESTAS
1	D	2c.	*Circumcisão* do Senhor.
2	2.ª	d.	8.ª S. Estevão.
3	3.ª	d.	8.ª S. João Ap.
4	4.ª	d.	8.ª S. Innocentes.
5	5.ª	sd.	Vigilia Epiphania.
6	6.ª	1c.	*Epiphania* (Santos Reis).
7	S.	sd.	Da 8.ª Epiph.
8	D	sd.	(1º) Da 8.ª Epiph.
9	2.ª	sd.	Da 8.ª Epiph. } Infra octava, rivilegiada.
10	3.ª	sd.	Da 8.ª Epiph.
11	4.ª	sd.	Da 8.ª Epiph.
12	5.ª	sd.	Da 8.ª Epiph.
13	6.ª	d.	8.ª Epiphania — S. Hygino.
14	S.	d.	S. Hilario D.
15	D	1c.	(2º) SS. Nome de Jesus, Tit. da Sé. (S. Paulo S. Mauro).
16	2.ª	1c.	Os 5 martyres de Marrocos: Berardo, etc.
17	3.ª	d.	Antão, abb.
18	4.ª	dm.	Cadeira S. Pedro, Roma. S. Paulo.
19	5.ª		S. Mario, Martha, etc.
20	6.ª	d.	S. Fabião e Sebastião M. M.
21	S.	d.	S. Ignez, V. M.
22	D	d.	(3º) S. Vicente e Anastacio M. M.
23	2.ª	dm.	Desponsorios da Virgem Maria.
24	3.ª	d.	S. Timotheo, P. M.
25	4.ª	dm.	Conversão de S. Paulo.
26	5.ª	d.	S. Polycarpo, P. M.
27	6.ª	d.	S. João Chrysostomo, P. c. D.
28	S.	d.	S. Gonsalo, C. (d'Amarante).
29	D	2c.	Septuag. — (S. Francisco de Sales))
30	2.ª	d.	S. Martina, V. M.
31	3.ª	d.	S. Pedro Nolasco, C.

LEMBRANÇAS

MEZ DE JANEIRO

FEVEREIRO

Galas:

Feriados :

As 5.ªs feiras: 9, 23.
Dias: 13, 14 (Entrudo) 15.

Sanctificados :

Dia: 2. — Purificação.

Domingos:

Dias: 5, 12, 19, 26.

Total dos dias uteis:

Escolares............. 18
Judiciaes............. 20
Repartições........... 21

Festas mudaveis :

Sexagesima........... 5
Quinquagesima....... 12
As 5 chagas.......... 17
Cinzas............... 15
Quadragesima (dom.) 19, 26
Eleição de *L*. XIII..... 20
Temporas 22, 24, 25

DIA	SEMANA	RITO	SANTOS E FESTAS
1	4.ª	d.	S. Ignacio, P. M.
2	5.ª	2c.	Purificação de N.ª S.ª
3	6.ª	d.	S. Braz, P. M.
4	S.	d.	S. André Corsino, P.C.
5	D	2c.	*Sexag*ª — (S. Agueda, V. M.)
6	2.ª	d.	S. Canuto. S Dorothea, V. M.
7	3.ª	d.	S. Romualdo, abb.
8	4.ª	d.	S. João da Matha, C.
9	5.ª	d.	S. Apollonia, V. M.
10	6.ª	d.	S. Scholastica, V.
11	S.	d.	Sˢ. Saturnino, abb., e Comp., ; Mm.
12	D	2c.	*Quinq.*ª — (S. Marcello, Pp. M.)
13	2.ª	d.	S. Eulalia, Vm.
14	3.ª	d.	S. Valentim, abb. M. (Entrudo).
15	4.ª	2c.	*Cinzas* - (S. Faustino e Jovito, Mm.)
16	5.ª	d.	S. Raymundo de Penafort, C.
17	6.ª	dm.	As 5 chagas de N. S. J. C. — (S. Cecilio, Pm.)
18	S.	dm.	S. Theotonio, C.
19	D	1c.	*Quaresma* — 1º. (S. Fulgencio, Pm.)
20	2.ª	d.	S.ª Fructuoso, etc. Eleição de Leão XIII (1878)
21	3.ª	d.	S. Ildephonso — arcb.
22	4.ª	dm.	(*Temp.* —) Cadeira de S. Pedro, Antiochia.
23	5.ª	d.	S. Margarida Cortona.
24	6.ª	2c.	(*Temp.*) S. Mathias, Ap.
25	S.	d.	(*Temp.*) S. Paula Romana, Vv.
26	D	2c.	2º *Quaresma.* — (S. Julião, P. d.)
27	2.ª	d.	S. Valerio, P.
28	3.ª	d.	Transladação S. Augustinho.

LEMBRANÇAS

MEZ DE FEVEREIRO

MARÇO

Galas:

Dia: 21. — Natalicio do P. Real.

Feriados:

Dias: 2, 9, 16; 27 a 31.

Sanctificados:

Dia: 20. — S. José.
Dia: 25. — Annunciação.
Dias: 30 e 31. (End. e Paixão).

Domingos:

5, 12, 19, 26.

Total dos dias uteis:

Escolares............ 16
Judiciaes............ 19
Repartições.......... 23

Festas mudaveis:

3º d. de quaresma..... 5
4º d. de quaresma..... 12
Paixão (5º.).......... 19
Ramos (6º)........... 26
Endoenças (5ª. f.ª)... 30
Paixão (6ª. f.ª)...... 31
Senhora das Dôres (omittida).

DIA	SEMANA	RITO	SANTOS E FESTAS
1	4.ª	d.	S. Leandro, P.
2	5.ª	d.	S. Catharina de Riccis, v. (Nat. Leão XIII, 1810).
3	6.ª	d.	S.ª Hemeterio e Celedonio, M. (Coroaç. Leão XIII, 1878).
4	S.	d.	S. Casimiro, c. S. Lucio, Pp. m.
5	D	2c.	3º *Quaresma.* — (S. Izidóro, C. d).
6	2.ª	d.	S. Ollegario, P.
7	3.ª	d.	S. Thomaz d'Aquino, C. D. (S. Perpetua e Felicidade.)
8	4.ª	d.	S. João de Deus, C.
9	5.ª	d.	S. Francisca, v. v.
10	6.ª	d.	Os 40 Martyres, Melicio, etc.
11	S.	d.	S. Eulogio, abb. M.
12	D	2c.	4.º *Quar.* (S. Gregorio, Pp. c) d.
13	2.ª	d.	S. Sancha, v. lusitana.
14	3.ª	d.	S.ˢ Pedro e Aphrodisio, M. m.
15	4.ª	d.	S. Zacharias, Pp. c.
16	5.ª	d.	S. Catharina de Bonónia, V.
17	6.ª	d.	S. Patricio, p. c.
18	S.	d.	S. Gabriel Archanjo.
19	D	1c.	*Paixão* — 5.º (S. José transf. p. o dia seguinte).
20	2.ª	1c.	*S. José* (do dia antecedente) S. Catharina Flisca, d.
21	3.ª	dm.	S. Bento, abb.
22	4.ª	d.	S. Emygdio, Pm.
23	5.ª	d.	S. Turibio, arcb.
24	6.ª	2c.	Festa do S.S. Corpo de Christo (N.ª S.ª das Dôres).
25	S.	1c.	*Annunciação* de N.ª S.ª
26	D	1c.	*Ramos* — (S. Braulio, p.)
27	2.ª	sd.	⎫ (Bom Ladrão, C.) (Ferias).
28	3.ª	sd.	⎬ Ferias (Sixto, Pp. c , (S. João Capistrano.)
29	4.ª	sd.	⎭ (Armogasto e comp.)
30	5.ª	1c.	5.ª *Feira Santa* (S. Quirino, m.)
31	6.ª	1c.	6ª. *Feira Santa* (S. Theodulo e comp.)

LEMBRANÇAS

MEZ DE MARÇO

ABRIL

Galas:

Dia: 29. — Outorga da C.

Feriados:

Dias: 1 até 9; 13, 20, 27.

Sanctificados:

Paschoa. — Dia 2.

Domingos:

Dias: 2, 9, 16, 23, 30.

Dias uteis:

Escolares............ 14
Judiciaes............ 15
Repartições.......... 23

Festas mudaveis:

Paschoa............. 2
Paschoela........... 9
N.ª S.ª dos Prazeres... 10
Fuga p. o Egypto..... 23

DIA	SEMANA	RITO	SANTOS E FESTAS
1	S.	1c.	*Alleluia* — (S. Theodora, v. m.)
2	D	1c.	*Paschoa* — (S. Francisco de Paula, c)
3	2.ª	1c.	*Infra 8.ª* (S. Octaviano e comp.)
4	3.ª	1c.	*Infra 8.ª* (S. Izidóro, Pc.)
5	4.ª	sd.	(Vicente Ferrer, c.)
6	5.ª	sd.	(Xisto, Pp. m.)
7	6.ª	sd.	(Epiphanio, p. e comp.)
8	S.	sd.	(Januario, Maxima e comp. M.)
9	D	1c.	*Paschoela* (1.º) (S. Celestino, Pp. c.)
10	2.ª	2c.	*N.ª S.ª dos Prazeres* — (S. Terencio, Africano, etc.
11	3.ª	d.	S. Leão, Pp. c. D.
12	4.ª	d.	S. Victor, M.
13	5.ª	d.	S. Hermenegildo, m.
14	6.ª	d.	S. Tiburcio, Valeriano e Maximo, Mm.
15	S.	d.	S. Engracia e comp. Mm.
16	D	d.	(2º) S. Turibio, Pc.
17	2.ª	d.	S. Aniceto, Pm.
18	3.ª	d.	S. Fructuoso, Pc.
19	4.ª	d.	S. Leão, Pp. c.
20	5.ª	d.	S. Ignez de Monte Policiano.
21	6.ª	d.	S. Anselmo, pc.
22	S.	d.	S. Sotéro e Caio, Pp.ª Mm.
23	D	dm.	(3º) *Fuga de N.ª S.ª p.ª o Egypto* — (S. Jorge, transf.)
24	2.ª	d.	S. Fiel de Sigmaringa, M.
25	3.ª	2c.	S. Marcos Evangelista.
26	4.ª	d.	S. Cleto e Marcellino, Pp.ª Mm.
27	5.ª	d.	S. Domingos Calceatense.
28	6.ª	d.	S. Vital, M. ; S. Paulo da Cruz, C.
29	S.	d.	S. Pedro, M.
30	D	d.	(4º) S. Catharina de Sena, V.

LEMBRANÇAS

MEZ DE ABRIL

MAIO

Galas:

Feriados:

Dias: 4, 18, 25.

Sanctificados:

Dia: 1. — (†) S^t. Iago.
Dia: 11. — Ascensão.

Domingos:

7, 14, 21, 28.

Dias uteis:

Escolares............ 22
Judiciaes............. 25
Repartições.......... 25

Festas mudaveis:

Dia: 7. — Maternidade.
Dia: 11. — Ascensão.
Dias: 8, 9, 10. — Rogações.
Dia: 21. — Espirito Santo.
Dia: 28. — Trindade.
Dias: 24, 26, 27. — Temporas.

DIA	SEMANA	RITO	SANTOS E FESTAS
1	2.ª	1c.	S^t. *Iago*, Menor, *Padroeiro da Dioceze*. (Apost.)
2	3.ª	d.	S. Athanasio, Pc. D.
3	4.ª	2c.	Invenção de S. Cruz.
4	5.ª	d.	S. Mónica, vv.
5	6.ª	d.	S. Pio V, Pp. C.
6	S.	dm.	S. João, a. Porta-Latina.
7	D	dm.	(5º) *Maternidade* de N.ª S.ª (Stanislau, pm.)
8	2.ª	d.	(Rogaç.) 8ª Santo Iago, ap.
9	3.ª	d.	(Rogaç) S. Gregorio Nazianzeno, Pc. D.
10	4.ª	d.	(Rogaç.) S. Antonino, Pc. S. Gordiano.
11	5.ª	1c.	*Ascensão* — Sagr^{cão}. Ep^{al}. de D. Joaq^m. Bispo (1884)
12	6.ª	2c.	S. Joanna, Princeza lusitana, V.
13	S.	dm.	Apparição de S. Miguel Arch.
14	D	d.	(6º) S. João Damasceno, C. D.
15	2.ª	d.	S. Nereu, Achilleu, Domitilla, V. e Pancracio.
16	3.ª	d.	S. João Nepomuceno, M.
17	4.ª	d.	S. Paschal Baylon, C.
18	5.ª	d.	S. Venancio, M.
19	6.ª	d.	S. Pedro Celestino, Pp. C. e S. Pudenciana.
20	S.	d.	S. Bernardino de Sena, C.
21	D	1c.	*Espirito Santo* (Santo Baldo).
22	2.ª	1c.	Infra 8.ª (S. Rita de Cassia) (vv.)
23	3.ª	1c.	Infra 8.ª (S. Felix de Cantalicio, C).
24	4.ª	sd.	(Temp.) S. Pedro Regalato, C.
25	5.ª	sd.	Infra octava (S. Gregorio, Pp. C ; S. Urbano, Pp. M.
26	6.ª	sd.	(Temp.) S. Philippe Neri, C.
27	S.	sd.	(Temp.) S. Maria Magdalena Pazzis, V.
28	D	1c.	(1º) SS. *Trindade* (S. Torquato, Pm. d.)
29	2.ª	d.	S. Fernando, Rei de Castella.
30	3.ª	d.	S. Felix, Pp. M.
31	4.ª	d.	S. Petronilla, v. S. Angela Mericia.

LEMBRANÇAS

MEZ DE MAIO

JUNHO

Galas:
Ferias:
Dias: 15, 22.
Sanctificados:
Dia: 1. — Corpus Christi.
Dia: 9.— SS. Coração de Jesus.
Dia: 24. — S. João Baptista.
Dia: 29. — S. Pedro Ap.
Domingos:
Dias: 4, 11, 18, 25.

Total dos dias uteis:
Escolares............ 26
Judiciaes............ 22
Repartições.......... 22
Festas mudaveis:
Dia: 1. — Corpus Christi.
Dia: 9. — SS. Coração de Jesus.
Dia: 25. — Pureza de N.ª S.ª

DIA	SEMANA	RITO	SANTOS E FESTAS
1	5.ª	1c.	*Corpus Christi.* — (S. Eugenio, Pp. C.)
2	6.ª	sd.	Infra octava (Marcellino, Pedro e Erasmo, Mm.)
3	S.	sd.	(Cecilio, Abb. C.)
4	D	sd.	(2º) (Conversão de S. Augustinho, P. D.)
5	2.ª	sd.	(João Francisco Regis, C.)
6	3.ª	sd.	(Norberto, Pc.)
7	4.ª	sd.	(Cyriaco e Paula, Mm.)
8	5.ª	d.	8ª Corpus Christi (S. Florencia, V.)
9	6.ª	1c.	*Coração de Jesus* (S. Primo e Feliciano).
10	S.	d.	S. Margarida, Rainha de Scocia.
11	D.	dm.	(3º) S. Barnabé, Ap.
12	2.ª	d.	S. João de S. Facundo, c. S. Bazilido.
13	3.ª	2c.	S. Antonio de Lisbôa, C.
14	4.ª	d.	S. Basilio Magno, D. Pc.
15	5.ª	dm.	S. Jorge (do dia 23 d'abril) ; Da 8.ª
16	6.ª	d.	Da 8.ª S. Antonio.
17	S.	d.	S. Thereza, vv.
18	D	sd.	(4º) Da 8ª S. Antonio (De ea).
19	2.ª	d.	S. Juliana de Falconeris, v. S. Gervasio.
20	3.ª	d.	8ª S. Antonio, S. Silverio, Pp. M.
21	4.ª	d.	S. Luiz Gonzaga, C.
22	5.ª	d.	S. Paulino, Pc.
23	6.ª	d.	S. Agrippina, M.
24	S.	1c.	*S. João Baptista.*
25	D	dm.	(5º) *Pureza de N.ª S.ª* (Guilherme, Abb.)
26	2.ª	d.	Sˢ. João e Paulo.
27	3.ª	sd.	Da 8ª S. João Baptista.
28	4.ª	d.	S. Leão Pp.
29	5.ª	1c.	*S. Pedro, S. Paulo*, apˢ.
30	6.ª	dm.	Comm. S. Paulo.

LEMBRANÇAS

MEZ DE JUNHO

JULHO

Galas:	Total dos dias uteis:
Dia: 31.— Juramento da C.	Escolares............ 21
Ferias:	Judiciaes............ 25
Dias: 6, 13, 20, 27.	Repartições.......... 25
Sanctificados:	*Festas mudaveis:*
	Dia: 3. — Preciosiss°. Sangue.
Domingos:	Dia: 16.—SS. Anjos C. do Reino
Dias: 2, 9, 16, 23, 30.	Dia: 30. — Sª. Anna.

DIA	SEMANA	RITO	SANTOS E FESTAS
1	S.	d.	8ª de S. João Baptista.
2	D	2c.	(6°) Visitação de Nª Sª ; S. Processo, etc.
3	2.ª	2c.	*Preciosissimo Sangue* de N. S. J. C., Da 8ª.
4	3.ª	2c.	S. Isabel, Rainha de Portugal.
5	4.ª	d.	S. Cyrillo e Methodio, Pc ; Da 8ª.
6	5.ª	d.	8ª S. Pedro e S. Paulo.
7	6.ª	d.	S. Pulcheria, Imp. V.
8	S.	sd.	Da 8.ª S. Isabel.
9	D	sd.	(7°) Da 8ª S. Isabel (De ea)
10	2.ª	d.	Os 7 Irmãos mart. ; Rufina, Segunda, V. M.
11	3.ª	d.	8ª de Santa Isabel ; S. Pio, Pp. M.
12	4.ª	d.	S. João Gualberto ; S. Nabor e Felix, M.
13	5.ª	d.	S. Anacleto, Pp. M.
14	6.ª	d.	S. Boaventura, Pc. D.
15	S.	d.	S. Camillo Lellis, C.
16	D	2c.	(8°) *Anjos Custodios do Reino* (N. Sª do Carmo,11-8°).
17	2.ª	d.	S. Aleixo, C.
18	3.ª	d.	S. Symphoroza com 7 filhos, M.
19	4.ª	d.	S. Vicente de Paula, C.
20	5.ª	d.	S. Marcial, Pc. S. Margarida, V. M.
21	6.ª	d.	S. Henrique, imp. C ; S. Praxedes.
22	S.	d.	S. Maria Magdalena.
23	D	d.	(9°) S. Apollinario, Pm., S. Liborio.
24	2.ª	d.	Vigilia. S. Jeronymo Emiliano, C.
25	3.ª	1c.	Sᵗ. Iago ap.
26	4.ª	d.	S. Justa e Rufina, V. M.
27	5.ª	d.	S. Pantaleão, M.
28	6.ᵛ	d.	S. Nazario, Celso e Victor, Innocencio, Ppm.
29	S.	d.	S. Martha, V; S. Felix, Simplicio, Beatriz, etc.
30	D	1c.	(10°) *S. Anna* ; S. Abdon e Sennen, M.
31	2.ª	d.	S. Ignacio de Loyola, C.

LEMBRANÇAS

MEZ DE JULHO

AGOSTO

Galas:

Ferias:
Dias: 3, 10, 24, 31.

Sanctificados:
Dia: 15. — Assumpção.

Domingos:
Dias: 6, 13, 20, 27.

Dias uteis:

Escolares............ ferias.
Judiciaes............ 26
Repartições.......... 26

Festas mudaveis:
Dia: 20. — S. Joaquim.

DIA	SEMANA	RITO	SANTOS E FESTAS
1	3.ª	d.	8ª S^t. Iago, Ap.
2	4.ª	dm.	S. Pedro, ad Vincula, S. Estevão, Pp. M.
3	5.ª	d.	Invenção de S. Estevão, Proto-martyr.
4	6.ª	dm.	S. Domingos, C.
5	S.	dm.	N.ª S.ª das Neves
6	D	dm.	(11º) Transfiguração de N. S. J. Christo.
7	2.ª	d.	S. Caetano c. S. Donato, Pm.
8	3.ª	d.	S. Cyriaco, S. Largo, Smaragdo, M.
9	4.ª	d.	Vigilia. S. Liberata, ou Vilgeforte, V. M.
10	5.ª	2c.	S. Lourenço, M. (Com 8.ª)
11	6.ª	dm.	*N.ª S.ª do Carmo* (Do dia 16 de Julho); Da 8.ª; S. Susana.
12	S.	d.	S. Clara, V.
13	D	sd.	(12º) Da 8ª; S. Hippolyto e Cassiano (De ea).
14	2.ª	sd.	Vigilia. Da 8ª; S. Eusebio, C.
15	3.ª	1c.	*Assumpção de N.ª S.ª*
16	4.ª	d.	S. Roque, C.
17	5.ª	d.	8.ª S. Lourenço.
18	6.ª	d.	S. Jacintho, c. S. Agapito, M.
19	S.	sd.	Da 8ª Assumpção.
20	D	1c.	(13º) *S. Joaquim* ; (S. Bernardo, Abb. tr. 9-9.º)
21	2.ª	d.	S. Joanna de Chantal, vv.
22	3.ª	d.	8.ª Assumpção. S. Thimoteo — Symphoriano.
23	4.ª	d.	Vigilia. S. Philippe Benicio, C.
24	5.ª	2c.	S. Bartholomeu, Ap.
25	6.ª	d.	S. Luiz, Rei, C.
26	S.	d.	S. Zephirino, Pp. M.
27	D	d.	(14º) S. José Calasancio, C.
28	2.ª	d.	S. Augustinho, P. C. D. S. Hermeto.
29	3.ª	dm.	Degollação de S. João Baptista ; S. Sabina.
30	4.ª	d.	S. Rosa de Lima. S. Felix e Audacto, M.
31	5.ª	d.	S. Raymundo Nonnato, C.

LEMBRANÇAS

MEZ DE AGOSTO

SETEMBRO

Galas:	Dias uteis:
Dia: 28. — Natalicios Reaes.	Escolares............ ferias.
	Judiciaes............... »
Feriados:	Repartições........... 25
Todo o mez.	Festas mudaveis:
Sanctificados:	Dia: 10. — SS. Nome de Maria.
	Dia: 17. — N.ª S.ª das Dôres.
Domingos:	Temporas:
Dias: 3, 10, 17, 24.	Dias: 20, 22, 23.

DIA	SEMANA	RITO	SANTOS E FESTAS
1	6.ª	d.	S. Egydio, Abb.
2	S.	d.	S. Estevão, Rei de Hungria.
3	D	d.	(15º) S. Antonino, M. em Pamia.
4	2.ª	d.	S. Rosa de Viterno.
5	3.ª	d.	S. Lourenço Justiniano, Pc.
6	4.ª	d.	S. Justo e Pastor, M.
7	5.ª	d.	B. Maria de Cervelião, V.
8	6.ª	2c.	*Natividade de N.ª S.ª*
9	S.	dm.	S. Bernardo, Abb.D.; Da 8ª; S. Gorgonii.
10	D	dm.	(16º) *S.S. Nome de Maria.* S. Nicolau Tolentino, C.
11	2.ª	sd.	Da 8ª Nat.; S. Protho e Jacintho, M.
12	3.ª	sd.	Da oitava Natividade.
13	4.ª	sd.	Da 8ª Natividade.
14	5.ª	dm.	Exaltação de S. Cruz.
15	6.ª	d.	8ª Natividade — S. Nicomedes.
16	S.	d.	S. Cornelio e Cypriano, M.; S. Euphemia.
17	D	dm.	(17º) *N.ª S.ª das Dôres*; S. Pedro de Arbues, M.
18	2.ª	d.	S. José de Cupertino.
19	3.ª	d.	S. Januário, P. e Comp.
20	4.ª	d.	(*Temp.*) Vigilia. S. Eustachio e Comp.
21	5.ª	2c.	S. Matheus, Ap. e Evangelista.
22	6.ª	d.	(*Temp.*) S. Thomaz de Villa-Nova, Pc. S. Mauricio.
23	S.	d.	(*Temp.*) S. Lino, Pp. M. S. Thecla.
24	D	dm.	(18.º) *N.ª S.ª das Mercês* (Livramento).
25	2.ª	dm.	Stigmas de S. Francisco.
26	3.ª	d.	S. Cypriano e Justino, M.
27	4.ª	d.	S. Cosme e Damião.
28	5.ª	d.	S. Wenceslau, M.
29	6.ª	2c.	Dedicação de S. Miguel Archanjo.
30	S.	d.	S. Jeronymo, abb. D.

LEMBRANÇAS

MEZ DE SETEMBRO

OUTUBRO

Galas:
Dia: 16. — Natal. de D. Mª. Pia.

Feriados:
Dias: 5, 12, 26.

Sanctificados:

Domingos:
Dias: 1, 8, 15, 22, 29.

Dias uteis:
Escolares............ 22
Judiciaes............ 25
Repartições.......... 25

Festas mudaveis:
Dia: 1. — Nª. Sª. do Rosario.
Dia: 8. — Patrocinio S. José.

DIA	SEMANA	RITO	SANTOS E FESTAS
1	D	2c.	(19º) N.ª S.ª *do Rosario* — S. Remigio.
2	2.ª	dm.	Anjos da Guarda.
3	3.ª	d.	S. Firmino, Pm.
4	4.ª	dm.	S. Francisco, C.
5	5.ª	d.	S. Plácido e comp. M.
6	6.ª	d.	S. Bruno, C.
7	S.	d.	S. Marcos, Pp. C.; S. Sergio e Comp.
8	D	2c.	(20º) *Patrocinio de S. José* — S. Brigida, vv.
9	2.ª	d.	S. Dionysio, Rustico e Eleutherio, M.
10	3.ª	1c.	S. Francisco de Borgia, C. Pad. do Reino.
11	4.ª	sd.	Da 8.ª S. Francisco.
12	5.ª	sd.	Da 8.ª S. Francisco
13	6.ª	d.	S. Eduardo, Rei, C.
14	S.	d.	S. Callisto, Pp. M.
15	D	d.	(21º) S. Thereza, V.
16	2.ª	sd.	Da 8.ª S. Francisco.
17	3.ª	d.	8ª S. Francisco.
18	4.ª	2c.	S. Lucas Evangelista.
19	5.ª	d.	S. Pedro de Alcantara, C.
20	6.ª	d.	S. João Cancio, C.
21	S.	d.	S. Hedwiges, vv.; S. Hylarião, Ursula e Comp.
22	D	d.	(22º) S. Froylano, Pc.
23	2.ª	d.	S. Luiz Bertrand.
24	3.ª	dm.	S. Raphael, Arch.
25	4.ª	d.	S. Chrysanto e Daria, M.
26	5.ª	d.	S. Evaristo, Pp. m.
27	6.ª	d.	Vigilia. S. Pedro Pachasio, Pm
28	S.	2c.	S. Simão e S. Judas, apostolos.
29	D	d.	(23º) Transladação de S. Isabel.
30	2.ª	d.	S. Servando e Germano, M.
31	3.ª	d.	Vigilia. — S. Marcéllo e filhos, Mm.

LEMBRANÇAS

MEZ DE OUTUBRO

NOVEMBRO

Galas:

Feriados :
Dias: 9, 16, 23, 30.
Sanctificados:
Dia: 1. — Todos os Santos.
Domingos:
Dias: 5, 12, 19, 26.

Dias uteis :
Escolares............ 21
Judiciaes............ 25
Repartições.......... 25
Festas mudaveis:
Dia: 12. — Patrocinio da Virgem.

DIA	SEMANA	RITO	SANTOS E FESTAS
1	4.ª	1c.	*Todos os Santos.*
2	5.ª	sd.	Da 8ª de Todos os Santos. Comm. Fieis Defunctos.
3	6.ª	sd.	Da 8ª de T. os Santos.
4	S.	d.	S. Carlos, c. S. Vital e Agricola, M.
5	D	sd.	(24º) Da 8ª (De ea).
6	2.ª	sd.	Da 8ª de T. os Santos.
7	3.ª	sd.	Da 8ª de T. os Santos.
8	4.ª	d.	8ª de Todos os Santos, os 4 santos coroados.
9	5.ª	d.	Dedicação da Basilica do Salvador.
10	6.ª	d.	S. André Avellino.; S. Tryphão.
11	S.	d.	S. Martinho, Pc.; S. Mennas, sold.
12	D	dm.	(25º) *Patrocinio da Virgem ;* S. Martinho, Pm.
13	2.ª	d.	S. Didaco, C.
14	3.ª	dm.	Dedicação da Basilica do Coração de Jesus, Lisbôa.
15	4.ª	d.	S. Gertrudes, V.
16	5.ª	d.	S. Gonsalo de Lagos, C.
17	6.ª	d.	S. Gregorio Thaumaturgo, Pc.
18	S.	d.	Dedicação da Basilica de S. Pedro.
19	D	d.	(26º) S. Isabel, vv.; S. Ponciano, Pp.M.
20	2.ª	d.	S. Felix de Valois, C.
21	3.ª	dm.	Apresentação da Virgem.
22	4.ª	d.	S. Cecilia, vm.
23	5.ª	d.	S. Clemente, Pp. m. S. Felicidade.
24	6.ª	d.	S. João da Cruz, C ; S. Chrysogono, M.
25	S.	d.	S. Catharina, Vm.
26	D	d.	(27º) S. Pedro, Pm.; S. Silvestre, abb.
27	2.ª	d.	S. Eugenio, P. M.
28	3.ª	d.	S. Gregorio, Pp. C.
29	4.ª	d.	Vigilia. S. Saturnino e Sisino, M.
30	5.ª	2c.	S. André, Ap.

LEMBRANÇAS

MEZ DE NOVEMBRO

DEZEMBRO

Galas:

Feriados:
Dias: 14, 21; e de 26 a 31.

Sanctificados:
Dia 8. — Nª. Sª da Conceição.
Dia: 25. — Natal.

Domingos:
Dias: 3, 10, 17, 24, 31.

Dias uteis:
Escolares.............. 17
Judiciaes.............. 19
Repartições............ 24

Festas mudaveis:
1.º Dom. Advento...... 3
2.º   »   »   10
3.º   »   »   17
4.º   »   »   24

Temporas:
Dias: 20, 22, 23.

DIA	SEMANA	RITO	SANTOS E FESTAS
1	6.ª	d.	S. Severo Securo e Comp.
2	S.	d.	S. Bibiana, Vm.
3	D	1c.	(1º) *Advento*. — S. Francisco Xavier, C.
4	2.ª	d.	S. Barbara, V. M.
5	3.ª	d.	S. Pedro Chysologo, Pc.
6	4.ª	d.	S. Nicolau, Pc.
7	5.ª	d.	S. Ambrosio, Pc. D.
8	6.ª	1c.	*N.ª Sª. da Conceição*, Pad. do Reino.
9	S.	sd.	Da 8ª Conceição.
10	D	2c.	(2º) *Advento* (Transf. de N.ª S.ª de Loreto).
11	2.ª	d.	S. Dâmaso, Pp. C.
12	3.ª	dm.	N.ª S.ª de Loreto (Do dia 10), da 8.ª
13	4.ª	d.	S. Luzia, Vm.
14	5.ª	sd.	Da 8ª da Conceição.
15	6.ª	d.	8ª da Conceição.
16	S.	d.	S. Eusebio, Pm.
17	D	2c.	(3º) *Advento* ; S. Quincto, Simplicio e Comp.
18	2.ª	dm.	Expectação do Parto da Virgem.
19	3.ª	d.	S. Timotheo, Diac. M.
20	4.ª	d.	(*Temp.*) Vigilia. S. Domingos de Silos.
21	5.ª	2c.	S. Thomé, Ap.
22	6.ª	d.	(*Temp.*) S. Leocadia, Vm.
23	S.	d.	(*Temp.*) S. Servulo, C.
24	D	2c.	(4º) *Advento*. — Vigilia.
25	D	1c.	*Natal*. — Natividade de N. S. Jesus Christo.
26	3.ª	2c.	S. Estevão, Pm.
27	4.ª	2c.	S. João, Ap. Evangelista.
28	5.ª	2c.	Santos Innocentes, M.
29	6.ª	d.	S. Thomaz de Cantoaria, Pm.
30	S.	sd.	Dominga infra, 8ª Nativibade.
31	D	d.	(*Nac.*) S. Silvestre, Pp. C.

LEMBRANÇAS

MEZ DE DEZEMBRO

NATALICIA

(ANNIVERSARIOS NATALICIOS)

Rogamos aos nossos ex.ᵐᵒˢ collaboradores o favor de nos communicarem os dias dos seus anniversarios natalicios, para serem inscriptos n'este calendario.

JANEIRO

1	Paulo H. Crato; João Sᵗ. Aubyn.
2	
3	
4	D. Maria Augusto Neves.
5	
6	Cezar Augusto Neves.
7	Theodoro d'Oliveira Almada.
8	
9	José Martins Neves.
10	D. Emilia Marques d'Oliveira.
11	Francisco T. Almeida Junior.
12	Antonio de Carvalho Moniz.
13	
14	D. Felicia Silva Almeida; Alberto Cezar Neves; Raul Antonio Teixeira.
15	José Lopes da Silva.
16	D. Maria J. de C. Lopes.
17	P.ᵉ Antão M. d'Oliveira.
18	Antonio Lopes da Silva.
19	Theophilo Antonio da Luz.
20	D. Sebastiana Mello Nobre.
21	D. Mariana T. Silva; D. Ignez Pinto.
22	D. Emilia Maria de C. e Castro.
23	
24	D. Leopoldina Lopes Silva.
25	
26	D. Thereza de Jesus Lopes; Alberto Lopes.
27	
28	Manoel Lopes da Silva; Joaquim F. Abreu.
29	D. Guiomar M. Martins Neves.
30	
31	D. Maria L. T. d'A. Carvalho.

NATALICIA

FEVEREIRO

1	
2	
3	D. Amelia Santos.
4	Antonio Souza Lopes; Antonio Corsino Lopes; Alberto Martins Neves.
5	Augusto Martins Pereira; Lourenço José Pinto.
6	D. Maria das D. M. Nobre; José Carvalho Spencer.
7	Julio Bento d'Oliveira; Mario de Carvalho.
8	João d'Almeida Tito; Manoel João Silva.
9	
10	José d'Oliveira Pinto; Guilherme de Carvalho; Jayme Monteiro Rodrigues.
11	
12	
13	D. Anna Maria de Souza; Raphael B. Vieira.
14	D. Julia Valentina St. Aubyn.
15	D. Antonja Joanna d'Oliveira; D. Zulmira d'Araujo.
16	Antonio Vieira Vera-Cruz
17	
18	
19	D. Maria Eduarda Moniz; Pe. Luiz L. Nogueira.
20	Jeronymo D. Souza.
21	
22	D. Maria J. M. Lopes; Pedro R. de Castro.
23	
24	Francisco José d'Oliveira; Alexandre d'Almeida; D. Maria Amelia P. Firmino.
25	
26	
27	
28	
29	Pe. Porphyrio Pereira Tavares (Só de 4 em 4 annos...! e desde 1896 até 1904 fará um só...!)

NATALICIA

MARÇO

1	
2	
3	
4	D. Anna Maria Dias ; José Rodrigues de Carvalho.
5	
6	D. P. J. da Graça ; D. Camilla T. d'Almeida.
7	D. Marilia F. Oliveira ; Fidelis B. Barros.
8	
9	
10	Pedro Lopes da Silva.
11	
12	
13	
14	D. Adelaide Pinto ; Antonio A. Neves.
15	D. Henriqueta Crato ; D. Julia C. F. Santos.
16	José Antonio de Carvalho.
17	
18	Gabriel S. Vera-Cruz ; Cezar de F. Abreu.
19	Francisco A. Lopes da Silva.
20	Manoel C. N. d'Aguiar.
21	
22	D. Isabel Vieira Vera-Cruz ; Antonio G. Neves.
23	D. Estephania C. Ferraz ; Manoel S. Almeida.
24	Augusto Diogo Abrantes.
25	Julio d'Encarnação Carvalho.
26	
27	
28	José Antonio da Graça.
29	
30	
31	Antonio Gomes das Neves.

NATALICIA

ABRIL

1	D. Virginia Carvalho Spencer.
2	D. Maria Isabel de Carvalho.
3	Manoel Figueiredo.
4	
5	D. Maria F. Teixeira e Costa ; D. Maria L. T. d'A. S. Monteiro ; D. Maria G. Silva.
6	D. Marcellina Ramos.
7	
8	Conego Joaquim da Silva Caetano ; Theophilo Duarte.
9	D. Maria da P. S. Ramos; Antonio R. Lopes.
10	Conego A. R. Serpa Pinto.
11	
12	
13	D. Thomaz d'Almeida ; P° Antonio J. d'Almeida.
14	Antonio Pedro Teixeira ; Luiz M. de Carvalho.
15	
16	Antonio Miguel de Carvalho ; Raul Lopes.
17	D. Josephina A. C. Vera-Cruz ; D. Julia M.ª Lopes.
18	
19	
20	José Tavares Gomes.
21	Alfredo Antonio Ferreira.
22	D. Julia Maria Lopes da Silva.
23	José Jorge Firmino.
24	Honorio Mendes Varella.
25	
26	João Ludgero C. Teixeira.
27	D. Laura d'Almeida ; Pedro T. Ramos.
28	José Francisco Pinheiro.
29	D. Maria da Piedade Silva Leite.
30	

NATALICIA

MAIO

1	Philippe Santiago Ramos.
2	
3	Conego Berardo J. da Costa Pinto; João Simões Estimas.
4	Augusto Tavares d'Almeida.
5	D. Margarida Marques d'Oliveira.
6	Jayme Martins Neves.
7	D. Maria da C. Souza Brito; José dos Reis Souza; Francisco E. Lopes da Silva.
8	D. Pulcheria da C. Lopes da Silva.
9	
10	
11	
12	
13	
14	
15	Isidóro de Faria e Castro.
16	
17	
18	
19	
20	Miguel Antonio Lopes.
21	
22	
23	
24	Rodolpho Ferreira Pinto.
25	Arthur Bendavid.
26	
27	José Duarte Lopes; Francisco de Deus Duarte; Francisco X. L. Mascarenhas.
28	D. Anna Moniz Lopes.
29	
30	Antonio Vicente de Mello.
31	

NATALICIA

JUNHO

1	
2	José da Costa Lejo.
3	
4	Raphael M. Oliveira.
5	
6	
7	Edmund Ch. St. Aubyn.
8	
9	D. Constancia Lopes da Silva; D. Archangela C. Santos; Manoel A. de Brito.
10	
11	
12	
13	D. Antonia de Jesus Abrantes.
14	Antonio R. Figueiredo.
15	
16	
17	D. Maria Narciza de Castro ; D. Antonia Moniz Junior; Manoel d'Oliveira Teixeira.
18	Cesario d'Araujo; José C. Moniz.
19	
20	Luiz José Innocencio; João M. de Lima.
21	
22	
23	D. Candida S. Almeida.
24	João Henriques.
25	Francisco X. Crato ; Joaquim P. Furtado.
26	
27	P.e Antonio Ferreira Loureiro.
28	D. Joanna B. Oliveira.
29	
30	

NATALICIA

JULHO

1	Julio Simas Vera-Cruz e filho.
2	
3	D. Francisca Silva Leite.
4	
5	Dr. João A. Martins.
6	
7	D. Maria da C. Ferreira Santos.
8	
9	
10	
11	D. Francisca Fortunata da Graça.
12	Alvaro Botelho.
13	Alberto Lopes da Silva; Antonio d'Oliveira Lima.
14	
15	D. Camilla de C. Moniz.
16	
17	Manoel Lopes Silva.
18	
19	
20	
21	D. Maria Sabina Leite.
22	
23	D. Joaquim, Bispo de Cabo-Verde.
24	Antonio João Figueiredo.
25	
26	
27	Alberto Carvalho Silva.
28	
29	
30	
31	

NATALICIA

AGOSTO

1	D. Carolina Lopes.
2	Winifred S^t. Aubyn; Antonio Firmino.
3	
4	João Domingos de Brito.
5	
6	D. Clara de S. Ramos; D. Theodolinda Firminio.
7	D. Zulmira F. Santos.
8	D. Guiomar S. Vera-Cruz; D. Antonia S. Almeida.
9	D. Anna de M. e Castro; D. Elvira d'Araujo, Pedro R. de Castro Junior.
10	
11	
12	
13	
14	
15	
16	
17	D. Maria da P. S. Martins.
18	
19	
20	
21	F. Tavares d'Almeida; Conego A. M. da C. T.; Alexandre José Vera-Cruz.
22	
23	D. Maria R. d'Almeida Vieira; D. Palmira Moniz.
24	D. Antonia de C. Moniz; D. Maria Dias Bendavid; Bartholomeu P. d'Affonseca.
25	Luiz Duarte Pinto.
26	D. Maria do Coração D. Pinto; D. Anna C. F. Pinto; D. Maria de C. S. Ramos; D. Maria Marques d'Oliveira.
27	José Calazans Lopes da Silva.
28	
29	
30	
31	D. Guilhermina N. M. Teixeira.

NATALICIA

SETEMBRO

1	
2	D. Francisca d'Araujo; Arsenio Daniel Firmino.
3	
4	D. Eugenia de Souza Pinto.
5	D. Maria Branca d'Almeida.
6	
7	Miguel A. Carvalho.
8	
9	Hugo dos Reis Borges.
10	
11	
12	João H. Moniz.
13	José Miguel Carvalho.
14	Pedro Monteiro Cardoso.
15	
16	
17	D. Maria das D. S. Almeida ; José Alexandre Pinto.
18	
19	
20	D. Augusta Lopes da Silva.
21	
22	
23	
24	Adelina Dias Bendavid.
25	
26	
27	D. Maria Virginia de C. Spencer.
28	
29	
30	

NATALICIA

OUTUBRO

1	
2	Julio Antonio de Carvalho.
3	
4	João Marques Lopes.
5	
6	
7	
8	
9	
10	D. Carolina d'Almeida Carvalho; D. Maria Crato; D. Maria J. S. Figueiredo.
11	João José Lopes da Silva; José Carlos S^t. Aubyn.
12	D. Maria das D. A. Barros; José F. Henriques Moniz.
13	D. Maria E. Lopes da Silva; João J. M. d'Oliveira.
14	Gaudencio dos Reis Borges.
15	D. Rosa A. S. Almeida.
16	D. Alice Pinto.
17	
18	
19	D. Maria José M. N. Teixeira; D. Cecilia Francisca d'Oliveira.
20	
21	João Almeida Carvalho.
22	D. Maria Emilia F. e Castro; P^e. Miguel Antonio Monteiro.
23	Conego J. R. Pinto Cardoso.
24	Theophilo J. Dias de Pina.
25	Julio José Dias.
26	
27	D. Hermelinda d'Araujo.
28	D. Eugenia Duarte Pinto; José M. Cabral d'Azevedo; Eugenio M. dos Santos.
29	D. Maria Emilia d'Almeida; Gastão Ferraz.
30	Francisco Vieira Vera-Cruz.
31	D. Maria de C. S. Martins; Ruy Wolfgang de Carvalho.

NATALICIA

NOVEMBRO

1	
2	Conego Antonio J. d'Oliveira Bouças; Francisco Arrobas Crato.
3	Antonio S. Lima Ramos.
4	Dr. A. Freitas Ferraz; Manoel dos Reis R. Mascarenhas.
5	
6	José de Faria e Castro.
7	
8	D. Beatriz C. Neves; Julio Vieira.
9	Manoel Balthasar de Souza.
10	
11	
12	
13	
14	D. Camilla V. Tavares d'Almeida.
15	Custodio Simas Vera-Cruz.
16	
17	
18	D. Maria Amelia Tavares de Carvalho; Antonio Francisco d'Oliveira.
19	
20	
21	
22	
23	
24	
25	Manoel da Silva Garcia.
26	José L. A. C. e Almada.
27	D. Margarida Moniz; Joaquim Figueiredo.
28	
29	Pedro José Firmino.
30	

NATALICIA

DEZEMBRO

1	Joaquim José Barros.
2	D. Olivia St. Aubyn.
3	
4	D. Anna de Carvalho; Antonio José de Carvalho; José Accurcio das Neves.
5	
6	
7	Pe Ambrosio P. da Fonseca.
8	D. Maria da C. V. Vera-Cruz; D. Maria da Conceição St. Aubyn; Cezar da Silva Araujo.
9	
10	
11	D. Julia Carvalho Pinto do Rosario.
12	João de Carvalho Silva.
13	D. Maria Julia Pereira; Maria Constancia St. Aubyn
14	Nicolau Francisco Duarte.
15	D. Antonia Maria Silva.
16	
17	D. Ignez St. Aubyn; João de Carvalho.
18	D. Carolina Ferreira Santos.
19	Pe. Julio José Delgado.
20	
21	Octavio d'Araujo; Thomé J. de Brito.
22	
23	D. Eugenia V. Vera-Cruz;- Eduardo Marques Lopes.
24	D. Elizabeth Araujo.
25	
26	
27	Antonio d'Almeida.
28	D. Maria do Carmo F. e Castro; Benjamim Pinto da Calle.
29	D. Maria José de Carvalho Pinto.
30	
31	D. Maria Julia Lopes Silva.

As exmas damas e cavalheiros, que quizerem inscrever-se n'este calendario natalicio, poderão enviar-nos os seus nomes abreviados e as datas dos seus anniversarios.

IIª PARTE

MISCELLANEA

SAUDAÇÃO

(AO « ALMANACH LUSO-AFRICANO »)

SALVÈ,

Aurora rosiclér da instrucção african**A**
Livro d'ouro e de luz bello, *récréati***F**
Magestoso arrebo**L** de deslumbrante alvo**R**
Alma alvorada q**U**e ás lettras já sorr**I**
Nascido ha pouco e já **S**ublime no biva**C**
Annos mil te cor**O**em a briosa march**A**
Caminha, que te espera glorioso Pantheo**N**
Hastil virente que terá annoso tronc**O**

(Cabo-Verde.)   *D. Esperança de J...*
                  (Africana)

~~~~~~~~~~

ADORAÇÃO DO CORDEIRO MYSTICO

   Aos oppressos Jesus caridoso convida:
« Vinde todos a mim; eu vos confortarei,
« Eis celeste festim : comei; sou pão da vida,
« Em gosos divinaes inebriar-vos-hei !!

SALVÈ...!

(AO LUSO-AFRICANO)

S alvè, "Africano", rutilante estrella,
A stro brilhante, de fulgente luz!
L ivro sympathico, Revista amena,
V apor d'incenso ao Deus das Almas Lettras,
E, mblema claro de progresso ingente...!

A frica minha, região uberrima,
L evanta os filhos teus da noute ignara!
M ãe do calor, dá vida intellectual,
A manho nobre á natureza humana!...
N a evolução do orbe e revolver
A ustero e grave das nações potentes,
C ondão singular tu terás, de certo:
H as tu de ser *Imperatriz dos Orbes*...!

L evanta os filhos teus da sombra tibia,
U nge-lhes tu a fronte, nobre e dina,
S em longa móra, com o oleo santo,
O leo da Crença e do Progresso omnimodo!

A vante! Ávante! "Luso-Africano",
F ulgor das Lettras, arsenal do Genio,
R ubro crepusculo de purpureo dia,
I ngente roble, baobab copado,
C ujas ramadas vão cobrir a Europa...!
A frica minha, região dourada!
N o "*Africano*" e em progressos mil
O seculo vinte te fará rainha.

(*Africa occid.*)   A. Gonçalves.

LEVA-ME...

A Roberto Duarte Silva

ROSA,

Quando abrires a corolla
Aos beijos da madrugada,
Manda um perfume de esmola
Á minh' alma sequiosa,
Rosa de amor orvalhada.

AVE,

Quando soltares teus cantos
Na sombra dos arvoredos,
Manda-me um d'esses teus prantos
Na aragem que vem suave
Soluçar-me os teus segredos.

NUVEM,

Quando á tardinha bordares
O leito de ouro do sol,
Espalha beijos nos ares,
Que o meu coração perfumem
Nas tristezas do arrebol.

FOLHA,

Quando o vento te levar
De monte em monte impellida,
Vem a meu peito chorar,
O pomba da minha escolha,
As maguas da tua vida.

ANJO,

Quando da terra cançada
Fôres dormir nos espaços,
Leva minh'alma deitada
Nas tuas azas, archanjo...
Leva-me ao céo em teus braços.

Praia
(Cabo-Verde)

A. SARMENTO.

D. VASCO DA GAMA

Filho de Estevão da Gama e de D. Isabel Sodré, nasceu Vasco da Gama em 1469, na villa de Sines, e tinha de edade 28 annos, quando el-rei D. Manoel o chamou para commandar a esquadra que enviava em descobrimento da India. Já D. João II o destinára tambem para chefe d'essa importante empreza, porque o moço fidalgo, além de brioso e energico, era mui perito em nautica.

A 8 de Julho de 1497 sahiu a esquadra de Belem; e, depois de atravessar os mares africanos, dobrar o Cabo da Boa-Esperança, esquivar-se habilmente aos ardis e malévolas intenções dos mouros que negociavam pela costa oriental da Africa, chegou a Calecut, na India, a 20 de maio de 1498. Ainda ahi teve que luctar com as perfidias dos mouros commerciantes, e, regressando a Portugal, chegou a Belem a 29 de agosto de 1499, tendo perdido mais da terça parte da tripulação dos seus quatro navios, mas tendo levado a cabo tambem a grande empreza a que os portuguezes não cessavam de aspirar, desde que o infante D. henrique os lançára na senda aventurosa das navegações e dos descobrimentos.

A India estava, pois, aberta á ambição portugueza; o mundo oriental, meio envolto no véo do mysterio, agora que uma nova e ampla estrada se lhe rasgára lá pelas solidões do Atlantico, ficava patente ao commercio e á civilização do Occidente; o campo da sciencia ampliava-se, e Portugal, se d'esse descobrimento colhia apenas uma prosperidade passageira, d'elle auferia em troco immorredoura gloria.

Segunda vez voltou Vasco da Gama á India, no anno de 1502; e, se na primeira viagem, dispondo apenas de uma frota destinada a luctar com o Oceano e não com os homens, e de poucos soldados, tivera que padecer algumas humilhações, n'esta segunda fez sentir aos regulos da Africa e do Indostão quanto era perigoso insultar os portuguezes. A punição do rei de Calecut, as allianças contrahidas com os de Cochim e Cananor, a vassallagem imposta aos scheick de Quilôa, assignalaram a sua segunda expedição.

Não lhe faltou D. Manoel com as recompensas devidas, nomeando-o conde da Vidigueira, almirante do mar da India, concedendo-lhe o titulo de Dom e uma pensão de mil escudos; mas depois olvidou o grande homem, com a sua costumada ingratidão, e nunca o escolheu para governar a India. D. João III reparou a injustiça, nomeando-o em 1524 vice-rei d'esses Estados, que elle fôra procurar atravez de mil perigos, com animo inquebrantavel. Não desfructou muito a sua nova dignidade, porque, tendo chegado á India em setembro, veiu logo a fallecer a 25 de dezembro d'esse mesmo anno.

Manoel Pinheiro Chagas.

UM FRADE E UM BANQUEIRO.

No *Journal d'Anvers* encontramos a seguinte interessante noticia:

« O rev. padre Leon, capuchinho do convento de Versailles, apresentou-se ha dias em casa d'um rico banqueiro de Paris.
Este, ao vêr o seu pobre habito, olhou-o com desprezo e disse-lhe que esperasse. O rev. Leon assim fez durante duas horas, pois que todos os que depois d'elle entraram eram attendidos, até que por fim chegou a sua vez.
— O que deseja? lhe perguntou o banqueiro com modos bruscos e impacientes.
— Venho restituir-lhe 40.000 francos, que para este fim me foram entregues por um penitente.
Imagine-se a atrapalhação do banqueiro, envergonhado do seu grosseiro procedimento com o humilde capuchinho.

CHARADA. — Nº 1.

Qual é o vaso que é vaso e passaro? 2, 2.

VALSA

Offerecida a D. Mimi Vera-Cruz, por occasião do seu anniversario natalicio, por A. S. Oliveira. — (Bôa-Vista).

D.C.

O CHRISTIANISMO

O christianismo é um facto unico que, na historia da humanidade, tem atravessado tantos seculos!...

Voz santissima de Deus, voz do amor e da divina caridade que baixou do céo á terra a soltar os grilhões que prendiam triturantes a mão do escravo, fazendo conhecer ao rico a egualdade dos homens perante Deus e as leis da consciencia; doutrina admiravel, celeste, cheia de luz, pólo unico do verdadeiro norteamento das sociedades! Salvé, mil vezes, ó christianismo!!!...

P.º M. A. d'ALMADA JUNIOR.

~~~~~~~

O OUTONO

Melancholica a estação do outono!

Toadas plangentes como lamentos gemem os teclados do universo, movidos pelo cortante assobiar das nortadas d'esta quadra.

A natureza, que ha pouco se ostentava florida, exuberante de seiva, pujante de belleza, engalanada d'adornos, em festival sorrir, já agora, tocada pela aza do regelante aquilão, sem encantos primaveris, traja um manto pesado de sombras que lhe põe uma nota dolorosa, um tom compungitivo.

Desbotaram-se as côres vivas d'alegria, e os cambiantes, que scintillavam á luz, desmaiaram com o lento esvair d'estas tardes outonaes.

O sol, muito afastado para as regiões do tropico, despede a custo, constrangidamente, por entre nuvens pardacentas da côr da procella, uns raios obliquos, mortos, que deixam a terra arrefecida e altamente desconsolada.

A uve derrete lentamente e como lagrimas rola para o fundo dos valles.

Choram as hastes a sorte dura das folhas que, amarellecidas por uma doença grave, lá vão, ludibrio das ventanias, procurar nos barrocaes sem luz um leito amigo que as consuma. Não se ouve o canto alegre dos ninhos nas romanseiras, nem o murmurio suave dos arroios por entre os vergeis!

Não desabrocha, em canteiro mimoso, bafejado de cuidados, uma florinha onde as abelhas poisem mansamente sugando em seu calice o precioso nectar, a suavissima ambrosia!

As manadas não sahem do curral e a fumarada alastra-se pelo chão como uma mortalha de nevoa.

Emmudeceram os cantos da natureza e o lucto desceu pesado, recolhendo o ultimo echo d'alegria que se extingue além!!

É o fim do anno que se avisinha, é a imagem da morte com o seu cortejo de sombras a reflectir-se sobre a natureza despojada de seus adornos!

Assim está o nosso Portugal! Decahido da antiga nobreza, esbulhado dos louros que seus filhos alcançaram em luctas porfiadas e torneios heroicos, feito patrimonio da heresia que lhe dilacera as entranhas, geme, soffre muito, acabrunhado sob a pressão de terriveis e dolorosas calamidades que o ameaçam de morte!

Passaram depressa, alegres e festivos os dias da sua primavera!!

Teve crença e foi respeitado; teve fé e seus filhos arremessaram-se aos mares, arrostaram contra a furia dos elementos, venceram difficuldades grandes e suas galeotas aproaram ousadas nas terras riquissimas da Asia e do Novo Mundo.

Então o brilho da sua grandeza, as scintillações da riqueza conquistada, a sua baixella preciosa, deslumbrou os povos e Portugal, corôado de tantos louros, espantou a terra, dictou as leis e fez gemer o orbe.

Teve fé e basilicas soberbas; mosteiros gigantes e templos amplissimos, em cujas cupulas tremulava o nosso pavilhão, surgiram aqui e além, acobertando e acolhendo, debaixo de seus tectos dourados, esse bom povo que orava e era feliz.

Hoje o outono o envolveu em tristezas; a febre da descrença abateu esse gigante, trocando as virtudes de seus filhos por uma molleza desconhecida.

Cahiu-lhe sobre o dorso a neve da incredulidade e curvou-se vencido para a terra já arida como as rochas.

ALMANACH LUSO-AFRICANO

Calou-se a voz da gloria, extinguiu-se o echo do triumpho, e na consciencia de seus filhos entraram os travos do desalento.

Está no seu pleno outono!!

Patria, oh minha Patria querida, as tuas infelicidades escaldam-me o peito e por isso ouve o lamento sincero que te dirige quem tem sêde insaciavel de te sacrificar a existencia : « Patria, encara de novo a luz da fé, abraça-te á Cruz, e a primavera tornará a restituir-te os encantos, dará louçainhas á tua precoce decrepitude. Patria, ora e confia; crê e serás forte, respeitada das nações a quem abristes os aditos da civilisação. »

A. J. D'OLIVEIRA BOUÇAS.

NHÔ BRAZ SORTEADU (¹)

LAMENTAÇÃO

de uma viuva da Brava, á morte de seu marido, chamado Braz, residente em Jaracunda *da mesma ilha, por occasião do sahimento.*

---

(1) No criôlo da Brava o *z* final sôa ç, *j* sôa como no inglez, lh vale tambem *j* inglez, e *ch* como no dialecto transmontano (chá = txá). Quép-Ona = Cabo Horn, influencia da pronuncia ingleza de Cap, pois os bravenses viajam sempre para os Estados-Unidos.

CRIÔLO

1. — (*Á chegada do Padre.*)

    Nhô Bráz sorteádu,
    Que t'achâ pádri nôbu,
    Ah...! pádri bonitu,
    Pa enterrá nhô Bráz!

2. — (*Ao sahimento*)

    Nhó pádri Nirêu,
    Nhô lebá-me 'lle mansinho!
    Ah... tempo compridu,
    Ah... tempo maguadu!
    (*Suspiro :*) Ah nhô Bráz...!

3. — (*Lembra os serviços christãos do marido*)

    Nhô Bráz di Jaracunda
    Ja ca t'auxemâ máce dotrina.
    Ah... nhô Bráz!
    Ah... nhô Bráz!

4. — (*Lamenta a morte do filho em Cap-Horn*)

    Taninhe, nha filho,
    Ah... na már de Quép — Ona.
    Ah... Taninhe, nha filho,
    Ah... na már de Quép — Ona.
    (*Suspiro :*) Ah Taninhe...!

5. — (*Péde a transmissão da noticia*)

    Nhô pádri Nirêu,
    Tó que nhô'screbê nhô pádr'Andrê,
    Ah... nhô mandâ flá-mê-'lle:
    Nhô Brzá já câ tenê máce!

6. — (*Egual pedido a uma comadre*)

    Nhâ cómâ Néque,
    Tó que nhâ 'screbê Junsinho,

Ah... nhâ mandâ flá-mê-'lle :
Nhô Bráz já câ tenê máce
(*Suspiro* :) Ah... nhô Bráz...!

TRADUCÇÃO LITTERAL

1

Senhor Braz, sorteado,
Que achou padre novo,
Ah... padre bonito,
Para enterrar senhor Braz!

2 —

Senhor padre Nereu,
O senhor leve-m'o mansinho!
Ah! com tempo comprido (demorado)
Ah! com tempo magoado (sentimental)
(*Suspiro*) : Ah! senhor Braz...!

3 — *Era cantor da egreja e catechista*)

Senhor Braz de Jaracunda
Já não ensina mais doutrina.
Ah!.. Senhor Braz!
Ah!.. Senhor Braz!

4. — *Cap-Horn* (= *Quép-Ona.*)

Taninho, meu filho, ah...
Ah!.. no mar do Cabo-Horn
Ah!.. Taninho, meu filho,
Ah!.. no mar do Cabo-Horn.
  Ah Taninho...!

5. — (*Noticia para o anterior parocho*)

Senhor padre Nereu
Quando o Snr. escrever a Snr. P°. André
Ah! O Snr. mande dizer-lhe :
Senhor Braz já não existe mais.

ALMANACH LUSO-AFRICANO

6. — (*Noticia para o tio da Comadre*)

Senhora comadre Néque,
Quando a Snrª escrever a Joãosinho,
Ah! a Snrª mande-me dizer-lhe:
Senhor Braz já não existe mais.
Ah! Senhor Braz!

As lamentações variavam segundo as circumstancias e as visitas.

(Cabo-Verde.)   A. da C.

ENIGMA. — Nº 2.

Inscripção moral encontrada em Persépolis, gravada em caractéres árabes.

5 regras de bem viver.

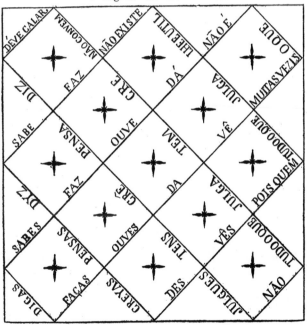

HESPERITANO.

OS CONCURSOS

DO

LUSO-AFRICANO

PRIMEIRA CLASSE

SECÇÃO INFANTIL

1.º genero. — Composição litteraria :

Assumpto : á escolha. Extensão : uma pagina do almanach = 300 palavras.

2.º genero. — Desenho, a lapis ou a tinta; copia ou invenção.
Assumpto : plantas, animaes ou flôres.

SECÇÃO MEDIA = JUVENIL

1.º genero. — Composição litteraria :
Historia das descobertas e commettimentos portuguezes até 1900, em 600 palavras.

2.º genero. — Desenho : uma fabula moral ou conto mudo, em miniatura.

SECÇÃO SUPERIOR

1.º genero. — Composição litteraria :
Historia universal do seculo XVIII, em 1000 palavras.

2.º genero. — Desenho : Despedida do seculo XIX e entrada do seculo XX (caricatura).

3.º genero. — Aguarella : Uma regata ou paizagem.

SECÇÃO COMMUM

Poesia. — Epigrammas.
Musica. — Ave-Maria !

SEGUNDA CLASSE

SEXO MASCULINO

Qualquer trabalho delicado para sala, escriptorio ou escola, como : caixilhos, tinteiros, facas de papel, canetas, estojos, bilheteiras, etc.

SEXO FEMININO

1.º — Um trabalho de costura, rendas (agulhas), ou bordados.
2.º — Florista : um ramalhete com a dedicatoria bordada em fita (sem desenho), para os premiados nos concursos e nas escolas e para o bazar de caridade de

« O Luso-Africano. »

ANAGRAMMA. — Nº 1.

Secção infantil.

1.º — Dividir um bocado de papel em 5 partes, escrever em cada pedaço uma das lettras A, A, I, R, M, e dispor o papel de modo a formar o nome da Rainha dos Céos.
2.º — Formar o nome de um livrinho bonito e interessante com as lettras A, A, A, C, H, L, M, N.
3.º — Qual é o nome masculino que se escreve com dois *pp*, dois *o o*, dois *i y*, um *I*, um *h*, um *t* ?
4.º — Com 7 palitos fazer o numero 1.

Hesperitano.

(Cabo-Verde)

ENIGMA. — Nº 3.

Quaes são as ilhas de Cabo-Verde que não são santas ?
(Cabo-Verde)

P. d'Oliveira.

ENIGMA. — N.º 4.

(Por syllabas)

Dedicado ás Ex.mas collaboradoras do *Almanach Luso-Africano*.

Consintam, minhas senhoras,
A um rapaz sem talento,
Que venha por duas horas
Moêr-vos o pensamento.

Trago um enigma obtuso,
De oito lettras, não mais,
Que sem demora reduzo
A quatro só,—desiguaes.

Syllabas quatro no todo
Hão de vêr, diz a Ignez,
Mas reparem d'outro modo
Que só encontrarão tres.

Posto isto, principio,
— Com as vossas adhesões, —
A fazer, sem mais desvio,
Famosas combinações.

Á prima troquem vogal,
Com a quarta á frente posta,
Teem lógo um animal
Que muitas vezes desgosta.

A prima da mesma forma,
Com segunda mais terceira,
Dão sujeito que por norma
Só quer têr a brincadeira.

Nunca gostei de me vêr
Como diz segunda e quarta;
Tres e duas, podem crêr,
Nas matas acham á farta.

A quarta com a terceira
Um animal vos darão,
Com segunda mais primeira
Eu peço o vosso perdão.

Desculpem, senhoras minhas,
A massada que lhes dei :
P'ra findar, mais quatro linhas,
E por aqui ficarei.

De bellas pennas coberto,
Vive o meu todo em Angola;
É linda ave por certo,
Mas que não vive em gaiola.

Cecilio
Dondo — Africa Occidental.

ARITHMOGRAMMA.—Nº 1.

(Ao eximio Director do Luso-Africano)

Do recanto meio escuro, 14, 5, 16, 3, 9, 1, 12, 19
A minha voz eu levanto, 13, 2, 8, 3, 17
Tão rude, impotente, ignara, 13, 14, 2, 16, 12
Para levantar-te um canto, 3, 11, 17
A ti, precioso livrinho, 14, 15, 16, 6
Aurora de instrucção, 8, 15, 4, 14, 19
Recreio grato, aprazivel, 10, 2, 14, 12, 11
Bom penhor d'educação! 1, 12, 18, 7, 2.

> Eu te saúdo, admirado,
> Eu te sigo, esperançoso
> No teu curso, oh « Afra estrella»,
> Eterno e almo e glorioso!

(Cabo-Verde)

D. Celerina Aldegonda Veridiana Gúdula
(Paulense.)

NOITE!

A escura castellã, — a Noite, — envolta na sua eterna viuvez, desce a larga escadaria do Infinito.

O vento agita-lhe as amplas roupagens negras; e o mar, como um velho leão domestico, soluça-lhe aos pés uma canção de amor.

Em bandos, as Saudades esvoaçam pela treva. O Crime abre as palpebras sanguineas. A Devassidão esboça um horriso á porta do seu covil.

E, entretanto, a Noite, debruçada sobre as collinas, ccora, silenciosamente.....

E assim como as grandes idéas germinam, nascem, srescem, florescem e fructificam á sombra dos grandes martyrios, — assim a Natureza, exhausta, bebe nas lagrimas da Noite o vigor e a vida.

Da Noite do Calvario nasceu a aurora do Christianismo!

SARA MENDES.
(Cabo-Verde)

Brava, dez.º 1894.

CHARADA. — Nº 2.

(*Ao mathematico Coripe*)

(ALGEBRA)

Ás direitas, sente-se; $\left.\right\}3$
As avessas, come-se.

Nicolau
(Cabo-Verde)

J. O. P.

MORTE DE S. JOSÉ

Posto que as historias authenticas nada digam a res-

peito do tempo da morte de S. José, é provavel que ella se realizasse quando Nosso Senhor começou a prégar publicamente, pois que os Evangelhos não referem nenhum encontro de Jesus com S. José, mesmo nos logares em que se encontrava a Santissima Virgem.

Muitos Doutores da Egreja pensam que S. José fôra levado aos Céos em corpo e alma, para ter parte bem cedo nas grandezas d'Aquelle, que elle havia sustentado na terra : o que se funda n'uma verosimilhança racional, porque, se o corpo do Santo Patriarcha estivesse ainda no mundo, é de presumir que Deus não quizesse deixa-lo escondido e privado das honras que concede aos outros Santos.

E, se os outros mortos, que resuscitaram com Jesus Christo e que appareceram a muitos em Jerusalem, subiram com elle ao Céo, em corpo e alma, no dia d'Ascensão, como muitos ensinam, podemos piedosamente crêr que o Filho de Deus não deixaria de conferir este privilegio a quem lhe havia prestado todos os serviços de pae durante a sua vida mortal.

UM PASSEIO AO MONTE GORDO

Eram cinco horas e meia da manhã, quando a sineta despertou os collegiaes. Ás 7 movia-se já a burricada em direcção ao « Cacháço », onde nos demorámos pouco tempo, tomando alguns refrescos. Escusado será fallar dos frequentes beijos que a terra recebia dos menos dextros na arte da equitação.

Levavam todos chapéos de *pataco*, á ingleza, os quaes ficaram despedaçados pelo vento do « Monte Gordo ».

Depois de servidos de bons petiscos, voltámos ao collegio, alegres e contentes.

Eu apenas abandonei tres vezes a sella da minha cavalgadura, que não era das peores.

(Cabo-Verde)

FRANCISCO ARROBAS CRATO

1897 (*Caboverdiano*)

CRYPTOGRAPHIA

(Cifra quadrada)

Era usada pelos inglezes em 1627 nas suas communicações com a França e Flandres, por occasião da guerra com aquella nação.

Cada lettra do quadrado é representada por duas lettras das palavras latinas escriptas em cima e á direita, podendo haver mais de uma correspondencia.

	O	P	T	I	M	V	S	
	a	b	c	d	e	f	g	D
	h	i	k	l	m	n	o	O
	p	q	r	s	t	u	w	M
	x	y	z	a	b	c	d	I
	e	f	g	h	i	k	l	N
	m	n	o	p	q	r	s	V
	t	u	w	x	y	z	a	S

A decifrar :

IM. VOMNTDTVI OIIPS,
TDSSPDSOVMONVVSIMD.

(V representa U)

Ed. Ch. St A.

A AVESINHA

N'um dia de chuva, uma pardóca, que havia construido seu ninho n'um arvoredo, quiz sahir d'alli com os filhinhos implumes.

Na occasião, porém, em que a pobre mãe retirava-se com os seus queridos filhos, um d'estes cahiu na bôcca d'um impiedoso gato.

A infeliz mãe passou todo esse dia pairando sobre o logar em que fôra victima o seu amado filhinho.

As mães preferem á sua a vida dos seus filhos.

S. Nicolau

João da Matta Carvalho
(Caborerdiano)

A CRUZ

(Em 6ª feira santa de 1893)

> Arbor decora, et fulgida
> Ornata regis purpura
> . . . .
> Beata cujus brachiis
> Pretium pependit sæculi.

Labaro sacro-santo onde se lê a divina palavra = Redempção;

Baluarte que desafia intemerato as arremettidas gigantes da impiedade blasonadora;

Leito mortuario onde se finou, em suprema angustia, o Homem-Deus;

Atalaia vigilante da fé collocada entre o céo e a terra como penhor de salvação, nós te saudamos.

Se o judeu te escarnece impenitente e o gentio não acceita a tua magestade augusta, nós, os christãos, porque somos remidos da culpa pelo sangue do Justo que em ti expirou, abraçamo-nos comtigo, oh Cruz! em affectuosos esponsaes d'amor, bemdizemos a tua missão de paz, saudamos-te como pharol luminoso que nos aponta o porto de salvação, esse asylo de bonança onde esperamos descançar depois da tormenta embravecida das paixões!

Sagrada reliquia, que nos serves de talisman contra todos os perigos, remate sublime dos sanctuarios, coronnal garrido da fé, á tua sombra bemdita, á tua influencia santa, a minha patria foi grande como os promontorios e respeitada como a = arca santa = onde mãos profanas não ousam tocar!!

Sim : Portugal, escudado na coragem que teus braços incutem, percorreu os mares, resolveu problemas, revelou segredos, hasteou-te cheio de crença em todas as zonas do orbe, tornou-se o mais fervoroso obreiro nas conquistas da civilisação.

Triumphou gloriosamente dos elementos depois de ter subjugado as hostes aguerridas dos mussulmanos!

Por tantos titulos de gloria, por tantos favores assignalados, nós te saudamos, oh Cruz! como arvore bemdita a cuja sombra nos acolhemos quando é mais abrasador o sol do imfortunio.

Salvè, oh Cruz! onde agonisou o Redemptor.

Cº OLIVEIRA BOUÇAS.

CHARADAS. — Nº 3 (a, b, c.)

a) De uma preposição e um relativo compõe uma conjuncção 1, 1.

b) Este pronome produz um substantivo — 1, 1 (decifração dupla).

c) Um adverbio e um verbo fazem um pronome 1, 1.

(S. Nicolau)

JOSÉ T. GOMES.
(Caboverdiano)

SEPTICISMO!

Eis a noite que cahiu tenebrosa sobre uma boa parte da humanidade.

Eis o flagello desvastador que victima em excesso, deixando por toda a parte destroços que aterram os corações piedosos que desejam vêr reinar em toda a magestade e independencia a doutrina de Jesus, a religião do amor que tem confortos para os maiores desfallecimentos, balsamos para todos os infortunios.

O scepticismo religioso, que é a indifferença para tudo que diz respeito á vida espiritual, soprando intensamente por sobre a geração nova, crestou as flôres da alma e deixou no peito a esterilidade da descrença que tudo definha e mortifica.

Não crer; cuspir vituperios e sarcasmos baixos sobre a religião e seus ministros; escarnecer os apostolos do bem que caminham defendendo o baluarte da fé com coragem intemerata; rir do que deveria ser reverenciado com piedade, eis o lemma que norteia infelizmente uma bôa porção regenerada nas aguas limpidas do baptismo.

As paixões terrenas que conduzem aos mais terriveis desregramentos e baixezas são o idolo constantemente incensado pelos *espiritos fortes*, homens da epocha, sectarios da moral independente, que repellem como indigna a piedade e se revolvem contentes no lodo do odio que consome e da inveja que rebaixa!

Não entram no sanctuario, porque os canticos dos ministros e a magestade do culto falla-lhes da vida eterna e o sceptico adora o sol nascente, nada vislumbra além do tumulo.

Divaga pelo campo dos interesses e não contempla os sacrificios do Homem-Deus para lhes lavar a alma da macula primitiva e abrir as portas da Bemaventurança.

O sceptico não murmura uma prece nem ajoelha submisso perante os beneficios do céo!

Coração arido como os desertos, n'elle não penetra a luz quentissima da fé, morto para a vida, tem nos labios um sorriso louco e uma blasphemia para os que ousam acordal-o d'aquelle somno pesado.!

Infeliz! despe depressa os sujos andrajos da miseria humana, expulsa do peito os sentimentos ruins que te arrastam por uma vereda larga ao abysmo. Abre as candidas azas da fé e vôa ás alturas onde encontrarás o alento que te falta.

Crê com sinceridade e serás feliz. Experimenta.

Oliveira Bouças.

A SUMMA FORMOSURA

(Poesia classica)

Entre as cousas mais formosas
Busco a mais formosa d'ellas,
Mais que sol, lua e estrellas,
Mais que lyrios, mais que rosas :
Que lyrios viste, que rosas,
Que sol, que lua, que estrellas,
Que não venhas a vêr n'ellas
O Senhor das mais formosas ?

Busca a summa Formosura,
Que tudo faz, tudo cria ;
Só d'aquella te confia
Que sempre formosa e dura :
Se vires cousas formosas,
Como são sol, lua, estrellas,
Passa tu por cima d'ellas,
Pisarás lyrios e rosas.

Não te envolva o pensamento
No gôsto da vida humana ;
Que a folha que o vento abana,
Não se defende do vento.
Ha cousas muito formosas,
Muito claras, muito bellas ;
Uma só muito mais que ellas,
Mais que lyrios, mais que rosas.

Quanto mais formosa fôr
A cousa que pódes ver,
Verás que não póde ser
Sem ser mais o Creador:
Se vires lyrios e rosas,
O sol, a lua, as estrellas,
Busca no Creador d'ellas
Outras muito mais formosas.

Quem tudo fez para nós,
Fazer-nos quiz para si;
Põe os teus olhos em ti,
Verás quem os em ti pôz.
Que lyrios viste, que rosas,
Que sol, que lua, que estrellas,
Que não venhas a vêr n'ellas
O Senhor das mais formosas?

FREI AGOSTINHO DA CRUZ.

CHARADAS. — Nº 4 (a, b).

a) Crê que na partitura ha exactidão — 2, 1.
b) Desfructa, em breve espaço, o drama — 2, 2.
S. Nicolau

ALFREDO MONTEIRO
(*Caboverdiano.*)

CHARADA (Bisada). — Nº 5.

Meu filho... você vio
Aquella peça de madeira
  Vi.
Sim: eu guardei-a no moinho
P'ra acabar a brincadeira.

VANÔRA.

CRIÔLO

ILHA DE Sᵗᵒ. ANTÃO — CABO-VERDE

(*Traducção do artigo do « Almanach de Lembranças »
para 1894, pag. 297*).

CRIOLO DE Sᵗᵒ. ANTÃO
(*popular*)

Um barbeôre, 'tá tâ fazê um hôme bárba c'um naváia mute rum; q'ánde êlle tá pô-'lle naváia na cára, êllê tá turcê tude.

Q'ande stâ'sim, um gáte princepiá tâ miá desusperáde n'oute quérte.

— Que-z-iússe êi? (1) quêlle barbeóre bradá.

'Quêlle hôme dezê-'lle:

— Sô s'ês 'ti tâ fazê 'quêlle gáte bárba c'um naváia bôa com' êsse qu'ôcê (2), ti tâ fazê-me bárba pâ nhâ castiúgue (3). (St-Antom).

Ti Juquim e

           A. DA C.

TRADUCÇÃO LITTERAL

Um barbeiro estava a fazer a um homem a barba com uma navalha muito ruim; quando elle (tá-pô :) punha-lhe a navalha na cara, este (tá-turce :) torcia (-se) todo.

Quando está assim (de repente) um gato principiou a miar desesperado n'outro quarto.

— Que coisa, isso ahi? aquelle barbeiro bradou.

Aquelle homem disse-lhe:

— Só se elles estão a fazer áquelle gato a barba com uma navalha bôa como essa que você está a fazer-me a barba para meu castigo. Sᵗᵒ. Antão.

Tio Joaquim

           e A. DA C.

---

(1) Tambem diz-se: qu'iússe êi = o que é isso ahi?
(2) Ocê — veio de bocê, você.
(3) As terminações em *igo*, *iga*, fazem iúgue (amigo, amiga : *miúgue*).
  As terminações em *eiro* fazem eôre (barbeôre, carpinteôre).

                              A. M.

O MATRIMONIO

Talvez que o matrimonio nunca fosse tanto como hoje uma questão de arithmetica. Não são as qualidades pessoaes que inclinam mais o prato da balança no projecto de um contracto conjugal, é o dinheiro. Semelhantes alliançás, tão frequentes como pouco moraes, parecem-se-me com uma nota apresentada na Bolsa, mediante todas as clausulas de legalidade, para dar jus a uma certa somma. Se Themistocles surgira agora do tumulo e viera repetir-nos a sua maxima : « Antes mulher sem dinheiro do que dinheiro sem mulher (ou sem mulher digna da mão de um homem) » é assaz provavel que o lapidassem por jesuita reaccionario ou lhe dessem entrada forçada na casa dos Orates.

PADRE SENNA FREITAS.

ENIGMA

Aos Illustres charadistas do Almanach Luso-Africano.

Quer da frente p'ra traz
Quer de traz p'ra frente,
Um poema na Arabia
Hão de vêl-o certamente.

Uma obra vos apresento
Rarissima de encontrar,
Apenas existe em Paris
Um mimoso exemplar.

Na bibliotheca nacional
Talvez vos possam informar,
Se ahi forem algum dia
E irem a ella procurar.

THIAGO NOGUEIRA

Brasil — Rio-de-Janeiro — Cascatinha

A MEMORIA

A faculdade da memoria varia muito em todos os homens. Ha quem se recorde perfeitamente de tudo quanto leu, e quem se esqueça do numero da casa em que habita e até do seu proprio nome.

Themistocles sabia os nomes de todos os habitantes de Athenas, o que lhe serviu de poderoso meio para a recontagem de seus soldados depois de vencer aos persas em Salamina. Scipião conhecia todos os habitantes de Roma. Simplicio, amigo de Santo Agostinho, recitava a *Eneida* ás avessas, e sabia de memoria as obras de Cicero. Avicena, celebre medico arabe, sabia aos dez annos de edade o Korão, e o repetia sem vacillações desde a primeira linha até á ultima.

Foi, sem duvida alguma, o maior sabio dos arabes, pois á sua prodigiosa memoria juntava um grande talento. Mozart tinha uma prodigiosa memoria musical. Na edade de quatorze annos foi a Roma para assistir ás festas da Semana Santa.

Apenas chegou, se transportou á capella Sextina para ouvir o famoso *Miserere* de Allegri. Mozart sabia que era impossivel obter uma copia d'aquella preciosa partitura; mas fixou sua attenção no que ouvia, e, ao sahir do templo, escreveu-a completamente. No dia seguinte cantou o *Miserere* em um concerto e produziu tanta sensação em Roma, que o Papa Clemente XIV fez com que elle lhe fosse apresentado. Leibnitz recitava Virgilio, palavra por palavra.

Bossuet não sómente podia recitar a Biblia inteira, como tambem Horacio e Virgilio. Mangliabechi, celebre bibliothecario de Cosme III da Toscana, lendo um livro uma vez, recordava-se do conteúdo d'elle e dizia tambem a pagina onde estava tal ou tal phrase.

N. M.

CHARADAS. — Nº 6 (*a*, *b*).

a) Um papagaio com lettra e artigo do beato 2, 1, 1
b) O terceiro numero é flôr 1, 1.

VANÔRA.

UMA POVOAÇÃO SINGULAR

Segundo vemos d'uma conferencia realisada na Sociedade de Geographia Commercial de Paris, em 13 de Fevereiro ultimo, pelo marquez de la Ferronays, encontra-se 60 kilometros ao sudoeste de Gabés, na Tunisia, região bastante curiosa e que merece ser visitada, o Djbel Matmata.

É um massiço de montanhas pouco elevadas, mas bastante escarpadas, que se estendem quasi até á fronteira da Tripolitana, e cuja população habita numerosas povoações subterraneas. O aspecto d'uma d'estas povoações é muito estranho e o caminho que a ella conduz pittoresco.

Depois de se ter atravessado um verdadeiro tapete de flôres, um grande planalto pedregoso sulcado de ravinas produzidas pelos profundos meandros de um curso d'agua quasi por toda a parte secco no tempo ordinario, sem se encontrar outra sombra além da fornecida por um pequeno *oasis*, entra-se, transpondo um desfiladeiro estreito, n'um largo valle, cujos declives vão morrer ao pé de massas rochosas imponentes.

Bem depressa apparecem terras cuidadosamente cultivadas de cereaes, de figueiras, d'oliveiras, d'amendoeiras, de damasqueiros, sem que se veja habitação alguma. Por fim chega-se a uma agglomeração de pequenos mamillos isolados, separados uns dos outros por profundas depressões, no flanco das quaes os cavallos seguem um carreiro sinuoso. Julgar-se-hia a gente no meio d'obras colossaes de toupeiras, de 15 a 20 metros de altura, que o tempo tivesse endurecido e coberto da luxuriante vegetação da primavera tunisiana.

Está-se no coração justamente da povoação na extremidade da qual se ergue uma pequena mesquita, o unico edificio que é visivel. Cada um d'estes pequenos montinhos de terra, com effeito, esconde a residencia d'uma familia. Se, deixando o carreiro, se sobe até ao cume, encontra-se a gente de repente á borda d'um largo poço rectangular, de 15 metros sobre 10, pouco mais ou menos, de lado, cujas paredes se introduzem verticalmente até á base do mamillo. Aberturas feitas em ogiva n'estas paredes dão accesso a caves elevadas, bem arejadas, sem serem frias, que servem no rez-de-chaussée do alojamento, ao primeiro armazem. Entra-se na casa central por uma passagem identica á de certas communicações das antigas fortificações, e cuidadosamente dissimulada ao pé do mamillo. Cavidades crusadas dos dois lados d'esta galeria servem de curraes e estrebarias.

O terreno em que estão estabelecidas estas extraordinarias habitações tem uma consistencia comparavel á do tufo granular que sulcam as catacumbas do campo romano, mas todas as paredes das salas e dos quartos branqueados com cal teem um aspecto notavelmente asseado.

Em cada povoação ha uma casa destinada aos estrangeiros. É prudente, comtudo, diz o marquez de la Ferronnays, recusar a cama que o caïde vos faz a honra de offerecer-vos, e mais vale deitar-se a gente no chão sobre esteiras, sob pena de passar uma noite em claro, por causa do insupportavel passatempo d'um sem numero de vermes.

Taes são as povoações subterraneas no Djebel Matmata.

MONSENHOR PEYRAMALE

Pouco depois da sua chegada á parochia de Aubarède, um pobre chefe de familia, perseguido pelos credores, contou-lhe as suas difficuldades e pediu-lhe um conselho.

O abbade Peyramale ficou silencioso e reflectiu um momento. A quantia era importante e elle não tinha dinheiro.

— Eis o meu conselho, disse emfim, indo abrir uma porta : tome o freio que está dependurado n'aquelle prego.

Admirado, o pobre homem olhou para o padre, não ousando zangar-se, mas pensando de si para si que esse ecclesiastico escolhia mal a occasião para se divertir.

— Em seguida, continuou o padre, irá pôr esse freio no cavallo que está pastando no cerrado. Depois conduzi-lo-ha á feira de Tarbes, que se realisa hoje ; pode vende-lo e o producto da venda tira-lo-ha de embaraços.

— Mas, balbuciou o homem, esse cavallo...

— Esse cavallo é meu e eu dou-lh'o.

O infortunado esteve prestes a perder os sentidos.

— Ah! que poderei fazer pelo Sr. cura?
— Pode fazer muito, meu amigo.
— O quê?
— Calar-se completamente e não dizer nem uma palavra de tudo isto. Se disser alguma coisa, reclamarei essa importancia e enviar-lhe-hei um meirinho.

Quando o doutor Peyramale foi a casa de seu filho, este procurou mil pretextos para o impedir de entrar na cavallariça.

Mas por fim, na visita seguinte, o pae pediu informações sobre o cavallo.

— Marcha admiravelmente, disse o cura. A semana passada foi a Tarbes d'um galope, sem perder o folego.
— Porque não o tens na cavallariça?
— É impossivel te-lo lá fechado.
— Mas não o vejo no prado.

Silencio, novo embaraço, vaga procura de qualquer desculpa. O velho doutor comprehendeu a perturbação do culpado.

— Oh! filho prodigo. Aposto que tu vendeste o cavallo.
— Meu pae, guardei a sella. Ha circumstancias attenuantes.

Posto que esta resposta não denotasse um arrependimento muito profundo, o criminoso recebeu a absolvição.

O doutor Peyramale, depois de o ter deixado sem cavallo durante algum tempo, fez-lhe presente d'um segundo, que tomou o mesmo caminho do primeiro. D'esse modo desappareceram, em cinco ou seis annos, tres ou quatro cavallos. Com o ultimo, a sella tambem tinha deixado a cavallariça.

A familia declarou o abbade incorrigivel, e o cura, que não quiz ser cavalleiro, foi unanimemente condemnado a ficar perpetuamente infante.

— Que importa? respondeu sorrindo, pelo caminho do céo vae-se ainda mais depressa a pé do que a cavallo.

Este homem tão caritativo era, como já dissemos, algumas vezes rude. Este padre compassivo era algumas vezes inflexivel.

Não podia tolerar o escandaloso trabalho ao domingo; luctou com uma infatigavel energia contra esse mal que desgraçadamente conquistava fóros de cidade n'essa parochia ha tanto tempo desprezada.

Acabou por triumphar.

Conta-se na região que, depois da missa e antes das vesperas, subia muitas vezes á torre da sua egreja e que, d'esse observatorio, examinava todos os campos e prados para vêr se em qualquer parte se commettia alguma infracção á lei do Senhor.

Tendo uma vez avistado ao longe um ceifeiro carregando de feixes de trigo o seu carro, o abbade Peyramale desceu da torre e dirigiu-se apressadamente ao logar do delicto.

Não havia desculpa possivel. O tempo estava bom e o horisonte não ameaçava tempestade. O trabalhador dominical, tendo terminado o seu trabalho, conduzia o carro ao longo do campo ceifado.

O abbade Peyramale, observando-o, reconheceu n'elle um dos mais ricos camponezes da região.

— Onde vae d'esse modo?

O. delinquente balbuciou :

— Senhor cura, conduzo estes feixes de trigo, como vê.

— Hoje?! ao domingo?!

— Mas, senhor cura, ha casos em que é permittido trabalhar um pouco ao domingo.

— De certo, meu amigo, em casos urgentes e com auctorisação do cura. A auctorisação, trago-lh'a eu ; a urgencia é tal que vou ajuda-lo.

O camponez, pasmado, abriu muito os olhos.

— Certamente ha urgencia, continuou o cura, que já tinha subido para o carro. E, quanto a mim, não tenho escrupulo em trabalhar comsigo em pleno domingo para pôr tudo em ordem.

E, com o seu braço vigoroso, começou a lançar ao chão, feixe por feixe, o carregamento illicito.

— Ah! gritou o ceifeiro, passando pouco a pouco da perturbação á confusão; não será só o senhor cura que fará isso. Perdoae-me, e deixae-me reparar o meu mal.

— Meu amigo, disse o padre despedindo-se, subtrahiu um dia ao Senhor : é necessario restituir-lh'o. Existe perto da sua casa uma familia que está na mais extrema indigencia.

Leve-lhe um d'esses feixes.

— Levar-lhe-hei quatro, senhor cura.

Desde esse dia, nem esse camponez nem mais ninguem trabalhou ao domingo na parochia de Aubaréde.

HENRI LASSERRE.

ENIGMA PITTORESCO. — Nº 5.

Nós sômos tres

(Ao meu ex.ᵐᵒ am.º D.ʳ João G. Pinto)

(Cabo-Verde)

C. T.

CREPUSCULAR

(*Ao suavissimo poeta caboverdeano,*
Eugenio Paula Tavares)

Tenho o costume d'ir ás vezes, em Agosto,
Collocar-me de pé sobre a vetusta ponte
— Assim como embarcado — e, de olhos no horizonte,
Adorar os clarões, que morrem do sol posto.

Na tumba alaranjada o sol vae, com desgosto,
Enterrando o fulgor da sua bella fronte,
E deixa no areal, e na encosta do monte,
O fluido do crepusc'lo ás trevas interposto.

Quebra o morno silencio um sino. « *Avè Maria* »!...
Soluça o grande mar uma oração sombria
Por alma do sol morto — extraordinario athleta —

E a tristeza lethal e mystica da tarde
Em minh'alma tambem se desenvolve e arde,
Pouco a pouco absorvendo o coração do poeta....

LOPES DA SILVA.

Dos — «Reflexos occidentaes » — 1894.

CONSÉLHOS DE HYGIENE

CAFÉ (*seu valor como alimento*):

No café encontram-se saes, principios aromaticos, materias gordas e azotadas.

Uma infusão de 100 grammas de café para um litro d'agua representa 20 grammas de substancias nutritivas.

Vê-se, pois, pela composição do café, que esta bebida, quando alguma circumstancia particular a não contra-indique, tem grande valor alimenticio. O homem, nutrindo-se d'uma maneira insufficiente, póde ainda assim conservar a saúde e produzir trabalho, se á sua ração ordinaria se juntar o café. Além d'isso todos os viajantes conhecem por experiencia quanto o café abranda a fome e sustenta as forças.

Lisbôa.

RIBEIRO DA COSTA.

A HISTORIA DE FRANÇA EM MIL PALAVRAS

O jornal parisiense *Figaro* abriu ha tempos um concurso, offerecendo um premio de 500 francos a quem escrevesse uma melhor historia de França em mil palavras.

Appareceram mais de 50 concorrentes, sendo preferido o trabalho assignado por H. F. de N., que com a devida venia em seguida publicamos:

A antiguidade chamava Gallia ao paiz comprehendido entre os Pyrineus, os Alpes, o Rheno e o mar, cuja população, celebre pela sua aventurosa audacia, provinha de migrações arianas.

Avassalada por Julio César, a Gallia recebeu de Roma, durante o dominio de 500 annos, a sua lingua, suas leis, suas praticas administrativas, de que subsiste uma grande parte.

No seculo V, o imperio romano, recuando diante dos barbaros, descura as suas provincias affastadas. A Gallia christã, principalmente catholica, acceita o dominio dos francos, vindos das margens do Rheno. O merovingio Clovis recebe o baptismo depois de ter em Tolbiac repellido a invasão germanica. Pela annexação dos Gallo-romanos, seus filhos dominam a Europa central; depois, enervados pelo exercicio da sua realeza, abandonam o poder aos prefeitos do paço, chefes dos francos.

Um d'elles, Carlos Martel, dá a seus filhos accesso ao throno, detendo em Poitiers os arabes, senhores do mundo conhecido, das fronteiras da China ao Oceano.

Seu neto, Carlos Magno, estende o dominio franco á Italia, á Hespanha, até ao Baltico e Hungria; o Papa sagra-o imperador do Occidente. Mas os seus ultimos dias são entristecidos por vêr os piratas do Norte devastando as costas, penetrando pelos rios no coração do continente.

Os netos de Carlos Magno dividem entre si o imperio; a Allemanha e a França tornam-se duas nações separadas.

Em França, o poder central, impotente para governar

as suas provincias, concede a hereditariedade aos seus governadores. O feudalismo é fundado.

Os governadores, sobretudo a familia dos Capetos, dedicam-se aos feudos que se haviam tornado o seu patrimonio, organisam a defeza e expulsam os normandos, que os esterilisavam.

Miseravel no seculo IX, a França cobre-se no X de egrejas e de castellos; lança á conquista de Jerusalem um milhão de homens, trocando os cuidados da miseria pelas ardentes aspirações da religião.

N'este momento os Capetos succederam aos carlovingios. Estes tinham installado em Neustria os ultimos invasores normandos. A Normandia tinha prosperado no tempo d'estes novos principes, que, tornados francezes, haviam conquistado a Inglaterra tendo o cuidado de não estabelecer ali o feudalismo.

Bom na origem, o feudalismo tornou-se funesto, oppondo o patriotismo local ao culto da grande patria, luctando contra o rei, que representa esta. Os soberanos da Allemanha aproveitam-se d'estas luctas para usurparem o imperio, separar da França: Lorena, Suissa, Italia, uma parte de Provença. Os seus progressos serão contidos em Bouvines por Filippe Augusto, com o seu neto S. Luiz.

A lei salica, estipulando a herança dos varões, chama ao throno Filippe de Valois, primo co-irmão dos tres ultimos reis do primeiro ramo capeto. Eduardo III de Inglaterra, filho de sua irmã, pretende a corôa e começa a guerra dos cem annos.

Duguesclin, Joanna d'Arc, Carlos VII, restituem a França aos francezes.

A realeza, protegendo os povos contra a tyrannia dos senhores, favorecendo a formação das communas, consegue dominar o feudalismo. Luiz XI esmaga-o. Mas a Borgonha e a Bretanha ficam independentes. A primeira escapa á grande patria. Maria de Borgonha leva em casamento a Maximiliano d'Austria o baixo valle do Rheno. Por outro lado, os successivos casamentos de Anna de Bretanha com Carlos VIII e Luiz XII reunem a Bretanha á França, e, no seculo XVII, o casamento de Luiz XIV com Maria Thereza de Hespanha permitte reivindicar a Flandres franceza e o Franco-Condado.

De 1496 a 1544, a França e a Hespanha disputam a Italia. Francisco I sustenta difficilmente a independencia nacional contra Carlos V, herdeiro, ao mesmo tempo, da Hespanha e da Allemanha. No meio do seculo, o protestantismo muda as condições da lucta; ajuda Henrique II a recuperar Metz, mas lucta em seguida contra os ultimos Valois, colloca no throno de França, com Henrique IV, o primeiro rei Bourbon que o protege apezar da sua conversão ; é annullado politicamente pelo cardeal Richelieu, ministro omnipotente de Luiz XIII, que esmaga tambem as resistencias da nobreza herdeira do feudalismo. Esta, tentando ainda a lucta, é definitivamente vencida pelo cardeal ministro Mazarino.

Luiz XIV, assumindo o poder em 1663, exerce-o, sem contestação, com grandeza e dedicação ao seu dever de rei. A França, no primeiro logar na Europa, é illustrada pelos poetas Corneille, Racine, Molière, La Fontaine, pelos guerreiros Turenne, Condé, Luxembourg, Vendôme, Villars.

Depois de Luiz XIV, essa terrivel responsabilidade do poder absoluto deshonra a realeza no tempo de Luiz XV e perde-la-ha no de Luiz XVI.

Estudando-se a historia do seculo XVIII, vêem-se os abusos do regimen da côrte affirmar-se em cada dia, o respeito perder-se, a revolução tornar-se inevitavel.

De 1789 a 1793 os elementos hostis á realeza vencem. Luiz XVI é guilhotinado, mas os republicanos abusaram do poder e cançaram a nação mais e mais depressa do que a realeza, apezar das admiraveis façanhas que illustram a França n'estes ultimos annos do seculo XVIII. A 9 de novembro de 1799 o poder cáe nas mãos do general Bonaparte, que restaura a ordem e as finanças e triumpha, durante 12 annos, das coalições europêas.

Imperador desde 1804, cança a fortuna. A França, exhausta de sangue, cançada de guerras, acceita da Europa victoriosa a herança dos seus antigos reis : Luiz XVIII. Mas o antigo regimen abre a lucta contra os novos principios. Em 1815, Napoleão, em nome d'estes, retoma o poder, perde-o em Waterlow, depois de cem dias d'este segundo reinado. A Inglaterra envia-o á morte em Santa Helena.

A Restauração, pouco popular, apezar do estabelecimento do regimen parlamentar, da prosperidade renascente, da gloriosa conquista de Argel, succumbe na revolta de 1830; succede-lhe um principe liberal, Filippe de

ALMANACH LUSO-AFRICANO. 41

Orléans. A republica derruba-o (1848), mas desapparece perante uma brilhante individualidade. Luiz Napoleão é levado, pela recordação do seu glorioso tio, á presidencia em 1848, ao imperio em 1852. A sua popularidade enfraquece-se depois de 1862. Julga necessaria uma guerra exterior para a restabelecer e acceita aquella que preparou, em 1870, a Prussia guiada pelo Sr. de Bismarck; mal dirigida do lado da França, esta guerra termina por um desastre. A França perdeu a Alsacia-Lorena. O imperador vae morrer em Inglaterra, emquanto uma nova republica se estabelece em França.

H. F de N.

ENIGMA PITTORESCO. — Nº 6.

(Ao ex.^{mo} snr. Conego, M. C. de Figueiredo)

(Cabo-Verde)   Isidóro de Castro
(Caboverdiano)

CONSELHOS DE HYGIENE

OS OVOS E O QUEIJO (seu valor como alimento):

Para que os ovos sejam tão nutritivos como o leite, só lhes falta a agua.

Cincoenta grammas d'ovos equivalem, pelo que respeita a materias nutritivas, a quinhentos grammas de leite.

Nos ovos existem materias gordas que conteem uma combinação phosphorada (acido phosphoglycerico) que é de grande utilidade na alimentação. Nas materias azotadas dos ovos encontra-se o enxofre, o que explica o cheiro que os ovos, sobretudo depois de cozidos, exhalam de acido sulfidrico, e a razão por que ennegrecem a prata.

Quanto ao *queijo*, a sua analyse demonstra alimento.

Lisbôa   Ribeiro da Costa

TIBY

Em Paris está-se usando de uma nova bebida muitissimo economica, em substituição do vinho e da cerveja. Chama-se *tiby*. É um fermento d'uma especie de gelatina solida que se mette n'um litro d'agua com 30 grammas de assucar mascavado. No fim de tres dias é filtrado o liquido e despejado para outro recipiente, ficando logo bom para se beber. Como se sabe, um fermento desenvolve-se continuamente e reproduz-se como as vegetações parasitas. Com uma simples garrafa, póde ter-se, pois, indefinidamente a mesma bebida, cuja acidulidade se attenua com novas porções de assucar mascavado. O *tiby*, segundo alguns chimicos parisienses, é uma especie de cogumelo que nasce ao pé da canna d'assucar.

A bebida, por isso, não é prejudicial, nem perigosa.

Nos bairros pobres está-se adoptando o *tiby*.

~~~~~~~~~~~~~~~~

MODO DE BEM FAZER A BARBA

Para qualquer homem a si mesmo fazer bem a barba, precisa.

1º Habituar-se emquanto é novo, porque a barba é fraca, e facil de cortar-se;

2º Ter navalhas bem afiadas, e amaciar bem os cabellos, banhando-os com agua quente por algum tempo, e cobrindo-os de espuma de sabão.

a) Tambem convem bater, ou assentar a navalha n'um páo de piteira, ou batedor coberto de couro, e mette-la por algum tempo em agua quente.

A barba faz-se com mais facilidade ao levantar da cama, porque está mais macia; e tambem se depois de banhada se deixar por um pouco a seccar, e se tornar a banhar uma, ou mais vezes.

3º Convem correr a navalha quasi horisontal, e não obliquamente á pelle, estendendo-se esta de modo que não tenha rugas; e habituar-se a faze-la toda com a mão direita, dando differentes posições. á navalha, do modo que ficar mais commodo.

Costuma-se usar d'espelhos d'augmento, para se fazer a barba com mais perfeição.

4º Será mui conveniente habituar-se desde o principio a fazer a barba contra a inclinação dos cabellos, porque se faz muito mais depressa, e com mais perfeição.

5º Convem correr a navalha com desembaraço e sem susto, levantando-a o menor numero de vezes possivel, porque assim se faz a operação com mais ligeireza, e menos perigo.

As pessoas bem educadas habituam-se tambem a cortar com facilidade as unhas d'ambas as mãos, o que offerece ao principio alguma difficuldade.

D. João do Amaral.

VINGANÇA E CARIDADE

Vingança, monstro satanico,
Que enches de horrores o mundo,
E cujo vulto iracundo
Respira ameaça e furor!
Repleta de orgulho e de odio,
Soam-te embalde aos ouvidos,
Da humanidade os gemidos,
Gemidos de angustia e dôr.

As suas perennes lagrimas
O teu pedestal transcendem,
Sobem sempre, sempre ascendem,
Té aos olhos teus chegar;
Mas jámais se viram humidos
De prantos meigos, clementes,
Antes ferozes, ardentes,
Sem piedade revelar.

Fachos que empunhas horrificos
E sobre os mortaes agitas,
Ateando-lhes infinitas
Paixões más no coração,

Flammejam sempre maléficos,
Pois n'um rapido momento
Os extingue o sentimento
De amoravel compaixão!

Tu, Caridade santissima,
Anjo de amor peregrino,
Que no coração divino
Gerára o doce Jesus,
Trazes nas mãos suaves balsamos
As dôres todas da terra,
E teu seio terno encerra
Mansidão, paz, força e luz.

Emquanto as chagas esqualidas
Tu pensas da humanidade,
As banham de piedade
Com prantos os olhos teus;
E não só males corporeos
Attendes, curas, acalmas :
Buscas sollicita as almas,
E á senda as guias dos ceus.

E assim das gentes o Apostolo
Virtude a mais excellente,
Grande, viva eternamente,
Com ardor te proclamou;
E da crença, base e essencia
O Discipulo querido
Até o postremo gemido
Incançavel te inculcou.

A. Moreira Bello.

NATUS EST JESUS

Deponha, alfim, o negro véo profundo
Noss'alma ha tanto tempo anuviada,
E banhe-se na luz d'essa alvorada,
Que esparze aureo fulgor por todo o mundo.

A treva e a confusão cáia no fundo
Pavoroso do abysmo, e seja dada
A hora ao homem d'essa paz sagrada,
Que vem do Eterno — o casto Amor fecundo.

Ó seres do universo! — terna aragem,
Avesinha gentil, verde folhagem,
Argenteo luar, orvalho crystallino,

Astros do firmamento, meiga flôr,—
Todos cantae louvores ao Senhor :
E nado—que portento!—o Deus menino!

S. B.—25—12—95.

M. A.

DA CONVERSAÇÃO

A conversação é um dos principaes entretenimentos da sociedade, e por isso convem dar regras para ser bem dirigida. Será moderada, discreta e attenciosa.

A moderação pode ser nas palavras e acções.

1º Será moderada a conversação nas palavras :

A) Se não fallarmos mais do que convem. Não fallando, por exemplo, diante dos superiores e velhos, senão o que nos perguntarem, abstendo-nos de fazer perguntas indiscretas, e principalmente aos superiores, etc.

B) Não interrompendo os outros quando fallam.

C) Não tomando um ar magistral, pretendendo fallar com exclusão dos outros.

Ou tomando tal tom de voz que abafe a dos outros, e dê indicios de se lhes querer impôr a sua conversação.

2º Haverá moderação nas acções :

A) Se nos não aproximarmos muito da pessoa com quem fallarmos, para que a não encommodemos.

Ou com o halito, ou tocando-a, apertando-a, etc.

B) Se não fizermos acções descompostas.

Como dando encontrões na pessoa com quem fallamos, batendo-lhe no hombro, dando punhadas nos moveis, etc.

C) Não apontando para as pessoas a quem nos referimos.

D) Não fazendo momices, ou por máo habito, ou para fazer rir os outros; nem rindo descompostamente, etc.

E) Se não respondermos com acenos em logar de palavras.
A conversação será discreta :
1º Se o discurso fôr claro, decente e elegante.

Porém natural e nunca em tom de oração estudada e apurada.
2º Se fôr accommodada ás circumstancias.
Isto é, dirigindo o discurso para assumptos alegres, quando a occasião fôr alegre; pelo contrario em occasião da tristeza; procurando que seja mais delicada e circumspecta na presença de damas, etc.
3º Se fôr interessante, para que possa prender a attenção.
Seria uma indiscrição fastidiosa fazer um discurso scientifico, usando de termos technicos na presença de pessoas que os não entendessem.
4º Se não offender as regras da moral.
5º O uso de rifões, sentenças e historias será moderado, muito apropriado, e accommodado ás circumstancias. Tudo o que é inverosimil, ou mal applicado, é ridiculo.
Será attenciosa a conversação :
1º Se ouvirmos com interesse o que se diz.
2º Se fallarmos com delicadeza:

A) Não usando de termos imperativos.

B) Não fazendo perguntas impertinentes.
Como reperguntando o que se diz, perguntando se entende, etc.

C) Não contradizendo os outros, senão por necessidade, e com maneiras delicadas.

D) Dando o competente tratamento ás pessoas com quem fallamos; e accrescentando sempre aos adverbios — *sim*, ou *não* — a palavra — senhor.
3º Se não disputarmos, teimarmos, jurarmos, ou apostarmos.
4º Se não estivermos lembrando aos outros as expressões que lhes faltam.
5º Se não dirigirmos a conversação em nosso abono, ou do que nos diz respeito.

6º Se quando chegar alguma pessoa, no meio da conversação, lhe recapitularmos o que fica dito.

7º Se nos dirigirmos com boas maneiras para as pessoas com quem fallamos.

Pede a boa educação que olhemos, em regra, para a pessoa com quem fallamos; e, sendo muitas, já para uma já para outra pessoa, sem exclusão de nenhuma. As damas, quando falam com os homens, pede o decoro que não fixem os seus olhos nos d'elles, mas que olhem um pouco ao lado, nunca porém para o chão, nem como se estivessem distrahidas.

8º E finalmente se não fallarmos em segredo, nem em lingua desconhecida da maioria da sociedade.

Porque quem falla em segredo mostra com isso que não confia das outras pessoas o que diz, ou que não é cousa decente.

D. João de Amaral e Pimentel.

TEM GRAÇA

— N'um exame: — Quem foi, entre os antigos, o primeiro que descobriu se a terra dava voltas? — Noé, quando tomou a primeira carraspana. No tribunal: — O réo é accusado de ser surprehendido a querer passar uma nota falsa. Para evitar responsabilidades, comeu-a. — É certo que a comi, mas não é verdade que fosse falsa. Tenho uma prova. — Adduza-a. — A nota passou. — Entre senhoras amigas: — Não posso occultar-te a verdade. — De que se trata? — Vou confiar-te um segredo. Acabo de entrar nos trinta e nove annos. — Sim! Não te preoccupes com isso. O que has de procurar é nunca sahir d'elles.

Ambrozio tinha costume de resonar. — Onde está o papá? perguntou um cavalheiro ao filho do Ambrozio. — No escriptorio dormindo. — Pois como sabes que dorme? — Não ouve o senhor! Dorme em alta voz.

Simão visita a baroneza de V... e diz-lhe: Sou o homem mais distrahido do mundo. — Porque diz o senhor isso? — Porque comprei uma caixa de bolos para V. Ex.ª e no caminho... Perdeu-os, talvez? — Não, senhora; comi-os.

A PÊGA

Fabula ascetiça

(*Versão*)

> Confusio patris est
> de filio indisciplinato.
> (*Eccli.* XXIII, 3.)

Bonifacio era um pae tão mentecapto,
E em pontos de educar era tão forte,
Que á negra impiedade, ao desacato,
A tudo dava a rir um passaporte,
Dizendo em sua phrase acostumada :
« São coisas de rapaz... or'isso é nada. »

Tanto disse esta phrase de chancella,
Que uma pêga de casa em breve a soube,
E applicava-a tão bem a tagarella,
Que apenas a infernal desordem ouve
Entre os bravos nénés, logo afinada,
Entôa com afan : « Or'isso é nada. »

Mas os nénés são já uns latagões,
Que o pobre pae consomem com pezares,
E quando o infeliz as afflicções
Sem consôlo já conta por milhares,
E maldiz a progenie malfadada,
Diz-lhe a pêga ao lado « Or'isso é nada. »

É-lhe um filho no carcere mettido,
Por não sei que trapaça ou violencia ;
O outro volta á casa bem moído
De sóva que apanhou em vil pendencia,
Maldiz o pae a sorte desastrada
E resmunga-lhe a pêga : « Or'isso é nada. »

Por fim o pae, já tarde, se arreganha
E nos filhos a raiva desafoga:
Mas um d'elles, um monstro, o velho apanha,
E com mãos parricidas o afoga,
E ao despedir-se a alma angustiada,
Diz-lhe a pêga palreira: « Or'isso é nada.»

Ai! paes e mães, que em piedade e ordem
Não educaes os filhos; indolentes!
Quando afinal nos vicios trasbordem,
Serão vossos carrascos inclementes,
E caro pagareis a innocentada
Com que dizeis a tudo: « Or'isso é nada. »

C. S.

PENSAMENTOS

O elogio que mais saboreamos é de ordinario o que menos merecemos.

*　*　*

A pharmacia é o cemiterio dos vivos; o cemiterio é a vida dos mortos.

*　*　*

Ha mortos cheios de vida; ha vivos que são cadaveres.

*　*　*

Ha no mundo duas especies de animaes que se alimentam do sangue dos homens: o medico e a sanguesuga, sendo aquelle o protector d'esta.

Dr Wooldz.

CHARITAS

Quando se ouvem ao longe os roncos do trovão
E silva no arvoredo a ventania agreste,
Quando no espaço em vez do doce azul celeste
Ha como que um só tomo feito d'escuridão ;

Quando a chuva inclemente arrasta impetuosa,
N'uma furia medonha, ameaçadora, estranha,
Desde a pobre cabana humilde da montanha
Té ao casal da aldeia alegre e descuidosa...

Quando no mar em furia os vagalhões irados
Galgam n'um salto só os diques e as muralhas,
E desfazem de prompto em colossaes batalhas
Desde o pequeno barco aos galeões ferrados :

Quando é tudo afinal na rude natureza
Desolação e horror, vingança e ameaça,
E sáe de cada voz um threno de desgraça,
E sáe de cada peito um grito de tristeza :

Então o olhar de Deus, compadecido e grande,
Deixa cair dos céus, n'um raio de piedade
Uma onda de luz, de amor, e de bondade
Que de novo na Terra a paz bemdita expande.

É que lhe entrou no ouvido o echo angustiado
De tanto ser sem pão, de tanto lar sem luz
E elle que se humanou chamando-se Jesus
Lembrou-se do Calvario e poz-se ao nosso lado

Pois na sociedade ha procellas tambem,
Ás vezes a borrasca é gigantesca e intensa,
Torna-se escuro o céu, faz-se uma noite densa
Pára o trabalho e a idéa... E a miseria vem ;

Tudo arruza e destroe, tudo esphacela e some,
Põe em cada portal um funebre lettreiro,
Transforma em cemiterio um lar, um povo inteiro,
E conduz pelo braço esse carrasco — a Fome...

Não a abrandam — Senhor — nem chóros de creanças,
Nem supplicas de mães, nem osculos de amantes;
Deshumana e feroz, abre as fauces hiantes
E devora milhões d'existencias, esp'ranças.

Por toda a parte emfim espalha o lucto e a dôr,
Por onde quer que vá deixa um rasto de sangue,
E no meio da Terra abandonada e exangue
Continua a soltar um uivo ameaçador...

Mas de repente vê sustar-lhe o passo alguem,
E ella que não tremeu nem recuou ao grito
Que tanta Dôr unida erguia ao Infinito,
Treme por sua vez: é que um gigante, o Bem,

Legião immortal, invencivel, sagrada,
Toma-lhe o passo e brada altiva e heroicamente:
Para traz assassina! esconde-te serpente!
Chegou a minha hora, a hora em vão chamada.

E então trava ella a lucta encarniçada e audaz,
Corre de lar em lar, ausculta peito a peito,
Traz a todos um raio, um riso, um pão, um leito,
E n'um instante, a sorrir, tudo ella assim refaz.

Vós meus irmãos, vós sois essa augusta legião,
Que póde conjurar mais de uma tempestade;
Basta que vos lembreis d'um nome — Caridade!
Basta que vos inspire um astro — o Coração...

Caldas, 20 de Julho de 1889.   Affonso Vargas.

~~~~~~~~~

PARTICIPAÇÃO (classica).

(De um regedor ao respectivo administrador)

Partecipe-lhe a vusemeçe que o Canga de Manel Menga está-lhe multade e mutte ben multade porque foi apanhade a rumfenar xanfana de vuque na rivura de mei. Deus lhe guarde a vusemeçe e suas famijas. Está-lhe bem. — O rinjador F...

(Garanto a authenticidade)   J. O. P.

ARGAMASSA AMERICANA

PARA MUROS

Esta argamassa, applicada em Washington n'uma das naves do palacio do Presidente, conservou por muito tempo o seu brilho. Eis-aqui a formula de sua composição :

Cal viva, 17 litros; sal puro, 6 ditos; farinha d'arroz, 1^{kg},500; cré em pó, 0^{kg},225; colla clara, 0^{kg},500.

A cal é extincta n'agua fervendo, e o *leite* obtido passado por uma peneira muito fina.

O sal puro é dissolvido n'agua quente, e a solução junta-se ao leite da cal. Em seguida addiciona-se o cré, depois a farinha d'arroz reduzida a massa liquida clara e submettida á fervura, e, finalmente a colla egualmente dissolvida n'agua quente.

Sobre todas estas materias juntam-se 23 litros d'agua quente. Esta argamassa applica-se muito quente; e, convenientemente applicada, não é preciso mais que 75 centilitros para cobrir um metro quadrado de muro exterior.

F. Santos.

LEGISLAÇÃO

Provas. — Prova é a demonstração da verdade dos factos allegados em juizo. A obrigação de provar incumbe áquelle que allega o facto, excepto se tiver a seu favor alguma presumpção de direito.

Os unicos meios de prova admittidos pelo Codigo são : — 1º A confissão das partes ; — 2º Os exames e vistorias; — 3º Os documentos; — 4º O caso julgado; — 5º O depoimento de testemunhas; — 6º O juramento; — 7º As presumpções.

(Art^{os} 2404 a 2407)

Codigo civil portuguez.

METHODO NORMAL PORTUGUEZ

*Para aprender a ler racionalmente
a lingua portugueza.*

É o resultado do estudo dos melhores methodos e principalmente dos de Castilho, Caldas Aulete, João de Deus e Claudino Dias, segundo um systema inteiramente novo, fundado na escolha e disposição gráphica do typo mais simples, na fixação de um valor normal e na separação fundamental dos diversos valores das lettras.

BASES:

1.ª — Ensinar principalmente a interpretação elementar da escripta e não á physiologia da falla, — sciencia que não pertence á infancia — (Connexão e correspondencia).

2.ª — Ensinar a ler e não a fallar. Partir da falla e dos conhecimentos rudimentares da creança (elementos naturaes conhecidos), para levá-la á perfeição da falla e acquisição de novos conhecimentos — (elementos desconhecidos).

3.ª — Disposição gradual das difficuldades graphicas e phoneticas, partindo do mais simples e facil para o complexo e difficil.

4.ª — Soletração moderna, por emissão de sons. Da lettra á syllaba, da syllaba á palavra, da palavra á phrase. (Methodo analytico synthetico).

5.ª — Escolha do typo mais simples e disposição gradual d'este typo, não segundo a ordem alphabetica, mas conforme á difficuldade gradual dos caracteres.

Typo e disposição:

Lettras rectas: l, t, f; i, j, r; v x z; u, n, m;

Curvas e mixtas: o, c, e, b, d, a, s, rr
p, q, g,

6.ª — Deixar as lettras h, k, y, para as lições finaes, como se faz para o estudo gradual do maiusculo e manuscripto.

7.ª — Exercicios graduados de syllabas, palavras e phrases, lidas, escriptas e dictadas, na ardosia, não podendo o alumno passar ao conhecimento da lettra seguinte sem primeiro mostrar na pedra que já conhece o signal estudado.

8.ª — Estudo gradual do valor da lettra, pela ordem ascendente da sua difficuldade, em quatro secções:

1.ª Fixação de um valor unidade — o normal, — independente de signaes auxiliares, ou da posição da lettra, ou do accento tonico. Exercicios: — Palavras e phrases em typo normal com a preparação do maiusculo e manuscripto.

2.ª secção:

— Valor relativo accidentado, dependente de signaes auxiliares — accidentes phoneticos — : til, cedilha, accentos e as lettras *h*, *m*, *n* : exercicios — palavras e phrases como na 1.ª

3.ª secção:

— Valor relativo accidental, dependente da posição da lettra na palavra — ou da ligação da palavra na leitura corrente.

Exercicios identicos.

4.ª secção:

— Valor relativo tonico, dependente da influencia do accento tonico. Recopilação geral dos valores das lettras e das regras da leitura, na *Leitura corrente*, formada de maximas moraes.

— O Methodo é precedido de uma introducção pedagogica, onde se expõe a analyse da falla e se explica o processo particular adoptado no ensino das primeiras lettras, nas escolas dirigidas pelo auctor.

(Cabo-Verde.)

A. da C. T.

ULTIMO SONETO

Chagas de bom Jesus crucificado,
Da christã devoção sagrado objecto,
Eu vos osculo com ardente affecto;
Adoro-vos, Jesus, Deus humanado.

De innumeras culpas inquinado,
Eu me presento ao divinal conspecto,
Ingrato filho, peccador abjecto,
Ah! não seja por vós desamparado!

Hoje contrito, humilde, ouso buscar-vos,
A paternal bondade me convida,
Não serei confundido ao implorar-vos,

Vossos pés beije em quanto dure a vida,
Com extremo fervor ao invocar-vos
Possa beijal-os na final partida.

Cons.º Antonio José Viale.

Ultimo soneto d'este grande poeta, morto em 26 d'abril de 1889.

Abraçado á Cruz, em sofregos ósculos ao Redemptor, a quem ia render a alma, assim acabou sobre a terra o poeta, o sabio, o christão.

O VOTO

Ha individuos que não se incommodam para votar. Tal, porém, não succedeu ao rev. Woshburn West, d'Oxford. Em Inglaterra, um eleitor tendo propriedades em muitos circulos está auctorisado a votar em todos elles, com a condição de se apresentar pessoalmente.

O dito reverendo, em virtude de tal principio, tinha o *direito de votar* 23 vezes, e, quando foi das eleições geraes de 1892 conseguiu, tendo 80 annos de edade, depôr a sua lista em 17 urnas, a favor dos candidatos conservadores.

Possuia, diz-se, o *record* do voto.

ARITHMOGRAMMA. — Nº 2.

(Ao meu cunhado e amigo
Alfredo Augusto de Figueiredo).

Em viagem pelo matto
uma grande queda dei,
fiquei com um signal — 2. 6. 3. 4. 1.
que a este homem mostrei. — 5. 4. 1.

CONCEITO

De mulher é nome
não muito vulgar.

Procure, procure,
que o ha-de encontrar.

Loanda.   J. M.

CONSELHOS DE HYGIENE

ENVENENAMENTO PELOS COGUMELOS:

Em primeiro logar desembaraçar o estomago e intestinos com:

Emetico, 10 centigr.
Sulfato de soda, 15 gram.
Agua distillada, 250 gram.

Para tomar em tres vezes com 15 minutos d'intervallo, ou então: Ipecacuanha, 1,50 gram., seguido depois do effeito de 40 gr. d'oleo de ricino.

Agasalha-se depois o doente e faz-se-lhe tomar ás colheres, de duas em duas horas, o seguinte:

Agua d'hortelã pimenta,150 gr.
Xarope d'ether, 30 gr.
Laudano Sydenham, xx gottas.
Leite.
Agua albuminosa.

O LEITE (seu valor como alimento:

O leite é um alimento completo, cuja excellencia a sua analyse demonstra. Effectivamente no leite encontram-se, além da agua, 1.º uma materia gorda que é a *manteiga*; 2.º uma materia azotada a que se dá o nome de *Caseum*; 3.º uma substancia assucarosa, ou *assucar de leite*; 4.º saes em dissolução e principalmente os *phosphatos de cal, de magnesia* e o *chloreto* e *carbonato de sodio*. Nada por conseguinte lhe falta para que se possa considerar como alimento completo. A substancia azotada está representada pelo *Caseum*, o alimento respiratorio, pela *manteiga* e pelo *assucar*, e os principios mineraes pela *agua* e pelos *sues*.

O EMPREGO DA ALMOFAÇA

Quando é que é conveniente almofaçar os cavallos? — Mando almofaçar os meus cavallos de lavoura de noite de preferencia á manhã, diz, n'um jornal da sociedade agricola de Brebant, um grande proprietario de Trilemont.

De manhã contento-me com o mandar sacudir-lhes o pó. Estou convencido que, graças a esta pratica, os cavallos gosam d'um somno mais tranquillo, e que na manhã seguinte estão menos sujeitos ao resfriamento.

O emprego d'almofaça produz uma grande sensibilidade na pelle, que predispõe ao resfriamento, tanto mais quando a acção do ar frio exterior succede bruscamente ao ar quente da cavallariça.

Quando a limpeza tem logar á tarde, a irritabilidade que ella produz desapparece durante a noite.

Esta pratica parece racional sob muitos pontos de vista, e sobretudo parece que é mais agradavel e mais hygienico aos cavallos o serem limpos do suor, do pó, e da lama, antes da noite, em quanto que a limpeza geral feita de manhã, durante o seu repasto, incommoda-os muito.

Pode-se, pois, admittir que o tratamento acima referido não sómente preserva os animaes de muitas doenças, como tambem os conserva aptos para o trabalho até uma edade avançada.

F. Santos.

MONSENHOR PEYRAMALE

A caridade occulta-se melhor na cidade do que no campo, e as pessoas das cidades não têm tão boa memoria como os camponezes. Por isso ha menos anecdotas typicas a relatar sobre a historia do abbade Peyramale como vigario de S. João de Tarbes. Um facto, todavia, ficou tradicional.

Desde ha muito, parece, n'um determinado dia do anno, que não é de festa religiosa, o povo da parochia dirigia-se em massa á egreja, arvorando uma bandeira profana qualquer. Com musica e tambor á frente, dava a volta á egreja, sem nenhuma prece e no meio de uma algazarra horrorosa.

A multidão era tal n'essa occasião que o clero nunca tinha ousado reagir contra esse costume, por mais heterodoxo e deploravel que podesse ser.

O novo vigario de S. João era um d'esses homens que nada temem e nenhuma multidão podia intimida-lo.

No citado dia estava na egreja, quando a multidão penetrou em desordem no templo com a sua estranha bandeira, representando, segundo creio, d'um lado, as danças, e do outro um boi com os chavelhos de ouro.

Ao presenciar o que considerava justamente como um sacrilegio e uma profanação, Domingos Peyramale ergueu a voz, mas em vão. Ella perdêu-se em parte no tumulto e no ruido dos instrumentos.

— Sahi do templo, profanadores! Abatei esse estandarte de idolatria e de escandalo!

Palavras inuteis. A monstruosa procissão começou dando a volta á egreja.

Zelus domus tuæ comedit me. Uma santa colera subiu ao coração fremente do padre e do apostolo, que se arremessou sobre a multidão e arrancou a bandeira ao individuo que a levava.

Os gritos ameaçadores da populaça fizeram-lhe receiar um momento que ella não lhe fosse arrebatada de vez.

— Corte-lhe os cordões e espesinhe isso, disse Peyramale ao sacristão.

Como este, todavia, tendo puxado e aberto a sua enorme navalha catalã, tremesse e hesitasse em tocar no objecto da superstição popular, o abbade Peyramale, com um gesto rapido, quiz agarrar a navalha para cortar elle proprio a bandeira, mas fez um movimento falso, e furou de lado a lado a palma da mão. A navalha tinha-se espetado ali e sahido do outro lado, como os pregos da crucificação.

Ouviu-se um clamor de espanto.

O padre, porém, não deu um grito. Sem se perturbar, e com a maior calma, retirou a lamina da sua bainha vivente e logo o sangue jorrou em borbotões.

Retomando então a sua missão, levantou sobre essa multidão o braço ensanguentado e disse com doçura :

— Sahi, meus amigos. Não profaneis o templo do vosso Deus.

Gottas de sangue cahiam sobre os que vinham á frente do cortejo. Perante essa mão furada, como a do Crucificado, a multidão, muda e envergonhada repentinamente, saiu da egreja, deixando atraz de si o padre, que caiu de joelhos e agradeceu a Deus.

Desde esse dia não se repetiram semelhantes saturnaes. O sangue do abbade Peyramale afogára a superstição.

* * *

Poderiamos talvez descrever aqui uma das obras mais agradaveis do vigario de S. João. Esse homem tão viril possuia um coração maternal e comprazia-se particularmente em instruir e educar as creancinhas. Muitas vezes, ao sair da egreja, fazia-se acompanhar d'uma d'ellas e conduzia-a junto de alguns doentes pobres, empregando-a em atear o lume do quarto e a levar um copo de qualquer tisana aos labios queimados pela febre. Depois, voltando-se para a creança, interrogava-a :

— Não estás mais contente do que se tivesses andado a brincar?

— Estou, estou! respondia a creança, que se sentia feliz.

— Pois bem, habitua-te a saborear essa alegria, quando tiveres alguem que soffra na tua visinhança. Presta os teus pequenos serviços e o bom Deus te abençoará.

De vez em quando dizia na occasião de ensinar o catechismo :

— Enviaram-me fatos e cobertores. Os que souberem perfeitamente a sua lição ámanhã terão como recompensa poderem ir commigo distribui-los aos desgraçados.

Ensinando a fé, ensinava tambem a caridade.

— Não é sufficiente a escola theorica, repetia muitas vezes ; é necessario a escola pratica e esta é mais essencial do que aquella. Nosso Senhor começou por praticar antes de prégar e o ensinamento saiu dos seus exemplos : *cœpit facere et docere*.

Assim decorreram alguns annos. Como brilhára em Vicen-Bigorre, a sua virtude brilhava já em Tarbes, quando um novo cargo lhe foi designado.

HENRI LASSERRE.

CRENÇAS AFRICANAS

CREAÇÃO DO HOMEM

Os pretos da Africa explicam a differença de côr nos homens de dois modos. Uns dizem que Deus creou o corpo dos primeiros homens de barro, fazendo algumas estatuas; deitou-as ao fogo para as tornar mais fortes, mas, não sabendo bem o tempo que lá deviam ficar, deixou-as demais e tornaram-se negras; em seguida preparou outras que lançou tambem ao fogo, mas, já experiente, deixou-as pouco tempo e não se queimaram.

Das primeiras fez Deus os pretos, das segundas os brancos. Outros dizem que todos os homens foram creados pretos, mas ao passarem um rio os primeiros que n'elle se banharam tornaram-se brancos. Os ultimos já não encontraram senão um fiosinho d'agua, no qual só poderam molhar a planta dos pés, e para matarem a sêde levaram agua á bôcca com as palmas das mãos, e foi por isso que só as plantas dos pés e as palmas das mãos ficaram brancas.

P⁰ João Alexandre Rulhe (Lisboa).

UMA PROPHECIA PHRENOLOGICA

Quando recentemente foi elevado a cardeal o illustre arcebispo de Valladolid, D. Antonio Cascajares, um jornal madrileno publicou a seguinte anecdota, que é realmente curiosa:

Ha poucos dias um cardeal visitava o Sr. Bosch, ministro de fomento.

—Venho, disse, para que me felicite e me abrace; acabo de receber o chapeu cardinalicio.

O Sr. Bosch dirigiu-lhe as mais cordeaes felicitações.

— Quiz, accrescentou o purpurado, que fosse V. Ex.ᶜⁱᵃ o primeiro a felicitar-me e vou explicar-lhe o motivo.

Teria V. Ex.ᶜⁱᵃ 12 ou 13 annos quando seu pae, D. Miguel

Bosch, o levou a casa do seu amigo D. Indalecio Mateo, inspector de montes, afim de que este admirasse os notaveis progressos realisados pela sua precoce intelligencia nas sciencias naturaes.

Com o Sr. Mateo estava um capitão de artilheria.

Os tres ficaram surprehendidos das brilhantes faculdades intellectuaes do rapazito.

Fallou-se logo de phrenologia, sciencia então muito em voga, e da qual era apostolo fervoroso o catalão Sr. Cubi, amigo de D. Miguel Bosch.

Duvidou o capitão da exactidão das theorias de Gail; mas defendeu-as calorosamente D. Miguel Bosch, que era medico eminente e affeiçoado a esta classe de estudos. Depois de acalorada discussão, o Sr. Bosch offereceu-se, meio a rir meio a serio, para fazer um estudo phrenologico no craneo do capitão, que se prestou gostosamente á experiencia.

Depois d'um exame detido, disse o phrenologo:

« Do meu estudo resulta que o Sr. não pode fazer carreira pela milicia; tem muito pouco desenvolvido o orgão da *combatividade*, que faz o homem intrepido e resoluto; mas em compensação tem o orgão da *veneração* e o da *benevolencia* e da *religiosidade* muito desenvolvidos e tão proeminentes que, se trocasse a espada pela estola e o uniforme pela sotaina, poderia chegar a cardeal. »

« Pois bem, Sr. Bosch, o militar abandonou as armas e vestiu a batina. Hoje é cardeal. A prophecia de seu pae cumpriu-se, porque o capitão era eu. »

A admiração do Sr. Bosch só pode ser comparada á d'aquelles que souberam que este cardeal era o sabio arcebispo de Valladolid.

BOA-VISTA

EGREJA DE SANTA IZABEL

Antiga capella pertencente a D. Roza Maria Pereira — que fez doação d'ella ao Governo Ecclesiastico da Diocese — sendo Bispo de Cabo-Verde D. Patricio Xavier de Moura, que assentou a 1ª pedra e fez edificar os alicerces da actual Egreja.

Durante muitos annos celebrou-se missa na capella sómente por não haver meios pecuniarios para a conclusão da Egreja, até que em 1869 os principaes negociantes

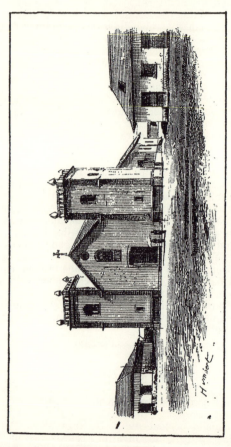

Egreja da Boa-Vista.

e proprietarios d'esta ilha sollicitaram do Governo de Sua Magestade a creação de um imposto sobre varios volumes desembarcados e embarcados no caes d'esta ilha, com cujo producto, embora modico, augmentado com esmolas dos fieis, alcançou-se a construcção da Egreja e reedificação da capella-mór, por trabalhos executados em diversos annos e com longos intervallos até 1895, em que se fizeram importantissimas obras de conservação e embellezamento, sob a direcção do actual parocho, P.º Antonio Manuel da Costa Teixeira, apresentando hoje o aspecto demonstrado na gravura junta.

Agosto de 1895.   J. A. Pinto.

O CALENDARIO DE 1895

Não deixa de ser curiosa a seguinte observação feita por um jornal estrangeiro:

O calendario de 1895 é o mesmo que vigorou nos annos de 1591, 1596, 1675, 1686, 1743, 1748, 1751, 1805, 1811 e 1816, e servirá para os que viverem n'este valle de lagrimas nos annos de 1963, 1968, 1974, 2047 e 2069.

CONSELHOS DE HYGIENE

OS NOSSOS DENTES:

As lavagens dos dentes depois das refeições são de grande utilidade para evitar não só a carie, mas ainda outras doenças, porque as particulas alimentares que permanecem entre os dentes trazem comsigo um grande numero de microorganismos, putrificam-se, e constituem verdadeiros focos de infecção.

Uma boa agua para a lavagem dos dentes é a seguinte:

Acido phenico, 1 gram.
Acido borico, 25 gram.
Thymol, 50 centigram.
Ess. de hortelã-pimenta, 20 gottas.
Tintura d'aniz, 10 gram.
Agua distillada, 1 litro.

Emprega-se para lavagem da bocca diluida com parte egual de agua.

A casa Ribeiro da Costa & C.ª fornece esta agua em garrafas de 400 grammas, pelo preço de 400 réis.

Vid. os outros (*conselhos de hygiene*).

NOTABILIDADES SCIENTIFICAS

Na grande e gloriosa galeria dos vultos da sciencia, os mais culminantes são aquelles que do fundo das classes mais obscuras, á custa do ardor do seu trabalho e pacientes esforços, se elevaram á conquista da sciencia. Entre elles contamos, para exemplo, os seguintes :

Copernico, filho d'um padeiro polaco;

Kepler, filho d'um estalajadeiro allemão e elle mesmo taberneiro, inquieto toda a vida por embaraços de fortuna;

D'Alembert, creança exposta n'uma noite d'inverno sobre a escadaria d'uma egreja e educado pela mulher d'um vidreiro;

Newton e *Laplace*, o 1º filho de um pequeno proprietario de Grantham em Inglaterra, e o 2.º d'um pobre aldeão de Beaumont en Auge, perto de Honfleur;

W. *Herschell*, organista de Halifax;

Arago, que deveu toda a sua gloria ao perseverante estudo da sua juventude;

Ampère, trabalhador solitario;

Humphrey Davy, servente de uma pharmacia;

Faraday, encadernador de livros;

Franklin, aprendiz d'imprensa;

Diderot, filho d'um cutileiro de Langres;

Cuvier, Geoffroy-Saint-Hilaire e muitos outros;

Gassendi, pobre aldeão dos Baixos Alpes;

Haüy, o mineralogista, filho de um tecelão;

Buffon, que mandou derramar agua gelada sobre o peito para se despertar cedo e combater sua somnolencia;

Conrado Gesner, o naturalista, filho de um cortidor de pelles de Zurich;

Pedro Ramus, Shakespeare, Voltaire, Rousseau, Molière, Beaumarchais, grandes obreiros do pensamento humano.

Christovão Colombo, o grande descobridor do Novo Mundo, filho de um cardador de lã de Genova;

Cook, que foi moço de botica em casa de um merceeiro de Yorkshire;

Levingstone, que foi obreiro n'uma fabrica d'algodão perto de Glascow ;
Gregorio VII, papa, filho d'um carpinteiro ;
Sixto V, foi um pastor ;
Adriano VI, um pobre canteiro ;

Conta-se que na sua juventude Adriano, muito pobre, não podendo comprar ao menos uma vela, tinha o costume de estudar suas lições á luz dos *reverberos*.

Logo a sciencia não é apanagio exclusivo dos ricos e poderosos, antes se abriga mais á vontade e se desenvolve com maior brilho nos espiritos pobres e humildes que não teem a aureola-los os pergaminhos de uma genealogia illustre ou inflados nas riquezas de palacios dourados.

Cabo-Verde (S^{to}. Antão).   P^e MIGUEL.

ARITHMOGRAMMA (a). — N° 3.

*Offerecido ao Exmo Sr. Antonio Manoel
da Costa Teixeira*

Sou lindo calendario 1, 2, 3, 4, 5, 6, 7, 8.
E portuguez sou de nação ; 9, 10, 11, 12.
Porque nasci em Africa 13, 14, 15, 16, 17, 18, 19, 20.
Portugueza ; e porque não?!

CONCEITO (CHARADA)

Sou lindo calendario — 4
E portuguez sou de nação ; — 2
Porque nasci em Africa — 4
Portugueza ; e porque não?!

(Loanda) Anthero de Carvalho Magalhães.

(a) O conceito é formado por uma charada por syllabas, para facilitar mais a decifração.

ARITHMOGRAMMA. — Nº 4.

Offerecido ao eximio africanista, o Ex.mo Sr. Conselheiro
Alexandre Alberto da Rocha Serpa Pinto.

Eis um pensamento
Para teu divertimento.

Quão linda és tu, oh! bella, 13, 30, 18, 16, 20, 29, 32
Marmorea alguem o diz, 22, 18, 19, 20, 2, 12
Es forte e liberal, 1, 15, 3, 4, 15
A teus pés o doce Liz, 23, 21, 19, 29, 18, 19
Rindo, vives contente, 31, 2, 29, 4, 30, 14, 22, 9, 6, 3, 9
Dizes fidalga ser, 8, 24, 16, 9, 6, 30
Se és fria taobem és farta, 6, 5, 10, 3, 25, 26
Es religiosa a valer, 20, 29, 17, 6, 14
Aqui tens terra de heroes, 24, 11, 6, 3, 7
Ao ocio não dás guarida, 6, 28, 18, 16, 10, 29, 7, 28, 29
Es valente, és guerreira,13,17,19,4,9,8,22,2,20,29,32,11,13,30
Por muitos conhecida, 19, 17, 11, 4, 14, 3, 27, 16

Peza-me não poder
As de mais enfeixar;
Alerta, touristas,
Toca pois a decifrar.

S. Nicolau, 25 — 10 — 94.   Conego, J.-F. Machado.

~~~~~~~~~~

CHARADAS (Novissimas) 7, 8, 9, 10.

Offerecidas ao meu amigo José Annapaz.

7ª Presenciei alegre a representação d'este homom. 1, 1, 2.
8ª No corpo humano este arbusto deixa semente. 1, 2.
9ª A mulher com o appellido é appellido. 2, 1.
10ª O adverbio na serra portugueza é marisco. 1, 2.

(Loanda)   Anthero de Carvalho Magalhães.

O BEM E O MAL

Dois irmãos gemeos são o bem e o mal,
Nasceram desde a primitiva edade ;
Ambos se odeiam com transporte egual,
E em lucta irão por toda eternidade !

Rivaes monarchas que no mesmo imperio
Sceptros empunham em civil pendencia ;
D'um nasce o vicio horrendo e o vituperio
D'outro a virtude brota e a innocencia.

O bem sustenta o mal, o mal o bem ;
Sem mal, não pode o bem nunca existir,
Sem bem, não pode o mal haver tambem,
Mas nunca a paz os poderá unir !

Paul, Cabo-Verde.

         Um patriota
         (Caboverdeano)

Pensamentos : — O despotismo, quando passa das mãos dos governantes para as dos governados, não deixa de ser despotismo. — O da multidão é o mais intoleravel, mas o menos duradouro. — O despotismo militar é tanto mais de temer, quanto elle mais se arreia com o prestigio da gloria. — As leis de excepção não são mais que um despotismo legal. — A lei suprema da salvação do Estado é de ordinario o pretexto de todos os despotismos.

Rheumatismo e dôres de cabeça : — Um medico inglez declarou que obteve a cura completa do rheumatismo por meio do *aipo*, tomado em abundancia. Deve-se cortal-o em bocados, ferve-los até que se tornem molles, e beber depois a agua em que tiverem sido fervidos : além d'isso, é preciso misturar leite com alguma farinha e noz-muscada ; deitar tudo em uma vasilha com o aipo fervido e fatias de pão, e come-lo, querendo, com batatas. Toda a affecção rheumatica, segundo o medico inglez, desapparecerá com o uso do aipo assim preparado. — Será verdade ? ... A coisa não é difficil de experimentar, e mal não poderá fazer. Em Hespanha e n'outros paizes cultiva-se muito o aipo para comer em salada.

SONETO

Aurea visão do meu sonhar de gloria,
Estrella dos meus sonhos de ventura,
Ingenuas crenças d'uma aurora pura,
Extinctas n'alma, impressas na memoria:

Vós que alentais na vida transitoria
O pobre ser do berço á sepultura,
Irmãs no gozo, irmãs na desventura,
Deixai, deixai que eu cante a vossa historia.

Porquanto a vida não é mais que um sonho
Febril e vago, com que o ser delira,
Hoje aprazivel, amanhã tristonho!...

Musa, se debil fôr a minha lyra,
Lhe quebro as cordas e aos teus pés a ponho,
Ave que um canto ao ensaiar... expira!

Paul, Cabo-Verde.   (Obscuro Paulense)

UNIDADE CATHOLICA

Porque sou e quero morrer catholico? Porque só no catholicismo se me depara o principio de um magisterio divinamente instituido. Supprimi o magisterio, dai-me o *livre exame*, e fluctuarei de continuo entre a fé e a duvida até ir parar ao inferno do scepticismo systematico. De lord Byron na Inglaterra a Jeoffroy em França e a Suner em Hespanha, é ešta a perpetua historia da razão humana, emancipada do magisterio religioso. Tal outrosim a historia das flagrantes contradicções da philosophia pagã e das multiplas variações do protestantismo moderno, enorme bazar das seitas e verdadeira Feira da Ladra da salvação. A autoridade é a ordem, e quando esta autoridade é tão inconcussa e divinamente instituida como a do catholicismo (que atravez de 19 seculos ha sabido conservar inconsutil a unidade da crença christã), torna-se o salvo-conducto das intelligencias nas syrtes da duvida, a unica bonança efficaz nas tempestades do coração e o eixo inabalavel das sociedades humanas.

Padre Senna Freitas.

IMPORTANCIA DA RELIGIÃO

A religião é a que melhor, que quantas regras dar-se podem de civilidade e generosidade mundana, nos ensina a conhecer a perfeita egualdade em que a natureza e a graça fazem que todos os homens venham ao mundo, e os defeitos, fraquezas e enfermidades a que elles estão sujeitos; tornando-nos, por isso mesmo, brandos, condescendentes, officiosos, sociaveis, humanos, soffredores, compadecidos e abrazados da caridade para com os desgraçados que necessitam do nosso soccorro, e para com todos os que estão a par, abaixo, ou acima de nós.

Esta religião divina é a que, cerceando todos os fataes excessos da intemperança que alteram de ordinario a nossa constituição e vigor, nos conserva o precioso thesouro da saude com muita maior segurança que todas as regras de medicina. É ella a que nos recommenda a mansidão, que nos manda amar o proximo e superar a colera, e que desterra as tristes e fataes consequencias que d'esta turbulenta paixão necessariamente resultam. Ella é tambem a que, com os preceitos de sisudeza, prudencia e moderação que nos dá, nos ensina a cuidar como convem nos negocios da nossa casa, e arredar a ociosidade e distracção, a fugir do demasiado ardor pelas riquezas, como escolho temerosissimo e raiz de differentes males; ensina-nos a cercear as despezas criminosas, superfluas, e que excedem as nossas posses; a contentar-nos com pouco; e por esta via nos impede de cahir na miseria, origem que não se pode arredar de tantos males e tamanho numero de tentações.

Mas ainda não está aqui tudo. A religião só é que pode constituir os bons cidadãos, os bons principes e os bons magistrados. Como ella opera sobre a consciencia, e nos ensina a conhecer e temer a um Deus justo, vingador da maldade, poderoso, que conhece tudo, e a quem nada é occulto, move com muita força os homens todos que estão imbuidos n'estes saudaveis principios a cumprir escrupulosamente com as obrigações que resultam das differentes vocações a que são chamados; assim é freio mais forte que as leis humanas. Assegura o repouso e tranquillidade da sociedade civil com muito mais efficacia que as penas decretadas pelos legisladores; porque sendo cousa facil encobrir cada um seus crimes aos olhos dos homens, e arredar por esta via o castigo que merece, não é possivel enganar a Deus, e fugir á sua tremenda vingança.

Com razão se pode dizer tambem que, se os homens tivessem no coração entranhados os principios da religião, seriam sobremaneira venturosos; viveriam juntos n'uma paz profunda, antecipar-se-hiam uns aos outros nas suas differentes necessidades, e nunca fariam damno uns aos outros, não attentando contra a sua vida, nem contra seus bens ou reputação. Não haveria então necessidade de leis para enfrear a licença, nem de magistrados para castigar o crime, e dar fim ás demandas. Só a consideração de suas obrigações assaz fôrça teria para move-los a cumprir exactamente com ellas.

Mathias da Luz Soares.

EGREJAS

As maiores do mundo, com relação ás pessoas que podem conter, são: S. Pedro (Roma), 54:000 pessoas; S. Paulo (Londres), 35:000; S. Carlos (Milão), 27:000; Santa Petronilla (Bolonha), 24:000; Santa Sophia (Constantinopla), 23:000; S. João de Latrão (Roma), 22:000; Notre-Dame (Paris), 20:000; Cathedral de Pisa, 12:000; Santo Estevão (Vienna), 12:000; o Pilar (Saragoça), 11:000; Cathedral de Colonia, 10:000; a Candelaria (R. de Janeiro), 9:000; S. Francisco (Bahia), 8:000; as nossas de Batalha, Mafra, Alcobaça, Belem e S. Domingos, 6 a 9:000 pessoas.

O ORPHÃO

(Á Exma. am^a., D. Gertrudes F. Lima)

Quem és, pobre creança,
Que divagas sósinho
Tão triste, coitadinho...?
Não tens pae, não tens mãe?

Sou, nobre cavalheiro,
Pobre, não tenho pae;
O caminho que vae
Ao bem em vão procuro.

A minha mãe, coitada,
Não tem pae, não tem mãe;
Pão ella já não tem,
Já não pode chorar!

Queres trabalho, estudo,
Meu orphão, coitadinho?
Queres tu, meu anjinho,
A tua mãe consolar...?

Estudar...? Quem m'ensina...?
Ah! bem desejaria
Estudar, e seria
Da mamã o arrimo...!

Trabalhar...? como e quando?
Sem braços e sem guia,
Quem antes o diria!
Todo a Deus m'abandono...

De Deus espero o bem,
Pois a sua santa lei
Jámais esquecerei;
Deus é que é meu pae!

Tens razão, meu menino,
Crê sempre no bom Deus;
A elle os males teus
Confia resignado.

Será tua luz e guia,
Dar-te-ha força e vida;
Da tua mãe constrangida
Serás um dia amparo.

Vae, pois, á tua mãe,
Dize : serei teu pae;
Não chores, filho, vae... !
Volta, eu te farei f'liz...

Obscura Paulense
(*Caboverdiana*).

INSTRUCÇÃO SECUNDARIA

(*em Cabo-Verde*)

Antes do estabelecimento official do actual Seminario-lyceu, houve diversas tentativas na provincia para o fundamento d'uma instrucção superior.

D. Fr. Jeronymo da Barca Soledade, religioso Capucho da provincia de Soledade, XXI° bispo de Cabo-Verde (1818-1830), chegado á diocese em 1821, tendo encontrado no cofre da mitra perto de 16 contos de réis, com este dinheiro reedificou o Paço Episcopal da Ribeira Grande (Sant'Iago), e mandou construir um seminario contiguo ao mesmo Paço, cujas ruinas ainda existem.

Retirando-se, porém, este Prelado para o reino em 1827, como deputado ás Côrtes, não chegou a dotar nem abrir o Seminario de que fôram roubando as madeiras, cantarias, e alvenaria, ficando, como o Paço, completamente inhabitavel, durante a longa viuvez diocesana de 23 annos.

Em 1844 começa o governo portuguez a lançar os alicerces da instrucção official nas Colonias, com o decreto de 20 de Setembro, que, além de crear escolas primarias, estabeleceu na séde de cada provincia uma escola principal, como curso de instrucção média, e providenciando sobre a habilitação dos professores e provimento das cadeiras, sob a vigilancia de conselhos inspectores.

São consolidados estes alicerces e aperfeiçoado successivamente o plano organico pelo decreto de 14 de Dezembro de 1845, e pelas regias portarias de 9 de Novembro de 1854 e 14 de Novembro de 1857, confirmada pelo decreto rigorosamente effectivo de 4 d'Outubro de 1858, até que, em 30 de Novembro de 1869, o inolvidavel e dedicadissimo ministro da marinha Luiz Augusto Rebello da Silva leva á assignatura regia o actual decreto organico da instrucção publica ultramarina.

N'este decreto constituem um verdadeiro curso médio as cadeiras das Escolas principaes, que, pela sua importancia intrinseca, podem ser consideradas de instrucção secundaria, pois comprehendem as disciplinas de: 1ª *cadeira*: Portuguez, Francez, (Inglez ou Arabe), Geographia commercial e Historia Patria ; 2ª *cadeira*: Mathematica, Agrimensura e Escripturação mercantil, Sciencias naturaes ; 3ª *cadeira*: Economia politica e industrial, Agricultura e Economia rural e Desenho linear.

Começára tambem n'este decennio a evolução do ensino secundario, propriamente dito.

O zelosissimo Bispo, D. Patricio Xavier de Moura, XXIII bispo de Cabo-Verde (1848-1858), foi quem logrou formar o nucleo do Seminario, fundando á sua custa na Ilha Brava, séde então do bispado, as cadeiras de grammatica latina e Theologia moral, conseguindo, em 1854, do governo de Sua Magestade a creação de algumas cadeiras e a nomeação de professores, como se vê d'um edital por elle feito na referida ilha, em 8 de Janeiro de 1855, annunciando a abertura das aulas de Latim, Latinidade, Philosophia racional e moral, e Theologia moral e dogmatica.

Foram depois transferidas estas cadeiras para a Sé Cathedral, na cida deda Ribeira Grande de Sant'Iago, d'onde de novo as transferiu para a Praia (1860) o benemerito da instrucção superior caboverdiana, Januario Corrêa d'Almeida, governador da provincia, fundando n'esta nova cidade o chamado lyceu nacional da provincia de Cabo-Verde, reunindo n'um só edificio as cadeiras já existentes de ensino primario, Latim, Philosophia e Theologia, e creando as de Francez, Inglez, Desenho, Mathematica e Nautica.

D'aqui nasceu a creação do Seminario em 1866, e a reforma da Escola principal da Praia, em 1869, extincta em 1892 pelo ministro da Marinha, Ferreira do Amaral, que assim *favoreceu* o progresso d'uma provincia, que disse *ser digna de toda a consideração* e *a que faltam ainda os elementos da educação scientifica...*

(Cabo-Verde) A. DA C. T.
1898.

ARITHMOGRAMMA. — Nº 5.

A MINHA MÃE

Offertar-te eu quizera
Um ramo de lindas flôres;
Mas meu peito só encerra
Tristes saudades e dôres.

As tempestades da alma
São horriveis! tenebrosas — 1,2,3,4,5,10,7,10,9,8,3.
Como um temporal desfeito
Em noite má, tormentosa — 14,5,12,11,15,13,9,6.

CONCEITO

Na triste estrada da vida
Assim passa o caminhante!
Soffrer! soffrer sem descanço!
Só no céo ha paz constante.

Uma desconhecida.
(*Ilha Brava — Cabo-Verde.*)

MAXIMAS

É necessario não desejar senão aquillo que é possivel adquirir.

Deve adquirir-se na mocidade com que se viva na velhice.

RODRIGUES DE BASTOS.

VELOCIDADE

dos comboios em Portugal.

(As abreviaturas « c » e « m » significam *correio* e *mixto*).

	Dist. k	Tempo h m	Vel. k
NORTE			
Lisboa-Porto (c)	346	11 5	31,2
» » (m)	»	13 15	26,2
» Elvas (c)	272	10 45	25,4
» » (c)	»	13 11	20,6
» Figueira (c)	220	9 15	23,8
» » (m)	»	10 23	21,2
» Cintra	29	1 4	27,2
» Cascaes	27	1 2	26,1
Abrantes-Guarda (c)	213	8 7	26,2
» » (m)	»	10 25	20,4
Porto-Valença (c)	133	4 30	29,5
» » (m)	»	6 10	21,6
» Barca (exp)	203	7 35	26,8
» » (c)	»	7 52	25,7
Figueira-V. Formoso (m)	253	10 5	25,1
SUL			
Barreiro-Faro	340	11 41	29,0
» Setubal	29	1 —	29,0
» Extremoz (c)	169	5 51	28,9
» » (m)	»	6 54	24,5
» Beja (c)	154	4 56	31,2
» » (m)	»	6 14	27,3
Beja-Faro (c)	186	6 25	29,0
» » (m)	»	8 15	22,5
» Pias	42	1 30	28,0

D'estes numeros conclue-se que em todas as nossas linhas os comboios caminham lentamente e que nas linhas do sul teem as maiores velocidades, mórmente se attendermos á grande differença do trafego para o de outras linhas máis importantes.

A LYRA DOENTE

A Julio Dumont, eximio poeta satyrico

(A PEDIDO)

Na minha lyra doente
Ha muito fel, muito pranto;
Não m'obrigues a cantar
Sem perfumes nem encanto.

Sou como a voz do deserto
Em noites tempestuosas;
Sou triste como a florinha
Que fenece entre as ditosas.

Sou qual planta em solo esteril
Que lentamente s'esváe
Ao sopro do vendaval,
Ao som d'entranhado ai.

Tudo de mim ao redor
Folga e ri co'a natureza;
Só o meu cerebro atrophia
Incomparavel tristeza.

É qu'eu nasci pr'a chorar;
E, se ás vezes canto e rio,
Forcejo o pranto reter
A cair prestes em fio.

Mas, se á luz vivificante
D'uma aurora diamantina
S'extinguir a negra mão
Da minha vida ferina,

Oh, então, caro poeta,
Bem longe dos teus pomares
Cantarei co'as avesinhas
A sombra dos meus palmares.

Lisboa, 24 de Setembro de 1894.

HUMILDE CAMPONEZA.

CAMINHO DE FERRO DE ALÉM-CAMPA

LINHAS DO PARAISO E DO INFERNO EM COMBINAÇÃO COM AS DA MORTE E DO JUIZO

INDICAÇÕES PARA OS PASSAGEIROS DE AMBAS AS LINHAS

Linha do PARAISO

Chegada............ Quando Deus quizer.
Saída dos comboios..... A todas as horas.

Preço dos Bilhetes

1.ª classe.......: Innocencia e sacrificio voluntario.
2.ª classe.......: Penitencia e confiança em Deus.
3.ª classe.......: Arrependimento e resignação.

ADVERTENCIAS

1.ª Não se dão bilhetes de ida e volta.
2.ª Não ha comboios chamados de *recreio*.
3.ª Creanças menores de sete annos vão gratis, comtanto que vão nos braços de sua mãe á Egreja.
4.ª Os agentes e empregados da empreza não terão abatimento de preço, mas receberão um augmento de ordenado em proporção de seus serviços.
5.ª Aos passageiros não se permitte mais bagagem que as suas boas obras, aliás expõem-se a perder o comboio, ou a serem detidos mais ou menos tempo antes de chegarem ao termo da viagem.
6.ª Recebem-se passageiros em toda a linha, de qualquer procedencia, comtanto que tragam os passaportes em regra e em papel de *marca romana*.
7.ª O despacho central de bilhetes está aberto a todas as horas no tribunal da Penitencia. Os que não poderem proseguir a viagem por terem perdido o bilhete, poderão renoval-o no sobredito despacho.

Linha do INFERNO

Saída dos comboios... A vontade do passageiro.
Chegada............ Quando menos o pensar.

Preço dos Bilhetes

1.ª classe.......: Impiedade.
2.ª classe.......: Sensualismo.
3.ª classe.......: Indifferentismo.

ADVERTENCIAS

1.ª Toda a moeda em circulação com o sello do peccado serve, e sem desconto, para o pagamento d'estes bilhetes.
2.ª Todos os comboios d'esta linha se chamam de *recreio*.
3.ª Creanças menores de sete annos não circulam por esta linha.
4.ª Os agentes e empregados d'esta companhia irão em 1.ª classe, por ajudarem a empreza em seus respectivos officios.
5.ª Os passageiros levarão quanta bagagem quizerem, mas deverão deixar tudo, menos a alma, na estação da Morte.
6.ª Dá-se transferencia d'esta linha para a do Paraiso, referendando o bilhete perante um Sacerdote, antes de o comboio entroncar com o da Morte. Este comboio da Morte nem varia nem volta nunca.
7.ª Não longe da estação da *Morte* encontrarão os passageiros a do *Juizo*, e d'aqui seguirá cada qual, segundo a distribuição feita pelo Juiz Supremo, a linha que conduz a seu destino eterno e irrevogavel.

EDUCAÇÃO

BISPO DE SALAMANCA

Os paes de familia não sabem bem, nem podem todos encarecer os precipicios a que expõem os pedaços das suas entranhas, depois do requintado esmero e da assidua vigilancia com que os educaram no lar domestico, ao confial-os a um professor desconhecido, e sobretudo é já arrojal-os ao abysmo colloca-los em mãos de cathedraticos suspeitos. Ninguem ha esquecido a asserção poetica de Horacio: que conservam sempre as vasilhas a fragrancia do primeiro licor que se lhes confia.

~~~~~~

OS RATOS

(*Agentes motores industriaes*)

É assaz divertido e curioso vêr em Kirkeldey, pequena cidade de Inglaterra, utilisados estes pequenos roedores em uma fabrica de algodão. A machina motriz, onde elles se acham collocados, é uma especie de roda posta em movimento pela marcha dos ratos.

Cada dia um rato anda de 10 a 11 milhas inglezas, e fia 100 de fio de algodão. A sua alimentação, que consiste em farinha de aveia, custa annualmente seis pennys, e o seu trabalho rende sete schillings.

Deduzindo o custo da sua alimentação, e um schilling para reparações na machina, fica um ganho annual de cinco schillings por cada animal. A fabrica a que nos referimos tem em movimento 1:000 pequenas rodas, movidas por correspondente numero de ratos.

(Encyclopedia das familias)

ARITHMOGRAMMA. — Nº 6.

Offerecido a Lilásia (Brasil)

Com a luxuosa industria,
Que productos importantes
Ao alto commercio off'rece,
Vou t'occupar por instantes.
O trabalho bem disposto, 5, 11, 9, 10, 8, 3, 13
Não prejudica a ninguem; 9, 2, 6, 10, 11, 12, 13
A toda a gente faz gosto, 3, 4, 12
Dar ao mendigo um vintem; 1, 2, 6, 10, 4, 9
Terá sempre erguido o rosto, 7, 13, 3, 13
Quem discernimento tem, 7, 12, 4, 10, 6, 5, 13

D. Ételvina Costa
(Caboverdiana)

CHARADAS. — Nº 11 (a, b, c).

(Ao meu ex.mo primo, José L. de Mello)

a) O pronome é titulo de um peixe, 1, 2.

(S^{to}. Antão)   Benjamim Nobre

(Aos meus ex.mos amigos, Rodolpho Lima e Dr Bernardo d'Oliveira)

b) Dois instrumentos fazem greve, 1, 2.
c) Esta medida corre no commercio, 2, 2.

(S^{to}. Antão)   Benjamim Nobre

ENIGMA Nº 7.

(Aos Ex.mos Sres Antonio Gomes e Antonio Augusto Neves)

Qual é o substantivo de sete lettras deseguaes, que pode ser homem, planta, flôr e pedra?

M. A. de Brito.

(S. Nicolau de Cabo-Verde.)

CONTRADIZEI COM URBANIDADE

Quando tenhais que oppôr-vos á opinião de alguem, fazei-o de modo que no vosso ar, nas vossas palavras e tom de voz se descubra compostura, nobreza e dignidade, porém d'um modo facil, natural, e não affectado. Em logar de dizer : *V. S.ª não me entende; V. S.ª equivoca-se; não é assim; que entende V. S.ª por isso?* = empregae certos palliativos, como : *Posso enganar-me; não estou bem certo; porém penso; eu seria de opinião; talvez me não tenha explicado com clareza;* e outras phrases que vos ensinará o uso. Conclui a disputa com alguma expressão alegre ou de bom humor para deixardes vêr que não estais enfadados, nem que a vossa intenção tem sido mortificar o vosso antagonista.

EVITAE AS DISPUTAS

Evitae, quanto vos fôr possivel, quando vos achardes de visita, ou em companhias, os argumentos e conversações polemicas, que as mais das vezes acabam por indispôr por algum tempo as partes contendoras ; e, se a controversia se inflammar, e se augmentar o ruido, esforçae-vos por corta-la com algum chiste.

MATHIAS DA LUZ SOARES.

PENSAMENTOS

A linguagem da terra é fallar bem de si, mal dos outros, e nunca de Deus ; a linguagem do céo é fallar mal de si, bem dos outros e sempre de Deus.

* * *

O futuro de um filho é sempre obra de sua mãe.

NAPOLEÃO.

NA CARTEIRA D'UM MENTIROSO

Logica de um bêbedo :

N'este mundo é conveniente beber, porque o bom vinho produz bom sangue; bom sangue e bom humor originam os bons pensamentos e dos bons pensamentos nascem as boas obras.

Ora... muito bem : como as boas obras nos abrem as portas do céo, é fóra de duvida que para alcançar a gloria é preciso beber... beber-lhe muitissimo bem.

(Encyclopedia das familias)

~~~~~~~~~~

ARITHMOGRAMMA. — N° 7.

Ao Snr. Osorio de Barros.

Vive na lagôa o pato — 9,3,1,5
Fende os ares negra ave — 9,7,2,5
E a nympha bella do mar — 4,8,6,7,1
Entôa um canto suave — 5,6,3,9

CONCEITO

Que contém umas seis vogaes
Este meu todo, eu garanto,
E tendo só tres consoantes
Talvez vá causar-te espanto;

Mas aqui não ha vontade
E sómente *f'licidade.*

S. Caetano, 26 Outubro — 94.

GAÇADOR PARAHYBANO.

ARTE DE FAZER SOMBRAS
SEGUNDO TREWEY

AMOR E FELICIDADE

Quando pela amplidão do firmamento
Mais que o dos olhos, vaga da alma o olhar,
E transpondo astros, busca o pensamento
Na mansão dos espiritos morar,

    A razão se esclarece,
    E o puro amor florece.

. . . .

Pobre mundo, que ignora o que é ventura,
Bem que afanoso corra d'ella empoz!
Busca no infecto pó, na lama impura,
Saciar a sêde que o devora atroz :

    E acha só desenganos,
    Podridões e gusanos!

Louco, ergue ao alto a mente, os olhos fita
Lá onde aponta a aurora em céo de anil,
D'onde esparge almo sol luz infinita,
E á noite brilha a lua entre os orbes mil.

    Ahi não te demores;
    Bellezas ha maiores.

Co'o pensamento sóbe, sóbe, avança
Pelas infindas regiões dos ceus;
Entra os umbraes da perennal esp'rança,
E encontrarás — termo aos anhelos teus —

    Aos pés da Divindade
    Amor, felicidade!

                            A. Moreira Bello

VANITAS

Sob o arqueado firmamento
Muda tudo como o vento,
    Tudo passa...

Infancia, belleza e graça,
Prazer, gozo, juventude,
Força, vigor e saude,
    Tudo passa...

Altos cargos, dignidades,
Pequenezas, humildades,
    Tudo passa...

E por mais que o homem faça,
Corrém-lhe como torrente
Os dias rapidamente :
    Tudo passa...

Como o vapor que o mar fende,
E serpe de fumo estende,
    Tudo passa...

Logo, nem se a esteira traça,
Nem do fumo as escurezas :
Assim bens, honras, grandezas,
    Tudo passa...

Nasce o sol, sóbe, allumia;
Desce apoz, e foge o dia :
    Tudo passa...

Forte imperio a terra abraça ;
Mas breve desluz-se a gloria,
Volta as costas a victoria :
    Tudo passa...

Abre a flôr, brilha, embalsama,
Secca, e sóme-se entre a gramma :
  Tudo passa...

A uma succede outra raça,
Que a seu turno des'parece :
Na terra tudo fenece,
  Tudo passa...

Do tempo arrasta a corrente
A' campa quanto nasceu :
Estavel e permanente
É só a gloria do céo !

(Porto)   A. MOREIRA BELLO

NA CLAREIRA DA SERRA

Hasteada aqui, na aresta do rochedo
Pharol que ao viajor el:de o medo,
  Eu te contemplo, ó Cruz !
Aqui, onde essa cup'la magestosa
Te eleva o sôbro, o til, a hera, a rosa,
  E os céos te accendem luz.

Se o sol n'alva enrubesce o horisonte
Ou some, ao vir do vesp'ro, a gentil fronte
  No véo crepuscular,
Saüdam-te as orchestras nas collinas,
As vozes frescas, meigas, argentinas,
  Das jovens do logar.

Louvam-te ondas de luz e de harmonia,
Oceanos de múrmura alegria,
  O lábaro immortal !
Orgão dos orbes, preste o mar distante
Ajunta a nota grave, altisonante,
  As musicas do val'.

Minh'alma, em compuncção, que o dulçôr pede,
Amiude aqui vem calmar a sêde,
 O Cruz na solidão...!
E nauta, ao vêr-se livre do naufragio,
Sagra-te a rota vela no suffragio
 Da férvida oblação.

Que vivo prazer d'alma, que ventura
No placido silencio da espessura
 Me chamaste a fruir!
Ah! traze bem depressa a esta abrigada
Os que, exhausto o alento, a caminhada
 Lá vão ainda a seguir.

Viandante, onde vaes?... Sonhas com gloria,
D'aquella que laureada pela Historia
 Tam cedo vae murchar?
Aqui a tens da especie que é mais bella,
Da que o sabio procura... Ah! sabio... d'ella
 Apressa-te a gozar.

Viandante, aonde vaes?... Queres repouso,
A paz que as almas unge em santo gôzo?
 Pois bem, vem ser feliz;
Dá redea ás ambições, aos teus desejos,
Que, certo, de dizer não tens ensejos :
 « Foi menos do que eu quiz. »

Feridos vão teus pés da invia estrada ;
De poeira a tua fronte ensombreada,
 A quem a vê faz dó...
Firmeza em teu bordão! vá mais um passo!
Da Cruz ao pé jámais houve cançaço,
 Ninguem se encontrou só.

Aonde vaes ? Em diluvio de prazeres
Porventura a tu'alma inundar queres,
 Buscando o estreme bem ?
Põe desde já o fim á tua empreza :
Prazer maior não achas, com certeza,
 Por essa estrada além.

Aonde vaes, dize, tu, tam apressado?
Que infrene caminhar?... Por um bocado
　　Toma repouso aqui,
Pois se a riqueza anhelas n'essa lida,
Enthesourada para longa vida
　　Nunca em tal copia a vi!

A deslisar nas brenhas ou na alfombra,
O' Cruz, arvore do céo, á tua sombra
　　Nasce a fonte do amor.
Nobres seios, se o mundo alguns consente,
A ella os vejo vir assiduamente:
　　É vida o seu frescor.

Ah! pois: em tua base Fé inscreva,
Sim Fé, que ao longe expulsa a imiga treva,
　　Fé sempre scintillar,
O Apostolo de Christo, que em romagem
Vier junto de ti, finda a viagem,
　　A fronte repousar.

Se a camponeza, a esbelta flôr dos valles,
De seio aberto ao bem, esquivo aos males,
　　A dôr a ti conduz,
Aponta-lhe a região onde ha bonança,
No viso do porvir mostra-lhe a Esp'rança,
　　Clareada á tua luz...

E ao vir no amavel mez d'auras e flôres,
No dià que alvorece a teus louvores (1),
　　A grey christã aqui,
Em dôce, firme e sã fraternidade
A nivea mão da affavel Caridade
　　P'ra sempre a una a ti...

E a mim, ó Cruz, ó sacrosanto nexo
Que enlaças terra e céos! o teu amplexo
　　A mim hoje me traz!...
Ámanhã... assignala-me a jazida,
— Indicio que, no sabbado da vida,
　　De Deus me déste a paz.

(Portugal)　　　　　　　　　　　　　　　　F.

---

(1) 3 de maio, festa da Invenção de Santa Cruz.

VISÃO

Era noite. Eu estava á beira — mar,
Sobre uma rocha negra e carcomida,
Contemplando á luz dôce do luar
A natureza immensa adormecida!

**

No céo, cheio d'estrellas a brilhar,
Fitava a minha vista embevecida;
De cada astro no fulvo scintillar
Via um nome, uma ideia indefinida...

**

E emquanto as ondas n'um gemer maguado,
Envoltas em mil luzes de fulgor,
Beijavam o rochedo alcantilado,

**

De cada astro no vivido explendor
Eu via sempre um nome immaculado.
Esse nome era — « Deus » — o Creador...

(*Seminario d'Angra*)

Osorio Goulart

MAXIMAS

Mais fere a lingua do adulador, que a espada do perseguidor.

**

Na vida humana, o capitulo das adversidades é sempre o mais completo.

Rodrigues de Bastos

SURREXIT DOMINUS!

I

Caem os crepes funebres!
Succede alegre canto
As lagrimas, ao pranto,
Aos trenos de afflicção!
— A synagoga aterra-se
E fica espavorida,
Vendo surgir com vida
Quem trouxe a Redempção!

Christo surgiu do tumulo,
Da morte triumphante!
Os guardas n'esse instante
Tremem de immenso horror!
— A côr do rosto foge-lhes
E o povo, supplantado,
Deus vê resuscitado,
Não vê um impostor!

Ainda na ante-vespera
Os principes folgavam!
« Victoria » proclamavam,
Vendo Jesus morrer!
— Mas foi victoria ephemera! —
Não busquem a mentira!
Do tumulo surgira
Jesus por seu poder!

O sol é mais explendido
N'este formoso dia:
O filho de Maria
Surgiu, qual novo sol!
Antigo culto extinga-se
E brilhem para os povos
Leis e costumes novos,
Da fé novo pharol!

II

Que importa que muitos, de Christo pedindo,
Com tantos insultos, a morte na cruz,
A guarda nos diga, que estava dormindo
E o corpo alguem fôra roubar de Jesus?

E a guarda não teme de ser castigada?!
E diz, que dormia?! Seu posto deixou?!
E ao forte ruido da campa estalada
Do somno profundo ninguem acordou?

Que importa os soldados comprar com dinheiro,
Buscando com burlas a todos mentir?
— Debalde se mente, que o Deus verdadeiro
É esse, que poude da campa surgir!

E todos os sellos quebrados se viram!
Quebrada era a campa! Quem tudo quebrou?
De Christo os amigos? — Mas esses fugiram
E só de inimigos cercado ficou!

Seriam os guardas? — Mas, se elles guardavam,
Roubar não deviam! — Seriam judeus? —
Não era possivel, pois esse buscavam
Que o mundo dissesse — « Jesus não é Deus! » —

De Christo quem fôra quebrar ligaduras,
Que ainda ficaram com sangue a mostrar
Que nada valiam suborno, imposturas?
— Surgindo, as podia só Elle quebrar! —

III

Alegres já clamam na terra victoria
Prostrados os povos em volta da cruz!
No céo os archanjos « Hosannas » de gloria
Nas harpas entoam, saudando Jesus!

De Christo as promessas já foram cumpridas:
Surgindo mostrára, qual é seu valor!
As almas, ardentes na fé, reunidas
« Hosannas » entoam louvando o Senhor!

Busquemos nos campos os lyrios e as rosas
E vamos alegres depo-los no altar,
Ufanos podemos as palmas viçosas,
« Hosannas » cantando, nas mãos levantar!

Aos cantos, á gloria votado este dia
Foi sempre dos crentes, que o fez o Senhor,
Só para O cantarmos com santa alegria,
Só para O louvarmos com puro fervor!

Oh Christo, surgindo mostrar-nos quizeste,
Que a morte nos santos nenhum poder tem!
Permitte que todos, na patria celeste,
A morte vencendo, surjamos tambem!

IV

Agora, Virgem Maria,
Casta Rainha do Céo,
Troca em manto de alegria
Da tristeza o denso véo!

Aquelle que tu trouxeste
No teu ventre virginal,
Pelo seu poder celeste
Mostrou já ser immortal!

Roga por nós, Virgem Santa,
Ao teu amado Jesus;
Que por elle a Egreja canta
Hoje as victorias da cruz.

Rangel de Quadros

O INCENDIO

FABULA ASCETICA

(*Versão*)

> A scintilla una augetur ignis.
> (Eccl. xi, 34).

Certo aldeão volve os olhos
E vê com desleixo summo
Que em seu campo deitam fumo
Umas moitas de restolhos.

Torna a olhar e vê logo
Que já as chammas se agitam
E ouve uns vizinhos que gritam :
— Álerta, vizinho, fogo ! —

Mas nada d'isto o belisca,
Antes diz muito pacato :
— Fóra sustos ! C'um sapato
Apago eu a faisca. —

— Apagas ? mas a fogueira
Já o arvoredo te abraza ;
As chammas cercam-te a casa
E ficas um *Jão — sem — beira*.

Dito e feito. Eis chora em vão,
Quando lhe ardeu todo o predio
E vae morrer sem remedio
Convertido n'um carvão !

Chora e sáe dos estalidos,
Das chammas e derrocada
A voz do triste abafada
Entre o fumo e os gemidos :

— Mortaes, abri bem os olhos;
Cortae o mal desde a origem,
Que horrendas chammas me affligem
Por descurar uns restolhos. —

O mesmo digo, ó christãos,
(E o conselho tem seu preço)
Facil é logo em começo
Debellar a tentação.

Mas se ides com vilipendio
Contemplando-a no seu curso,
Não vos fica outro recurso
Que perecer no incendio.

(Portugal) C. S.

HURRAH !

Os chefes da marinha acabam de dar a esta palavra uma significação que ainda se não conhecia.

Hurrah vem de *Urah*, imperativo do verbo turco *urruah*, que significa matar.

Os chefes militares usavam esta voz, quando os soldados estavam no campo da batalha, para que avançassem contra os inimigos.

« Hurrah! » equivale pois a « Mata-os! »
C. N.

PENSAMENTO

Soccorrer os desvalidos é um dever imposto pela caridade, sendo egualmente uma prova do coração magnanimo que assim procede.

ARITHMOGRAMMA. — N.º 8.

Offerecido ás collaboradoras do Almanach Luso-Africano.

Acceitae, gentis Leitoras,
O meu offerecimento,
Pois elle mais não exprime
Do que reconhecimento.

* *

Viajando longos mezes
Passei por esta cidade, 2,7,5,1,12.
Conhecendo este pintor
Notavel celebridade. 4,11,6,13.

* *

Que tinha a fazer viagem
P'ra ilha bem conhecida, 6,3,9,14,6.
Deu-me elle certa substancia
Na hora da despedida. 10,8,12,1,2,8.

CONCEITO

Fui eu então ao jardim,
D'entre as flôres escolhi
Aquella por quem no mundo
Mais emoções já senti.

(Bahia)　　　　　　　　　　　MARIA A. G. DORIA

CHARADA. — Nº 12.

Á mulher tem o rol do escriptor, 2, 2.

(*Brazil*)

THIAMOR

CRYPTOGRAPHIA

CIFRA DE CARTÃO CORRENTE

Esta cifra era usada na Inglaterra, no seculo XVII, sob Izabel d'Inglaterra (cêrca de 1600).

Chamava-se *cifra de cartão corrente*, porque havia um cartão duplo ou aberto, com as letras do alphabeto pela ordem ordinaria, de alto a baixo, ás quaes correspondiam differentes lettras, collocadas irregularmente nas quadriculas.

Collocava-se o cartão sobre qualquer das columnas, que se indicava ao correspondente por meio do respectivo numeral, podendo variar-se de columna no mesmo escripto.

Não havia n'esse quadro as lettras J e U. Substituimo-las a K e W, sendo talvez melhor que deixassemos o W em vez do Y.

Para interpretar, adivinhando-se a columna da convenção

Dgmhiobu

Ed. Ch. S.ᵗ A.

FE...

Infancia querida,
Sympathica infancia,
O de alma fragrancia
Peregrina flôr!
Deixa tu que um velho
Do mundo esquecido
Te cante ao ouvido
Cantigas d'amor.

D'amor que não mancha,
Candôr d'innocentes,
E em flammas ardentes
Nos dá luz vivaz;
Amor que não toca
No mundo sensivel,
E sobre esse nivel
Está do fallaz!

Amor que é verdade,
Belleza e candura,
Sublima e depura
Da vida o prazer,
Bem alto ennobrece
Anhelos das almas,
E vive entre palmas
O eterno viver!

É todo divino
Na origem bemdita,
E o seio onde habita
Se volve n'um ceu!
Que esse amor celeste
Teu seio illumine,
E a dita germine
Como um fructo seu!

Eu quero-te, infancia,
Pois, do ceu amada,
Vejo em ti, 'spelhada
A luz divinal;
Eu amo esse brilho
Da paz da consciencia,
E a bella innocencia.
Purissima, ideal.

Oh! quero-te, adoro-te,
Pois vi que na historia
Jesus a memoria
Te deixou d'amor.
Deixou; e a nós disse-nos,
De mimo em extremos,
Que todos amemos
Teu puro candor!

A luz do Evangelho
A dar-te, me guia
De noite e de dia
Cada passo e acção;
Dirige-me a lide
Que a mente me agita,
E o amor que palpita
No meu coração.

Já de verdes annos
Eu vivo comtigo,
E sempre te digo
Que ledo vivi;
Se penas amargas
Achei no caminho,
Teu mesmo carinho
Curar-m'as senti.

E então, já que sempre
Me foste querida,
Deixa que, em sentida
E singela canção,
Te diga se anhelo
Que jámais olvides
Da vida nas lides
A fé e oração.

N'esta simples pagina,
Com toda a insistencia,
Quiz a evidencia
Da fé ponderar;
A sciencia do homem
É pobre — e fascina,
Porém a divina
Não pode enganar:

A luz, que na mente
Perenne derrama,
É qual viva chamma,
É iris de paz:
Sem ella não frues
Nem dias serenos,
Nem gozos amenos;
E a dôr é tenaz.

Se almejas venturas,
Prazer, alegria,
Os passos teus guia
Na lei do Senhor;
Só n'esses caminhos
As auras são puras,
As ditas seguras,
E mais fiel o amor.

Ahi, os espinhos
Desabrocham flôres
Que venham as dôres
A bem suavisar.
Só ahi se póde
No doce e no amargo,
No estreito e no largo,
Harmonia achar.

Ahi, ás angustias,
As maguas, tormentos,
Se dão linimentos
Consolos a flux;
Ahi, temos visto
Como a infancia amada
É mais ajudada
Já na sua cruz.

Só ahi se encontra
No soffrer encantos;
Doçura nos prantos,
E gloria na dôr:
As maguas, tristezas,
De pena amargôres
Serão lindas flôres,
Se brotam do amor.

E é triste, sinistro,
Se immersos em penas,
Contamos apenas
Com nosso vigor:
Só n'esses caminhos
Que o céo illumina,
Um'alma declina
Seu onus de dôr.

Dr. José Rodrigues Cosgaya.

O QUE É O HOMEM

« O homem, essa enfermidade, essa sombra, esse atomo, esse grão de areia, essa gotta d'agua, essa lagrima cahida dos olhos do destino; o homem, que vive na perturbação e na dúvida, sabendo pouco do dia de hontem e nada do de ámanhã, vendo no caminho o necessario para pousar os pés e o resto em trevas: tremulo, se olha para diante, triste, se olha para traz, o homem, envolto n'essas obscuridades — o tempo, o espaço, o ser, — e n'ellas perdido, tendo em si um abysmo — a sua alma — e fóra de si o céo; o homem, que em certas horas se curva com uma especie de horror sagrado a todas as forças da natureza, ao ruido do mar, ao irradiar das estrellas; o homem, que não pode levantar a cabeça de dia sem que a luz o cegue, de noite sem que o perturbe o infinito; o homem, que nada conhece, nada vê, nada entende; que pode ser levado ámanhã, hoje, agora mesmo, pela onda que passa, pelo vento que sôa; o homem, esse ser, timido insecto,

miseravel servo do acaso, o ludibrio do minuto que passa;
o homem, humilde verme da terra, quer destruir as obras
de Deus e impugnar a religião que regou com o seu
sangue, que elle sellou com a sua morte e á qual prometteu a sua assistencia! — Miseria das miserias! »

VICTOR HUGO

CHARADA. — Nº 13.

(*Ao Revº Henrique L. Cardoso*)

Campeia p'los vastos campos
Aquelle nobre soldado, 1
Em busca d'incerto homem,
Que p'lo Senhor foi creado, 2.

Une agora sem mais nada
T'rás conceito apropriado
A todo o filho das ilhas
Que tiver-se libertado.

(*S. Nicolau*) CURIOSO

ENIGMA. — Nº 8.

Offerecido ao meu amigo, José Fayão

Ás direitas é animal
Que nos merece attenção;
Ás vessas vou ao cumulo
Da maior desesp'ração.

(Loanda)

ANTHERO DE CARVALHO MAGALHÃES

O MENINO MODELO

(Ás Escolas primarias)

(Ultima lição da 1ª Parte do « Methodo normal portuguez »)

Levanto-me de manhã,
Sem preguiça, á hora dada;
Penso em Deus e em meus Paes
Na cartilha e na taboada.

Visto-me sem perder tempo,
E lavo as mãos e o rostinho,
A boquinha e os ouvidos;
Fico todo asseadinho.

Ajoelho-me em seguida,
Para o bom Deus adorar
E rogar-lhe, humilde, a graça,
De seu filhinho abençoar,

Para sempre ser bom filho,
Bom discip'lo e bom amigo,
Bom rapaz, homem honrado,
Prestadio, bom cidadão.

Vou logo dar os bons dias,
Sempre alegre festejando,
A mamã, ao meu papá,
Aos manos, todos beijando.

Corro então aos meus livrinhos
E os beijo e os abraço;
Só o estudo me occupa,
A ninguem eu embaraço.

Bateu a hora d'escola,
Que f'liz que sou, meu bom Deus
Estudar p'ra bem servir
A r'ligião, á patria, aos meus!

Aos meus paes eu peço a benção,
Despeço-me dos meus manos;
Saúdo a todos, passando,
E com modos sempre urbanos.

E graças vou dando ao bom Deus,
Por não ser tão desgraçado
Como o que passava preso
Por não ser bem educado.

Chego contente á escola,
Sou o primeiro a entrar,
E, respeitoso, ao bom mestre
Vou logo cumprimentar.

O meu logar occupando,
Attento estudo e calado;
Ouço tudo o que se explica,
Com todos sou delicado.

Poupo os livros e os cadernos,
As pennas e o meu fatinho;
Sei sempre as minhas lições,
Sempre ganho um premiozinho.

Nunca sáio da escola
Sem do meu bom professor
Attencioso despedir-me,
Com gratidão e amor.

Na ida, como na volta,
Sou sempre bem educado,
Corro a beijar os meus paes
Mostrando o premio ganhado.

Recreio, estudo e trabalho,
Cada um seu tempo tem;

A Deus, a meus paes eu amo,
Não faço mal a ninguem.

Á hora dada eu me deito,
Despedindo-me dos meus;
E acabo sempre o dia
Rendendo graças a Deus.

A. DA C.

ANALPHABETOS

(EUROPA)

Percentagem sobre a população

Portugal	67,35 %
Italia	52,93 »
Polonia	39,82 »
Hungria	37,69 »
Russia	36,42 »
Austria	32,70 »
Grecia	55,18 »
Roumania	17,75 »
Belgica	15,22 »
Turquia da Europa	14,79 »
Bohemia e Moravia	8,98 »
Hespanha	8,71 »
Irlanda	7,28 »
França	3,50 »
Inglaterra	3,49 »
Hollanda	3,38 »
Escocia	2,83 »
Allemanha	2,49 »
Noruega	1,02 »
Suecia	0,74 »
Suissa	0,60 »
Dinamarca	0,49 »

(1896)

A FE E A RAZÃO

Fé e razão, como génitas do mesmo Pae, devem exis. harmonicas e estreitar-se em mutuo amplexo. Assim o comprehenderam até certos philosophos que, allucinados pelo delirio d'uma imaginação febril hão declarado guerra sem tréguas á razão catholica. Voltaire, ao observar os progressos que a razão ha feito desde que pelo mundo irradiaram os fulgores da divina revelação : « *bem podeis, diz, considerar a fé como uma irmã alliada que pressurosa corre a auxiliar-vos na espinhosa senda da vida e não como uma inimiga a quem é força debellar; longe de a hostilizardes, deveis antes estremece-la* »

Separar, pois, a fé dá razão é insensatez em barda, inqualificavel; — resistir a tão precioso dom outorgado aos homens pela Divindade, toca os ápices do absurdo.

Sermão sobre a Fé
(S^{to} Antão).

<p style="text-align:right">P^o Joaquim A. de Moraes
(<i>Caboverdiano</i>)</p>

~~~~~~~

TEMPO PERDIDO

(Receita para abrir os olhos aos incredulos.)

Tempo perdido, é todo aquelle que se não utilisa.
Comprar botas apertadas, e não as poder calçar.
Ir votar nas eleições, para o eleito não fazer nada.
Requerer carta de conselho, para ninguem lhe pedir nenhum.
Ir por diversão vêr as senhoras que saem da missa.
Levantar-se de uma cadeira e ir cuspir da janella abaixo, tendo o lenço na algibeira.
Procurar um devedor, quando se sabe que não paga.
Offerecer um par de luvas a um maneta.
Dar dois botins novos a quem não tiver uma perna.
Dar uma escôva de dentes a quem os não tem.

Requerer empregos publicos sem ter empenhos graúdos, e bons machuchos que o protejam.
Ir á escola, sendo estupido.
Fallar em assumptos scientificos defronte de um tolo.
Pedir vinho puro a qualquer taberneiro.
Ir a um jantar de annos, tendo fastio.
Pedir dinheiro aos empregados publicos nos dias 25 dos mezes.
Offerecer de presente a um calvo um pente de alizar.
Dar uma luneta de dois vidros a quem fôr cego de um olho.
Fallar de mansinho defronte de um surdo para o não incommodar.
Pôr a gravata ao pescoço primeiro que o collarinho.
Esperar o *paquete* nos dias que marca a tabella.
E esperar por sapatos de defuncto, porque toda a vida se andará descalço.
Vestir a camisa do avesso.

Luiz de Araujo.

~~~~~~~~~~

CHARADA. — Nº 14.

(*Ao Exmo e Rev^{mo} Sr. Padre Luiz Figueira da Silva*)

O meu amigo Figueira
Com simples interjeição, 1
E moeda antiga lusa, 2
Alegrava-se á feição, 2

Porque via, de mãos erguidas,
D'ella as casas revestidas.

(Ilha do Fogo)

Manuel de Jesus Teixeira J^{or}.
(*Caboverdeano*)

ALMANACH LUSO-AFRICANO

Muitos indigenas das Filippinas, principalmente os da provincia de Cagayan, comem a *carne de crocodilo*, que, segundo dizem, é muito saborosa, dando-a tambem aos tisicos, por considera-la muito nutritiva, assim como a todos que padecem de molestias extenuativas.

Para combater a *dysenteria* empregam os dentes do enorme amphibio, reduzidos a pó. Com o sumo da carne combatem as *constipações* e dizem que tambem as *hemorrhagias*, por mais violentas que sejam.

Em Visajas, para matar estes animaes, valem-se do *sttychaus nux vomica*, pepita de Santo Ignacio, ou pepita de Cathalogan, que é a melhor estrychnina. Este veneno é tão violento para o crocodilo que basta uma pequena quantidade para causar-lhe a morte.

O mais antigo *auto de casamento* conhecido é, no dizer dos eruditos, o que se pode examinar no « British Museum ».

Tem mais de 3:400 annos, pois suppõe-se ter sido escripto no anno de 1540 antes da era christã, e relata o casamento d'um Pharaó com a filha d'um rei da Babylonia.

Inaugurou-se em França, ha pouco, um novo systema de *caçar* perdizes e que consiste no seguinte :

Eleva-se um *papagaio* com a fórma e aspecto de uma ave de rapina. As perdizes, suppondo que é um dos seus mais temiveis inimigos que se dispõe a surprehende-las, aterrorisadas, occultam-se nas mattas, onde são mortas sem que intentem sequer fugir.

Tal é o terror que d'ellas se apodera, que ás vezes até se apanham á mão.

O sr. Rodolpho Alhschul descobriu a fórma de, com *petroleo* bruto, lubrificar continuamente a parte immersa dos navios para facilitar o seu deslocamento, diminuindo assim os attritos e impedindo as corrosões e os depositos de conchas de marisco.

Para esse fim envolve o casco propriamente dito de uma camada que tem a mesma fórma do navio e é constituida de folhas de metal mantidas por quadros apropriados e revestidos de uma substancia absorvente; depois injecta atraz d'esse envoltorio petroleo sob pressão que, exsudando, representa o papel de lubrificador.

Por uma commissão de millionarios dos Estados-Unidos do Oeste foi o eminente esculptor Higby incumbido de executar para a exposição universal de 1900 uma *estatua, em ouro* massiço, do presidente da republica americana, Mac-Kinley.

Esta estatua representará só em ouro um valor superior a cinco milhões de francos.

A colheita do casulo da seda produzido em França durante o anno de 1896 foi de 9.318:765 kilogrammas.

Em Jalle River (Estados-Unidos) ha uma fabrica de chapeus que durante as horas de trabalho produz a bagatella de 5:000 chapeus, ou sejam dois segundos por chapeu.

A Australia offereceu um premio a quem consumisse maior numero de pelles de coelho afim de diminuir o numero d'estes, que devastam os campos d'aquella região, e a fabrica em questão propõe-se a ganhar o premio, pois que por dia consome 10:000 pelles de coelho ou sejam mais de 3 milhões por anno.

DEVERES PARA COM OS PAES

*Estes deveres são : amor, respeito, obediencia, auxilio
e protecção, agradecimento.*

Os deveres para com os paes impõem-se naturalmente á nossa alma. Temos a consciencia d'esses deveres, porque a natureza no-los inspira. Mas, além d'isso, as relações entre paes e filhos fundam-se tambem nas leis da reciprocidade.

Não ha amor mais perfeito, nem protecção mais sincera e fervorosa do que a dos paes para os filhos. É justo que os filhos lhes correspondam com a mesma sinceridade e com o mesmo fervor.

A. Simões Lopes

ARITHMOGRAMMA ENIGMATICO. — N° 8.

(Por lettras e por syllabas)

Com as lettras que ahi vão, 9, 1, 2, 4
É nome que serve ao homem,
Mas est'outras tento tomem, 5, 8, 8, 7
Tem inverno, estio e verão.

Na esquerda ou na direita, 3, 9, 6, 7
De certo vão encontra-lo.
Vão depressa decifra-lo,
Lavram tento d'esta feita.

Por syllabas explicado,
Vê-se bem que uma e duas
Podem ser terceira e quarta.

Mas, as pedras tendo achado,
Verão que das partes duas
A bella planta se aparta.

Capital Federal.

Lilazia

A CANNA DE ASSUCAR
E A PRIMEIRA CRUZADA

Derrotado o emir de Tripoli em sangrenta batalha, os cruzados se pozeram em marcha para Jerusalem. Eram fins de maio de 1099. As searas vestiam os campos; os christãos achavam de comer por toda a parte. Em sua marcha, admiravam as riquezas do oriente, que já reputavam como premio de seus trabalhos. A esquerda levantavam-se as montanhas do Líbano, tão decantadas pelos prophetas; entre as montanhas e o mar, os campos, que os cruzados iam atravessando, estavam cobertos de oliveiras, que se erguiam á altura dos olmeiros e dos carvalhos; nos plainos e sobre as collinas cresciam larangeiras, romeiras e outras arvores, desconhecidas na maior parte dos paizes do occidente.

Entre estas producções, cuja presença enchia os cruzados de surpreza e de alegria, uma planta, cujo succo era mais doce que o mel, lhes attrahiu a attenção. Era a canna de assucar, cultivada na Syria e principalmente em Tripoli, onde se sabia extrahir a substancia, que os habitantes chamavam *zucra*.

O assucar de canna, que hoje é um artigo importantissimo do commercio, fôra até então quasi desconhecido no occidente. Pelo fim das cruzadas, os peregrinos introduziram a canna de assucar na Sicilia e na Italia, ao mesmo tempo que os sarracenos a introduziam no reino de Granada, d'onde foi levada para a America.

(*Encyclopedia das familias*)

CHARADA (Novissima). — Nº 15.

Vive bem, se fôr linda esta mulher. 2, 2.

(Loanda)

ANTHERO DE CARVALHO MAGALHÃES

TOLICES DA HUMANIDADE

Ir por mar aonde se pode ir por terra.
Comer muito em domingo gordo por ser dia de festa.
Casar-se sendo empregado publico.
Fazer carêtas ao espelho.
Juntar fortunas para deixar a parentes.
Fallar d'aquillo que não entende.
Ir á caça tendo que comer em casa.
Ser casado e consentir que a mulher vá a bailes sem o
[marido
Consentir liberdades a criados.
Fazer todas ás vontades ás creanças.
Tomar relações com visinhos.
Emprestar dinheiro a janotas.
Dar credito a programmas eleitoraes.
Deixar-se governar pela mulher.
Conversar com alguem e agarrar-lhe no fato.
Contar as gracinhas dos seus meninos.

LUIZ D'ARAUJO

CHARADA N° 15 *bis*.

A faca é rumo e ave. 2, 2.

XICO MARGARIDA

MAXIMAS

A natureza dá os parentes; o momento, os conhecimentos: o tempo é um dos elementos preciosos para se fazerem os amigos.

* * *

Não convem contrahir estreita amizade com pessoas, de quem se possa temer a inimizade.

RODRIGUES DE BASTOS

CRIOLO DE SANTO ANTÃO

(*Cabo-Verde*)

(*Almanach* de Lembranças de 1894, pag. 289)

MANDRIÁNDE	MANDRIANDO (Trad. litteral)
Um reparguinha bá dá um recáde que se mém mandé-'lle bá dá. Má 'sim q'elle cabá de cambá (1) onde a ês êne (2) tá oi (3) élle de cása, elle quetá (4), elle verá (5) tâ coçá na cabêça e tâ dezê: — Quem quezê trabaiá, elle trabaiá, que mi"ne (6) s'tá pa 'stemperá nha (7) córpe. Era que 'tá ta falté-me.	Uma rapariguinha foi dar um recado que sua mãe mandou-lhe ir dar. Mas assim que ella acabou de cambar onde já elles não estavam a olhá-la da casa, esta quietou (se), ella virou a coçar na cabêça e a dizer: — Quem quizér trabalha, elle trabalhe, que eu não estou para destemperar meu corpo. Era o que estava a faltar-me.
DRACO e A. DA C.	DRACO e · A. DA C.

---

(1) *Cambá*. Cambar, descambar: desapparecer. *Quando chegou onde...*

(2) *êne*, não. É a forma negativa correspondente a *não*; mas, se o verbo é negativo, como e'm (6), diz-se *ne* em vez de *êne*. Quando o verbo é negativo, não se emprega o pronome *ûme* para a 1ª pessoa do singular (eu), mas *mim*, unido á negativa *ne*, come mi-ne, que escrevemos aqui *mi"ne*, por faltarem as lettras *m* do *mim*, e *ê* de *êne*. Ex.: eu faço = *ûme tâ fazê*; não faço = *mi"ne tâ fazê*; elle não fez = *ell' êne fazê*. Nas outra silhas a negativa é representada invariavelmente por *câ* = não.

(3) oi-élle: Oi = áolhar. É rogra geral, n'este criólo, a substituição do *lh* por *i*. *Olhar* significa sempre *vêr*.

(4) *quetá*, = parou.

(5) *Elle verá tâ coçá*. Começou a eoçar. *Verá*, de virar, indica mudança de resolução.

(6) *Mi"ne*. A mim" não.

(7) *nha*. Significa, invariavelmente, meu, minha; *nhas* = meus, minhas. *Nhâ* = Senhora. *Nhô* = Senhor (tratamento).

A. DA C.

A INDIA

Em 17 de maio d'este anno completam-se 400 annos que Vasco da Gama, heróe portentoso da nossa epopeia maritima, conquistou para a Patria um titulo de gloria que feito algum eclipsa, descobrindo, atravez dos mares e circumnavegando a Africa, o caminho maritimo da India, o paiz encantado das lendas mysteriosas e das riquezas estonteadoras.

Pero da Covilhã, por terra, e Bartholomeu Dias, torneando por mar o bojo do Cabo, tinham evidenciado a possibilidade do emprehendimento que ainda assim a superstição do tempo e as lendas do mar tenebroso pintavam eriçado de difficuldades gigantes e peripecias aterradoras.

Que importa!!

O Portugal do seculo 15 era rico d'energias masculas, de virtudes briosas e antigas; graduava a resistencia pela grandeza dos obstaculos e em busca do ideal de gloria, que lhe brincava na imaginação meridional e audaz, dava o sangue das veias e as energias da alma forte e bôa.

O genio do Principe perfeito sonhou com a India..., anteviu, na ardencia do seu desejo de grandezas, as naus lusitanas a singrarem, mares em fóra, cisnes brancos que deixavam uma esteira de luz a illuminar as paginas da historia, e o Indostão que Elle, o grande rei, acariciava anhélante, a desenhar-se, a recortar-se grandioso, muito para além da Africa no paiz longiquo do sol e dos sonhos..., o Oriente!!

E tudo isto lhe fugiu com a vida!!!

D. Manuel, o venturoso monarcha cujas glorias o magnifico templo de Belem canta em melodias poeticas, lança ao mar as caravelas já destinadas para o emprehendimento, e o Gama, olhos attentos no astrolabio..., dominando as vagas, desprezando as ameaças do Adamastor, precavendo traições, e dirigindo a derrota..., corôa com um feito sublime o cyclo das nossas grandezas e faz surgir no céo estrellado da gloria Lusa mais uma constellação de luz que allumia com clarões intensamente vividos as paginas da epopeia.

É tempo de cantar com o Poeta :

Cessem do sabio Grego e do Troiano
As navegações grandes que fizerão;
Cale-se de Alexandre e de Trajano
A fama das victorias que tiverão;
Que eu canto o peito illustre Lusitano,
A quem Neptuno e Marte obedecerão :
Cesse tudo o que a Musa antigua canta,
Que outro valor mais alto se alevanta.

Vasco da Gama é digno da commemoração que a Patria lhe consagra n'este 4º centenario. O seu feito deixa na penumbra as tão decantadas conquistas de Cyro, Alexandre ou Cesar, e agiganta um povo que do canto mais occidental da Europa leva a cabo uma empreza de tal magnitude e conquista, com tenacidade heroica, a hegemonia política sobre todas as nações.

« Gutenberg descobre o apparelho em que se corporifica e perpetua o pensamento, mas é em Portugal que nasceram as mais assombrosas maravilhas que os prelos e os typos moveis hão de escrever e recontar (1). »

Genova e Veneza, senhoras da navegação e do commercio, decahem da sua grandeza secular, e Lisboa, a cidade dos encantos, que, segundo uma lenda allemã, « foi a que em Jerusalem appareceu no espelho magico ao cavalleiro christão que appetecera vêr a cidade mais bella da Europa », ostenta-se rainha dos mares, e seu amplo porto é acariciado pelas naus de todas as nações que a visitam procurando n'ella as especiarias e as riquezas do oriente.

Portugal mostrou ao mundo o que pode um povo que tem energias viris, que tem na alma o ardor bellicoso, o enthusiasmo pelo successo extraordinario, a fé e o patriotismo que o impelle, conscio da sua missão, a rodear os

---

(1) Latino_Coelho.

hemispherios e a aportar, finalmente, a todos os logares do orbe, porque,

« Se mais mundo houvera, lá chegára!

A bandeira das quinas desfraldada em todo o oriente tremulou em Gôa, Malaca, Ormuz, desde o Indo ao Ganges, nas costas do Malabar, em Coromandel, em Ceylão, na China, no Japão e em tantas outras terras comprehendidas n'uma área d'oito mil leguas de superficie com vinte e nove cidades, cabeças de provincia, muitas povoações opulentas e trinta e tres reis vassalos!!
Foi completa a gloria Lusitana!! Portugal tinha constellado de maravilhosos feitos a ampla tela da sua historia e, para que nada faltasse, appareceu o eximio e inspirado cantor de tantas galhardias, divinisando, em estrophes arrebatadoras, sublimes, a Patria dos heróes e tecendo uma corôa d'immortalidade para o grande almirante das Indias, Vasco da Gama, que realisára o sonho de D. João 2º e ligára, com um laço de relações intimas, o occidente com o oriente!

∗

O Almanach *Luso-Africano* saúda esse acontecimento que representa o supremo esforço humano e que marca uma epocha de luz nas paginas da nossa historia.
Esta publicação, adherindo á solemne consagração que se prepara ao heróe dos mares, ao *argonauta* que revelou a India á Europa, saúda com todo o enthusiasmo do seu acrisolado patriotismo a Patria commum, fazendo votos para que a nossa raça, que soube dominar os elementos, que soube conquistar e vencer, saiba, no momento actual, triumphar dos pseudo-patriotas que dilaceram a mãe Patria com odio sectario e impiedade turbulenta.
Encaremos o sol da crença para nos tornarmos herdeiros dignos d'esse patrimonio riquissimo conquistado com a fé e com o patriotismo, com o amor de Deus e da Patria.

1898.

OLIVEIRA BOUÇAS

CARTA DA GUIA DE CASADOS

Senhor meu : Casa limpa. Mesa asseada. Prato honesto. Criados bons. Paga certa. Dinheiro, o que se possa. Alfaias, todas. Livros, alguns. Esmola, sempre. Poucos vizinhos. Filhos sem mimo. Ordem em tudo. Mulher honrada. Marido christão : é bôa vida e bôa morte.

~~~~~~~~~~

TRES LEMBRANÇAS

(Ás minhas primas Maninha e Emilia Marques)

1º

Alta noite, horas tristes,
A dôr do coração
Faz-me lembrar momentos.....
Ai, que recordação!...
Sou infeliz — supponho.
Lembro-me creancinha,
Lembro S. Nicolau.
Lembras-me tu, Maninha!...

2º

Nos meus labios trementes
Contrariado sorriso
Boia entre a dôr e o pranto,
Vago, triste, indeciso.
Saudoso em taes momentos
Da affeição da familia,
Lembra-me um anjo casto....
Lembras-me tu, Emilia!...

3º

Se abandonado choro
Na minha solidão
Alguma crença morta,
Motivos d'afflicção
Se penso no que somos....
No que é... no que já foi...
Eu lembro-me dos mortos...
Eu lembro-me do *Toi*!....

Dos « Reflexos occidentaes » — 1894.

LOPES DA SILVA

ARITHMOGRAMMA. — N.º 9.

(*Offerecido ao meu amigo, Eduardo Annapaz*)

Vês este grande velhaco! 7, 4, 3, 10.
De casaco á moderna; 5, 6, 9, 2.
Raptou uma rapariga, 5, 6, 7, 10
Oh! coitada da palerma!
A Themis é que compete, 8, 3, 1, 2, 9, 4.
Descobrir bem este jogo; 6, 7, 2.
Pois usa d'artimanha 3, 8, 7, 6.
Para illudir o povo. 9, 6, 3, 6.

CONCEITO

Quer de mim alguma coisa?!
Pois se quer, appareça;
Com este bello cacete,
Vou-lhe partir a cabeça!

(Loanda)

ANTHERO DE CARVALHO MAGALHÃES

O CANTO DA ORPHÃ

Quando o crepusculo no horisonte desce,
Dourando o cume de montanha erguida,
Minh'alma triste se mergulha em mágoas,
Lembram-me... e choro a minha mãe querida!

Lembram-me o tempo no passado envolto,
— Tantas caricias d'esse amor tão santo!...
E agora a sorte só me traz desgostos,
Soffrendo acerbo e dolorido o pranto!

Como era bello no florir dos annos...
Inda a lembrança no meu peito existe!
Mas hoje — morta — não conhece as dôres
Que eu sinto e soffro, solitario, triste!

Quando á tardinha a gemebunda rola
Na capoeira solitaria chora,
A dôr eu sinto me arrastar a vida,
Porque a tristeza no meu peito mora!

Ah! quando á noite a natureza dorme
E o mundo todo adormecido sonha,
Minh'alma triste pela terra vaga
Do cemiterio á solidão medonha.

Senta-se á pedra do feral sepulchro,
Ouve do mocho o funerario pio!
Evoca... chora a minha mãe querida
Que dorme á sombra do cypreste esguio!...

Exir

ARITHMOGRAMMA. — Nº 10.

Ao Sr. Eugenio S. Pinto, auctor do logogripho.
« Africa-Portugal », publicado no almanak Luso-
Africano para 1895, pag. 109.

Insectos que vivem comendo as flôres, 1, 2, 13, 4, 6, 7,
[4, 18, 15, 16, 9].
Acção que devora o humano organismo, 12, 2, 3, 4, 5, 8,
[7, 14, 7, 4, 19, 17, 18, 12].
No circulo, na roda, ficarás envolto 11, 10.
Em chammas ardentes, no meio do abysmo.

CONCEITO

Se não tens em que te occupes
E tambem o que fazer,
Procurae na anatomia
Que lá mesmo me haveis de ver.

(Palmeira de Garanhuns. — Pernambuco)

OSORIO DE BARROS

ARITHMOGRAMMA. — Nº 11

Sou branca qual neve, 4, 5, 9
De prata um tecido, 1, 2, 3, 4, 5, 6, 7, 8
Nas guerras sibilo
Com grande estampido! 1, 5, 9, 5

O todo do logogripho
De facilima solução;
Entre as pedras se verá,
Procurando co'attenção.

JORGE PINTO

(Belem-Pará)

SALVE!

Salve, Maria! Mãe de Deus, bemdita!
Dos peccadores, doce Mãe tambem!
Em Vós o pobre tem sustento e abrigo,
Em Vós o triste grato allivio tem!

No mar da vida, procelloso, irado,
Vós sois ao nauta salvação, bonança!
Quando perdido, já sem rumo, ou norte,
A Vós recorre com fervor e esp'rança!

Quem, nas angustias de que a vida é cheia,
Não teve allivio, não sentiu conforto...
Se em Vosso seio maternal buscou
Quebranto alento, quasi extincto e morto?!

Ai, do que em lances d'agonia extrema
De Vós se esquece, ó refugio santo!
Esse parece que não ha quem possa
Manter-lhe a vida, diluida em pranto!..

Vós sois, na terra, dos mortaes o amparo!
No mar a estrella que aos perdidos guia!
No céo o anjo que por todos roga,
Porque de todos Vós sois Mãe, Maria!

Salve, mil vezes, Mãe de Deus, bemdita!
Dos peccadores doce Mãe tambem!
Em Vós minh'alma confiada espera
Eterno goso do Supremo Bem.....

(*Agrellos.*)

MARIA CANDIDA PEREIRA DE VASCONCELLOS

O CAMPO

O campo foi Deus quem o fez, a cidade fê-la o homem. O campo é sempre saudavel, puro e grande como a natureza; a cidade é sempre insalubre e mesquinha, seja ella Paris ou Londres.

Por analogia de razão, o homem do campo é o homem singelo e natural, liso e de boa alegria, o homem de primeira mão; ao envez, o das cidades é o homem ceremonioso e refolhado, o homem artificial.

Por isso nos é quasi impossivel espaçar pelo campo sem que sintamos elevar-se para logo o nivel das nossas ideias, e privar com o pobre aldeão sem sentirmos elevar-se o nivel dos nossos sentimentos.

SENNA FREITAS

ENIGMA. — Nº 9.

(Ao meu amigo, Joaquim José Delgado, em explicação)

Fazé lá signal da cruz,
O cabecinha de bolla,
Toma lá dois tés, tres ús,
Mais um éme, e de Angola
Terás logo uma certa arvore,
Sendo mui bem collocadas
As lettras acima dadas.

Não te zangues, meu Delgado,
O conceito lá ficou,
Não digo; quem fôr lettrado,
Estudando... decifrou.

Santo Antão, Porta d'Egreja do Paul.

CABO-VERDE

ORIGEM DAS PAROCHIAS (1) E DOS PAROCHOS

A palavra, por que outr'ora se designava a diocese do Bispo, hoje significa um certo agrupamento de fieis ou um tracto de territorio por estes habitado, ao qual preside um presbytero, subordinado ao Bispo, chamado parocho, para exercer a cura das almas dentro de certos limites.

A origem dos parochos, attendendo á questão em si e ao officio, pondo de parte certas alterações mais recentes em pontos disciplinares, com razão se refere aos tempos apostolicos; e tambem o presbyterado, visto como se inclue no episcopado que é a plenitude do sacerdocio, donde os parochos derivam como que á similhança dos regatos que correm de suas fontes, com razão se julga ser de instituição divina.

(S.to Antão.)

P.º M. M.

PENSAMENTO

Todo aquelle que pratica acções nobres torna-se credor da estima publica.

P.º M. A. M.

---

(1) O Papa Gregorio III, respondendo a S. Bonifacio, diz: Pois que tu ordenaste outros tres bispos com assentimento do Otileduque dos mesmos bajoarios, ou dos nobres d'aquella provincia e dividiste esta em quatro partes, isto é, em parochias, afim de que tenha cada bispo sua parochia, procedeste bem e com prudencia, irmão.

COMO SE ENRIQUECE O ESPIRITO

Perguntou-se a um arabe muito intelligente e sabedor como é que elle tinha aprendido tantas cousas. Respondeu:

— Imitando a areia do deserto que recolhe todas as gottas de chuva e não deixa perder uma só.

P. Miguel

ARITHMOGRAMMA. — Nº 12.

(DUPLO)

(*Ao meu Exmo amigo Leonardo da Fonseca*)

1, 4, 3 Ao entrar da Egreja vê o chefe, se quizer.
[1, 3, 1, 5.
1, 5, 2, 2, 3 Dá bom fructo, que tratado n'esta, creio, a
[parar vem. 1, 4, 1, 3.
5, 4, 3 Aqui serva, por signal uma guapa mulher.
[4, 2, 4, 5.
1, 4, 2, 5 Sempre a arder, sem se apagar, lá n'essas
[terras d'alem. 1, 3, 2, 5.

Juro, leitor, não se engana
Se vir cidade africana.

Moçambique, janeiro de 1895.

Manuel d'Almeida

PENSAMENTO

A falta de prudencia e reflexão nas controversias é sempre origem de varios tumultos.

VILLA DA RIBEIRA GRANDE

DA ILHA DE S.to ANTÃO.

Fundada na confluencia das duas ribeiras, Grande e da Torre, possue esta villa, uma das mais povoadas do Archipelago, elegantes predios e uma espaçosa e bonita egreja, a maior da diocese.

Foi séde do concelho até 1887, em que se fundou a villa de D. Maria Pia na Ponta de Sol, sendo governador da provincia o ex.mo Cons.º D.r João Cezario de Lacerda.

E o ponto mais central de todo o movimento da ilha.

~~~~~~~~

HYGIENE D'HABITAÇÃO

Como a maior parte da vida é passada nas casas, e alli mais facilmente se vicia o ar, cumpre conservar a sua pureza em todas ellas, e sobretudo nos quartos de dormir, em que mais tempo se vive, e que causas particulares infectam. Para se conservar o ar puro em toda a habitação, observar-se-hão as seguintes regras:

1º Procurar que a casa seja situada em rua larga, que tenha janellas espaçosas, em differentes direcções, algumas para o norte, e muito pé direito.

2º Que não tenha focos d'infecção proximos, e que as latrinas sejam bem asseadas, tendo n'ellas tambem materias desinfectantes.

3º Introduzir nas casas a maior quantidade possivel de novo ar, que deverá ser puro e sêcco, abrindo-lhe as necessarias correntes.

O ar humido é mui prejudicial á saude, e portanto em occasiões de grandes chuvas e nevoeiros convem não dar entrada ao ar externo.

4º Fechar as janellas antes da noite, porque durante esta o ar é humido e impuro, principalmente se deitam para arvoredos ou prados.

5º Evitar brazeiros, muitas luzes, e a reunião de muitas pessoas em casas que não sejam bem arejadas;

6º Assim como procurar que as chaminés sejam bem construidas, para não defumarem as casas.

A respeito dos quartos de cama, observar-se-ha o seguinte:

1º Abrir as janellas e portas pelo maior espaço de tempo possivel.

2º Não conservar n'elles brazeiros, flôre, ou quaesquer objectos aromaticos ou infectantes.

3º Abrir as camas logo depois de levantar, conservando-as pór muito tempo n'este estado.

4º As camas convem que sejam:

A) Elevadas do pavimento para se respirar um ar mais puro, pois que o acido carbonico, sendo mais pesado que o ar, abunda mais nas camadas inferiores d'este.

B) Horisontaes, mas um pouco elevadas para a cabeceira, afim de que melhor e possa respirar.

5º Nunca se metterá a cabeça debaixo da roupa, porque d'este modo se respiraria um ar já respirado, e portanto mui nocivo.

BOTELHO DE AMARAL

ENIGMA. — Nº 10.

(Offerecido ao meu amigo Euzebio Velasco Galiano)

Ás direitas na egreja,
Sempre me podem encontrar;
Ás vessas constellação,
N'isso não ha que duvidar.

(Loanda)   ANTHERO DE CARVALHO MAGALHÃES

PENSAMENTO

Parar é retroceder,
Não progredir é morrer.

Cº. TEIXEIRA

O SARAMPO

(Instrucções para o seu tratamento)

Pór via de regra o sarampo é uma doença benigna, contagiosa, que ataca de predilecção as creanças e as pessoas que o não tiveram.

Depois de alguns incommodos geraes, sentimento de mau estar, apparecem dôr na garganta, tosse, vermelhidão dos olhos, espirros, rouquidão, como se o individuo se constipasse; febre, manchas no rosto, no pescoço, no peito, nos braços e nas pernas, semelhantes a mordeduras de pulgas. Os olhos choram, inflammam-se, podem apparecer pontadas, vomitos, diarrhéa. As manchas da pelle crescem, e depois vão desapparecendo, deixando uma descamação como de farelos finos. Recolher-se ao quarto e agasalhar-se regularmente, é o que deve fazer quem sentir os primeiros incommodos apontados. N'este caso dá-se ao doente chá quente de belgata, de tilia, de borragens, de casca de limão ou de laranja, sem se procurar provocar forte transpiração, excepto se a erupção de pelle tende a não fazer-se bem, ou desapparece repentinamente. Então conviria tomar chá bem quente e chamar o calor á pelle. Para bebida ordinaria, dê-se ao doente agua panada, fria, agua de milho, de gomma. Se ha appetite, coma-se gallinha e arroz, mandioca cozida. Não havendo vontade de comer, tomem-se caldos de gallinha, de tres em tres horas, sendo o caldo temperado com toucinho e sal commum. Se a tosse é pertinaz, se os vomitos são teimosos, se a diarrhéa é duradoura, se ha pontada e custa ao doente respirar, se elle expulsa escarros amarellados ou sanguineos, se deita sangue pelo nariz e está com falta de forças e tem delirio, procure-se logo o facultativo para tomar conhecimento particular do caso, porque estes symptomas mostram a gravidade da doença. Na convalescença deve haver bastante cuidado, porque descuidos fazem apparecer doenças de extrema gravidade, como são a phthisica, *inchações*, diarrhéas, que levam á sepultura. As inflammações dos olhos tratam-se nos primeiros dias lavando-os muitas vezes com agua tepida, para não deixar depositar matéria; depois recorra-se ao facultativo. Casa muito fechada, cheia de gente, e de trastes, sem receber bastante ar, faz com que o sarampo apresente mau caracter. Um meio termo é preciso observar : nem muito nem pouco ar na casa e no quarto, que deve ser arejado todos os dias. Nenhuma pessoa de visita deve estar mais de cinco minutos no quarto do doente.

(*Santo Antão*)

Dr Francisco F. Hopffer

DIALECTOS INDIGENAS

(*Guiné Portugueza*)

POESIA

MANDINGAS

Um dia lembrou-se uma serpente de se transformar n'um elegante mancebo, e foi pedir a mão de uma donzella, que teimava em não casar senão com aquelle a quem a natureza dispensasse a fatal necessidade das dejecções faceis e das secreções dos rins ; feito o exame, obteve a noiva, que levou para sua casa, mas de improviso as caravanas que iam passando ouvem uma voz, que se parecia com a de um naufrago á beira-mar:

Jilol-vóo jilol!
Jilol-vóo jilol!
Aiemdinaké-mum-ná jilol
Aielmãtã-sábáti, jilol
Sabá miniambá, jilol
Fachem-falá-óo um málon ;
Fachem-cummalá, um málon.

Traducção de verbo ad verbum — « Ó da caravana, ó da caravana! Digam lá a meus paes que o homem que me deixaram em casamento transformou-se n'uma serpente, que me traz ligada nas suas roscas ; não sei se me esmagará, não sei se me devorará. »

Cº Marcellino de Barros

Á SENHORA DO SAMEIRO

CORO

Virgem pura — do Sameiro
Lindo outeiro — em Portugal,
És o amparo — sempre nosso
N'esse vosso — pedestal.

Pura, santa — mãe querida
És da vida — bello abril,
Um sorriso — matutino
Sol divino — d'auras mil.

Branda brisa — vespertina
Peregrina — viração,
Vens encantos — semeando
No mais brando — doce som.

Perfumaste — nossos vales
Muitos males — longe vão,
Porque muitos — já descrente
Reverentes — hoje estão.

Nossas Casas — nossos lare
São altares — templos são,
Onde um povo — fiel se apinha
Da Rainha — de Sião.

Nossos montes — e ribeiras
São esteiras — d'esse amor,
Puro, terno — manso e brando
Que buscando — te vae, flôr.

Teus cantares — parbulinhos
Pastorinhos — sabem já,
E t'os cantam — as donzellas
Que mais bellas — temos cá.

E das harpas — mais sonoras
Tu melhoras — ar e tom,
E nas salas — mais selectas
Architectas — pavilhão.

És das almas — pura briza
Que alto visa — nos levar
Sobre as ondas — d'estes mares
Dos azares — um solar.

Quem nas magoas — fiel te invoca
Perto toca — na expansão;
Fogem magoas — penas, dôres,
Onde amores — vossos vão.

E na mente — quando assomas
Mil axiomas — vão de luz,
Que derramam — da esperança
Bella e mansa — graça a flux.

De quem ora — tu nos labios
Ternos, sabios — d'expressão
Pondes bellos — suaves, ternos,
Dos avernos — confusão.

Só tu guardas — nas donzellas
Prendas bellas — d'alto dom,
Que do mundo — não havidas
Mui queridas — de Deus são.

És da vida — toda inteira
A fagueira — viração,
Que nos levas — docemente
Na corrente — da adopção.

És da infancia — brando afago,
Luz e orago — do candor,
Da innocencia — protectora,
Sol e aurora — do pudor.

És ao joven — luz e alento
Um concento — celestial,

E teu nome — Mãe clemente,
Suave ambiente — virginal.

Dás nos dias — de bonança.
Temperança — no prazer,
Nos frequentes — do quebranto
Um encanto — de poder.

Entre as sombras — tenebrosas
Pavorosas — da paixão,
Teus sorrisos — Mãe querida,
D'outra vida — vida são.

És do adulto — que trabalha
A muralha — da honradez,
Ls do velho — já alquebrado
O cajado — camponez.

És da viuva — forte amparo
E preclaro — pavilhão,
Da orphãsinha — meigo enleio
Sem receio — d'oppressão.

És de todos — luz e vida
Mãe querida — puro amor,
És aurora — que nos levas
D'estas trevas — ao Senhor.

D'esse povo — bracarense
Ha quem pense – que és a Mãe,
Este novo — cancioneiro
Do Sameiro — abençoae.

(*Porto*)
    Dr. José Rodrigues Cosgaya.

CHARADA (Novissima). — Nº 16.

Trabalha e tem afflicção este homem — 2 —1.

(Loanda)
    ANTHERO DE CARVALHO MAGALHÃES

ELEMENTOS DE MUSICA

(EM VERSO)

Dedicados ás escolas da « Associação Escola, Esperança. »

Quem da Arte Musical
Deseja um pouco saber,
Sete cousas principaes
Só basta bem conhecer :

As Figuras e as Pausas,
A Pauta e Compasso vario,
As Claves e as Notas
E de Signaes um promptuario.

1ª Lição. — (*Figuras e Pausas*).

As Figuras sete são ;
Quatro tempos a mais farta,
Metade da precedente
Tem sempre a immediata :

A Semibreve e a Minima,
Seminima e a Colcheia,
A Semicolcheia, a Fusa,
Semifusa ; eis a teia.

Á metade do valor
Da figura ou ponto cresce
Um Ponto d'Augmentaçao,
Que adeante lh'apparece.

As figuras correspondem
Signaes d'egual duração ;
Indicam certo silencio
Nome de Pausas lhe dão.

2ª Lição. — (*Pauta*).

Sobre a Pauta escreverás
A musica não extensa ;
Que a Pauta tem *cinco linhas*
E quatro espaços é crença.

Se te não bastam as cinco
Supplementares terás :
Superiores, Inferiores ;
Assim tudo escreverás.

As linhas e os espaços
Da Pauta tu contarás
Sempre debaixo acima,
Que assim não errarás.

Assim os supplementares
Superiores ; pois de vario
Modo são os inferiores :
Seguem processo contrario.

3ª Lição. — (*Claves*).

Conhecido o precedente
Toma a chave do segredo,
Que te fará conhecer
As notas todas bem cedo.

Ha tres claves conhecidas :
De Sol, por jota indicado,
De Fa, que é uma virgula,
E de Dó, cifrão variado.

Assignam-se de ordinario
A de Sol na 2ª linha,
A de Fa na 4ª sempre,
A de Dó na 4ª e prima.

Por *dois pontos* é permeiada
A *linha* da assignatura,
E tem o *nome* da clave
N'aquella posta a figura.

4ª Lição. — *(Compassos)*.

Não estudes sem *compasso*,
De tempo certa medida,
Que na pauta tu verás
Por verticaes distinguida.

São *tres* os principaes
Que tempos diversos dão:
Mede quatro o Quaternario,
O Ternario tres, mais não.

Marca-se aquelle, batendo
Dois no chão e dois no ar;
Este, dois tambem no chão,
Um no ar para rimar.

Tem o Binario só *dois*:
Um no chão, outro no *ar*.
Sem attenção ao compasso,
Não se pode executar.

5ª Lição — *(Notas)*.

As Notas, signaes do som,
São sete, formam a *escala*:
Dó, Re, Mi, Fa, Sol, La, Si,
P'las quaes toda a Arte falla.

Esta *escala* é *ascendente*;
Pois se ella é invertida:
Si, La, Sol, Fa, Mi, Re, Dó,
Por *descendente* é tida.

As notas *reproduzindo*
Por sua ordem se vão,
A subir ou *a descer*,
Se o pede a composição.

6ª Lição. — (*Accidentes*).

Cresce *meio ponto* á nota
O Sustenido, ao contrario
O Bemól; mas o Bequadro
Lhe dá o seu valor primario.

Ha notas parvas, ligeiras,
Que tempo proprio não têm;
Chamam-se Apogituras
E só para graça vêm.

Um *grupo* de figuras similes
Por uma curva abraçadas,
Menos uma d'ellas vale
E Quialteras são chamadas.

Uma Curva sobre a nota
Suspende o som: (⁀) Caldeirão;
Outra sobre muitas, liga-lhes
O som: é a Ligação.

Um traço com dois pontinhos
A olhar para outro par,
Repetição é d'alli; (‖: :‖)
Da-Capo, é do começar.

Se na musica tu vires
Um F ou P, *forte* ou *piano*
(Com força ou suavemente)
Executarás ufano.

E se dois FF ou dois PP,
É fortissimo ou pianissimo;
Um Staccato, destacadamente;
Um Dulce, doce, suavissimo.

Andamento vagaroso
É Largo, e vae apressando
O Adagio ao Andante,
O Allegro ao Presto animado.

Muitas outras cousas ha
N'Arte bella musical;
A ti bastará, porém,
Este parvo cabedal.

Vide adiante, pag. 136, os
exemplos para cada lição.

(Cabo-Verde)

Antonio Maria
(Cabov.)

ARITHMOGRAMMA. — N° 13.

*(Offerecido ao meu Exmo amigo e camarada, capitão
Viriato Zeferino Passalaqua)*

Deusa da caça me chamam 1, 4, 9, 5, 7.
E por muitos sou querida;
Por mulher eu ter nascido 2, 3, 9, 5, 4, 7.
Em nympha fui convertida. 9, 8, 5, 7.

Minha sina é caminhar, 9, 5, 6, 7, 3.
Nas cidades e freguezias; 3, 2, 9.
No Japão sou adorado, 6, 7, 4, 3, 4.
Qual segundo Messias!

CONCEITO

Os caros filhos de Marte
Devem conhece-la mui bem,
Pois Roldão fez com ella
Prodigios aqui e alem.

(Loanda)

Anthero de Carvalho Magalhães

ELEMENTOS DE MUSICA

(EXEMPLIFICAÇÃO)

LIÇÃO 1.ª

(Figuras, pausas, tempos, ponto d'aug.)

Nomes	Figuras	Pausas	Tempos	Ponto de Augmentação	
				Figuras	Valores
Semibreve	o	1	4		
Minima		—	2		
Seminima		⌐	1	♩.	3
Colcheia		↱	1/2	♩..	3 ½
Semicolch			1/4		1 ½
Fusa			1/8		1 ¾
Semifusa			1/16		¾

LIÇÃO 2.ª (Pauta).

Supplementares ——— Superiores
Supp ——— Infer.

LIÇÃO 3.ª, 4.ª e 6.ª

Claves (3ª)		Compassos (4ª)		Accidentes (6ª)	
De Sol	𝄞:	Quaternario	**C**	Sustenido	♯
De Fá	𝄢:	Ternario	3/4	Bemól	♭
De Dó	𝄡:	Binario	2/4	Bequadro	♮

Antonio Maria
(Cabov.)

ARITHMOGRAMMA. — N°14

(Para aprendizes)

Offerecido ao meu amigo A. A. da Costa Mortagoa

ESTARREJA

Desde novo, tenro infante, 1, 2, 1, 2
Da bôa gente apartado, 3, 2, 4
Abraçou sempre a mentira, 2, 3, 3, 4
E pelo céo estremado... 1, 4, 2

Fói um monstro de fereza,
Nunca até hoje imitado.

Moçambique, Janeiro de 1895.

Manuel d'Almeida

CRYPTOGRAPHIA

A CIFRA DE 9 ALGARISMOS

Cada algarismo representa as tres lettras da quadricula, sobrepondo-se um ponto para a 2.ª e dois para a 3.ª lettra. Era usado por Sir Thomas Roe, embaixador de Carlos I, de Inglaterra, na Turquia, cêrca de 1630. É nullo o algarismo 1.

a. b. c.	d. e. f.	g. h. i.
3	7	2.
k. l. m.	n. o. p.	q. r. s.
5	9	4
t. u. w.	x. y. z.	o. o. o.
6	8	1

Para decifrar:

5̇ 2̈ 1 4̈ 3̇ 9̇ 3, 9̈ 9̇ 4 6 6̇ 2 1̇ 3 1 5̇

(*S. Nicolau de Cabo-Verde*)

Ed. Ch. St. Aubyn (Inglez)

PANTANOS

(Instrucções hygienicas que se devem observar no enxugamento de pantanos)

1º O trabalho deve começar uma hora depois de nascer o sol e acabar logo ao sol posto.

2º O trabalhador deve almoçar antes de ir para o serviço e no seu almoço bom será que entre café com uma pequena porção de aguardente (uma onça ou trinta grammas).

3º A comida melhor é a de carne fresca de vacca ou porco, pão, milho, mandioca.

4º Emquanto durar o trabalho no pantano a alimentação deve ser mais larga e o uso do café e vinho abundante.

5º Nas comidas entrará bastante sal e sumo de limão, assim como outros temperos. A laranja é muito conveniente.

6º Nas horas de mais calor o trabalhador tomará uma limonada de limão ou vinagre com uma onça (trinta grammas) de aguardente.

7º O trabalhador andará com o corpo mais resguardado e com vestuario branco e terá muito asseio.

8º Uma hora depois de se largar o serviço, tomar-se-ha um banho de mar, de pouca duração (cinco minutos), no qual se nadará, e depois de enxuto o corpo se fará uma pequena caminhada de meia hora.

9º O trabalhador não dormirá com o fato que teve no corpo durante o dia, e pela noite recolher-se-ha cedo e cobrir-se-ha com cobertor de lã.

10º Nas horas de descanço não se deitará sobre a terra nem nas proximidades do pantano.

11º Quando haja sêde, beba-se agua com aguardente, ou sumo de limão ou vinagre.

12º O tabaco de fumo e o de mascar podem-se usar nas horas do trabalho.

13º Os que poderem tomar oito grãos (quatro decigrammas) de sulphato de quinino por dia, emquanto durar o trabalho, correrão menos risco de adoecerem.

14º Ao mais ligeiro incommodo com nauseas, dôres de cabeça, fraqueza, deve-se recorrer ao medico.

15º As pessoas, que tenham de visitar ou inspeccionar os logares pantanosos, devem alli comparecer emquanto o sol esteja alto, vestidas de lã branca, com chapeu de palha, tapa-pescoço e chapeu de sol brancos.

16º Todo o excesso que tenda a diminuir as forças e a debilitar o organismo deve ser cautelosamente evitado emquanto se está empregado em trabalho de pantanos.

D^r. Francisco Frederico Hopffer.

A GRANDEZA DE DEUS

Quer bafeje o brando zephiro
A folha do arvoredo;
Quer bata a onda alterada
Da praia contra o rochedo;

Quer adeje a mariposa
Sobre o vaso do balcão;
Quer no ar estale o raio
Soltando rouco trovão;

Quer cortejada d'estrellas
A lua brilhe no ceu;
Quer o sol traga encoberto
O rosto com denso veu;

Quer no Bosque a philomela
Gorgeie doces trinados;
Quer sibile horridos silvos
A serpente nos silvados;

Quer corra a vela ligeira
Ao sopro da viração;
Quer caia o cedro arrancado
Pelo braço do tufão;

Quer seja verão, quer invérno ;
Quer faça frio, ou calor ;
Quer chova, quer faça sol ;
Quer seja espinho, ou flôr ;

Quer tempestade, ou bonança ;
Quer tristeza, ou alegria ;
Quer treva, quer luz clara ;
Quer noite seja, quer dia ;

Em todo, meu Deus, em todo
O livro da natureza
Eu leio distinctamente
Vosso poder e grandeza.

ABBADE DE BEIRIZ.

O HYPOCONDRIACO

(por luxo e pela ociosidade)

O doente é um homem perfeitamente habilitado para analysar as sensações e explica-las com toda a exactidão. Como a maior parte dos hypocondriacos da sua classe, é rico, e a sua principal occupação tem sido em compôr uma vida agradavel e quieta. Por se subtrahir ao peso d'uma familia, ás obrigações que impõe a educação dos filhos, nunca quiz casar ; para ter o menos cuidado possivel com a administração dos seus bens, desfez-se de todas as propriedades e empregou o dinheiro em titulos de divida publica nos differentes paizes, que lhe offereciam maior segurança ; para se não dar ao incommodo de dirigir os arranjos domesticos, tem habitado quasi sempre em casas preparadas de tudo, indo comer aos restaurantes. Completamente senhor das suas acções, poderia viajar, e a sua curiosidade leva-lo-ia pelo menos a visitar as cidades capitaes da Europa ; mas a viagem, por mais commoda que seja, sempre fatiga, e depois nem sempre ha certeza de encontrar um bom quarto e uma bôa cama.

Tem a intelligencia muito culta, juizo atilado, excellente coração; mas, como o que elle mais estima n'este mundo é o seu socego, trata com muito cuidado de nunca implicar nas suas acções e affectos com coisa alguma que possa inquieta-lo ou mesmo commove-lo. A sua regra politica é approvar todos os governos e consentir em tudo quanto queiram fazer os governantes, não se lhe dando que haja servos como na Russia ou escravos como na Turquia... Eu podia ainda contar outras particularidades; mas já disse bastante.

Vê-se bem que nada lhe merece attenção senão o seu descanço; vejamos aonde o amor do descanço o levou.

Não tem relações com ninguem fóra da sua casa; e mesmo em casa trata com poucos. Acontece-lhe estar seis mezes sem sahir; quando sáe é sempre de carruagem e acompanhado de pessoa que o possa soccorrer em qualquer coisa que haja. Durante o passeio, quasi nunca se apeia da carruagem, e, quando o faz, é sem largar o braço da pessoa que o acompanha. Não se anima a atravessar uma praça nem uma ponte.

Quando está n'uma praça, parece-lhe estar no meio do deserto, onde precisa de tudo e tudo lhe falta.

Como não tem nada que lhe dôa realmente, acha causas de soffrimento nas suas proprias sensações e quer evita-las; em vez de resistir e combater, foge. A primeira impressão causada pelo frio é custosa; pois, para não luctar, vestiu mais roupa. Passado pouco, a mais pequena frescura do ar parecendo-lhe tão insupportavel como o frio, valeu-se contra ella do mesmo preservativo. Depois, com o medo de se resfriar, deixou-se andar tão vestido no verão como no inverno. A sociedade impunha deveres, pelo menos, os de cortezia; por isso deixou a sociedade e fechou-se no seu quarto, d'onde quasi nunca sáe.

Mettido n'um quarto, o homem d'intelligencia culta pode instruir-se mais ou distrahir-se com alguma occupação sedentaria; mas, como o trabalho, a leitura, exigem attenção e a attenção requer actividade, deixou-se ficar ocioso.

Que havia de então fazer, senão, depois de aborrecido, dormir... Quando está acordado, para que a luz lhe não magôe os olhos, deixa apenas entrar uma meia claridade.

O despir-se custa; ao principio só se despia muito tarde, depois começou a dormir vestido e agora nem se deita.

Está dia e noite sem se mexer, sentado n'uma poltrona,

com o cotovello sobre uma mesa e os pés n'uma almofada. No emtanto come, porque a isso é obrigado, mas a horas irregulares, pois ninguem ha de ir importuna-lo emquanto dorme. Quando pede de comer, hão de trazer-lh'o logo, ainda que seja alta noite.

É impossivel achar expressões que expliquem bem os seus tormentos... Entre elle e o mundo ha uma barreira de bronze ; está um esqueleto ; a cabeça é um montão d'ossos ; já não sabe distinguir os cheiros ; a comida não tem sabor ; respira como um folle ; quando anda, as pernas parecem-lhe d'algodão ; quando repousa, tudo o molesta, a cadeira, a mesa, a almofada, as roupas ; quando quer dormir, apenas consegue um meio somno, durante o qual a sua doença augmenta e afflige-o ; cada dia traz-lhe novo tormento ; é como um vaso que se vae enchendo gotta a gotta e cada gotta uma torrente de males... É incrivel, mas ninguem o pode contradizer.

Deve acabar d'uma morte horrivel... Não o atormentem mais, deixem-no em paz...

Para se curar... tem consultado varios somnambulos, encaixou na cabeça um barrete de taetá encerado, tomou remedios homeopathicos e um banho egypcio ; consentiu que o esfregassem com a escova electrica...

Dr Leuret

CHARADA. — N° 17

(Em quadro)

Ao amigo Antonio Maria de Mattos.

Estarreja

Vês um bicho muito feio
N'este reino oriental ;
Bicho que talvez estimes
Com affecto sem egual.

Moçambique, Janeiro de 1895.

Manuel d'Almeida

ANAGRAMMA N° 3.

A meus paes, Miguel A.
Carvalho e D. Carolina Carvalho.

(Nomes de todos os meus irmãos e de meus paes)

José **M**iguel Carvalho
Antonio M**I**guel Carvalho
Quirino Mi**G**uel Carvalho
Luiz Mig**U**el Carvalho
Julio Migu**E**l Carvalho
João Migue**L** Carvalho

Guilherme M. C**A.** rvalho.

Carolina **C** arvalho
Anna I. C**A** rvalho
Josephina Ca**R** valho
Julia Car**V** alho
Maria Carv**A** lho
Virginia Carva**L** ho
Anna Carval**H** o
Anna B. Carvalh**O**

(*l. da Boa-Vista*)

Julio d'E. Carvalho
(Caboverd.)

DESCIDA DA CRUZ

Depois da morte de Jesus, um soldado, vendo que isto era facto, atravessou-lhe o lado com a lança, e saiu sangue e agua.

Vieram dois discipulos occultos, despregaram o corpo de Jesus, envolveram-no em um lençol de linho, e pozeram-no em um sepulchro talhado de novo na rocha, e o fecharam com uma grande pedra.

No dia seguinte os principes dos sacerdotes e phariseus vieram ter com Pilatos e lhe disseram : « Manda guardar bem o sepulchro ».

Pilatos deu-lhes a ordem que desejavam, e elles sellaram o monumento e lhe pozeram guardas.

ARITHMOGRAMMA. — N° 13.

(*Ao meu bom Maninho Athanasio B. Spencer*)

Foi aqui n'este monte   1,2,10,10,6,3,6
Q'este par'cer tomei   5,4,3,1,6,10,8,11
Dei logo a moeda   7,6,1,9
A quem, com ancia, amei.

CONCEITO

É d'utilidade
Esta Divindade.

Africa occidental-M. B.

Maninho
(*Caboverdean*

PATRIARCHAS

ANTE-DILUVIANOS

1º	Adam,	nasc. em	4963,	morto em	4033.
2º	Seth,	» »	4834,	» »	3934.
3º	Enos,	» »	4729,	» »	3824.
4º	Caïnan,	» »	4639,	» »	3729.
5º	Malaléel,	» »	4569,	» »	3674.
6º	Jared,	» »	4504,	» »	3542.
7º	Hénoch,	« »	4342,	» »	3978.
8º	Mathusalem,	» »	4277,	» »	3308.
9º	Lamech,	» »	4096,	» »	3313.
10º	Noé,	» »	3908,	» »	2958.

F. Santos

ARITHMOGRAMMA. — Nº 14.

(A José Joaquim Vaz)

Habitantes do Brazil,   1, 2, 3, 4, 10, 5
N'este rio encontrei;   10, 2, 3, 9, 1
E o filho de Benjamim, 1, 8, 10, 3, 1
P'la cidade passeei.   10, 7, 3, 6, 5

CONCEITO

Oh, seu Zé, grite á vontade,
Que em nada me convence;
Querer Vossê ter uma coisa
Que sómente a Deus pertence!

Ilha de S. Thiago.

A. E. F. de M.

RECEITA

(para golas, chapeus e carapuças.)

Todo aquelle amanuense de secretaria de *estado*, embora não tenha tomado *estado*, que tenha em mau *estado* a gola da casaca, fraque, ou quinzena, tira-lhe o sebo pelo seguinte processo simples e economico : — Pega em 10 réis de sabão amarello do mais negro, molha-o n'uma gotta de agua fria, e besunta a sua gola a ponto do sabão ficar escarrapachado na dita gola, e reduzido a uma especie de cerol derretido; depois mette a gola n'um alguidar sêcco; deita-lhe em cima agua a ferver em cachão (e cautella com algum escaldão!), depois esfrega a gola até se desensebar, põe-na ao sol, e passa-lhe um ferro de engommar. Fica obra! — Em muitos bailes do club, em mil casamentos, milhões de enterros, e centenares de baptisados, tenho eu visto muitos conselheiros, que nunca dão conselhos, com casacas com golas que teem soffrido estas *extracções-sebentinas* por varias e repetidas vezes.

Luiz d'ARAUJO

* * *

A imprensa de Berlim noticia a *descoberta* realisada pelo professor Dinde, de Munich, que conseguiu liquefazer o ar atmospherico á temperatura de 191 graus abaixo de zero. O ar liquido tem um aspecto leitoso e pela decantação toma uma côr azulada.

O imperador e a imperatriz da Allemanha, que mostram grande interesse pelos progressos scientificos, visitaram o laboratorio do doutor Dinde, que repetiu em sua presença e na de numeroso publico a notavel experiencia.

O imperador Guilherme concedeu uma das mais apreciadas condecorações ao professor Dinde, que se propoz começar novas experiencias para vêr se consegue chegar a solidificar o ar.

EGLOGA

(*Ao Natal*

Já da paz o dia
Nos amanheceu;
Já o Sol Divino,
Pastores, nasceu.

No valle, e no monte
O lyrio mimoso
Junto da corrente
Não ha mais formoso.

Nem mais crystallina
Ha na primavera
A fronte, em que a luz
Do sol reverbera.

Ao vêr vosso rosto
Tão puro, e perfeito,
Sinto de alegria
Rir alma no peito.

Correr a ternura
Sinto nas entranhas,
Qual gelo desfeito
Das altas montanhas

Já nos ferteis campos
Colhereis, pastores,
Dos proprios abrolhos
Fructos e mais flores.

No mais frio inverno
As vaccas darão
Abundante leite
Como no verão.

Já mais não veremos
Affogar as cheias,
As nascentes searas,
As doces colmeias!

Nem já nascerão
Co'a relva nos prados
As hervas damnosas,
Que matam os gados.

Livres estes campos
Veremos da inveja,
Que traz a innocencia
Em dura peleja.

Livres estes ares
Veremos da ira,
Que a horrenda discordia
Raivosa respira.

Meu Deus, meu menino,
Meu Rei, meu Senhor,
Que hoje estaes tão pobre
Pelo nosso amor...
. . . .

(Portugal)

DOMINGOS DOS REIS QUITA

CHARADA. — N° 18.

Se fôres para alem, 1
N'uma fugida, leitor, 2
O homem que aqui tem
Um medroso... um desertor.

THIAGO NOGUEIRA

Cascatinha — Rio-de-Janeiro — Brazil.

ARITHMOGRAMMA. — N° 16.

(A meu mano Antonio)

« Ouves? Rija celeuma aos ares sobe... 7, 15, 8, 4, 5.
. . . .
— Terra, terra! bradou gageiro álerta. 3, 2, 6, 2.
— Terra! echôa confusa vozeria 12, 2, 15, 14, 2.
Da maritima turba : oh! voz querida, 12, 5, 4, 15, 8, 13.
Doce aurora de goso e de esperança 10, 16, 11.
Ao coração do nauta enfraquecido, 7, 17, 3, 14, 2.
Do alquebrado sequioso passageiro, 6, 13, 3, 3, 2.
Que a esposa, os filhos, ou talvez a amante, 6, 9, 15.
N'essa voz doce e grata lhe alvejaram. 4, 15, 8, 1, 17, 10, 2.
. . . .

    Saudade! gosto amargo de infelizes,
    Delicioso pungir de acerbo espinho,
    Que me estás repassando o intimo peito
    Com dôr que os seios d'alma dilacera... »

(Moçambique, Janeiro de 1895)

                              Manuel d'Almeida

CHARADA (em losango). — N° 19.

    É consoante a primeira,
    Planta e bebida a segunda,
    A quarta d'esta maneira
    Nos almanachs abunda.

    Na quinta tens avareza,
    Insignia na terceira,
    Sexta é suffixo com certeza,
    E vogal é a derradeira.

(Loanda)

                    « Club africano »

A ROSA DE JERICÓ

Embora seja um exemplar raro a *Kef Meryam* (flôr de Maria), como os arabes praticamente lhe chamam, é um verdadeiro prodigio. Cresce nas terras do Oriente, dando-se indifferentemente nos valles da Palestina e nas arenosas planicies do Egypto.

E tambem conhecida vulgarmente pelo nome de *Rosa de Jericó*, e não é raro encontrar-se em Paris grande quantidade de flôres com esse mesmo nome, mas sem razão alguma que o justifique.

A *Kef Meryam* tem umas folhas pardas e melancolicas, e ao centro uma debil haste, carregada de formosos botões.

Depois do seu florescimento, a haste dobra, as pétalas desprendem-se e cahem; mas na haste conserva-se madura a semente.

Quando está madura, é recebida pelo sólo, que a faz fecundar, resultado que se obtem facilmente, se as chuvas prepararam convenientemente a terra; ao contrario, se a estiagem se prolonga e o sol é abrasador, a *anastalica* não deixa cahir a semente sobre o sólo candente.

Esta planta, destinada a reproduzir-se por si mesma, tem alguma cousa do instincto da mãe pelos filhos, e defende-os da morte, não deixando cahir os grãos de semente; mas, volvendo a haste em direcção ao sol e unindo as extremidades sêccas, cobre com ellas a semente e protege-a da acção abrasadora do sol. O aspecto da flôr n'este estado é o de uma planta morta, quando rigorosamente ella só espera a occasião de derramar sobre a terra o pollen vivificador.

Porém, se com o andar do tempo a calmaria não diminuir, produz-se então um facto que poderiamos classificar de milagroso : as extremidades sêccas da haste deixam-se arrebatar pelo ar, levando comsigo a semente que ha de fructificar em terrenos mais proprios. Assim, a semente da flôr desabrochada nas margens do Euphrates, foge com os átomos do vento para os calcinados areaes da Arabia.

A AMIZADE

*Amigo verdadeiro,
Tu vales mais do que o universo inteiro.*

(*Nicolau Tolentino*)

Amizade, excelso nume,
Grato lume, puro e santo,
Vou na lyra bemdizer-te,
N'ella erguer-te ingenuo canto.

Este hymno que te dedico,
Não é rico de expressão:
Pois que em poeta humilde e pobre
Não ha nobre inspiração.

Mas é do peito o que sinto,
N'elle pinto sem fingir:
Nunca a ascorosa mentira
Deve a lyra prostituir.

Ser o poeta não devia
Co'a harmonia adulador;
Nunca manchar c'o fel da alma
Verde palma o trovador.

Cá na terra, que póde egualar-se,
Comparar-se c'o amigo perfeito?
Nada sei que mereça no mundo
Tão profundo, sublime respeito!

De que servem thesouros, grandeza,
Se a riqueza se vae n'um momento,
Se não torna a ventura perdida,
Nem da vida mitiga o tormento?

Poder, gloria que importa? O valido,
Descahido do regio favor,
Quanta vez sente amarga ruina,
E termina da turba ao furor?!

E que valem carinhos de amante?
Ser constante, extremosa, vos jura;
Mas, em breve, eis a crença perdida...
Fementida, seus votos perjura!

Mas o amigo... o valor que elle encerra!
É na terra qual anjo do ceu;
Nos revezes do cruel fado esquivo,
Lenitivo Deus n'elle nos deu.

Se soffremos, comnosco elle sente,
É contente, se alegres nos vê;
Por salvar-nos, arrosta o perigo;
O inimigo que é nosso, d'elle é.

Se a indigencia, c'o braço encarnado,
Malfadado nos torna o existir,
Onde o amigo, por pouco que tenha,
Que o não venha comnosco partir?

A molestia, com pallida fronte,
Nos aponte da vida o final;
A raivosa, terrífica morte
Duro corte prepare fatal:

Quem, afflicto, quem triste no aspeito,
Junto ao leito de dôres está?
Quem no pranto só penas exprime,
Quem sublime consolo nos dá?

Se, da angustia entre a garra inhumana,
Dôr insana nos fere e atormenta,
É do amigo o fallar suave e brando,
Que adoçando essa dôr, nos alenta.

Mui distante da patria, o exilado
Que anciado viver lá não passa!
Oh! mas quasi não sente o castigo,
Caro amigo se acaso elle abraça!

Com procella, com mar formidavel,
Miseravel navio combata;
Lasso nauta, por barbara sorte,
Veja a morte, que o abysmo retrata :

Se esse nauta possuir um amigo,
O perigo affrontou resignado;
Se furioso a traga-lo o mar corre,
Feliz morre c'o amigo abraçado...

Amizade! sem ti o universo
Fôra immerso na dôr, na tristeza!
És presente de Deus á creatura,
Tens candura dos céos e belleza!

Eis, pintada em verso rude,
A virtude da amizade :
Do seio no mais occulto
Presto culto a tal deidade.

Podem outros vãs riquezas,
Mil grandezas cubiçar;
Descer a cavernas feias,
Aureas veias arrancar;

Ao vento as velas soltando,
Ir sulcando o mar iroso;
Buscar a gemma brilhante,
O diamante precioso :

Eu não! que nas delicias da amizade
   Tenho maior thesouro;
Mais fino que o diamante em qualidade,
   Mais valioso que ouro.

(Portugal)   A. MOREIRA BELLO

S. Nicolau (Ribeira Brava) « Basbaque »

O DECALOGO DE LYNNEU

Na bibliotheca da universidade de Upsal existe um manuscripto do celebre naturalista Lynneu, o qual em 1840 foi encontrado na livraria do doutor Oerell. Intitula-se o manuscripto *Nemesis divina*, e é uma collecção de conselhos dados por Lynneu a seu filho. D'elle extrahimos o seguinte decalogo.

1. Crêr firmemente, pelo que ensina o espectaculo da natureza, assim como a experiencia, em um Deus, que creou, conserva e governa o mundo, que vê, ouve e sabe tudo e deante do qual tu estás sempre.

2. Nunca tomes a Deus por testemunha n'uma causa injusta.

3. Considera os designios de Deus na creação. Pensa que Deus te conserva e te guia todos os dias, e que todo o mal é todo o bem deriva de sua santa lei.

4. Não sejas ingrato, para que vivas muito tempo sobre a terra.

5. Abstem-te de matar. A falta, cujos vestigios não podem ser apagados, não pode ser perdoada. O assassinato só é reparavel pelo assassinato...

6. Respeita a mulher. E tu, ó mulher, não traias o coração do homem.

7. Repelle o lucro illicito.

8. Sê homem honrado e de palavra, e todos te amarão.

9. Não prepares ciladas ao teu proximo, pois teme cahir n'ellas.

10. Não procures fundar a tua felicidade sobre vis intrigas.

LONGEVIDADE HUMANA

São muito numerosos os casos de longevidade de que a historia tem conservado memoria.

Segundo a Biblia, os individuos cuja vida foi mais longa são : Adão 930 annos, Seth 912, Enos 905, Caïnan 119, Malaléel 895, Jared 962, Hénoch 965, Mathusalem 960, Lamech 777, Noé 950. Depois do diluvio encontramos ainda os seguintes factos de longevidade : Sem 600 annos, Arfáxat 338, Salé 443, Héber 464, Faleg 239, Reu 239 Sarug 230, Nóchor 143, Tharé 203, Abrahão 275, Sára 127, Isaac 180, Ismael 137, Jacob 247, José 110, Job 217, Amarão 137, Moysés 128, e Aarão 110.

Os historiadores profanos ministram tambem numero bastante grande de vidas humanas que se teem prolongado além dos limites ordinarios, (hoje).

Citaremos :

Epiménides de Creta 157 annos, Hypócrates 104, Orbilius 100, Eufanôr 100, Demonax 100, Cabiano 144 (alguns autores dão-lhe 70 annos de vida, apenas), Eginis 200, Demócrito 104, Solon, Thales e Pitacus 100, Ctesibius 184, Sophocles 130, Socrates (orador) 106, Georgias 108, Asclepíades (morto d'uma queda) 150, Goesé (rei da Arabia) 115, Tuisco (primeiro rei dos germanicos) 137, Daddon (rei de Illyria) 500, um rei do Inelo 600, e seu filho 800, Cymras (rei de Chypre) 100, Arganhonius (rei de Hespanha) 150.

Plinio cita o musico Jenofilo de edade de 130 annos e que não apparentava ter 50. Conta tambem que na India oriental existem povos entre os quaes se vive mais de 400 annos, porque só se alimentam de viboras, reptil que tem a propriedade de alongar a vida!...

Plinio cita tambem alguns casos de macrobia entre as mulheres :

Terencia, filha de Cicero, 103 annos; Claudia, que teve vinte e cinco filhos, 115; Galena e Embodaria 104; Semmula 110, Luceya, uma comica, aos 100 annos fazia-se applaudir pelas plateias. Onesicrito, historiador de Alexandre, refere que na India ha homens de seis pés e meio de altura que vivem 130 annos. Emfim, Suetonio e Plinio tomaram d'um censo da Italia estes casos de longevidade : de 110 annos, 63 homens; de 120, 4; de 125, 2; de 130,4; de 135, 4; de 140, 3.

A China ministra tambem seu contingente no primeiro periodo (antes do diluvio) e em principios do segundo :

Telli, 2.952 annos antes da nossa era, reinou 115 annos; Xinung, 2.837 annos antes da nossa era, inventor da medicina e da agricultura, reinou 140 annos; Hoant, 2697 annos antes da nossa era, reinou 110 annos.

O rei de Thebas, Apafus, reinou 100 annos; Phiops,

que aos seis annos era rei de Memphis, tambem reinou 100 annos; Antiocho VI, chamado Epityno, morreu com a edade de 149 annos. Segundo Homero, Nestor, filho de Nelus e de Cloris, tinha 300 annos quando rebentou a guerra de Troya.

Segundo Phlegon, a sybilla Erithêa viveu 1.000 annos; e a sybilla de Samos 500; Matathias, um dos Machabeus, viveu 146 annos; S. João Evangelista 100; Simeão Cleofas, successor de S. Thiago, segundo bispo de Jerusalem, foi crucificado na edade de 120 annos; Narciso, terceiro bispo de Jerusalem, morreu com 166 annos; David, bispo de Inglaterra, morreu com 170 annos; Osus, bispo de Tongres, sagrado aos 297 annos, morreu com 375; S. Kanigern 185 annos; S. Paulo, o anachoreta, 113 annos; Cronius, companheiro de S. Paulo, 125 annos; Santo Antonio, 105 annos; Attila morreu com 124; Siast, principe da Polonia, viveu 120; Chevreuil, o grande chimico francez, morto em 1889, viveu 103 annos.

ENIGMA. — N° 11.

Vêde o nome de uma lettra
Do alphabeto portuguez,
Acrescentae a esse nome
Uma lettra, e achareis
O nome de uma mulher
Da Escriptura. Conheceis?

Formosa filha do Egypto,
Com seu filho abandonada...
O filho a morrer de sede;
Ella a morrer de cançada...
Ambos já desfallecidos,
Foram por Deus protegidos.

S. Bento. Maranhão.

João Miguel da Cruz

O CENTENARIO DO CARVÃO DE PEDRA

Os jornaes belgas propozeram que se festejasse o setimo centenario do aproveitamento do carvão de pedra, affirmando que um tal Hulhoz, de Liège, descobrira em 1197 as propriedades do precioso mineral.

Na realidade, este era conhecido desde remotas eras. O naturalista Theophrasto refere-se no terceiro seculo antes de Christo ao *lithantrax*, carvão de pedra do qual se serviam os ferreiros gregos.

Encontramos a hulha mencionada em varios documentos da Edade média. Em 833 era empregada na Inglaterra para usos domesticos. Todavia foi em, 1340 que alguns industriaes inglezes obtiveram licença de queimar carvão de pedra, que era reputado insalubre. No seculo XIII havia já no principado de Liège varias explorações hulheiras; já no fim do seculo XI os campónezes belgas conheciam as propriedades do carvão mineral. Em França ha vestigios do seu emprego desde o seculo XIII.

PAPEL PINTADO

Ha apenas um seculo que se começou a fabricar na Europa o *papel pintado*.

Anteriormente, quando se construiam palacios ou alcaçares, forravam-se as paredes dos seus grandes salões com telas ordinarias, sedas, couros lisos ou estampados, madeiras, etc.

Os chinezes foram os primeiros que ha muitos seculos empregaram para forrar as paredes papeis pintados, e de ali se exportou tão notavel melhoramento na ornamentação aos povos do continente europeu, sendo tal o desenvolvimento d'esta util applicação que actualmente se executam verdadeiras maravilhas sobre papeis pintados.

Com effeito, imitam-se as madeiras mais formosas, as telas mais ricas e reproduzem-se os quadros de maior gosto e merito.

SALTO DE CAVALLO

OFFERECIDO AO ILLUSTRADO DIRECTOR D'ESTE
« ALMANACH »

so	ch	no 16	ci
so	pre	na	al
fri	ma	lu	a
sal 1	o	ca	ve

(Começa na casa 1 e termina na casa 16)
(*Moçambique*)   L. DA FONSECA

~~~~~~~~~

PROSODIA PORTUGUEZA

Havendo nas Colonias portuguezas muito descuido na leitura e pronuncia das palavras, por ignorancia theorica e pratica das regras que hoje regem a prosodia portugueza baseada no modo de fallar na capital do Reino, ou entre Lisboa e Coimbra, conforme ao ensino das escolas normaes e como explicão os melhores mestres da nossa lingua, taes como os distinctos grammaticos, Srs. Epiphanio e Claudino Dias e o profundo glottologo Sr. Adolpho Coelho, nas suas obras escolares; o erudito romanista Sr. Gonçalves Vianna, no seu importantissimo trabalho, a « *Pronuncia normal portugueza* », e o eminente philologo e ethnographo Sr. Dr. J. Leite de Vasconcellos, na sua interessante e curiosa « *Revista lusitana* » —; não será inutil archivar n'este livrinho de propaganda de instrucção popular algumas regras fundamentaes da prosodia portugueza, segundo o nosso *Methodo normal portuguez*, para o estudo da leitura elementar.

Nas Colonias, onde raro se ouve o bom portuguez, em casa, na sociedade e nas escolas, mas ordinariamente só o criôlo, ou o dialecto colonial, mais ou menos correcto, não se póde adquirir bôa pronuncia sem o exercicio constante da leitura, que deve começar verdadeira na escola primaria, como base do estudo da lingua portugueza, tornando-se indispensavel, portanto, o conhecimento theorico da pronuncia da capital que deve servir de lei phonetica nacional. Por isso, comecemos este rapido estudo pelo conhecimento dos valores das lettras, sem o que não póde ser correcta a leitura e, por conseguinte, a falla.

I

Do valor absoluto, ou normal, das lettras

As vogáes e as lettras, em geral, teem dois valôres: um *absoluto*, ou independente, e por isso *normal;* e outro *relativo*, ou dependente de signáes auxiliáres (accidentes phonéticos), — ou da posição da lêttra na syllaba e na palávra, — ou da influencia do accento tónico ou *icto*.

Valor absoluto. — É o valôr primitivo, natural, médio ou ordinariamente sensivel da lêttra, produzido sem grande esfôrço pelos órgãos da vóz. É o valor independente de quaesquér signáes auxiliáres, ou diacriticos, — independente do logar ou da posição da lêttra na syllaba e na palávra, — e independente da influencia do accento tónico. É, pois, o fundamento, o typo, a régra que sérve de ponto de partida no conhecimento methódico dos valôres das lêttras, cabendo-lhe com razão a denominação de *normal*, que ordinariamente se diz *fechado* (mas impropriamente por não haver em portuguêz vóz que se profira com bôcca fecháda).

O valôr *normal* não precisa de diacritico (signal differencial para o distinguir) por servir de nórma, régra, ou unidade fundamental dos divérsos valôres das lêttras. Nada óbsta porem a que seja indicado pelo accento circumfléxo (^), que nêste caso chamarêmos *normal*, como se costuma fazêr para as vózes *fechadas*, para maiór clarêsa lexicológica ou phonética. Posto isto, passêmos á exposição do

VALOR NORMAL DAS LETTRAS

Os *phonemas*, ou sons da fálla, são 34 e dividem-se em dois grupos principaes : vózes e infléxões ; e éstas subdividem-se em quatro classes : *vozeios, bafejos, líquidos* e *módos*.

Vejâmos agóra o *valôr normal* das lêttras que representão todas estas classes de phonêmas :

1º. — Vózes (5) **â, ê, i** (y), **ô, u,** como em *âma, éu, ida, ôdre, uso*.

2º. — Infléxões (18) : *a)* — Vozeios (4) : palatal **j...,** como em *jejum* ; labial **v...,** como em *viva* ; dental **z...,** como em *zumzum* ; guttural **rr...,** como em carro.

b). — Bafejos .(3) : labial **f...,** como em *fofo* ; dental **s...,** como em *seu* ; palatal **x...,** como em *xéxé*.

c). — Líquidos (3) : lingual **r,** como em *arár* ; palatal **l,** como em *leal*; mixto ou molhado **lh** (= li), como em lhano (liano).

d) — Módos (8) : — labiáes (3) : — **b** (bĕ), como em *bĕbĕdor* ; **m'** (mĕ), como em *mĕlão*; **p'** (pĕ), como em *pĕdir* ; — dentáes (3) : — **d'** (dĕ), como em *dĕdal*; **n'** (nĕ), como em *nĕgrão*; **t'** (tĕ), como em tlim ; — gutturáes (2) : — **g'** (gh'), como em *gago*; — **c'** (q, k), como em *coco*.

Têmos, portanto, 23 phonêmas normáes : 5 vózes e 18 infléxões normáes. Pronunciarêmos, pois, o valôr normal das lêttras do alphabéto, por sua ordem usual, do módo seguinte, ajuntando aos modos um **e** muito surdo (= ĕ).

ALPHABÉTO NORMAL

a (â e não á) ; **b** (bĕ) ; **c** (q' e não ç, que é accidentado, ou accidental : *ce, ci*) ; **d** (dĕ) ; **e** (*ê* e não *é*) ; **f** (f...., um sopro, e não éfe) ; **g** (gh', e não jê, que pertence a **j**) ; **k** (q', e não cá) ; **l** (lĕ, e não éle); **m** (mĕ, e não éme); **n** (nĕ, e não éne) ; **o** (ó e não ó) ; **p** (pĕ) ; **q'** ; **r** ('rĕ, liquido fraco, com a ponta da lingua e não érre); **rr** (rr... vozeio na garganta, um gargarejo, um ronco, e não érre dobrado) ; **s** (ç... e não ésse) ; **t** (tĕ) ; **u** ; **v** (v... vozeio labial prolongado) ; **x** (ch, e não xis) ; **y** (simplesmente i, e não i grego ou ypsilon) ; **z** (vozeio dental prolongado). **H.** — Consideraremos o h como simples signal auxiliar e não como lêttra, dando-lhe o seu nôme usual. É um accidente que modifica o valôr normal; não pertênce, portanto, á sécção do valôr normal, que não tem.

A. DA C.

~~~~~~~~~~

UMA ECONOMIA IMPORTANTE...

Partiu de Aveiro para Guimarães uma commissão de officiaes de cavallaria n.º 10, composta de tenente-coronel, um capitão e um veterinario, afim de julgarem da incapacidade do cavallo do major do 1.º batalhão de infanteria n.º 20 estacionado n'aquella cidade.

O que se vae gastar com a marcha d'aquelles officiaes é de certo superior ao que valerá o tal solipede.

Nov.º de 1895.

CONSELHOS DE HYGIENE

A ALIMENTAÇÃO NO ESTIO:

No verão devemos sobretudo fazer uso de carnes brancas, legumes, salada e fructos bem maduros. Devemos tambem ter em vista que o calor altera com muita facilidade as materias azotadas, produzindo verdadeiros venenos muito nocivos ao organismo.

As bebidas, que mais conveem no estio, são o vinho pouco alcoolico, mesmo um pouco acido, ou uma cervejà fraca e espumosa, feita com lupulo, que excita o appetite e facilita a digestão. A agua deve ser sempre filtrada ou fervida, e por essa fórma destruiremos os microbios do cholera e da febre typhoide.

ADEUS

(Ao meu distincto collega, João Baptista S. Araujo)

Adeus, adeus, Portugal!
Vou partir já qu'o destino
Sempre em cruel desatino
Me condemna assim deixar-te!

Ai! partir agora quando
Rebentam no galho as flôres,
Quando tudo diz amores,
É triste, meu Deus, não é!?

Ah! sulcar agora os mares,
Deixar os lustres d'abril,
Deixar este céo d'anil....!
Que tristeza, que saudade!

Quão negro é este partir,
Quando agora, docemente,
O meu ser todo soffrente
Revive co'as avesinhas!

Quando as auras buliçosas
Me trazem doces perfumes
E das aves os queixumes
Que me dizem luz e vida!

Mas é forçoso.... adeus!
Adeus formosas collinas,
Adeus fontes crystallinas,
Adeus plainos que amo tanto.

Tu és, tu és, Portugal,
A minha patria tambem,
E dos teus mares além
Por ti sempre chorarei.

Meu Cabo-Verde ao teu nome
Entrelaço n'uma flor
Que guardarei com amor
Dentro do meu coração.

Lisboa, 14 d'Abril de 1895.

HUMILDE CAMPONEZ.

CHARADA. — N° 20.

Charada em quadro

Offerecida ao distincto charadista, Augusto C. M. Brito.

Os cantos d'esta charada são feitos com a mesma lettra: todos os lados podem ser lidos de duas fórmas.

```
. . . . .
. . . . .
. . . . .
. . . . .
. . . . .
```

Ha n'esta charada
Bastante que ver
Em todos os lados
Diz sempre : — *moer.*
No centro uma cruz
Que se pode ver,
Em ambas as hastes,
Direito a dizer.
Na linha segunda
Brandura ha de ter,
Na quarta uma planta
Que tem bom crescer.
Em todos os lados
Tambem podem ler,
P'ra traz, p'ra diante
E sempre *moer.*

(S. Bento—Maranhão)

JOÃO MIGUEL DA CRUZ

ARITHMOGRAMMA. — Nº 16

(Ao Sr. Antonio Simplicio de Oliveira)

Quando, ás vezes, medito,
Fronte curvada ao jugo dos pezares,
Vem ella, — a branca fada, — do infinito,
Suave como a briza nos palmares,
Passar-me pela fronte a nivea mão...
Instillando-me na alma a inspiração... 1, 2, 3, 6.

Envolve-me um sonhar
Como uma grande nuvem transparente...
Vae a lua vogando de vagar...
Passa a cantar a múrmura corrente...
Elevam-se litanias soluçantes
De entre as ramas das arvores gigantes! 6, 5, 6, 5, 4, 6, 3.

Parece vir rompendo
A madrugada! Eleva-se um rumor
Que nos vae, pouco a pouco, desprendendo
A phantasia e o juvenil ardor!
E profunda, e vibrante e sonorosa
Enche os ares a deusa harmoniosa...

Brava.

Eugenio P. Tavares

CONFISSÃO

Verdadeiramente o melhor de todos os governos seria uma theocracia, onde se estabelecesse o tribunal da confissão.

Thomaz de Raynal

É impossivel estabelecer a virtude, a justiça, a moral sobre base solida, sem o tribunal da penitencia.

Lord Fitz-William

CHARADA. — Nº 21

(Ao meu particular amigo, Eduardo José Lourenço — «Malange».

Despontou a madrugada;
Já *Phebo* com seu clarão
Reflecte na superficie
Das aguas que por'qui vão. 1

Na ramada, junto ao rio,
Matizada de verdores,
Trinam as aves mil hymnos,
Hymnos que dizem : — amores.

Sopra brando o aquilão,
Deslisa a mansa corrente;
Além, no cume da serra,
Levantou-se uma serpente. 2

Junge a vacca o lavrador,
Cant'o gallo a *alvorada*,
E na aldêa, bem distante,
Sae do aprisco a manada.

« Pelas ruas da *cidade*
« Anda o pobre vendedor,
« Off'recendo o seu jornal
« A todo e qualquer leitor. »

Dondo (Africa Occ.).

ANTONIO FRANCO

Conservação das flôres. — O Dr. Mirghes recommenda o processo seguinte para conservar as flôres cortadas, deixando-lhes a sua fórma e colorido : Pegar na flôr pela extremidade da haste e mergulha-la em parafina fundida em banho-maria; retira-la depois e faze-la girar com presteza entre o dedo pollegar e o index para que a força centrifuga expulse o excesso de parafina e faça afastar as petalas.

A PENITENCIA

A confissão afasta a muitos do peccado, especialmente aquelles que n'elle estão endurecidos; e eu julgo que um piedoso, serio e prudente confessor é um grande instrumento de Deus para o bem das almas.

LEIBNITZ

PENSAMENTOS ESCOLHIDOS

Quando Deus quer deixar morrer tudo n'um povo, recusa-lhe almas sabias e fortes, que saibam ao mesmo tempo resistir e ceder a tempo. Tudo deixa cair na violencia e nos excessos. Mas, se Deus só quer mudar os destinos das nações e experimenta-las, não para a morte, mas para a vida, entrega-as nas mãos d'algum grande instrumento da sua Providencia, assás forte para demorar a ruina, assás sabio para deixar desapparecer o que deve acabar, e que as salva no momento em que lhes abre o novo futuro.

A amizade é um contrato espiritual entre duas almas que se promettem livremente amar-se e amparar-se para sempre.

A honra da intelligencia é irmã d'uma outra honra : a dos costumes e da virtude.

Que coisa ha mais digna d'uma alma christã e immortal do que dar o seu amor, desde a mocidade, á alma que deve amar sempre, e purificar perante Deus os ardores das suas voluptuosidades, submettendo-os aos deveres serios da fidelidade conjugal e da paternidade?

HENRIQUE PERREYVE

ARITHMOGRAMMA. — Nº 17.

(Ao amigo G. I. Boia J^{or}.)

Posto que muitos jumentos
Por um collega me tomem,
Quem duvida que eu seja homem
De grandes merecimentos ?

Celebra-me a intelligencia
A alta corneta da Fama,
Que me exalça e me proclama
Preclarissima potencia. 1, 2, 3, 4, 5, 3.

Ninguem me eguala, de certo,
Na agudeza e na trapaça !
Até me chamam, por graça,
O synonimo de esperto ! 3, 7, 8, 9.

Muito coice tenho dado
N'este mundo sublunar !
Pois, se até junto do altar
(Podem crer !) ⊃ tenho brilhado ! 5, 6, 2, 3.

Fui jogral, fui trovador !
E, salvo erro de memoria,
Li, ahi em qualquer historia,
Que eu já fui imperador ! 4, 6, 2, 9.

Fui guarda-livros, caixeiro,
Lá nas terras do Brazil !
E por signal — vim mais vil
Do que fui... pouco dinheiro !... 2, 6, 3, 7.

Depois fui (oh ! sina minha !)
Para a Guiné ! Terra má
De onde trouxe... acertem lá :
Uma preta ?... Uma avezinha ! 2, 9, 7, 3.

Finalmente, á *brava* matta
Fui parar com grande ardor!
Onde me fiz salteador
Mau, que só por sangue mata! 1, 6, 3, 2.

Fartei-me de namorar!
E pelos meus bellos olhos,
(Dois perigosos escolhos!)
Já uma morreu no mar! 8, 6, 2, 9.

Levei annos a scismar
Nos ladrilhos do El-Dorado!
Tive um pensamento ousado,
Exquisito, não vulgar : 2, 3, 2, 9.

Dar um correctivo incrivel
A Voltaire, por ter feito
Candido, um asno perfeito!
Um pateta desprezivel! 5, 8, 3, 2, 2, 9.

Fiz a polvora e o arroz!...
Sou um homem das Arabias!...
Inda que estas coisas sabias
Já vêm de paes e de avôs!... 8, 6, 2, 3, 4, 5, 3.

A pedra philosophal
Achei tambem! Não sabeis?
Fiz estatutos! fiz leis!
Sou um *pharol*... por signal... 1, 3, 4, 3, 7.

Sou mais antigo que Budha!
Mais cavalleiro que o Cid!
Já fui da nobreza a egide!
E já fui arraia miuda! 2, 3, 7, 6.

Fui já de um deus do Oriente
Uma das encarnações!
Já, das brancas solidões,
Fui animal diligente. 2, 6, 4, 3.

Fui apostolo e sineiro!
Fui burguez pacato e probo!
E na fabula do lobo
Fui o misero cordeiro! 3, 4, 8, 9.

N'esses castellos azues
Dos espaços tenho estado!
Eu já fui rei encantado!
E já pinchei nos paues! 2, 3, 4.

Já em Roma andei a trote:
Fui o celebre sendeiro
Que um imperador gaiteiro
Fez consul e sacerdote!

———

Estava eu mui descançado,
N'um *engano ledo e cego*,
A dormir no meu emprego
Como um bemaventurado;

Estava eu desapercebido,
Quando *apertaram-me a espora!*
Eu, que fui tão grande outr'ora!
Humilhado! incomprehendido!

De modo que agora (ó sina!
Terrena instabilidade!)
Sou apenas, sem vaidade,
Pequena ave de rapina!

Eugenio Paulo Tavares

PENSAMENTOS

Deus fez como o lavrador que lança camadas de terra esteril sobre os terrenos muito vigorosos, mistura-os e revolve-os depois com a charrua. Elle chamou a si os barbaros e fe-los entrar na egreja.

Henry Perreyve

PROSODIA PORTUGUÊZA.

II

DO VALÔR RELATIVO DAS LÊTTRAS. — EQUIVALENCIAS. METAPHONÍA.

1º *Valôr relativo accidentádo.*

O valôr relativo das lêttras é, como já se disse, o que depende dos *accidentes phonéticos* ou da posição da lêttra na syllaba e na palávra, ou da influência do accênto tónico.

O valôr relativo póde sêr, portanto : accidentádo, accidental e tónico.

Valôr accidentádo das lêttras

Valôr relativo *accidentádo* é o que depende dos accidentes phonêticos, que são: til, cedilha, accêntos, e as lêttras **m, n, h**.

Accêntos. — Segundo as báses preestabelecidas, usarêmos sómente do accênto *agudo* (´), que significa bôcca muito abérta, indicando portanto a *voz aguda* ou proferida com a bôcca muito abérta (á, é, ó); e do circumflexo (^), para a voz normal (ou fechada), quando o exija alguma razão especial.

Regras : 1ª É aguda toda a vogal com accénto agudo (á, é, ó);

2ª — Accentuarêmos sempre, com agudo ou normal, as vogaes e, o, por serem geralmente bréves quando átonas, se outra régra geral não dispensar a accentuação.

Havendo toda a conveniencia em indicar muitas vêzes a vogal tónica (que póde ser normal ou aguda, mas nunca bréve), fá-lo-hêmos com o accênto longo latino (—), que, nêste caso chamarêmos *accênto tónico*, de que usarêmos quando o exijão a difficuldade da pronúncia, a influência da tónica, que é o principal factor do valôr relativo, ou a clarêza lexicológica da palávra. Inconveniênte é, porem, indicar a vóz tónica com o accênto agudo, por sêr êste o signal de vóz aguda e porque a tónica póde sêr aguda ou normal.

Cedilha. — É sabido que a cedilha (ɔ), collocada debaixo de **c** (ç), muda o valor guttural d'ésta lêttra para o bafejo s. A lêttra ç (cedilhada) só se usa antes de **a, o, u**, (ça, ço, çu), e nunca antes de e, i, escrevendo-se simplesmente neste caso: ce, ci, pois a simples posição de c antes de e, i, dá-lhe o valôr de s, egual a ç.

Til. — Signal de resonáncia nasal. Quando a vogal estivér tilada, é *nasal*; isto é, temos de pronuncia-la com a bôcca e nariz. O til só é usado sôbre as vogáes a, e, o, (ã, ẽ, õ) e nunca em, i, u.

E'me (m), *E'ne* (n). Signaes de voz nasal, quando véem no fim da syllaba depôis de vogal, equivalendo á til, collocado sôbre a vogal anteriôr. Nêstes casos estas lêttras têm o simples nôme de accidente ou signal auxiliar e não se nomeião na soletração : (am ou an, lê-se simplesmente ã, depois de lembrada a respéctiva régra de nasalação por meio de m ou n. M, só se empréga antes de m, b, pₛ e no fim da palávra ; N, empréga-se nos restantes casos, com exclusão d'aquêlles em que se empréga o m.

Agá (ḣ). É nullo como lêttra, isoládamente considerado. Em grupo, é diacrítico ou accidente phonético que inflúe no valôr normal da lêttra anteriôr : nos grupos ch, lh, nh, ph :

1º *ch.* — O h depois de *c* dá a esta lettra o valôr de x, nas palávras puramente portuguezas (*chuva*), sendo nullo nas eruditas (chôro, chylo=côro, kilo.)

2º *lh.* — Chamado *l molhado*. O h neste grupo vale i : lh=li (filho, filiu).

3º *nh.* — Este grupo representa um phonêma especial que não tem representação em nenhuma lêttra ou grupo do alphabéto.

É o phonêma que se ouve depois de u e antes de a na palávra, u*nh*a. — E rigorosamente uma vogal mixta (oral com rétroácção nasal) que póde symbolizar-se com i, recahindo o til sôbre a vogal anteriôr, cómo se póde observar comparando *unha* com *ui-a*, *muito* com *muʸnhto*, etc. É nullo, porem, em algumas palávras, como em anhélo, inhibir, inhabil, e noutras em que o n pertença ao prefixo in (nas palávras compostas), como em in-humano, etc.

4º *ph*. — Nêste grupo o h altéra o valôr normal (sūbito labial) da lêttra p para o bafejo labial forte f...

O *valôr accidentádo* das lêttras é produzido, por consequencia, pelo *accênto agudo*, pela *cedilha*, por *til*, *m* e *n*, e por h nos grupos primitivos : ch, th, nh, ph.

São portanto *-accidentes phonéticos* : r, ç, ', m, n, h (= 6).

Conhecido o valôr accidentádo, passêmos á exposição do *valôr accidental*, que é o mais difficil e importante no estudo prático da phonologia portuguêza.

A. DA C.

O MEU NOIVADO

Ao meu intimo amigo, Pedro dos Reis Pires

Do estro o fogo, inspiração ardente,
Em mim accende, ó musa inspiradora!
Tu, noiva minha, ouve a voz sonora,
Cantar-te ao som da lyra a mim consente.

Sim, ouve o canto, expressões quentes
De quem tão breve será teu esposo,
Pois, hoje, tudo, tudo é cadencioso,
E o dia nupcial tem emoções frementes.

Esposa minha casta, linda e pura!
Por seculos, annos, dias por annos conto;
Por ti o azar amargo assim affronto;
Se vivo ainda, é por tua doçura.

Entre as estrellas de milhões d'anhelos,
Que d'esse mundo ideal povôa o espaço,
Errante, com o olhar divago, esvoaço,—
Entre esses sonhos resplendentes, bellos.

Mas não seduz-me, oh! não me seduz
Tanta magia e feitiço que elles têm :
Espero em ti o despontar além,
Estrella d'alva de tão alva luz.

Vem pois, desponta n'esse puro oriente,
Onde esta vista permanece presa,
Teu brilho encantador, todo pureza,
P'lo Eterno guiado, dista do presente...

Oh realidade! chamas oito annos
Ao que o verdadeiro sentimento,
De accordo sempre com o soffrimento,
Só chamam sec'los de saudade e arcanos!?

Desponta, estrella d'alva, almo candor;
Vem desterrar da espectativa a sombra ;
Vem allumiar do prado a verde alfombra,
Timida Virgem, que retem o pudor.

Se toda a vida é um soffrer sem fim,
É que esta vida nunca foi viver ;
Se eu comtigo quero até morrer,
É que no Ceu ha um gozar sem fim.

Ao Ceu voemos, pois quem o quer mais
Que tu, um anjo de olhar celeste,
A quem do Eterno o resplendor reveste,
Chamando ao Ceu, a encantos perennaes.

Que harmonia não é tua voz argentea,
Que oiço, linda! Encantadora objectas :...
« Vê lá vê lá, se o teu sentir affectas,
Se és constante no que a alma intenta :

Demais, não vês como é densa, escura,
A nuvem que entre nós sempre medêa?
Não sei de inspiração como se atêa
Quem desconhece a noiva e sua ternura.

Quem nunca exp'rimentou da invisa esposa
Essa cadeia de exigencias tantas,
Talvez, um dia, p'ra novas esperanças
Desvie a face, achando a vida odiosa.

« Quaes tenras plantas d'esses altos cumes,
O meu sensivel, pobre coração
Teme que a fonte mude-se em vulcão,
Teme essas lavas, que se dizem ciumes. »

Não temas, bella; deixa as apprehensões,
Desvanecidas pelo tempo immenso
Do meu desterro — forte argumento —
D'este desterro, em que a esperar me pões...

« Não vês, mancebo, o que me aterra ainda,
Não vês o abysmo que entre nós se cava...?
Desfez-se já a apprehensão que me agitava,
Mas este abysmo... »... é o menos p'ra tua vinda.

É o menos, qu'rida, pois o tempo é breve;
De dias e mezes tudo cheio verás.
De nuvens foge esse montão fugaz,
E então a vista approximar-nos deve.

Estes versos, que valem estes versos?
Dizer não podem o que minh'alma sente,
Nem dil-o pode a musa impotente:
No mar do olvido sejam pois immersos.

Mas vê, formosa! que esta juventude,
E mesmo a vida eu t'a consagro toda;
A quem cedel-a? Quem, de mim em roda,
D'ella mais digno vêr ainda pude?

Infinda noite: cede ao dia esperado,
Que a estrella d'alva primorosa vem;
Risonha e lucida alvorada alem!
Trazer-me vem a noiva e o meu noivado.

S. Nic.-Dez.-94. P. P. TAVARES

MINHOCAS

Destruição das minhocas. — Como é sabido, estes hospedes incommodos destroem algumas vezes d'um dia para outro as sementeiras de sementes delicadas em virtude da grande quantidade de galerias que fazem debaixo da terra. Um dos meios de que podemos dispôr para remediar este inconveniente consiste em regar a terra, onde se quer fazer a sementeira, com agua contendo em suspensão cal em pó. No fim de dois minutos as minhocas sahem da terra e veem morrer á superficie.

Este processo pode tambem empregar-se para destruir os tortulhos que se desenvolvem nas estufas.

PENSAMENTOS

O padre, a exemplo de Christo e por sua graça, é um mixto de homem e de Deus. Sómente Christo era Deus por essencia, emquanto o padre não o é senão por participação no sacerdocio do Filho de Déus.

Não pode haver coisa melhor no mundo do que uma relação de semelhança com a bondade essencial, que é o proprio Deus, e é a origem dos vestigios divinos que os sabios procuram e que os santos encontram em todas as coisas creadas.

Deus é, em primeiro logar, o bem, e nada por consequencia pode assemelhar-se mais a Deus do que o homem de bem.

HENRY PERREYVE

PENSAMENTOS

A estatistica, fecundada pelo *calculo proporcional*, é realmente uma bella cousa.

Lemos ha pouco que, segundo um sabio, a ilha de Java deveria conter, em 300 annos, uma população egual á população actual do globo, ou seja um billião e meio de habitantes.

E muito para uma só ilha da Oceania.

Eis, comtudo, outro calculo não menos interessante.

Um amante de estatisticas inglez nota, ou crê ter notado, que o numero de casos de loucura vae augmentando.

Em 1859 havia um louco por 535 pessoas de juizo. Em 1897 encontra-se um louco por 312 que o não são.

Dispostos assim os calculos do problema, a conclusão é facil. O nosso estatistico tirou essa conclusão do seguinte modo:

Em 1977 haverá um louco por 100 pessoas; em 2139, um louco por 10 e em 2801, um louco por uma pessoa, isto é, toda a gente será doida.

Mas então, na pratica, ninguem o será, sem duvida.

* * *

Os srs. Martel e Viré, os celebres *exploradores* de cavernas, communicaram ha pouco á Academia das Sciencias de Paris uma nota sobre um abysmo que descobriram em Causse Méjean e a que elles chamaram *Aven Armand*. Este abysmo tem 207 metros de profundidade; é o mais profundo da França, depois do de Rabanel, perto do Ganges, Herault, que tem 212 metros e que foi visitado em 1889.

A parte média do abysmo (entre 75 a 120 metros de profundidade) forma uma immensa gruta de 100 metros de comprimento, 50 de largura e 49 de altura, contendo uma verdadeira «floresta virgem» de estalagmites, cerca de 200 columnas de 3 a 30 metros de altura. Nenhuma gruta do mundo possue coisa semelhante. Até hoje, a mais alta estalagmite conhecida (torre astronomica da gruta de Aggtelob, na Hungria) não attingia mais de 20 metros.

ESPAIRECENDO

*(Aos bons companheiros do passeio á Fanjã,
em 25 de Novembro de 1897)*

Eram treze companheiros,
Que haviam combinado
P'la Fanjã grande passeio,
P'r' espairecer um bocado.

Mas fieis só foram sete:
O Kim, ti Lêj e eu, Chico,
Guine e Zé, Tonim e Joje,
Com farto farnél e rico.

Ficaram o Faia, o *Tracs*,
O Perico, Bóssa e Pinto,
E o Grandella grisalho.
Que *pesar* agora eu sinto...!

O *Tracs* a dormir ficára
Muito doente, coitadinho;
Fôra *ós pois* ao boticario,
Mas não *escapou do vinho*.

O *Faia* p'los quatro pés
Ao *Tracs* haver emprestado,
Ficou sómente com dois,
E assim lá ficou parado.

O *Bóssa*, que a não tem,
Nem taõ pouco embocadura
Para sobre quatro andar,
Foi da *Preguiça* á procura.

O *Pinto* com a carabina
Para a caça preparada,
Ficou, coitado, por dentes
Que doïam ao camarada.

Em casa ficaram tristes
O *Perico* e o *Grandella*
Por uma carta de lucto,
Que os pôz fóra da sella.

Ficaram assim os seis,
Deixando a nós a missão
De suas vezes fazer
Na Fanjã e Povoação.

A galope então partimos,
Ás seis horas da manhã,
Vinte e cinco de Novembro;
Ás oito em plena Fanjã.

O Lêj que bom *Chabasquinho*
A tiracollo levava,
De todos a guela rega,
Que a todos egual tentava.

Postos no « *Lombo da Graça*
Disputam-se as goiabas;
E tamanha era a larica,
Que nada ficou nas abas.

Acampavamos no *Canto*
Ás oito e meia certinhas;
E, recrudescendo a gana,
Fomos logo ás espiguinhas.

Eis que accendem o lume
Em uma beira abrigada
O Chico e o Guiné matreiros
P'ra de milho grande assada.

O Tonim, o Zé e o Lêj
Lenha trazem diligentes,
Ao lume bellas espigas
Vêem todos já contentes.

Mal assadas, bem queimadas,
Chamuscadas, á porfia
Foram ellas consolando
A barriga que rugia.

E o Lêj com bom *chabasquinho*,
Que a tiracollo levava,
De todos a guela rega,
Que a todos egual tentava.

Passeemos! grita o Zé,
De milho quasi entupido,
P'la bella horta do Lêj
Façamos giro comprido.

Pela horta dispersámo-nos.
Loiras e ricas goiabas,
Bananas se nos deparam,
E todos d'ellas paparam.

A sombra de laranjeiras
Estavamos digerindo,
Quando avistámos já perto
Joje e *Kim* p'ra nós sorrindo.

Ficaram os dois, por cavallos...
Que não houvera mais cedo;
De vantagem nós porem
Não lhes levámos um dedo.

Pois, desde « *Agua das Patas*, »
Uma legua de caminho,
Com goiabas e laranjas,
Já vinha tudo fartinho.

Mas botaram-se ás espigas,
Em alva toalha guardadas;
E o Lêj com o *chabasquinho*
Foi consolando as barbadas.

Em alegre parlamento
Estavamos entretidos,
Quando tres alvas toalhas
Nos pozeram emmudecidos.

Era de certo o almôço
E disputavamos todos
Quem melhor petisco arpoar
Com ardilosos engodos.

E o Lêj com o *chabasquinho*,
Que a tiracollo levava,
A todos a guela rega,
Que a todos egual tentava.

Chega o almôço. Silencio...
Fingindo eu querer servir,
Amavel, aos companheiros,
Começo o fogo, a sorrir...

— « *Se tu por ti, eu por mim!* »
— « *Eu por mim, e vós por vós!* »
— « *Deus pro omnibus!* » Disseram -
Tres; e todos: *Deus por nós!*...

Começára fogo vivo;
Ninguem fallava, nem eu!
— *É o silentium romano*,
A meio quarto, o *Kim* rompeu.

Fallou o mudo? assim nós.
— *E o rumor dentium*, diz
Outro, a um quarto, baixinho,
Suando já pelo nariz.....

Já todos fallam e riem
Meia hora decorrida
Engasgando-se um ou outro
Com *fúfú* ou *jagacida*.

— Agora é o *rumor gentium;*
Diz com uma bombarda o Zé.
Responde-lhe prompto o Lêj,
Pois um d'outro estava ao pé.

Graças ao bom cafésinho,
Que já vinha preparado,
Ficam todos confortados
Do estomago enfartado.

Á sombra das laranjeiras,
Em charutea fumarada,
Quaes giboias nos prostrámos,
Artilheria montada.

Gargalhadas aos quintaes
Provocam as anecdotas
Do engraçado Kinquim
E d'outros gaios *idiotas*.

Á uma e meia da tarde
Fômos pr'o « Lombo-Pellado; »
E o feitor do Zé já tinha
O caldeirão preparado.

— Aos dragoeiros! Eu digo,
A bella sombra fresquinha!
E após breve passeio
Quisque seu logar já tinha.

Emp'leirados n'um dragoeiro,
Rompe a orchestra ridente,
De que o Kim era rei,
O primeiro a abrir o dente.

Anecdotas, historietas
Diz o Kim com graça tanta,
Que de riso estortegados
Todos ficam da garganta.

Ovos cozidos, laranjas,
Brinhôlo e *chabasquinho*
A todos já consolavam,
Quando nos chama o *Joãosinho*.

Á mesa já tinha posto
O bom caseiro do Zé
Mandioca, toucinho frito,
Ovos, pão, pinga e café.

Eram tres horas da tarde,
Para *lunch* hora bem rica;
Preparámo-nos, pois, todos
Para o jantar, á burrica.

Ás quatro horas bem certinhas
Cada um corcel seu monta.
Começa alegre o regresso
E o Kim graças inda conta.

Depois de breve parada
Em a « Maria Pallinha »,
Propriedade do ti Lêje
As seis chegámos á linha.

E terminou a excursão
Com alegre jantarzinho
Em casa de não sei quem,
Mas certo de um tolinho...

Quando d'esse bello dia
Vos lembrardes, companheiros,
Léde este pobre versista
E ride..... caros gaiteiros!

Xico C.

(Cabo-Verde)

SEMINARIO DE CABO-VERDE

I

(Creação e constituição)

O Seminario-lyceu de Cabo-Verde foi creado a instancias do Rev.mo Bispo de Cabo-Verde, D. José Luiz Alves Feijó, por decreto de 3 de Setembro de 1866, na conformidade da lei de 12 d'Agosto de 1856, para a educação do clero e para supprir a falta de lyceus na provincia, podendo aprender utilmente nas respectivas aulas de estudos preparatorios os mancebos, que, não se destinando ao estado ecclesiastico, queiram comtudo seguir estudos superiores ou receber uma educação litteraria e scientifica.

Ha portanto no Seminario duas classes de alumnos —: a ecclesiastica, que é gratuita, e a civil, que paga uma prestação modica, que deve ser annualmente fixada pelo Prelado, reitor nato do instituto, de intelligencia com o governador geral da provincia (art.º 7º).

O curso geral dos estudos do Seminario-lyceu de Cabo-Verde é, pelo artigo segundo do citado decreto, dividido em dois: estudos preparatorios e estudos ecclesiasticos.

Formam o curso dos estudos preparatorios (art.º 3º) as seguintes disciplinas, ensinadas nas respectivas cadeiras:

1.ª *cadeira.* — Lingua latina e franceza.

2.ª *cadeira.* — Philosophia racional e moral e principios de direito natural.

3.ª *cadeira.* — Rhetorica, geographia, chronologia e historia, em curso biennal.

4.ª *cadeira.* — Mathematica elementar e principios de sciencias physicas e historico-naturaes, em curso biennal.

Formam o curso theologico (art.º 4º), estudado em quatro aulas, e em dois annos: a historia sagrada e ecclesiastica, a theologia sacramental e a theologia dogmatica. Além d'estas ha mais uma cadeira: — musica e canto ecclesiastico.

O curso theologico foi, em 1868, elevado a triennal, com a cadeira de direito canonico e direito ecclesiastico portuguez, de que foi primeiro lente (1868) o Ex.mo Bacharel em Cánones, Damião Caetano de Souza, fallecido em 15 de Fevereiro de 1897.

O Seminario é constitutivamente organisado por estatutos e regulamentos feitos pelo Rev.mo Prelado e sanccionados pelo Rei, na fórma do art.º 21 de Lei de 12 d'Agosto de 1856.

Tem um *reitor*, que é o Prelado da diocese, um *vice-reitor* com a gratificação primitiva de 300 $ réis e hoje de 200 $ 000 réis, um *prefeito*, que é o thesoureiro nato do estabelecimento, com a gratificação de 200 $ 000 réis, tendo estes dois ultimos mesa no seminario.

(Cabo-Verde, 1898.)

A. DA C. T.

ENIGMA. — Nº 12.

(*Ao meu intimo amigo, José C. Lopes da S.*)

(*S. Nicolau. — Seminario*)

ANNIBAL B. FURTADO.

PROSÓDIA PORTUGUEZA

Valôr relativo. — Equivalencias.

III

DO VALÔR RELATIVO ACCIDENTAL : METAPHÓNICO,

Valôr accidental é o que depênde da posição da lêttra na syllaba e na palávra, alterando-se por tal circumstancia o valôr normal, facto que se denomina metaphonía.

1.º Régras geráes a todas as vogáes:

1.ª — As vogáes *i, u*, são inalteraveis : não pódem ser pronunciadas com a bôcca mais ou menos abérta, conservando-se, portanto, sempre **î, û**, normáes.

2.ª — As vogáes são agudas (muito abértas) antes de *cç* (=cs), *ct*, *pç*(=ps), *pt*: (ácção, fáctor, lápso, báptismo; sécção, séctor, excépção, réptil; cócção, óctuplo, ópção, óptar, casos em que é desnecessário empregar o accênto agudo).

3.ª — Todas as *vogáes nasáes* são normáes, exceptuando as fórmas verbáes fórtes, que se pódem estudar na prosódia especial dos vérbos.

4.ª — São ordinariamente normáes as vogáes antes de **m, n, nh**, excepto as fórmas verbáes fórtes, e algumas terminações nomináes de vogal tónica aguda, como verêmos no valôr tónico das lêttras **e, o**.

5.ª — Os prefixos não influem ordinariamente na prosódia ou pronúncia especial da palavra primitiva.

2.º Regras especiaes a cada lêttra de valôr alteravel.

a

1.º — *agudo*, na báse *ánh* do verbo gánhar, com *a* sempre agudo.

2.º — *nasal*, an am : *a* antes de *m* ou *n* na mesma syllaba.

3.º — *guttural*, antes de *l*, em syllaba : *sal, cal, tal, mal*, etc.

O *a* guttural tem um som médio entre *a* e *o* abertos : podê-lo-hiamos indicar com o accênto grave, se não fôsse fácil o seu conhecimênto.

4.º — agudo : *a* antes de outro *a* em leitura corrente (ligada) : casa aberta — cas'aberta, por crase.

5.º — O grupo **am** final, do preterito dos verbos, para se não confundir com o futuro, como alguns usão, vale ãu.

C

1.º — Vale *s* (*ç*) antes de *e, i, y* (Cecilio), *ce, ci, cy*, valôr egual ao cedilhado, como já se disse no *valôr accidentádo* (*ç*).

2.º — Antes de *h*, valex, como se disse no valôr accidentádo (*h*).

3.º — É muitas vêzes nullo antes de *ç, t* (acção, acto).

e

E' a lêttra que apresenta mais difficuldades phonographicas em toda a prosódia portuguêza, pela multiplicidade dos seus valôres.

1.º — agudo (*é*), antes de *l* em syllaba (béldade, amável), na base éç (éce, éci, éç), de *esquécer, aquécer, arrefécer* e derivados.

2.º — (metaphónico) *e* = *i*, nos ditongos *ae, ãe; oe, õe, ue* (pae, mãe, roes, põe, azues), e quando *isolado* (a conjuncção e, que se lê i).

3.º — *e*=*âi*, no ditongo *ei*, quando não seja agudo : reis, leis (râis, lâis, mas réis, plural de real, painéis, etc.).

4.º — *e*=*âi* (ou *i* no fallar descurado) antes de *X* no princípio da palávra primitiva ou no prefixo *ex* : exame (âizâme, e, descurado, izâme), ex-offieio (âizofficiu).

5.º — *em, ens* (*fináes*), ditongos symbólicos = *ãi, ãis*: tem, tens (tãi, tãis).

Teremos especial cuidado nas duas ultimas régras e em pronunciar o *e* final, como em *vale* (valĕ, e não val').

g

1.º — O seu valôr normal de *g'* (guttural) altéra-se para a palatal **j**, antes de **e, i** (*ge, gi*), nos mesmos casos em que a guttural **c** muda para o bafejo *s*; fixêmos, portanto, ésta alteração : *ge, gi* ; *ce, ci*(metaphónicos).

h

Esta lêttra só tem valôr de posição, valendo **i**, no grupo *lh*, e modificando as infléxões que a precederem (*c, n, p*), como vimos no valôr accidentádo, produzindo as metaphonías *ch, nh, ph,* — x, ˜ *i, f.*

m, n

1.º — Além dos seus valôres nasáes atráz referidos, outra funcção nasal especial exercem nos ditongos symbólicos *aĩn, em, ens, fináes,* como já se notou nas lêttras *a, e.*
2.º — *n*, antes de *h*, em grupo, constitue o phonêma *nh*, já referido.

o

1º Isolado (artigo ou pronome) vale *u* ;
2º *nasal*, antes de *m, n,* em syllaba ;
3º o = ó, agudo, antes de *l* final = ól : hespanhól, sól, arreból, etc.
4º É normal antes de *r* final = *or* : côr ; excepto os comparativos (em ór) e *cór* (coração ou memoria) ; *suór, redór* e seus derivados.
5º o = ó, no feminino e plural dos nômes que tenhão o normal (ò) na penúltima syllaba (régra morphológica).

Terêmos o cuidado de observar esta régra, que tem poucas excépções.

p

1º Antes de *h* vale *f*, como já se notou (pharól).
2º É **nullo** ás vêzes, antes de *ç, t,* (adópção, adóptar),

nos mêsmos casos em que tambem o é a lêttra c, (ácção, ácto).

r

1º Vale *rr* (guttural) no principio da palávra, ainda que precedido de prefixo (rogar, prorogar = rrogar, prorrogar), e no
2º princípio de síllaba precedida de consoante, isto é, depois de *l, s* e (voz nasal) *m, n* : (melro, Israel, Chosróes, Conrado, Nemrod).

s

1º *s = z* entre vogáes, oráes ou nasáes, na mêsma palávra, ou na ligação de palávras na leitura corrente : os usos, os homens (uzúzus, uzómãis). Excéptuão-se : a terminação numeral *ésimo* (= écimo) ; obsequio = obezéquio. Esta régra só respeita ás palávras primitivas.
2º *s = x*, em pausa, antes dos bafejos *f, s* (= ç, *ce, ci*), *x* (ch), e antes de *p, t, c :* (as féstas, os cópos, os cysnes, as chaves, etc.).
3º *s = j* (atenuado), antes das restantes lêttras não referidas na régra anteriôr : (Lisbôa, os ratos brancos já fugírão).
— *ss* não sôa *és*, mas sempre ç (essencia = ecencia, de *ésse*, sêr).
4º É algumas vêzes nullo : *sciencia, scêna* : (antes de *ce, ci*).

t

Sempre sôa : arithmética, rhíthmo (*aritmética, rritmu*).

u

1º *nasal*, antes de *m, n*, e nunca com til (um, un), como acontéce com a lêttra *i* (im, in), em syllaba.
2º É nullo em *ou.* Ou=ô : ou vou, ou dou (ô vô, ô dô).
3º É tambem nullo em *gue, gui, que, qui* (g'e, g'i, q'e, q'i), excépto em poucas palávras, como em *frequênte, elo-*

quênte, equéstre, etc., em que ha ditongo, segundo João de Deus.

X

1º, 2º, 3º. Tem os três valôres : *z*, *x*, *j*, nos mêsmos casos em que *s* sóffre a mêsma metaphonía.

4º x = s, z, no grupo *cx*, no princípio de palávra primitiva e no prefixo *cx*; *z* se antes de vogal, e *s* se antes de consoante : exame, ex officio, excellente (= âizâme, âizofficiu, âiscellênte).

5º x = cs (medial, ou final, em vocábulos doutos, como fixo, néxo, séxo, fluxo, prolixo, ampléxo; thórax, flux, bórax, etc. Representa dois phonêmas.

6º x = ç, na base *troux* do verbo trazer, e em outras palávras, como auxílio, máxímo, etc. Esta lêttra é de metaphonía complicáda.

Z

1º, 2º Vále x e *j*, nos mêsmos casos de *s* e x.

LÊTTRAS DOBRADAS

Tôdas as lêttras dobradas, que são *bb*, *cc*, *dd*, *ff*, *gg*, *ll*, *mm*, *nn*, *pp*, *rr*, *ss*, *tt* (= 12), teem o valor de uma só, á excépção do *rr*... (guttural), differente do *r*... (lingual, líquido), que, pelas posições atráz referidas, póde representar o guttural (rr).

Expóstos os casos mais difficeis da metaphonía, ou do valôr accidental, passêmos ao *valor tónico*, que é o fáctor principal da melodía da palávra em tôdas as linguas.

A. DA C.

SIMPLICIDADE DE APPELLIDOS

Effectivamente nada ha mais em moda do que ter por appellido uma lettra apenas. Por certo deve ser esta a opinião de um ministro em dia de assignatura, ou de um administrador de sociedades financeiras e industriaes, quando chega o momento de uma emissão de obrigações.

Os jornaes de Vienna fallam d'um individuo que tem por appellido a lettra B. — Commentado o facto, descobriu-se que não é tão raro como parece.

Em França ha uma aldeia chamada J.

Na Hollanda ha uma bahia do mesmo nome e por Amsterdam passa o rio Y.

Na China ha uma cidade chamada I e outra chamada U.

Na França ha um rio e na Suecia uma cidade que se chamam simplesmente A.

Na Belgica, o appellido O é relativamente commum, e o mais engraçado é que haverá individuos com esse nome que, por não saberem escrever, assignam de cruz, quando tão facil lhes seria aprender a escrever o seu nome.

CHARADA. — Nº 22.

O nosso creador déu-nos o ser — 1
Que piso com prazer e galhardia — 1 .
Consumindo a existencia, e padecer
Que nos enche de amor e sympathia.

D. Josephina B.

(Capital Federal)

CHARADA. — Nº 23.

Offerecida ao meu amigo Luiz Fernandes Camacho,

Este subjunctivo de verbo com estas sopas são insectos 1-2.

Villa Pouca

EM PLENO MAR...

Estamos em pleno oceano. Ondas revoltas como serpentes que se debatem enroscam-se de toda a parte assaltando o navio como presa appetecida, emquanto elle, destemido e triumphante, como esgrimista que não teme, ora se defende inclinando os flancos, ora ataca retalhando as vagas, seguindo sempre imperturbavel a sua derrota por sobre abysmos que se cavam e cordilheiras que se erguem, altivo, imponente e soberbo, ante a natureza que o cerca.

A lua illumina a superficie lactea dos mares, as estrellas scintillam ás mil pelo espaço, e o horisonte inteiro, como um grande scenario resplandecente, parece polvilhado de sombras vagas que se agitam e minado por imperceptiveis riachos que murmuram.

O embate das ondas, o ranger do leme e da cordagem casam-se aos sons rythmicos do resfolegar da machina; os sinos soltam queixumes de presagios tristes, e o pensamento, esse louco, sem attender aos mil pretextos que o chamam, lá vae para longe perseguindo saudades em busca da terra que deixamos, indifferente a este grande quadro que deslumbra!

Entretanto começa a amanhecer, e como a aurora traz comsigo a alegria dos rejuvenescimentos, dissipam-se as negruras do espirito, como se dissipam as neblinas da noite.

João Augusto Martins (D^r)

CHARADA. — N° 24.

(Offerecida ao Illmo Sr. José Thomaz Nunes d'Aguiar)

Esta planta do Brasil na musica é um animal amphibio 2-1.

Villa Pouca.

POESIA POPULAR

Perlendas infantis.

1. — (Beira Alta)

Pelo signal
Bico real:
Comi toucinho,
Fez-me mal:
Se mais tivesse,
Mais comia:
Adeus, compadre,
Até outro dia.

2. — (Coimbra)

Una, duna
Tena, quatrena,
Cigalha, migalha,
Catrapis-catrapes
Conta bem
Que são dez!

3. — Figueira

Uma canada
Não é nada:
Um quartão
Alegra o coração:
Um almude
Dá saude:
Uma pipa
Consola a tripa
Um tonel
Arrebenta o fel!

4. — (Louzã)

Ámanhã é domingo.
Pés ao caminho :
Gallo assado,
Quartilho de vinho :
Lá vem o francez,
Que pica na rez :
A rez é mansa,
Vae para França :
Se ella voltar,
Torna a picar :
Pica na burra,
A burra é de barro :
Pica no jarro,
O jarro é fino :
Pica no sino,
O sino é d'oiro :
Pica no toiro,
O toiro é bravo :
Pica no fidalgo,
O fidalgo é valente,
Mette tres homens
Na cova d'um dente !

PEDRO FERNANDES THOMAS

MAXIMAS

O principio da affabilidade reside no coração.

A affectação antes descobre aquillo que se é, do que inculca aquillo que se quer parecer.

RODRIGUES DE BASTOS

CHARADA. — Nº 25.

(Ao meu compadre e velho amigo, Pedrinho Oliveira)

Serve de pretexto alli o jogo 1, 1

Bôa Vista   A. S. D'OLIVEIRA

SEMINARIO-LYCEU DE CABO-VERDE

(Installação)

Creado o Seminario pelo decreto de 1866, o zeloso Prelado, D. J. A. Feijó, tratou immediatamente de organizar o corpo docente e preparar o nucleo discente.

Assim, em 5 de Dezembro de 1866 deixavam as praias de Lisbôa os ex.mos conegos professores: Francisco do Carmo Constantino Ferreira Pinto (conego de Angola em commissão, — resignatario), José Felix Machado (defuncto) e Manoel Rosado Caeiro (chantre resignatario), com os ordinandos europeus: Joaquim da Silva Caetano (hoje conego professor), Manoel Feliciano Ribeiro, Esechiel Ferreira de Mattos, Manoel das Neves Brandão, Augusto Maria Lino da Fonseca (hoje Beneficiado da Sé de Lisboa), Manoel Miranda da Cruz, e os caboverdianos: João H. Nunes d'Aguiar e Antonio Gomes Corrêa (já defunctos).

Chegaram a S. Vicente de Cabo-Verde em 14, á Praia em 15, ao Maio em 16 e a S. Nicolau em 19 do mesmo mez e anno, não se esquecendo o pranteado conego Machado de da camara do « Não Vale a Pena » pedir aos companheiros o esperassem calçar as botas, quando lhe foi annunciado que estavão prestes a ser mettidos a pique pelo « D. Luiz », navio correio, que vinha em louca porfia com aquelle.

Não tardaram tambem de chegar a S. Nicolau os rev.mos conegos Berardo José da Costa Pinto e José Maria Pinto, os quaes já exerciam o professorado no lyceu nacional da Praia.

No dia 25 de Dezembro do mesmo anno, presidia á festividade do Natal, rodeado de todos os seus professores e alumnos, o rev.mo Prelado, D. J. L. A. Feijó, que na antevéspera chegára de Portugal, acompanhado do ex.mo conego (hoje do Funchal), Manoel Corrêa de Figueiredo e do ordinando, Eduardo Augusto Rodrigues, actual parocho de Figueira de Lorvão (Coimbra).

Estabeleceu-se então de facto o Seminario, na bella casa do ex.mo doutor Julio José Dias, sita na Ribeira Brava e já arrendada pelo governo, antes da chegada do pessoal, por 500 $ 000 réis mensaes.

Graves enfermidades obrigaram o benemerito Bispo Feijó a retirar-se para Lisbôa, sete mezes depois da sua chegada, sendo depois transferido para Bragança, de que era já eleito Bispo em 3 de Dezembro de 1870.

Desde a sua installação, o Seminario sustentou renhida lucta com o governo provincial, que o queria estabelecido em Sant'Iago, até ao benemerito governador Vasco Guedes de Carvalho e Menezes, que, convencido da importancia pratica do instituto e de que o clima da Praia desfavorecia a opinião dos seus predecessores, tratou de consolidar o estabelecimento. Comprou-se então (1878) a casa, onde já estava installado o Seminario, por sete contos de réis, sendo Bispo da diocese D. José Dias Corrêa de Carvalho, actual Bispo de Vizeu, immediato successor (1871) do Prelado fundador.

Cabo-Verde, 1898.

A. DA C. T.

JACOB PEDINDO A MÃO DE RACHEL

Era quasi pôr do sol, quando Jacob chegou a um pôço, perto d'Haran, ao pé do qual descançavam durante o calor do dia tres rebanhos de ovelhas. Este pôço era uma especie de cisterna, aonde a agua se conduzia por canos, e o bocal do pôço estava cuidadosamente coberto com uma grande pedra. Approximou-se Jacob dos pastores e perguntou-lhes:
— Irmãos, d'onde sois?
— Da cidade d'Haran, responderam elles.
— Conheceis lá Laban, filho de Nachor?
— Conhecemo-lo perfeitamente.
— Está bom?
— Sim, está bom, e eis Rachel, sua filha, que anda com o seu rebanho.

Continuavam assim a conversar, quando Rachel chegou ao pôço. Como Jacob sabia que era sua prima, correu logo a levantar a pedra que o cobria, e depois das ovelhas se fartarem de beber, saudou Rachel e as lagrimas lhe reben taram de jubilo. Eu sou, lhe disse, o filho de Rebeca, irma de vosso pae.

Não esperou mais Rachel; correu immediatamente á casa de seu pae, e annunciou-lhe, quasi esbaforida, o encontro que tivera.

Laban veiu logo ao encontro de seu sobrinho, abraçou-o ternamente, e, chorando de jubilo, apertou-o estreitamente nos braços e levou-o para sua casa. Posto ao facto da sua viagem, pediu em casamento sua prima Rachel, dizendo a Laban que elle o serviria gratuitamente sete annos, para obter a mão d'esta sua filha.

Acceita a proposta e Rachel promettida, Laban ainda obrigou seu sobrinho a servi-lo mais sete annos, esposando-o primeiro com sua filha mais velha, chamada Lia, pois, dizia-elle, era costume da terra. Depois de quatorze annos de novos trabalhos passados no serviço de Laban, Jacob obteve a mão de sua prima Rachel e voltou para casa de seu pae Isaac, levando comsigo sua numerosa familia.

É n'esta jornada, por occasião d'um combate mysterioso que teve com um anjo, que Jacob recebeu o nome de Israel, que quer dizer: *forte contra Deus.*

SEMEIA O PAE PARA QUE O FILHO COLHA

Ia o Kalifa Arun-Alraschide por um campo, aonde andava a folgar á caça, quando succedeu de passar por pé de um homem já mui velho que estava a plantar uma nogueirinha.

Então disse o Kalifa aos do seu sequito:

— Em verdade bem louco deve ser este homem em estar a plantar agora esta nogueira, como se estivesse ainda no vigor da mocidade e contasse como certo vir a gostar dos fructos d'esta planta.

Indo-se então o Kalifa em direitura ao velho, perguntou-lhe quantos annos tinha.

— Para cima de oitenta, respondeu o velho: mas, Deus

séja louvado, sinto-me ainda tão robusto e saudavel como se tivera apenas trinta.

— Sendo assim, redarguiu o Kalifa, quanto pensas tu que anda has de viver, pois que n'essa edade já tão adiantada estás a plantar uma arvore, que por natureza só d'aqui a largos annos dará fructo?

— Senhor, disse o velho, tenho grande contentamento em a estar plantando, sem inquirir se serei eu ou outros depois de mim quem lhe colherá os fructos. Assim como nossos paes trabalharam por nos legar as arvores que nós hoje disfructamos, assim é justo que deixemos outras novas, com que nossos filhos e netos venham a utilisar-se e a enriquecer-se. E se hoje nos sustentamos dos fructos do seu trabalho, e se foram nossos paes tão cuidadosos do futuro, como havemos de retribuir em desamor aos nossos filhos o que de nossos paes recebemos em carinho e providencia? Assim semeia o pae para que o filho possa vir a colher.

Latino Coelho.

CONSERVAÇÃO DE PIPAS VAZIAS

Quando se guardam cascos vazios sem preparo algum, no fim de um certo tempo, mesmo quando as pipas estão bem lavadas, enxutas e abatocadas, as paredes internas das aduellas seccam e cobrem-se de efflorescencias, devidas ao desenvolvimento de cogumelos microscopicos a que vulgarmente dão os nomes de *bolor* e *mofo*.

Se os cascos ficam desabatocados, e se estão em um paiz quente, então os accidentes são ainda mais caracteristicos, havendo tambem a acetificação, de trabalhoso e difficil remedio.

E, comtudo, é facilimo conservar uma qualquer vasilha perfeitamente sã, até ao momento em que precisarmos de nos utilisar d'ella, evitando-se o gosto a casco, tão frequente e que estraga tantos e tantos vinhos, que sem elle valeriam o dobro.

Para conservar as pipas perfeitamente sãs, é preciso queimar enxofre dentro d'ellas. O acido sulfuroso, que se desenvolve na combustão do enxofre, torna o meio improprio a todas as vegetações cryptogamicas e preserva o casco de todas as alterações más.

O emprego do enxofre em uma adega é de tal importancia, que se pode afoitamente dizer que, sem enxofre, não ha bôa vinificação, não ha cascos sãos, nem vinhos perfeitamente isentos de gosto mau.

Pode-se mesmo garantir que, se nas adegas onde se emprega o enxofre se encontra bom vinho, não existem, no geral, senão maus productos n'aquellas onde se não faz uso d'este potente antiseptico.

Para méchar uma pipa ou qualquer outra vasilha maior ou menor, fixa-se na face interior do batoque uma espiral feita de arame tendo suspenso da extremidade um cano cheio de orificios onde se deita a mécha enxofrada depois de accesa.

Introduz-se o cano com a mécha a arder na vasilha e abatoca-se hermeticamente. O enxofre arde até que não haja dentro do casco oxygenio livre, apagando-se depois. Nas adegas seccas basta méchar os cascos vasios todos os dois mezes; mas nas adegas humidas é preciso mécha-los todos os mezes.

Convem empregar sempre approximadamente 5 grammas de mécha por hectolitro de capacidade.

As méchas preparam-se pondo ao lume em uma vasilha de barro enxofre a ferver e, logo que elle estiver em ebullição, mergulha-se-lhe dentro tiras de panno, que se tiram depois de bem embebidas, pondo-se a séccar á sombra, em sitio sêcco.

Mario Pereira

ENIGMA. — Nº 13.

(Cidade da Praia)

A. E. F. Mesquita

PHENOMENO CURIOSO

Em 1890 presenciou-se em Gran-du-Roi, costa da França, um curioso phenomeno. O mar, espraiando repentinamente, recuou até mais de cem metros da margem, o canal de Gran-du-Roi baixou de nivel, e o lago de Vidourle ficou em secco. Depois d'uma hora a agua voltou aos seus limites habituaes; mas, entretanto, toda a gente da terra tivera tempo para fazer uma pesca milagrosa dos cardumes de peixes que ficaram em sêcco.

MAXIMAS

A actividade é a mãe da prosperidade.

**

A actividade duplica a força.

**

Sê o primeiro no campo, e o ultimo no leito.

**

Deitar e levantar cedo : eis o segredo da bêa saude.

RODRIGUES DE BASTOS

CONSELHOS DE HYGIENE

TRATAMENTO DA GRIPPE :

Aos primeiros symptomas para combater o elemento infeccioso, tomar o bromhydrato de quinino (0,10,), com a phenacetina (0,25), tres vezes ao dia. Mais tarde, para combater a congestão pulmonar, a insomnia e o estado nervoso, tintura d'aconito, brometo de sodio e xarope de codeina.

Finalmente na convalescença, empregar as preparações de Cafeïna, de Kola, de Coca, a Agua Ingleza, os amargos, a massagem e a hydrotherapia.

Se a insomnia persistir, empregue-se a *Sulfanol*, (1 gramma ao deitar), ou duas a tres capsulas de *Sulfanol*.

POESIA TYPOGRAPHICA

Que grande revolução
Fez na caixa um *quadratim*
Por causa do *verde-sol*
Se tornar em arlequim!
O « *A* », compadre do « *B* »,
Dá no espaço um pontapé,
Atira ao « *B* » co'a *galé*
E quebra a cabeça ao « *C* ».
Vem n'este momento o « *D* »,
Joga ao « *E* » tal empurrão,
Que deu logo um trambulhão
Quebrando ao « *F* » o nariz :
Vae o « *G* » fugindo e diz :
Que grande revolução !
O « *H* » atarantado
Atira ao « *I* » co'uma bota;
Mas n'este momento o « *Jota* »
Tinha rompido o *quadrado*,
Sem pôr *asterisco* á nota.
O « *K* » todo atrapalhado
Salta do seu *caixotim*
E vara ao « *L* » o bandulho
Com um golpe d'espadim :
Todo este grande barulho
Fez na *caixa* um *quadratim*.
O « *M* » então se encaixou,
Dando no « *N* » um cascudo,
Veio o « *O* » de *accento agudo*
E um *galeão* lhe atirou,
O « *P* » logo o « *Q* » matou
Com um *lingot* de metal :
O « *R* » ao *ponto final*
Chegou com um *travessão*,
Estava o « *S* » por *signal*
Com *aspas* e *admiração*!
Pega o « *T* » n'um *furador*
Contra o «*U*» e faz matança;

Traz espeto o « *V* », e avança,
Mais o doble « *W* », com furor.
Vendo a folha *retirada*,
O « *X* » de perna cruzada
Fez esta *interrogação*.
Ao « *Y* » grego entre *filetes* :
Dois pontos com *versaletes*
Fazem tal revolução?
Muitas *virgulas* faltavam;
Mas acode o « *Z* » por fim
Aos *typos* que se alimpavam,
E *compôz-se* tudo assim.
Tiram-se « *Ç Ç* » com cedilhas
E crava-se um « *A* » com *til*,
Ficando ás mil maravilhas
(Em *parenthesis* mettido)
Por entre *numeros* mil.
Da pontuação precedido,
Vem o *italico* pedido
N'essas *provas* de *granel* :
Mas, por causa do chinfrim
Que fez o tal *quadratim*,
Fica tudo n'um *pastel*.

(Do)

Novo Mensageiro

CHARADA. — N° 26.

(*Ao intemerato Bargossi*)

Tem o meu todo seis lettras,
Quatro d'ellas são vogaes,
Prima e quarta consoantes
E em tudo bem eguaes,
Segunda e quinta tambem
Terceira e sexta eguaes são,
Que dão nome de uma velha
Rabugenta : é a questão.

Noviço (Bahia)

O PATETINHA

Tenho fama de gaiato,
Eu que nem c'um gato
Poderei pelo rabinho,
Quando mesmo estou gordinho.

    Tenho fama de traquinas,
    Quando mesmo nas esquinas
    Tenho tanta reverencia,
    Com um barbaro clemencia!

Tenho fama de bom cábula;
Mas é tudo, tudo fabula,
Porque só sei as lições,
Aos domingos nos balcões.

    Tenho fama de valente;
    É isto tão evidente
    Que ha dias o Zé Manquinho
    Me machucou o focinho.

Tenho fama de cantor,
Pois guincho com tal furor
Que uma vez tudo fugia,
Suppondo um leão que rugia!

Tenho fama d'escrever bem,
E quem o diz razão tem:
Melhor é lêr gatafunhos
Que lettras de firmes punhos.

    Tenho fama de calculista;
    Que o diga um lojista,
    Que me comeu dois tostões
    Na compra de dois melões.

E tenho fama, emfim,
Ah, coitadinho de mim!...
De tolices sempre amar
E de assim as vomitar.

                    X. P. T. O.
                    (*caboverd.*)

UM THERMOMETRO DE PRECISÃO

Pode dizer-se que um commerciante francez descobriu a pedra philosophal com um novo thermometro que pôz á venda com extraordinaria acceitação por parte do publico.

O novo instrumento é de tal precisão que indica as variações da temperatura produzida pela entrada ou sahida d'uma pessoa na habitação em que está collocado. Compõe-se d'um tubo de crystal graduado em fórma de arco, que descança sobre as duas extremidades, uma das quaes affecta a fórma de ampulheta, recoberta exteriormente com negro de fumo.

No centro do arco acha-se o indicador sobre uma folha fina e movel de aço, em perfeito equilibrio, com uma pequena barra tambem movel, com a qual forma uma especie de fiel de balança, de fórma que a agulha indicador pode girar facilmente de um á outro lado.

A mais pequena elevação da temperatura faz com que o negro do fumo absorva o calor e dilate o mercurio, que por sua vez faz inclinar a agulha em um ou outro sentido.

N'este thermometro o zero está no centro do arco, e os graus da direita indicam a elevação da temperatura.

~~~~~~~~~

ARITHMOGRAMMA. — N° 18.

Offerecido ao Sr. L. A. de Brito

    Faz-nos receioso 4, 7, 3, 2
    Esta harmonia; 2, 6,5
    O tal Senhor 1, 7, 3, 6, 5, 2
    Deu-me esta flôr 3, 7, 4, 5, 2

        Para esta vida
        Levar avante
        'Stou no meu posto
        Sempre constante.

            Manoel Xavier Paes Barretos.

Tamandaré-Pernambuco-Brasil.

THRENO

(Á memoria da minha querida Inin)

Como a alvéloa na revoada mansa
O fero caçador no chão prostrou,
Assim brincavas na luzida estança,
Quando a mentida sort' aniquilou!...

Tu eras feita d'alegrias puras
Qual doce aurora por manhãs d'Abril!...
Mas breve em prantos e crueis torturas
Se converteu o astro juvenil!...

Quando no melindroso hastil eu vejo
A flôr languida sem alento ter,
Depôr eu julgo o doloroso beijo
No teu rostinho d'um cruel soffrer!...

E, se hoje vejo teus irmãos trinantes,
Quaes rouxinoes em bandos festivaes,
Creio antevrê-te nos céos deslumbrantes
Cantando os hymnos bellos, divinaes.

Ai! vejo em tudo tua imagem q'rida!...
Do Nazareno bem haja o sermão
Que alenta a fé, a crença emmurchecida,
E nos manda esperar a redempção!...

(S^{to} Antão)

HUMILDE CAMPONEZA.
(caboverdiana)

CHARADA. — N° 27

(Ao meu Exmo Am° Rév.^{mo} Conego Teixeira, director do
Almanach Luso-Africano)

2-2. Faz pequena differença certa disposição musical depois da Paschoa.

A. S. D'OLIVEIRA

Bôa-Vista. — Cabo-Verde.

A PESCA DAS PEROLAS

Vae passado o tempo em que a pesca das perolas se fazia apenas por meio de processos verdadeiramente primitivos.

Os indigenas do archipelago malaio eram descidos ao fundo do mar por meio de uma corda a que se agarravam; a sua immersão poucos minutos podia durar.

Alguns mais engenhosos esvasiavam grandes aboboras, que levavam comsigo com a abertura, assás larga, voltada para baixo, e, quando sentiam necessidade de respirar, mettiam a cabeça na campanula tosca, assim arranjada, e aspiravam o ar que ella continha, mas que depressa era consumido. Assim conseguiam demorar-se mais alguns minutos debaixo d'agua.

Ao mesmo tempo a procura das perolas tem augmentado por fórma que é preciso ir buscá-las a profundidades invenciveis aos mergulhadores malaios.

Ao presente, as companhias inglezas que exploram esta pesca empregam com bom resultado o scaphandro ou apparelho de mergulhador, que todos conhecem, não só na Malasia e nas costas de Ceylão, mas ainda junto da California e do Mexico.

Os barcos empregados na pesca das ostras medem duas a tres toneladas e levam um ou dois mergulhadores cada um, quasi todos inglezes ou allemães.

O mergulhador enverga o desgracioso scaphandro e é arriado ao fundo do mar levando um sacco de rede pendurado ao pescoço para trazer as ostras e preso a uma corda para ser içado a um signal seu.

Este mister tem seus perigos, pois que o mollusco vive no meio de emmaranhadas vegetações submarinas, de esponjas e de madreporas cujas arestas podem rasgar o involucro protector ou cortar-se o tubo conductor da bomba de ar.

O aspecto estranho do mergulhador intimida os tubarões, que se não atrevem a aggredi-lo.

A ostra das perolas vive á profundidade de 20 a 25 metros, na qual é impossivel permanecer mais de 10 a 15 minutos, por causa da pressão, tendo de vir em seguida descansar á superficie da agua. N'um dia de seis horas de trabalho o numero de ostras apanhadas (muitas das quaes teem perolas) não excede 200 a 300. Vê-se, pois, quanto é arduo este trabalho.

GRAMMATICA RUDIMENTAR

Aquelle Manoel do Rego
E rapaz de tanto tino,
Que em *lirio* põe sempre *y* grego,
E em *lyra* põe *i* latino!

E, como a gente diz *ceia*,
Escreve sempre *ceiar*;
Assim como de *passeia*
Tira o verbo *passeiar*!

Nunca diz senão *peior*,
Não só por ser mais bonito,
Mas porque achou n'um auctor
Que deriva do sanskrito.

Escreve razão com *s*,
E escreve Brasil com *z*:
Assim elle nos quizesse
Dizer a razão porquê!

Tambem, como diz *eu soube*,
Julga que *eu poude* é correcto:
Temo que a morte nos roube
Rapazinho tão discreto!

É um grammatico o Rego!
É um purista o finorio...
Se Camões fallava grego,
E o Vieira latinorio!

JOÃO DE DEUS

ENIGMA. — Nº 14

Offerecido ao Exmo Sr. Dr Peres)

Charadistas, alerta!
Enigma vos vou dar,
De tres lettras é elle,
Ou duas sem faltar.

Se trocares a prima,
Verás tu, meu amigo,
A bella israelita
Lá do mundo antigo.

Ora troca a segunda,
Na egreja a obtens;
Retroca, se quizeres,
Nas aves tu a tens.

Corta agora a terceira,
Verás que tormento;
Mostra dôr profunda,
Traduz sentimento.

Ás direitas, ás avessas,
Depois de tanto lidar,
Dizem sempre o mesmo;
Toca, toca a adivinhar.

São Nicolau,
9 de Maio de 1894.

★★ M.

CHARADA. — Nº 28

(Ao Perico)

— O circulo é medida e instrumento 2, 2.
— Descobre a pena o denunciante, 3,1.

S^{to} Antão
Babôso.

F. A. d'Oliveira

CASAS DE 28 ANDARES

Um jornal americano annuncia que Mr. Buffington, architecto de Minneópolis (Minnesota), Estados-Unidos, tirou patente de invenção para um systema de construcção em ferro, que lhe permittirá alcançar, sem difficuldade nem grande despeza, edificações da altura de 120 metros. O mesmo jornal affirma que os planos do inventor são muito praticos e de um bello effeito architectonico, que chamarão a attenção de todos os constructores, e emfim, que uma associação de capitalistas de Minneópolis se dispoz a começar, segundo estes planos, a construcção de uma casa de vinte e oito andares e de 120 metros de altura.

O inventor attribue ao seu systema, entre outras vantagens, a de que custará 25 por cento menos que qualquer outro methodo de construcção, que será mais rapida a obra, que se economisará espaço, etc.

A possibilidade de se levantarem estas enormes casas é evidente, mas a possibilidade de habitar um vigesimo oitavo andar é o que pode admittir dúvidas.

(Encyclopedia das familias)

ENIGMA. — N.º 15.

(A minha am.ª, D. Ulpha)

(Cabo-Verde)

D. Euphrasia Paschasia Bathilda Cesaria
(caboverdeana)

AVARENTO

Puxando um avarento de um pataco
Para pagar a tampa de um buraco
Que tinha já nas abas do casaco,
Levanta os olhos, vê o céo opaco,
Revira-os fulo e dá com um macaco
Defronte, n'uma loja de tabaco...
Que lhe fazia muito mal ao caco!
    Diz elle então
    Na força da paixão :
— Ha casaco melhor que aquella pelle ?
Trocava o meu casaco por aquelle...
E até a mim... por elle. —

    Tinha razão
    Quanto a mim.
Quem não tem coração,
Quem não tem alma de satisfazer
As niquices da civilisação,
    Homem não deve ser ;
    Seja saguim,
Que escusa tanga, escusa langotim :
    Vá para os mattos,
    Já não soffre tratos
A calçar botas, a comprar sapatos ;
Viva nas tocas como os nossos ratos,
E coma côcos, que são mais baratos !

                      JOÃO DE DEUS

ENIGMA. — Nº 16

Ás direitas não malleavel,
As avessas um cetaceo.

S. NICOLAU   M. A. BRITO
(*Cabo-Verde*)   (*caboverdiano*)

MÁ CASTA DE DEMONIO

É bem sabido que em certa occasião se apresentaram a Jesus-Christo os seus discipulos, manifestando-lhe que não tinham podido expulsar os espiritos do corpo de um endemoninhado, e que o Senhor lhes disse:
— « Essa classe de demonios só se expulsa com a oração e com o jejum. »

Pois bem, achando-se Voltaire hospedado em casa de Frederico da Prussia, e estando este já farto de ter aquelle em palacio, o cozinheiro o percebeu e tratou de lhe encurtar a ração, em termos que se passaram dois dias sem dar-lhe de almoçar. Voltaire foi queixar-se a Frederico, que, mandando ir o cozinheiro á sua presença, lhe perguntou porque assim procedêra, ao que o criado respondeu:
— Senhor, esta classe de demonios não se afugenta senão com a oração e com o jejum; encarregue-se Vossa Magestade da oração, que o jejum fica por minha conta.

Que impagavel cozinheiro!

J. DE CASTILHO

SEMINARIO-LYCEU DE CABO-VERDE

(Melhoramentos litterarios depois da sua creação)

O curso preparatorio do Seminario-lyceu foi dotado, dois annos depois da sua creação, com a cadeira de portuguez pela regia determinação de 2 de Novembro de 1868, assignada pelo então ministro da Marinha, J. M. Latino Coelho.

Foi confiado o ensino d'esta disciplina ao Ex.mo professor da 1.ª cadeira da éscola principal da Praia, habilitado pela Escola Normal de Mafra, o Sr. José Fernandes Henriques Moniz, que a regeu até 1880, em que se aposentou.

Ordena esta determinação que n'esta cadeira se ensine não só a lingua portugueza, como tambem os methodos de ensino e o mais que convenha ás funcções de professor.

Depois da aposentação do referido professor Moniz, a cadeira tem sido regida por conegos da Sé, com gratificação particular do Seminario até ao ministerio progressista, cahido em 1890, sendo então estabelecida uma gratificação official pelo benemerito ministro da Marinha, 'o Exmo Sr. H. de Barros Gomes, actual ministro dos Estrangeiros.

Além das cadeiras officiaes já referidas, ha no Seminario as particulares seguintes, fundadas pelo actual venerando Prelado da diocese, D. Joaquim Augusto de Barros:

1.ª — *Instrucção primaria*, em 1884, sendo Vice-Reitor do Seminario o Exmo Sr. conego Manoel Corrêa de Figueiredo.

2.ª, 3.ª, 4.ª e 5.ª — *Desenho, Inglez, Legislação e Economia, Theologia Pastoral*, em 1891, sendo Vice-Reitor o actual, o Exmo Sr. Dr. F. Ferreira da Silva.

As cadeiras e o pessoal do Seminario teem sido dotados com as gratificações seguintes:

1.º PERIODO (PRIMITIVO):

Professores:

1.ª cadeira (Latim e Francez)............	200$000
2.ª cadeira (Philosophia, etc.)...........	200$000
3.ª cadeira (Rhetorica, etc.).............	200$000
4.ª cadeira (Mathematica, etc.)..........	600$000
5.ª cadeira (Musica).....................	120$000
1.ª Theologia sacramental................	200$000
2.ª Theologia dogmatica.................	200$000
Pessoal......	1:720$000

Vice-Reitor......................	300$000	
Prefeito........................	200$000	500$000
Total...............		2:220$000

2.º Periodo (crescente):

Portuguez (Prof.r da Esc.ª Principal).	500$000
Direito canonico...................	400$000
Mais..........	900$000
O maximo das gratificações.............	3:120$000

3º. Periodo (médio):

(Começam a minguar as gratificações)

Portuguez.. 200$000 réis, menos, portanto..	—300$000
Gratificação média...	2:820$000

4.º Periodo (decadente — actual):

(Organisação administrativa de 1892 pelo ministro da Marinha, F. J. Ferreira do Amaral)

Professores:

1.ª cadeira (Latim e Francez)...............	150$000
2.ª cadeira (Philosophia, etc.).............	150$000
3.ª cadeira (Rhetorica, etc.)...............	150$000
4.ª cadeira (Mathematica, etc.).............	500$000
5.ª cadeira (Musica)........................	120$000
6.ª cadeira (Portuguez).....................	150$000
7.ª cadeira (Theologia sacramental).........	150$000
8.ª cadeira (Theologia dogmatica)...........	150$000
9.ª cadeira (Direito canonico)..............	360$000
Total.......	1:880$000

Pessoal:

Vice-Reitor....................	200$000	
Prefeito.......................	200$000	400$000
	Total.........	2:280$000

Taes são as mesquinhas gratificações que o governo da metropole dá para um estabelecimento de instrucção secundaria (o unico na Provincia), apezar de preencher o fim para que foi creado, podendo rivalizar com os lyceus do Reino, já pelo numero das disciplinas, já pelos resultados efficazes que ha produzido.

Os estudos, porém, do Seminario, nenhum valor official teem no Reino, apezar da seguinte disposição, não revogada, do decreto organico da instrucção publica do Ultramar (de 30 de Novembro de 1869, artigo 53):

« A frequencia das cadeiras das escolas principaes e das *cadeiras dos Seminarios* das provincias ultramarinas, analogas nas disciplinas ás dos lyceus de 2.ª classe do continente, habilitam os alumnos approvados n'ellas para a matricula das escolas do reino e do Estado da India. »

E devendo ser, de preferencia, professores do Seminario os rev.mos conegos da Sé cathedral (art.º 6), em cuja nomeação se deve attender á necessaria aptidão para o magisterio secundario, é claro que este Seminario teria merecido ao Estado a graça de lyceu nacional, como em 1896 foi concedido ao Seminario de Nossa Senhora d'Oliveira de Guimarães, se a instrucção superior do Ultramar não andasse bastante esquecida dos poderes publicos.

Cabo-Verde
1898.

A. DA C. T.

MARIA!

Maria! eis o desafogo dos humanos! eis a esperança do justo e o refugio do peccador! eis a alegria dos que gemem no desterro! eis o escudo que abraça o combatente! eis o nome auspicioso da nossa Mãe, nome que os anjos casam com a harmonia das lyras celestes, égide que nos põe ao abrigo dos nossos inimigos!...

Escuta-se sobre as ondas do mar, mórmente quando a borrasca e a tormenta o enfurecem; ao afflicto que sente o abysmo dilatar ás fauces sob o fraco baixel, este nome esperançoso, mandado as celestes regiões em horas de tanta agonia, traz-lhe o necessario conforto, porque o coração libou a inebriante doçura que encerra.

Sob o medonho aspecto da tempestade repete-o com fé

o marinheiro, que, voando-lhe nas azas da tormenta, é esperança para situação tão angustiada : acredita que os elementos obedecem ao escuta-lo, porque mais d'uma vez sentiu a bonança depois de ferventes clamores.

O moribundo profere-o, muitas vezes, no intimo do coração, quando os labios cerrados o não fazem ouvir; morre-lhe quando o vae repetir junto da celeste Bemfeitora, a quem deve o ser feliz; deixa de o invocar, quando a procella deixou de rugir, para no porto de segurança canta-lo, como victorioso, ao accordão de eternas melodias!...

A mãe christã descerra os labios infantis da innocente parte do seu coração, ensinando-lhe o nome bemdito da Mãe que o ha de salvar. Ensina-lh'o para mais tarde lhe servir de égide nos fortes combates da vida terrestre; para lhe ser consolação e esperança em meio de trabalhos e desolação.

JULIO DE CASTILHO

CHARADAS ANTIGAS. — Nº 29

Que vã ostentação e que vaidade,
Tanto orgulho se vê, já, de repente ;
Não julgueis que só isto é novidade
Para vós que em charada sois valente. 2

Mas agora eis ahi de um animal
Um producto que só acho bem bonito;
Dizei-me, sim, collegas, se isto val
O epitheto que lançam de exquisito. 2

Uma nympha por certo descobriste,
Tu, leitora, atilada e perspicaz ;
Porém, olha, se assim só decidiste
Não voltei (firme sempre) para traz.

(*Capital Federal*)

D. JOSEPHINA B.

CONTRA O GORGULHO

Um dos mais temiveis destruidores dos cereaes é o gorgulho, cuja extincção se consegue por meio do fumo de breu, fervendo-se o breu dentro de uma panella de barro. Faz-se esta operação dentro do celleiro, e tapando-se primeiro tambem com breu todas as fendas das portas e janellas. Este processo tem dado magnificos resultados contra o insecto, que morre asphyxiado.

(Encyclopedia das familias)

VARIAS NOTICIAS SOBRE A AGRICULTURA DA AFRICA OCCIDENTAL

Na Jamaica tem-se apurado variedades da *Coffea arabica*, L. para se cultivarem conforme as differentes naturezas de terreno, altitudes, etc. Assim alli se cultiva com optimo resultado o cafezeiro, desde o nivel do mar até 1.660 metros d'altitude.

A qualidade produzida nas pequenas altitudes é inferior; mas a proveniente de plantas cultivadas acima de 1.165 metros é talvez o melhor café do mundo. Em Liverpool é muito apreciado o café das Montanhas azues, a que acima nos referimos, chegando a paga-lo a 143 shillings o quintal.

Hoje estão alli plantando muito a *Coffea Liberica*, Hiern. nos terrenos de altitude inferior e ao nivel do mar.

Como é sabido, os cafezeiros, e sobre tudo a *Coffea arabica*, L.; são atacados por uma doença nas folhas, devida a um cogumelo, que é a *Hemilia vastatrix*, que appareceu pela primeira vez em 1869 em Madullisama.

Esta doença já quasi destruiu a maior parte dos cafezaes da Asia, e tambem já se vae estendendo pela Africa oriental.

Por emquanto, a doença é desconhecida na Africa occidental, e até ao presente as plantações de café do Novo Mundo tambem teem sido poupadas por este terrivel inimigo, o maior que tem o cafezeiro e o mais diffusivo.

Temos á vista uma estatistica dos estragos produzidos por esta doença nos cafezaes de Ceylão. Embora não seja muito moderna, ainda assim por ella se pode bem avaliar os enormes prejuizos que esta cryptogamica pode causar.

Producção de café em Ceylão :

Annos	Producção Toneladas	Valor por tonelada Libras	Total Libras
1879-80	33.400	100	3.340.000
1880-81	22.290	90	2.006.100
1881-82	28.000	80	2.240.000
1882-83	12.900	70	903.000
1883-84	16.900	65	1.053.000
1884-85	15.500	60	903.000
1885-86	9.000	60	540.000

Não se conhecendo até hoje esta doença nos cafezeiros da Africa occidental, parecia-nos rasoavel que os governos das nossas possessões n'este lado de Africa, tomassem todas as precauções precisas para resguardar as plantações de café d'este terrivel inimigo, capaz de as devastar em poucos annos.

Que enormes prejuizos não adviriam ás nossas colonias d'Africa occidental, se a fatalidade fizesse com que esta cryptogamica alli apparecesse.

Segundo lêmos nos relatorios dos consules inglezes, ella já appareceu na Africa oriental, portanto mais um motivo para mais cautela haver na parte occidental.

É bem certo o dictado que diz « mais vale prevenir do que curar ».

Portanto parece-nos urgente que se prohiba a entrada de plantas de café provenientes dos pontos atacados, e ainda melhor seria as de qualquer proveniencia, assim como a de outras plantas originarias dos sitios onde houver esta doença nos cafezeiros.

É este um assumpto gravissimo para que chamamos a attenção de todos os interessados. Póde bem dizer-se que para os cafezaes das nossas possessões é tão grave, como o phyloxera para as vinhas da metropole.

Da «*Familia Portugueza*».

A. M.

~~~~~~~~~~

CHARADA (decapitada) N.º 30.

Fizeram-me — e esta violencia deixou-me sem forças para — o pensamento ao doce — aonde nem sequer havia. — e por fim levei um —.

A. S. D'OLIVEIRA
I. do Sal — Cabo-Verde.

~~~~~~~~~~

MAXIMAS

Quem no perigo abandona o seu semelhante, é responsavel por sua desgraça.

* * *

Em vão procura abrigar-se contra as tempestades da vida quem não tem em seu favor o abrigo de Deus.

* * *

O primeiro passo para o bem é a abstinencia do mal.

* * *

A bandeira da virtude, em suas campanhas, tem por legenda: *Resistencia* e *abstinencia*.

* * *

Os maiores males veem, muitas vezes, do abuso dos melhores bens.

RODRIGUÉS DÉ BASTOS

CHARADA. — N.º 31.

A denuncia entristece o pregoeiro. 3, 1.

A. Ferrer

CHARADA. — Nº 32

(Á minha irmã)

A mulher é um arbusto e engenho a mover-se constantemente. 2, 1, 2.

Ilha Brava.

Uma desconhecida

CHARADA. — Nº 33

2-2. A pedra é pegajosa, porque é betume.
(Bahia)

João Eliot

CHARADA. — Nº 34

2-2-1 Oh, mulher, corrija a contracção do porta-voz.
(Bahia)

João Eliot

ENIGMA. — Nº 17

Ás direitas dou-te um rio
Rei antigo e estrangeiro.
Tempo de verbo ás avessas
Sim senhor, meu cavalleiro.

(Bahia)

João Eliot

REMEDIO PARA AS VACCAS RECOBRAREM O LEITE

Ás vaccas leiteiras, ainda das melhores, succede muitas vezes relaxarem-se os uberes, e perderem por isso o leite. Muitos creadores usam o seguinte remedio muito efficaz, barato e sempre á mão : Colloca-se duas vezes ao dia sobre as tetas da vacca enferma uma cataplasma de barro amassado com vinagre, e isto será o sufficiente para a pôr boa.

(Encyclopedia das familias)

8. CHARADAS. — Nº 35.

(Acrostico)

Á Ex.ma MENINA

A mulher diz o gato que é mulher	3,2
N o leite reparava esta senhora	2,2
G ira esta mulher na Hespanha	2,3
E ste nome venerado tem belleza na mulher	2,2
L iguei na composição poetica tudo o que existe	2,2
I nterjeição é mulher que tem garbo	1,2
C redo! que uma flôr abrase a mulher?!	1,1,2
A gora a ilha tem boa bebida	1,2

(S.to Antão, Cabo-Verde)

F. Pinto

FORMIGAS

(Para as impedir de subir ás arvores e arbustos)

Tome-se uma pequena quantidade de azeite do mais ordinario, ou ainda mesmo do de peixe, e desfaça-se n'elle um pouco de carvão reduzido a pó fino, formando uma massa delgada, com a qual se fará um circulo á roda do pé da arvore ou arbusto, á seis ou oito pollegadas acima da terra, e de modo que fiquem bem tomadas todas as aberturas e escabrosidades da casca : depois polvilhe-se ainda este circulo com o mesmo pó de carvão. Nenhuma formiga ousará passar esta barreira.

(Encyclopedia das familias)

MAXIMAS

É sempre perigoso, e algumas vezes odioso, procurar profundar muito as acções alheias.

Uma alma baixa suppõe sempre vis motivos nas acções mais nobres.

Quando se vos apresentar alguma acção a fazer, perguntai a vós mesmos : se ella vos convem, se será seguida de arrependimento ou de remorso; e lembrai-vos de que pouco depois podereis deixar de existir.

RODRIGUES DE BASTOS

RECORDAÇÕES DO PASSADO

(A *Canoio Prazerès*)

Envolve-me a alma um *não sei que*, é preso o meu coração de indefinivel *spleen* quando comparo meu viver grave e azafamado de hoje com a alegre e despreoccupada vida de outr'ora. Assedia-me a mente, envolta em um véo de inextinguivel saudade a grata imagem *dei belli giorni che non ritornano piú*, serena miragem engrandecida pelo tempo e espaço decorridos e mais fortemente stereotypados por isso mesmo que relembra tempos para sempre findos.

Desenrola-se e perpassa borboleteando celere ante a mente, como se diante um espelho magico, todo o oscillar indeciso da pendula byroniana da existencia em uma alluvião de saudosas recordações, todo esse sonho « pesado ou doce que se esvae na campa ».

No oceano revolto onde jazem tantas esperanças desfeitas, tantas illusões perdidas sobrenada á flôr das aguas uma doce lembrança.

. . . .

Resôa-me ainda aos ouvidos o adeus saudoso que, por uma especie de talisman encantado, electrisava-me ao ouvir a gentil moreninha gorgeiar aquelles hymnos de celicas melodias com a feliz interpretação de que só ella sabia o segredo. Dir-se-ia que o mysterioso archanjo das harmonias enviára-lhe os subtis effluvios da musa do sentimento e da poesia a volitarem em torno da fada morena para deporem-lhe nos labios em flôr o suavissimo mel da uncção melancholica que rescendia em seus cantos tocando-nos a fibra mais secreta d'alma, vibrando-nos a corda mais sensivel do alaúde do coração. Iracema, devera ella chamar-se, a virgem dos labios de mel, ter esse « nome tão doce que parece escrever-se em setim com lettras d'oiro », ser esse « anjo do céo de aereas nuvens n'alvo luar em sonho vaporoso balouçado suave de tristeza —n'um lago sem rumor, ermo de brizas ». Só ella sabia com tanta morbideza imprimir aos labios, arrancar do peito com uns longes de tristeza que tão bem lhe diziam esses tons repassados de terna e morna languidez, fluentes e cadenciosos como o perpassar molle e preguiçoso do regato a rumorejar em manso borborinho até se esconder a medo ao longe na campina, insinuantes como os cantares que do fundo do abysmo escutava Eloá, essa bella creação do conde de Vigny, a virgem gerada d'uma lagrima de Christo. Sua janella aberta a deshoras lembra-me a rendilhada ogiva oriental em que a scismadora castellã dos contos arabes aguardava anhelante de amor o poetico amante á hora sybillina da meia noite. Eu me quedava uma eternidade inteira (se tanto vivesse) a ouvi-la, tocado da corrente balsamica do mysticismo allemão ou da calma quietitude do splenismo britannico!

Manoel Xavier P. Barreto (D^r)

(Tamandaré-Pernambuco), Brasil.

MAXIMAS.

Obrar sem ter reflectido, é começar uma viagem sem preparativos alguns.

Aquillo que se não póde dizer, não se deve fazer.

R. de Bastos

CONSELHOS DE HYGIENE

ENVENENAMENTO PELO MEXILHÃO

Nos frequentes envenenamentos, produzidos pelo *mexilhão* e *ovas* de certos peixes, apresentam-se, como principaes symptomas, arrepios de frio, dôres de cabeça e estomago, inchação da face, erupção urticaria, e forte prurido de todo o corpo.

N'estes casos as primeiras indicações consistem na administração immediata d'um vomitorio (0,10 centigr. d'emetico em meio copo d'agua), seguido d'uma poção com ether e laudano (2 gr.ˢ d'ether, 10 a 15 gottas de laudano em 150 gr.ˢ d'agua d'herva cidreira), beber agua com vinagre e applicar cataplasmas de linhaça no estomago e ventre.

O CHORIPHONE-CONTRABAIXO DE DUMONT

O choriphone-contrabaixo é um orgão que produz os effeitos d'um côro de cantores e de um contrabaixo. O folle é movido a dois pedaes e o teclado é tanspositor d'uma oitava.

Como o choriphone-contrabaixo serve especialmente para produzir a nota simples do canto, fere-se o teclado com um só dedo da mão direita.

O choriphone-contrabaixo contribuirá para restituir aos officios seu antigo esplendor, pois suppre e sustenta na Egreja a voz dos cantores, cujo numero vae infelizmente diminuindo sempre. Pode ser tocado por um menino de côro, pois que não ha instrumentos mais faceis de tocar que os de teclado, e quando não se trata senão dê tocar uma só nota. O canto do choriphone pode ser acompanhado por um harmonium, e n'esse caso tem-se um côro completo.

Nº 1 = 4 jogos ou vozes, 3 oitavas de notas expressivas, 190 fr., enfardado. O mesmo com emparelhamento de oitava duplicando a potencia, 250 fr., enfardado. Vende-se na casa M. M. Dumont & C.ª

(Andelys-Eure-França)

CHUVA DE SANGUE

Ha certos phenomenos raros por extremo, sem relação apparente com os outros conhecidos e sem causas bem manifestas, que pouco importam por isso aos naturalistas, e muito ás pessoas alheias na sciencia. Estas, em regra geral, propendem menos para o estudo dos effeitos que frequentémente se repetem, que para a indagação d'aquelles que, pelas causas mencionadas, lhes offerecem os attractivos das maravilhas e prodigios. Tal é a *chuva de sangue*, que continuaremos a chamar assim com alguns meteorologistas, posto que todos concordem actualmente em que não teem de tal corpo senão a côr.

Tito Livio affirma que por muitas vezes chovera sangue nas praças de Roma. Zonaras diz que ao assassinio de Tacio se seguiram a esterilidade dos campos, as mortes repentinas e a chuva de sangue. Plinio conta que chovera *sangue e leite* durante o consulado de Acilio e Porcio. Muitos escriptores da edade média e dos seculos seguintes fallam de chuvas de sangue, observadas em diversos logares.

Refere um d'estes notaveis meteoros o licenciado Manuel Bocarro no « Tractado dos cometas que appareceram em Novembro passado de 1618 ». « Acordo-me, diz elle, que o anno passado se contaram prodigios extraordinarios e de sangue n'algumas partes, entre os quaes dizem que os cavalheiros d'um dos logares de Africa sentiram grande estrondo de guerra, e sahindo ao campo não acharam nada, e recolhendo-se se acharam cheios de sangue, principalmente nas lanças e nas armas : e viu-se mais que choveu sangue no mar de Setubal por espaço de duas horas. »

Francisco Leitão Ferreira n'uma obra inedita — a « Ephemeride » historial — cita esta mesma noticia de Bocarro, accrescentando, segundo umas memorias manuscriptas do tempo, que chegára a Lisboa, dirigida do capitão de Tanger ao vice-rei de Castella, conde de Salinas.

No seculo XVII houve já escriptores que mostraram serem impossiveis as chuvas de sangue, com quanto o não fossem as de alguns pós vermelhos, que o vento levantasse da terra n'umas partes para os lançar n'outras mais ou menos distantes. Ao vulgo, porém, antes aprazia acreditar o contrario, e imaginar que as bruxas sugavam o sangue ás creanças, e depois o derramavam sobre a terra em fórma de chuva. Nas « Cartas » ou no « Theatro Critico » julgou ainda necessario o erudito Feijoo refutar seriamente esta opinião absurda.

É incontestavel que por muitas vezes se teem observado chuvas vermelhas. Chegaram á noticia de Arago as seguintes, que cuidadosamente registrou. No dia 14 de Março de 1813 os habitantes de Gerace avistaram uma nuvem carregada que avançava do mar para a terra.

Havia dois dias que reinava o vento leste, o qual abrandou de repente pelas duas horas da tarde. A nuvem, que foi primeiro vermelha desmaiada, e depois côr de fogo, cobria já a esse tempo as montanhas proximas e começava a interceptar a luz do sol. Ficou envolvida a cidade em trevas tão densas, que ás quatro horas havia necessidade de ter as casas illuminadas. O povo, aterrado pela escuridão e pela côr da nuvem, correu em tumulto para a cathedral a fazer preces.

Cada vez mais se engrossaram as trevas, e todo o céo tomou a côr de ferro em braza. Começaram então a sentir-se os ribombos do trovão; e o mar, posto que estivesse a 11 kilometros da cidade, augmentava com seus bramidos o terror geral. Logo entraram a cahir grandes gottas de chuva avermelhada, que a uns pareceu de sangue, a outros de fogo.

Emfim, ao cerrar a noite, o céo desobscureceu-se, emmudeceu o trovão e o povo restituiu-se á sua tranquillidade ordinaria.

Chuvas semelhantes, porém desacompanhadas de outros phenomenos aterradores, foram vistas em a noite de 27 para 28 de Outubro de 1714 em Cuneto, no valle de Oneglia; a 2 de Novembro de 1819 em Blankemberge; no 1º de Outubro de 1829 junto de Orléans; a 16 de Maio de 1830 em Sienne (Toscana); em a noite de 24 para 25 de Março de 1842 em diversas partes da Grecia; a 16 e 17 de Outubro de 1846 em muitos logares da America e da Europa.

Segundo a opinião de Arago os ventos, os furacões, as trombas e, em particular, as correntes ascendentes, que tantas vezes se geram no seio da atmosphera, podem fazer subir ás suas camadas superiores fragmentos organicos, animaes ou vegetaes, particulas aquosas, coloridas por materias salinas e destacadas da espuma, que se forma junto dos recifes e das praias, e que, no dizer d'aquelle sabio illustre, se poderia chamar a poeira do oceano.

Alguns factos curiosos mostram a força de transporte que tem o ar em qualquer das mencionadas fórmas. A 10 de Maio de 1836 cahiu no valle d'Aspedos, Baixos Pyreneus, um pó amarellado que o vulgo tomou por enxofre, e não era mais que o pollen dos pinheiros mansos de florestas proximas, que ficavam na direcção do vento. Os olmos, as avelleiras e os lycopodios podem dar logar a phenomenos semelhantes.

D'outros pós meteoricos extrahiram os chimicos diversas materias mineraes, algumas vermelhas, da mesma natureza das rochas que constituiam os terrenos pouco distantes.

Peltier, cuja autoridade é incontestavel, viu em Han uma chuva de sapos. Eram tantos, que juncavam o chão; e alguns lhe cahiram no chapéo e nas mãos.

Outros viram chuvas de peixes. Choveram arenques d'uma vez na Escossia, e d'outra vez sanguesugas na America. A causa d'estas chuvas, que tanto tempo pareceram fabulosas, está nas trombas que aspiram nos lagos ou nos pantanos aquelles animaes para os lançarem em sitios mais ou menos distantes.

Nas ilhas de Cabo-Verde cáhe frequentes vezes um pó avermelhado tão abundante, que forma espessa camada nas velas dos navios. Analysou-o Ehrenberg, e viu que era composto de infusorios e reliquias organicas. Com bôas razões julgam hoje os naturalistas esse pó originario da America meridional, d'onde o trazem os ventos aliseos austraes, que constituem uma corrente superior á dos ventos aliseos de nordeste depois de com elles se cruzarem na zona equatorial.

De quanto deixamos dito se deprehende qual seja a verdadeira natureza da chuva de sangue, que os antigos consideravam como signal da ira celeste, como temeroso presagio de futuras calamidades.

Dr. Augusto Filippe Simões

A GOVERNAÇÃO EM FRANÇA

— Lia-se n'um dos ultimos numeros da *Presse*, um dos diarios parisienses mais populares:

« Vamos fallar um pouco da nau do estado, que navega, como sabeis, sobre um abysmo.

« Um estatistico, de que não contestamos a competencia, calculou quanto custa, desde o começo d'este doce

ALMANACH LUSO-AFRICANO 229

seculo expirante, uma hora de marcha n'esta machina antiga e solemne.

« Sob o consulado e Imperio, cada hora custava 115:000 francos.

« Sob a Restauração, 119:000 francos.

« Sob Luiz Filippe, 115:000 francos.

« Sob a republica de 1848, 173:000 francos.

« Sob o segundo Imperio 249:000 francos.

« E, finalmente, no anno defuncto de 1894, 437:000 francos.

« Como tudo tem augmentado! »

CHARADA. — N.º 36.

Ao Illustre Sr. Antonio Manuel da Costa Teixeira, distincto director do « Almanach Luso-Africano. »

> Tens aqui o teu perdão, 2
> E um astro aqui tereis, 1
> No desfecho empata o sol
> Que a ti vós não queimeis.

Osorio de Barros

(Palmeira de Garanhuns-Pernambuco)

ENIGMA PITTORESCO. — Nº 18.

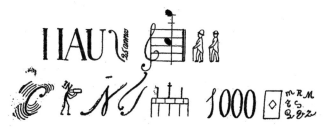

(Sto Antão)   Ancio

BOA-VISTA

PONTE-CAES

Construída em 1878 pela direcção das obras publicas representada então aqui pelo conductor Rodrigo Jayme Corrêa. Foi mestre constructor João Rodrigues Pestana, carpinteiro naval de 1.ª ordem.

E' uma construcção solida que satisfaz plenamente ao fim a que é destinada.

O taboleiro é de madeira de pitch-pine, assente sobre estacas de cibe, formando 3 filas longitudinaes e 12 transversaes.

Tem guardas lateraes e assaz solidas até á escada d'embarque.

Conservou-se em bom estado até ha 2 ou 3 annos em que as estacas começaram a apodrecer, contando-se hoje bastantes arruinadas que ameaçam a queda da util e magnifica construcção, se se não attender a tempo aos concertos de que ella carece, como tem sido requisitado repetidas vezes pela autoridade competente.

J. Pinto

CHARADA (novissima). — N.º 37.

Ao meu primo e amigo, Simão José Barboza.

Vôa de Rio-Grande o homem, 2, 2.

I. do Fogo, Cabo-Verde.

Joaquim de Freitas Abreu

CHARADA (novissima). — N.º 38.

Ao meu collega e amigo, Manoel Ramos Souza.

A lettra é fructa santa; 1, 2.

I. do Fo o, Cabo-Verde.

Joaquim de Freitas Abreu

A ORIGEM DA PALAVRA MANDARIM

Uma revista franceza, referindo-se aos funccionarios chinezes conhecidos na Europa pelo nome de mandarins, diz:

« Esta palavra, de aspecto chinez, é simplesmente de origem portugueza, pois foram os portuguezes que out'rora se lembraram de denominar mandarins (de *mandar*) os altos funccionarios civis da China.

A PESCA DO PIRARUCÚ

(*Da obra illustrada* **Viagens no sertão do Amazonas**, *do Sr. Bernardo da Costa e Silva.*)

. . . .

Pirarucú significa peixe pintado de manchas encarnadas: pira, peixe; urucú, vermelho.

O pescador mette-se na montarir ou pequena canôa, e, quando só, rema na prôa, substituindo o companheiro pelo jacuman, remo que revela o leme que amarra na ré.

Evita fazer com a pá do remo, remo de mão, especie de pá do forno, com cabo de 3 a 4 palmos (que são os que aqui usam), o menor rumor possivel na agua para não assustar o peixe; em pé, na prôa, apenas o vê, atiralhe a haste com o bico itapuá, ferrão á guiza de farpa, e larga a linha como se costuma fazer na pesca da baleia, ficando uma extremidade presa, umas vezes no punho, outras na canôa.

É necessario muita experiencia para fisgar o peixe, pois que este mal dá tempo a ser surprehendido, porque mergulha logo, e por isso o pescador apenas pode avaliar a direcção que elle toma, para o fisgar, pelo movimento que elle dá no impulso de mergulhar, deixando a cauda no ar no acto que entra a afundar-se, devendo equilibrar-se no impulso de arremessar a fisga para não cahir.

Fisgado o peixe, perde muito sangue e facilmente é puxado para a montarir.

Em terra é aberto e salgado.

É excellente comestivel e abunda no Amazonas

Chega a pesar arrobas.

. . . .

~~~~~~~~~~

CARTEIRA D'UM VETERINARIO

1.º (CAO).

Symptomas. — Gingivas tumefactas, violaceas, sangrando facilmente. Dentes abalados. Salivação abundante e fetida.

Diagnostico. — Escorbuto.

Tratamento. — Lavagens á bocca com o liquido seguinte:

```
Acido hydrochlorico............    10)
Mel rosado....................     30) grammas
Agua....... ...............     1.000)
```

PINCELAGEM COM :

Xarope de cochlearia e quina..........
..................ãa 30 grammas...

Mudança de regimen; carne crua.
Ablação dos dentes abalados.

ALVES TÓRGO

2.º (CAVALLO).

Symptomas. — Exfoliação epidermica do chanfro, bordo cervical superior e cauda, dando logar a uma grande quantidade de caspa. Grande prurido ou comichão.

Diagnostico. — Eczema escamoso. (Pityriasis. Dartro furfuraceo dos antigos).

Tratamento. — Lavagens com sabonete phenico.

Pincelagens com a tintura de alcatrão a 1:5, quer dizer :

Alcatrão.............. .... 20⎫
Alcool................... 100⎭ grammas

INTERNAMENTE :

Acido arsenioso................... 5 decigrammas.
Em um papel e como este mais sete.
Para dar um papel por dia.
(Tomados os oito papéis, interrompe-se por 4 dias o emprego d'este pó, que se dá na ração, para recomeçar e interromper tantas vezes quantas sejam precisas.)
Mudança de regimen sêcco para verde.

Alves Tórgo

3.º (Cavallo).

Symptomas. — Tumefacção molle e algum tanto dolorosa da região do codilho, com fluctuação.

Diagnostico. — Hygroma do codilho, vulgó codilheira.

Tratamento. — Conforme os casos, pincelagens com a tintura de iodo, ou puncção e injecções da mesma tintura.

Ha quem tenha aconselhado a ligadura elastica, mantendo esta com quatro alfinetes atravessados na base do hygroma.

Logo que o tumor tenha cahido por estrangulação, passa-se uma sutura, se a ferida é muito extensa, e faz-se o tratamento commum a todas as feridas.

Alves Tórgo

ILHA DE SANTO ANTÃO

Caes D. Carlos 1º na villa D. Maria Pia.

É, a nosso vêr, um dos trabalhos mais importantes que se tem executado n'esta provincia, sob a direcção das obras publicas. Deu-se começo á sua construcção em Julho de 1891 e foi concluido em Junho de 1892, sendo os trabalhos dirigidos pelo digno director das obras publicas da província, o Coronel Frederico Augusto Torres, que tem sido incansavel no cumprimento dos seus deveres attendendo, com a sua reconhecida competencia, a outros não menos importantes trabalhos nas demais ilhas d'este archipelago.

Em Janeiro do corrente anno (1895) uma furiosa e medonha tempestade com vagas alterosas de S.-E. ameaçava levar o caes e algumas casas proximas. Durou a tempestade cêrca de 14 horas.

Na manhã seguinte foi averiguado com geral assombro, que sómente a cortina do lado S. havia cahido sem haver nenhum outro damno a lamentar, o que bem demonstra a pericia de quem fez executar a obra e a solidez d'ella.

O caes está ligado á casa da alfandega por uma via ferrea para o serviço de carga e descarga, que é feito com muita presteza e tem um magnifico guindaste que serve de grande auxiliar.

O edificio da alfandega pertence ao Estado e satisfaz ao movimento do commercio, bastante desenvolvido já; faltando apenas um pateo com 2 alpendres ou barracões que sirvam para recolher volumes de grandes dimensões, falta já notada pelo digno director das obras publicas que certamente providenciará para que cesse, logo que os recursos da provincia o permittam.

15 de Fevereiro de 1895.

A. DE S. PINTO

VIRTUDE!

Virtude é esta força inquebrantavel e constante que faz mover o homem sempre no mesmo sentido, que o impulsiona sem cessar e com intensidade progressiva, porque vae a cada momento cimentando-se no coração á medida que se exercita; virtude é esta corrente electrica que galvanisa a alma, transformando-a em nivea luz de clarão intenso que brilha no mundo, e, transpondo a amplidão dos céos, vae reflectir-se na mansão da luz eterna; virtude, emfim, é essa brisa fagueira e meiga que acalenta a alma e lhe aponta a crystallina fonte d'eternas delicias: em summa, a virtude é o bem, a justiça em potencia e em acto.

P. Miguel

(S*to* Antão)

CHARADA. — Nº 39

(*Ao meu cunhado, A. M. de Carvalho*)

Na pata da gata da casa, 1, 1, 1
Notarás a malha branca e redonda.

(*Angola*)

Salomão
(*caboverdiano*)

CONSELHOS DE HYGIENE

CALDO (*seu valor como alimento*):

Tem-se discutido muito sobre o valor alimenticio do caldo. A carne deixa effectivamente na agua pela cocção todas as partes soluveis: 82 por cento de suas materias extractivas, creatina, albumina soluvel, e sobretudo, gelatina proveniente dos musculos e dos ossos; mas, como a gelatina alimenta pouco e no caldo só existem seis grammas por litro de materias organicas não, o devemos considerar, como muitos pensam, o requinte da alimentação. Todavia o caldo augmenta a secreção do succo gastrico, é de facil absorpção e fornece aos musculos os saes de que precisam, podendo o seu valor como alimento ter muito augmento pela addição do pão.

INVENÇÃO DA SANTA CRUZ

A egreja celebra esta festa em memoria da descoberta do glorioso tropheu da nossa Redempção, em Jerusalem, por Santa Helena, mãe de Constantino, no anno 326. Santa Helena, mandando destruir o templo de Venus e a estatua de Jupiter, que os pagãos haviam erguido no logar do sepulchro de Christo, conseguiu, á força de excavações, encontrar o santo sepulchro, junto do qual estavam as tres cruzes.

Na impossibilidade de reconhecer qual fosse a do Salvador, consultou S. Macario, Bispo de Jerusalem, o qual foi de parecer que com ellas se tocasse algum enfermo. Assim se fez. Ao contacto das duas primeiras, a enferma, uma dama distincta, que se achava agonisante, conservou-se no mesmo estado; apenas, porém, lhe foi applicada a terceira, curou-se logo, do que foi testemunha uma multidão de povo.

Santa Helena fez construir um magnifico templo no local onde a luz apparecêra. N'esse templo ficou parte do precioso lenho, e outra parte foi por ella enviada a Constantino, seu filho. Com o andar dos tempos, differentes bispos de Jerusalem offereceram reliquias da cruz a peregrinos que a visitavam.

S. C.

(*Portugal*)

~~~~~~~~~~

CHARADAS (Rio-grandenses).— Nos 40 a 43

Elle — *Rapaz*, 3
Elles — *Penedos*, 3
Elle vôa = Ella anda, 3
Elle, cereal = Ella, medida, 3
Elle, tronco = Ella, cazebre, 2

Draco

(*Santo Antão, Cabo-Verde.*)

NÃO MAIS AFOGADOS

Parece estar descoberto um processo para que qualquer pessôa que cáia á agua não vá ao fundo, e fique fluctuando.

O processo consiste em tres algibeiras impermeaveis, cheias de um ingrediente chimico, que, ao molhar-se, desprende uma grande quantidade de acido carbonico.

Este gaz incha as algibeiras que se transformam em salva-vidas.

Deve-se notar que a chuva ou a humidade não lhe produzem inconveniente algum, porque o ingrediente só activa quando immerge completamente.

No grande *aquarium* de Londres teem-se feito varias experiencias do tal invento.

Que a Providencia o faça vingar.

A MORTE

Approxima-se a tarde : a luz do sol apenas deixa observar ligeiros raios, e do céo se precipitam já em vertiginosa descida as sombras densas de uma noite escura.

As veias languidescem, mirram-se e não corre já o humor vivido : exhausto o corpo, esváe-se a vida.

A morte, então, envolta em funereo manto, com a lança enristada, espera descarregar o golpe fatal, e os seus despojos os entrega ao tumulo que os guardará como preza sua.

A alma, porém, desprendida das cadeias terrenas, em sublime vôo, vae descançar na mansão da luz.

Oh ! Deus clemente, recebe-a n'um doce amplexo, concede-lhe o gozo da visão beatifica por toda a eternidade.

(*S^{to} Antão*)

P. M.

CHARADAS. — Nº 44.

(Novissimas) em acrostico

Offerecidas ao Rev.^{do}. Senhor

CONEGO
ome fruta esta pequenina ave.	2,2
pão caminha n'esta cidade.	1,2
o jogo esta medida é cortezia.	2,1
m côro impõe pena a multidão.	2,2
rego o numero sensato toca no instrumento.	2,2
pé de meia é o melhor cimento.	2,1

ANTONIO
glotte sómente tem doença.	2,1
ota que é efficaz este reagente.	1,3
em vestigios de nabo esta herva.	2,1
instrumento de Malaca é animal.	1,1
a musica ha o attractivo do raio.	1,2
nstrumento em Malaca é enxada?	2,1
solitario tem altivez em ser parco.	1.2

DA
esditoso é quem erra o adverbio.	3,2
filha do Rei tem pena da Casa do Irmão.	3,1

COSTA
hefe, ave ou linda flôr.	2,2
castanheiro de Niger é moeda e peixe.	1,1
orte é, estar ao abrigo d'este tecido.	2,2
rilhada no folho a cana de trigo.	2,1
sanha do moço e ser lascivo.	2,1

Draco (Santo-Antão)

~~~~~~~~~~

CHARADA. — Nº 45. *(Novissima)*

Ao Exmo. S.^r. D.^r. Botelho da Costa

Do Orbe é a mais bella Senhora ...   1,2

Erbon — Santo Antão, Cabo-Verde

A MANCARRA-AMENDOBI

Esta planta é originaria das Antilhas, e encontra-se na America, nas Indias, no Mexico, no Perú, no Brasil, no Chile, no Japão, na China, na Cochinchina e em Africa.

Em a nossa provincia da Guiné constitue ella a unica producção agricola, sendo os principaes centros de cultura: Bolama, Rio Grande e Rio Cassine.

No districto do Congo e em toda a região do N. da provincia de Angola egualmente se cultiva, e em Hespanha encontra-se tambem nos jardins para comer em grão torrado, ou ainda para juntar com o cacau e preparar uma especie de chocolate, com que se alimentam as pessoas de poucos meios.

A cultura d'esta leguminosa é simples e de pouco dispendio no amanho e adubação do solo; porém, exige, ou terras virgens, onde se produz com admiravel abundancia, ou então terrenos de preferencia em pousio de um anno, pelo menos, depois de quatro ou cinco de seguidas plantações. O principal emprego da mancarra é na extracção do oleo que ella fornece, muito valioso para usos secundarios.

É doce, limpido, de côr branca dourada, o que tambem depende da proveniencia do grão, bem como da sua melhor ou peior qualidade. Convem que seja sempre exportada com a casca, o que influe muitissimo na qualidade e pureza do oleo extrahido.

É, uma planta annual, de folhagem ramosa, e pertencente á familia das leguminosas, com folhas oblongas, flôres amarellas, e crescendo apenas de 50 a 60 centimetros de altura.

Quando as flôres começam a seccar, a haste inclina-se para o solo, espalhando novas sementes sobre a terra e como que indicando o periodo urgente para a apanha dos fructos germinados que se multiplicam exactamente como a batata commum, levando o maximo tempo, da lavoura á colheita, de quatro e cinco mezes, no que directamente influe a qualidade do solo e a natureza do clima.

O oleo é extrahido por meio de grandes prensas de pressão, e emprega-se nos mesmos usos que o azeite de oliveira, e, como elle, tem as mesmas propriedades comestiveis, tanto em conservas de peixe ou legumes, como na alimentação diaria de milhares de habitantes, em França principalmente.

Os oleos extrahidos de diversos fructos e sementes, principalmente produzidos no oriente, vieram trazer ao oleo da mancarra, nos seus variados empregos, uma terrivel, diremos, concorrencia; mas a distancia, curtissima, em comparação, da nossa colonia da Guiné, com os pontos do oriente, dá-lhe ainda uma subida vantagem nos mercados da Europa, e o emprego de capital n'este genero de lavoura seria ainda productivo e remunerador, se outras razões, puramente de circumstancias ordinarias, não lhe levasse a sua ruina completa.

A lavoura da mancarra é simples e pouco dispendiosa. Abertos na terra sulcos de pouca profundidade, é n'elles lançada a semente e coberta com a mesma terra bem desterroada, ficando-lhe um pequeno rego de cada lado, para dar vasão ás aguas das chuvas e deixar que o ar se espalhe livremente em volta das plantas, quando nascidas, seguindo-se-lhes outros e outros em toda a extensão do terreno para este fim destinado.

Em a nossa provincia da Guiné attingia, não ha muitos annos, a producção da mancarra a alguns milhões de toneladas.

E notavel o movimento constante de navios de todas as nacionalidades, á vela e a vapor, que alli iam receber este producto. Tudo isto se desfez com um sopro!

Pequenas e graciosas embarcações recortavam os seus rios, conduzindo este producto ou para os grandes depositos estabelecidos nos portos abertos a navegação de todo o mundo, Bolama, Bissau e Cacheu, ou levados pelos indigenas aos mercados, para troca com os mil objectos de phantasia puramente gentilica, pannos, armas, polvora, ferro, tabaco, etc., etc.

Era assim animada pelo trabalho de tantos a vida agricola e commercial da nossa provincia da Guiné. As receitas publicas augmentavam; as povoações tornavam-se alegres e todos confiavam no futuro.

Sem nova remodelação de toda a engrenagem administrativa d'esta provincia, immediata, sem espera d'um dia mais, tornar-se-ha uma ennegrecida pagina da nossa historia colonial, e isto quando é ainda bem facil remediar com vantagem o pouco que alli nos resta.

PORTUGAL

(Breve esboço geographico)

A superficie do reino de Portugal é de 90:000 kilometros quadrados. — 4:000:000 habitantes. — 45 habitantes por kilometro quadrado. — Os limites de Portugal são : ao norte e a leste a Hespanha; ao sul e a oeste o oceano Atlantico. O seu maior comprimento, desde Melgaço até Albufeira é de 558 kilometros, e a sua maior largura, desde Campo-Maior até ao Cabo da Roca, é de 220 kilometros.

Portugal tinha uma pequena extensão territorial quando foi acclamado, em 1140, o seu primeiro rei, D. Affonso Henriques. As successivas victorias alcançadas sobre os mouros por este monarcha e pelos seus successores dilataram os limites do reino para léste e para o sul até ao oceano. Durante a segunda dynastia (1385-1580) Portugal tornou-se notavel como potencia maritima : as suas descobertas e navegações grangearam-lhe um nome immortal na historia da civilisação.

Os portuguezes descobriram então quasi todas as costas da Africa, o Brasil e muitas ilhas, dobraram o celebre cabo da Boa-Esperança, e iniciaram novo caminho para a India, que exploraram. De 1580 a 1640 esteve Portugal debaixo do dominio hespanhol; no 1º de Dezembro de 1640, sacudindo o jugo estrangeiro por meio de uma gloriosa revolução, pôz no throno a dynastia de Bragança, que ainda hoje reina. Portugal decahiu muito do seu antigo poderio; no seculo passado perdeu quasi todas as possessões da India, e em 1822 o Brasil, que se tornou independente. Nos ultimos tempos, porém, tem accusado symptomas de energica vitalidade, cuja manifestação mais brilhante foi, « *não ha muito* », a celebração do tricentenario de Camões (10 de Junho de 1880).

O clima é temperado, excepto em alguns pontos do littoral, onde o calor é excessivo. Tem muitas aguas thermaes (Caldas da Rainha, Vizella, etc.) e gazosas (Vidago, Pedras Salgadas, etc.), ricas pedreiras de marmore e de granito (Arrabida, Pero Pinheiro, etc.), e numerosas minas de cobre (S. Domingos, Aljustrel, etc.), chumbo (Braçal), estanho, manganez, antimonio, carvão de pedra (Buarcos, S. Pedro da Cova, etc.). Produz todos os cereaes e legumes proprios dos paizes meridionaes, e abunda na creação de gados. A industria tem-se desenvolvido ultimamente, sendo as principaes producções : tecidos de seda e de lã, pannos, moveis, louças, porcelanas, vidros e papel; exporta vinhos, gados (sobretudo no norte), fructas e cortiça. A religião é a catholica. A fórma de governo é a monarchica constitucional com duas camaras, uma hereditaria e de eleição regia (a dos pares), e outra de eleição popular (a dos deputados).

Capital: Lisboa, 280:000 habitantes, na margem direita do Tejo; magnifico e vastissimo porto. A cidade baixa, reconstruida depois do terremoto de 1775, é notavel pela regularidade das suas ruas. Aqueducto das aguas livres. Theatros de S. Carlos e D. Maria II. Templos, dos Jeronymos (Belem), e de S. Domingos. Estatua equestre de D. José I (fundida de um só jacto) na grandiosa praça do commercio. Arsenaes, do Exercito e da Marinha. Escola polytechnica.

A antiga divisão do paiz era em 8 provincias : Minho, Traz-os-Montes, Douro, Beira-Alta, Beira-Baixa, Extremadura, Alem-Tejo e Algarve; hoje divide-se em 17 districtos administrativos.

Cidades principaes : Porto, 120:000 habitantes; palacio de crystal; torre dos Clerigos; bolsa; grande commercio de vinhos, gados; má foz. — Coimbra, 20:000 habitantes; universidade; antiga côrte dos reis portuguezes. — Braga, 18:000 habitantes; antiga cathedral, muito antiga e muito industrial.

Vizeu, 11:000 habitantes; côrtes de D. João I em 1392. — Evora, 11:000 habitantes; aqueducto de Sertorio; torre de Geraldo sem pavor. — Elvas, 11:000 habitantes; a praça de guerra mais forte do paiz. — Faro, 9:000 habitantes; porto; exportação de fructas sêccas. — Castello Branco, 9:000 habitantes; consideravel commercio com a Hespanha. — Santarem, 8:000 habitantes; seminario patriarchal. — Portalegre, 7:000 habitantes; pannos; commercio com a Hespanha. — Aveiro, 6:500 habitantes; sobre o Vouga; magnificas marinhas de sal. — Beja, 6:000 habitantes; arredores fertilissimos. — Vianna, 6:000 habitantes, sobre o Lima; bom porto. — Leiria, 3:000 habitantes; grande pinhal; fabrica de vidros da Marinha Grande.

Guilherme de Souza

O EXPOSTO

(Ao seu Ex.mo amigo, Vasconcellos Sarmento)

Em noite escura, de horrores,
Abriu-se a porta maldita
Do albergue onde a desdita
Desampara os engeitados.
Um vulto fugia ao largo,
Emquanto um vagir amargo
Acordava a noite escura
Ao pé da porta maldita.

A creança foi recolhida
Na casa da caridade.
Passaram annos. Crescida
Mendigou pela cidade
A fome, o frio, o desdem.
Coitada! Não tinha mãe
Que a voltasse a recolher
Na casa da caridade.....

Oh! pobre infante engeitado,
Qual ha de ser o destino
D'um ente tão pequenino
N'este mundo malfadado?
Não tens ninguem! Não tens paes
Que escutem teus tristes ais!
Oh! pobre infante engeitado
Qual ha de ser teu destino?

Correram mezes velados
N'este soffrer tão profundo!
Teve fome! mas o mundo...
Escarnece os desgraçados.
Assim a pobre creança
Succumbiu á desesperança
De vêr dobrarem-se os mezes
N'este soffrer tão profundo!

Morreu. E a valla commum
Foi asylo a tanta dôr.
Nem um queixume, um lamento,
Nem um suspiro d'amor,
Nem as lagrimas d'um pae
Nem da mãe um terno ai!
A negra valla commum
Foi cofre de tanta dôr!

Por isso ao vêr as creanças
Na rua tão esfomeadas,
Tão tristes, tão esfarrapadas
Na sua pobre innocencia,
Eu peço sempre ao meu Deus
Que lá de cima dos céus,
Não deixe andar as creanças
Na rua tão esfomeadas.

Bôa Vista, 8 de Março de 1895.

N. FERRÃO

CHARADA (Novissima). — Nº 46

2 — É o resumo do diccionario este livro.

Caçador Parahybano.

JOSÉ GLYCERIO DE S. GOUVEIA

POLICIA

A historia e a philosophia empregam a palavra policia para significar a ordem que deve presidir ás sociedades. Na Economia serve para evitar os tumultos, promover a fidelidade nos contractos, a segurança e garantia da propriedade.

Por *sociedade,* seja qual fôr o ponto de vista em que se considere, isto é, — *de constituenda ou de constituta* — entende-se a união moral dos homens pela qual se obrigam por uma obrigação perfeita a procurar em commum a consecução de um fim determinado e duradouro.

Uma sociedade ampla e numerosa não pode alcançar o seu fim, nem ser perfeita no seu genero, se não tiver o poder — a autoridade, que constitue a sociedade necessaria e a sociedade voluntaria, isto é, autoridade e liberdade.

Portanto a autoridade e a liberdade são dois principios essenciaes e fundamentaes da sociedade.

Embora, em verdade, oppostos entre si, todavia se harmonisam e completam um fim importante: a ordem social.

Resulta da desharmonia d'estes dois principios: ou o *despotismo* ou a *anarchia.*

O poder — a autoridade, tem por fim manter a justiça social e prover á segurança da propriedade; — é esta a sua missão — o fim geral da sociedade.

Os jurisprudentes, determinando as condições necessarias e externas para o desenvolvimento individual e social, auxiliam o governo na applicação dos meios de conseguir o seu fim.

Desde que ultrapasse esse limite, sahe da esphera da sua actividade que deve ser actividade politica no sentido de promover o desenvolvimento geral da sociedade.

Portanto o governo, contrahindo emprestimos e lançando impostos, exerce attribuição que lhe pertence por justiça, pois quem é obrigado ao fim tem direito aos meios aptos para o conseguir. Do que se segue que o governo não pode descer a dirigir os esforços particulares dos indivíduos, mas sómente auxiliar quando esses esforços sejam impotentes para alcançar o intento do fim particular.

D'estas considerações se deduzem os seguintes principios:

1º Não pertence ao Estado regular e dirigir quaesquer esforços para a ordem publica, estranhos á politica;

2º O livre gozo e emprego da propriedade não pode ser embaraçado pelo Estado;

3º Sendo a primeira condição do desenvolvimento social a manutenção da ordem, o Estado é obrigado a fazer manter a ordem, o respeito da religião, os bons costumes, a educação moral, civil, religiosa, profissional;

4º Cumpre ao Estado facilitar a creação de bôas associações, não impondo outras condições que não sejam as condições geraes, coarctando abusos;

5º São estranhas á missão do Estado as emprezas industriaes, dependentes do governo, o que é reprovado pela sciencia economica, constituindo monopolios;

6º Abster-se do desenvolvimento da população para depois não se vêr a braços com difficuldades.

(*Cabo-Verde*)

Pº M. A. M.

PEQUENO CLAVIPHONE DUMONT

Este bonito e pequeno instrumento (genero harmonium) é muito interessante; a sua particularidade é não ter folle propriamente dito; o teclado, que é pneumatico, encarrega-se de fornecer o ar necessario para a vibração das notas; o instrumento não pesa senão 12 kilos pouco mais ou menos; o teclado é semelhante ao d'um harmonium. Com o claviphone pode-se aprender vivamente uma ária de canto ou romance; auxilia muito a voz, e o seu preço modico, junto a uma grande solidez, o torna muito accessivel, concorrendo para espalhar no interior das familias o gosto pela musica e pelo canto.

(Preço de 60 a 105 frs)

Casa Dumont Cª., França.

ALGUMAS ARVORES E PRODUCÇÕES VEGETAES EM ANGOLA

Regiões agricolas. — Relativamente á flora, podem dividir-se estas terras em 3 zonas : a do mangue, do baobab e da acacia, sendo esta a interior.

O reino vegetal, nos sitios proximos á costa do Congo, dá excellente café, assucar, algodão, milho, arroz, trigo, mandioca, aniz, tabaco, ricino, urzella e gomma copal, madeiras de construcção e de tinturaria, raizes e muitas hervas medicinaes.

No Congo não se cultivam cereaes; mas, com certeza de bom resultado, poderia tentar-se esta cultura.

Em Angola é abundante o milho, arroz e trigo, e Loanda tem os competentes mercados, onde ha constantemente farinha, feijão e milho.

Plantas teciveis. — O algodão produz-se bem em muitas localidades proximas á costa.

Plantas oleaginosas. — São frequentes no Congo e Angola, sendo importante o seu commercio.

O café figura principalmente em Cazengo, e abunda aniz, urzella, gomma copal, madeiras de construcção, raizes e hervas medicinaes.

Nas terras do Quembo. — Encontra-se a acacia farnesiana e a A. albida e uma liliacea. Apparece o Chenopodium ambrosioides ou Santa Maria dos Ambaquistas, Bananeiras.

Nas terras do Dombo Grande. — Ha extensas plantações de canna.

Tem tambem algodão. Na margem direita do Cabindondo encontra-se aloes, ficoides, crassulaceas, stopelias, e leguminosas rasteiras.

Na região dos Quillengues. — Cultiva-se em abundancia, milho, feijão, massambala, mandioca batata, inhame, ginguba, canna; ha fructos indigenas, hortaliças em abundancia, adonsonias e o gongo, arvore elegante, acacias, urticaceas, euphorbias, plantações delaranjeiras, papaeiras e ananazes.

Nas terras de Caconda. — Mandioca, milho, massambala, aloes, palma-christi, canna, batata doce, inhame, algodão, arroz, trigo, cevada, laranja, uvas.

Nas terras do Quingolo. — O fuanganga (Erithrina huillensis) N' Gombe (E. chrisocarpa) osassa e ucuba (Brachystegias tamarindoides), uva selvagem (vitis heraclifolia), euphorbias (ricinus communis e outras), gramineas convolvulaceas.

Nas terras do Bié. — Tabaco, stramonium, palma-christi, aloes, euphorbias, mandioca branca e córada, inhames, gramineas, massambala, massango, banana, ananaz, laranja, cidra, lima, couves. Vastas florestas, arvores gigantescas, trepadeiras.

No Luimbe.— Figueiras, sycomoros, leguminosas.

No Quioco. — Apocinaceas, burseraceas, herminieras ou mafumeiras, rubiaceas, erithrinas, euphorbias, gramineas, canhamo, convolvulaceas. Fructos-fungo, ma-colla, tongo, tundo. Marianga Pernisetam (graminea), bombax, fextucea. Leguminosas.

Do Cuango até Cassanje. — Deparam-se-nos, entre outros, os seguintes productos : mandioca, massambala, massango, palma-christi, inhames, convolvulaceas ; ha pouco milho.

Nas terras do Hungo. — Elais, hyphaene, borassus, uma especie de chamoerops, Raphias acaules, d'onde se extrahe o maluvo, malvaceas (adonsonia, eriodendron) rubiaceas, nymphaceas, euphorbiaceas, acantaceas, burseraceas, landolphias, que produzem borracha.

Nas terras do lácca. — Canna sacharina, milho, tabaco, algodão.

No duque de Bragança. — Tabaco, algodão, ginguba, canna sacharina, bao-babs.

Em Ambaca. — Ginguba e tabaco ; ha poucas plantações. Além d'estes centros agricolas, ha outros não menos importantes, mas a sua enumeração, sem fallar dos preços correntes em cada localidade e dos meios de transportes até Loanda e de ahi até Lisbôa, não pode ter vantagem commercial. O nosso empenho, porém, é consignar factos e mostrar a riqueza da zona luso-africana, cuja exploração commercial e industrial deve ser feita, attendendo sempre ás condições especiaes da producção e do clima.

LIÇÕES DA LINGUA MATERNA

É erro dizer : — *Cumprir com os seus deveres.* Deve-se dizer : *Cumprir os seus deveres.* Este verbo pede complemento directo.

E erro dizer : — *Adivinhar por adivinhar.*

E erro dizer : — *Emquanto a isto, emquanto áquillo.* Deveis dizer : — *quanto a isto, quanto áquillo.* Emquanto é adverbio de tempo.

E' erro dizer : — *muito a miudo.* Dizer antes : *muito a miude.*

Não confundaes *despercebido com desapercebido.* O primeiro vem de *perceber* e o segundo vem de *aperceber-se.* Perceber é receber, entender, etc., e aperceber é aprestar, preparar, prevenir, etc.

O. L.

O COLLEGIAL MODELO

É estudioso. É essa a sua primeira qualidade. Nas aulas é quasi sempre contado entre os primeiros. Os professores estimam-no e os condiscipulos cercam-no d'uma tacita sympathia. Os paes que consagram-lhe os seus affectos mais fervorosos; amam-no, porque veem n'elle o joven estudioso, a sua joia de melhor preço e a fructificação exuberante de seus sacrificios. Se lhe escassear o talento, nem por isso o vereis desanimar; sabe que muito pode quem muito quer; por isso estuda com tenacidade, multiplica esforços que não raro o elevam á plana alta dos talentosos.

Formosa iniciação na vida!

Como do trabalho, do estudo, brota a alegria, o collegial estudioso é jovial nos recreios. Salta, pula, ri, folga n'uma franca expansão doida, bella, phrenetica de contentamento que lhe rompe em borbotões da alma descuidosa e lhe espalha abundante pelo corpo o rocio da saúde e do vigor e pela alma a graça, a vivacidade a e intelligencia.

É bondoso. Aos professores respeita-os, estimã-os, teme desgosta-los: aos companheiros, trata-os como a irmãos, reparte com elles as suas alegrias, os seus pequeninos triumphos, as suas aspirações, e conta-lhes com graça e candura os seus futuros côr de rosa, tão lindos.

É obediente, docil e piedoso. Recebe a direcção do educador com o sorriso nos labios, grato e reconhecido: se o castigam, beija arrependido a mão que lhe apontou o dever.

Nunca o vereis insurgir-se contra os regulamentos. Acata-os e respeita-os, porque a consciencia em nome da religião, em nome da honra, em nome da ordem e em nome da justiça, lhe diz imperiosamente: obedece. E lei. E elle, collegial exemplar, sabe que está no collegio a preparar-se para ser homem, amanhã, no seio d'uma sociedade numerosa, em meio d'uma rêde meúda de deveres que urge cumprir; por isso quer principiar desde alli, desde os bancos da escola, a ser obediente e honrado.

A honra! que bemdita coisa é a honra! bemdita como as coisas sagradas e mais valiosa que as pedrarias luzentes!

Cultivae-a com muito amor!

(Guimarães)

P°. Antonio Hermano

~~~~~~~~~~

CHARADA (bisada). — N°. 47.

(Ao Rev° amigo, Luiz Loff Nogueira)

$$\frac{\text{Tumor 3}}{\text{Pão}\quad 2}\; \text{nu}$$

(Moçambique)

L. da Fonseca

NHO MEGUEL PULNÂRO

(Saudação popular)

Galope. — Ilha de Santo-Antão. — **Paúl**

La vae saude pâ nhô M. P. e.
   Ole-la-ri
  La-ri-la-ri-la-lô.
  La-ra-la-ri-la-lô.

2

La vae saude pâ nhô Bintim.
   Ole-la-ri
  Etc., etc., etc.

3

La va saude pâ nhô Antonim
  Etc., etc., etc.

4

La vae saude pâ nhô Lis Beônto
  Etc., etc., etc.,

5

La vae saude, la pâ nhô Ignace.
  Etc., etc., etc.

OS SONHOS

Agoiros que atravessam de gerações em gerações.

Sonhar com cárne de porco,
Dizem que é signal de morte;
Com oiro são *fézes certas*,
Safa! sonhos de tal sorte.
O sonhar com uvas brancas
Immensas lagrimas são,
Com uvas pretas são *cartas*;
Ovos, intrigas então.
Com toiros é casamento,
Este alegra toda a gente,
Sonhar que cahiu um dente
E porque ha morte em parente.
Com *peixe fresco*, é banquete,
Com *aves*, penas á raza,
E com dinheiro é ter hospedes,
Já se vê, na nossa casa.
Sonhar que pessoa viva
E morta, coisa sabida,
E' signal de muita vida;
Com *carvão*, é ter dinheiro,
O que é muito lisongeiro.

Luiz d'Araujo

ASSEIO NO CALÇADO

(Conselhos de um pae a sua filha)

É quasi desnecessario dizer-te que deves ter cuidado de andares sempre bem calçada, que é este um dos signaes de bôa educação. Dir-te-hei comtudo alguma cousa a este respeito, para que algum mau exemplo, que em nossa terra encontres, te não induza ao descuido e desalinho, que possa dar fraca idéa da tua pessoa.

O andar bem calçada não consiste em trazer sempre sapatos novos, mas em nunca os trazer acalcanhados, ou mal debruados, ou largos a cahir dos pés, ou tão apertados que impeçam o andar. Usa, pois, sempre d'um calçador, e não se acalcanhará o talão ; o servir-se dos dedos em logar de calçador alarga a entrada do sapato e rompe ou estraga o debrum.

Busca bom sapateiro que tome bem a medida, e que, fazendo o calçado justo e airoso, t'o não faça apertado, porque sobre o incommodo que experimentarás, e os calos que te fará, e que te serão bem dolorosos, ouvirás muita gente rir-se de ti, porque é um mal que buscas por tuas mãos, e que só serve para impedir-te de andar bem. As duas côres de que em geral deves mandar fazer os sapatos são o branco e o preto : a primeira para os bailes e grande gala, a segunda para todos os demais casos. Os borzeguins, pretos no inverno e de côr no verão, são de bom tom, e além de serem uteis ficam bem ás senhoras quando vão a passeio ou visitas de pouca ceremonia. Abstem-te, quanto poderes, de trazer pantufos ou chinellas ; e, se fôr por economia, poupa antes n'uma fita, n'um cinto ou n'outro qualquer enfeite, mas não sejas mesquinha pelo que pertence ao calçado : um chale grande, uma capa, uma mantilha, esconde o corpo, porém os pés apparecem sempre.

MATHIAS DA LUZ SOARES

CHARADA. — N° 48

(EM QUADRO)

(*Offerecida á minha prima, Exma. Snr^a D. Adéla Nobre Martins*)

Esta gomma resinosa,
Que vês cahir do rochedo,
Vôa na Asia com medo
Da pranchada perigosa.

I. do Fogo, Cabo-Verde.

JOAQUIM DE FREITAS ABREU

PRODUCÇÃO E RIQUEZA

A liberdade politica e civil; o acerto das leis politicas e civis apropriadas ás circumstancias dos povos; a rigorosa administração da justiça; os meios necessarios e faceis para a producção; a educação religiosa, moral, civil e profissional, tudo são elementos, que concorrem poderosa e efficazmente para o desenvolvimento da riqueza d'um paiz.

P.º M. M.

~~~~~~~~~~

SORRISOS D'UM VELHO

A VERDADE A RIR — O ERRO CHORANDO

(*Ao ex.ᵐᵒ e rev.ᵐᵒ snr. Padre José Rodrigues Cosgaya, autor do piedoso livro* «*Sorrisos d'um velho.*»)

Sorrisos ligeiros nos mostra a *alegria*
Nas auras frementes de florido abril,
No trilo mavioso da ave erradia,
Na aurora que beija o rosmano flexil.

D'um beijo materno, tão doce e suave
Ao filho adorado que o liba no amor,
Me dá os dulçores que encerra tão grave,
Me dá os perfumes que guarda essa flor.

Velho e aureo pendão em remotos solares
Se ostenta com gloria do nome christão,
Traduzem seus raios brilhantes, lunares,
Da Egreja evangelica a sacra missão.

A dira e sarcastica seita fecunda
No crime hediondo, no vicio sandeu,
Tu calcas, oh Deus! em masmorra profunda
De tredas visões que horrorisam ao ceu!

Verdade! quão bella nas trevas raiaste,
Da treva cegueira que o erro sustem!
Brotaste jovial de florigera haste
No Golgotha santo, na velha Salem!

A ti se comprimem virgineas flores,
Que exhalam aromas no terreo jardim,
Tão bellas e plenas de raros verdores
Campeam á luz do sid'ral pharolim.

Rir pude n'um tempo em que a doce alegria
Trilhava meu peito a agruras novel,
Porém, o Destino, funesto vigia,
No abysmo pungente abarcou o batel.

O remo perdido nas horas ligeiras
De mero prazer e d'orgia fatal,
Indago, não acho, nas vastas fronteiras
Do tempo lascivo, corrente caudal!

Erro atuo que sorve, cultiva, ennevôa,
Luthereas doutrinas que encerram surdez,
No cahos sombrio, que a verdade apregôa,
Jazigo nefando e possante lhe vês!

Chorando as agruras perpassa a saudade
No tumulo agreste, sombrio, venerando,
Aqui, fica estavel A RIR A VERDADE,
 E longe,... bem longe... vae O ERRO CHO-
[RANDO!!!

M. Fernandes Salariano

CHARADA. — N° 49.

(Ao meu amigo, José Thomaz Nunes d'Aguiar)

De Lisbôa o panorama é uma bella ilha, 2, 2.

(Moçambique) L. da Fonseca

OLHAR NEGRO

(A...)

Não sei o que Ella tem n'aquelle olhar,
Que encerra as profundezas d'um abysmo...
As vezes, ao fita-lo, sonho e scismo
E vejo n'elle as noites sem luar.

Olhar de treva escura, vasto mar,
Que occulta na serena paz da calma
A alma, que procura a minha alma
N'um vago e triste anceio de a beijar.

Fulge mais n'essa fronte alabastrada,
Abre-me, á luz de magicos lampejos,
Essa bocca em sorrisos aljofrada.

Quero ouvir nos meus labios, em arpejos
Mais doces que as canções da madrugada,
A musica celeste dos seus beijos.

Fevereiro de 95. Cabo-Verde (Praia).

A. SARMENTO

CHARADA. — N.º 50.

Caminha o professor intrépido 1, 2.

(*Á palavra caminha corresponde uma 3.ª pessoa do singular do imperativo*)

(Moçambique)

L. DA FONSECA
(*caboverdiano*)

MORRER!...

Ella está do Sycomoro pendente
Harpa triste sem voz, sem harmonias,
Pulsou-lhe a extrema corda a mão da morte,
Foi cr'oa-la das roxas agonias.

Debalde a doce aragem murmurando
Vem nas horas da noite bafeja-la ;
Debalde a lua a banha com seus raios,
Do silencio ninguem pode accorda-la.

Oh, meu Deus! como é triste a sepultura,
Nem um echo d'um ai alli retumba,
Mas quem pode medir á dôr a altura
D'aos vinte annos morrer... descer á tumba.

Aos vinte annos morrer... Sentir a vida
Tão cheia d'illusões desvanecer-se,
Vêr a rosa em perfumes embebida
N'uma campa cahir... emmurchecer-se

Aos vinte annos morrer... Ir sob o solo
Esconder da existencia o mágo encanto,
Ter os gêlos da morte por consolo !
Por amigo só ter tardio pranto...

Aos vinte annos morrer... sob o cypreste
A sombra repousar no esquecimento,
Nunca mais vêr a flôr que o campo veste,
Nunca mais vêr o mar e o firmamento.

Aos vinte annos morrer ! Sem esperança
Que de rosas nos c'rôem a lisa fronte,
Vêr a alma que em vôos se abalança
Confranger-se d'um tumulo n'horisonte !

Aos vinte annos morrer... Quando mais vibra
O nosso coração ebrio d'enleio,
Sentimo-lo estalar, fibra por fibra ;
As fontes do viver seccar no seio.

Aos vinte annos morrer ! quando em tumulto
Refervem as paixões dentro do peito ;
Sob timido véo já brilha occulto
Um mystico sonhar, doce conceito...

Aos vinte annos morrer... Quando aos ouvidos
Nos vem cantar amores magos segredos,
Em vozes de paixão, como os gemidos
Da brisa que balouça os arvoredos.

Aos vinte annos morrer ?! um véo escuro
Vêr cobrir horisontes desejados...
Sonhos d'ouro, d'amor, gloria, futuro,
Ir já vêr no sepulchro desfolhados ?

Guilhermino de Barros (filho).

Março 1895.

ARITHMOGRAMMA (*)

(DUPLO)

Ao eximio logogriphista e distincto collaborador dos «Almanachs», o meu ex^{mo} amigo, Manoel Valente d'Almeida e Silva.

1,7,21,9,7,20,6,11,15 No cimo d'estas montanhas, 7,9,9,22,
[5,4,19,11,14
26,25,22,15,15,7 As cidades descobri; 23,13,17,20,6
1,16,10,22,2 Passando pelos estreitos, 3,7,20,15,3,2,18
6,2,3,7,25,7,5 Mais cidades inda vi, 24,14,9,2,6,2,5
12,21,13,25,22,17,4,1,8 Sempre com estes sujeitos. 1,22,15,
[2,10,18,26.

Por conceito, meu leitor,
Dou novissima charada :
Algarismos — um e dois,
E... terminou a maçada.

(*) A primeira dama ou o primeiro cavalheiro que enviar a decifração ao Exmo Director d'este « Almanach » terá como premio, respectivamente, um lindo leque da China ou uma bilheteira de sandalo.

(Recebi os premios. — O Director)

L. da Fonseca

BREVIDADE DA VIDA HUMANA

Cada hora nos approxima pouco a pouco da morte; morre-se ao tempo mesmo em que se falla; e por um andar que nos furta aos progressos insensiveis, o fim da vida accelera os ultimos dias.

Emtanto que a nutrição e o somno, as conversações e os copos vos dão prazeres, que sejaes assentados em vossa casa, que partaes para os paizes longiquos, emtanto que fazeis tudo o que fazeis, ou que não fazeis nada, a morte marcha sempre sem parar.

Assim como o facho de cêra, destinado durante a obscuridade da noite a substituir a luz do dia, se consome lentamente pelo fogo sem que nós isso percebamos e a flamma devorante corre sempre para seu fim, assim tambem as coisas humanas morrem terminando-se. Tudo o que a vida anima precipita-se e morre.

St. Orient.

JESUS

Assim como o rubro crepusculo da aurora a terra decora em carmim e afugenta as trevas de uma noite caliginosa, assim Jesus, o fanal eterno, embalado de fulgurante luz, illumina as escuridões do mundo, outr'ora entalado na mais crassa ignorancia, elevando todos ao alto, em concerto festival.

A todos liberalisa a luz salutar e meiga que a todos deleita com seu fulgor intenso.

Esta luz a todos brilha; aquece a todos.

Os athletas da verdade, que a caridade leva ao longe nas suas azas, propagam a fé com ardor inexcedivel, embora na refrega medonha de um mar procelloso e irado, que a todo o transe procura submergir os audazes apostolos que as neptuninas vagas ao fundo transporta na sua furia destruidora. Debalde, porém; pois nem tormentas, nem ameaças, nem perseguições sanguinolentas os passos tolhem aos arrojados campeões da eterna verdade e da eterna luz, de que Jesus é autor.

Dezenove seculos são idos, e a palavra divina prosegue na sua missão de paz, de caridade e de regeneração do mundo, e os seus inimigos encarniçados e ferozes jazem desfeitos no pó do tumulo.

Veritas manet in œternum

(S^to Antão)

P^e. M. M.

SONETO

(A José Lopes da Silva)

Trinava lacrimoso um rouxinol
D'uma arv're n'um raminho, que pendia,
Melancolico olhando a luz do sol,
Que, lenta, no horisonte se perdia.

Cantava triste ao terminar do dia
Saudoso dos filhinhos, que deixava,
Juntos á mãe, que louca d'alegria
Biscatos nos biquinhos lhes deitava.

Mas eis que de repente, em raiva accesas,
Surgem as garras d'um enorme açôr,
Que as avesinhas tomam já por prêsas.

E, quando o pae voltou, ebrio d'amor,
Dando por falta d'ellas, indefezas,
Bateu as azas e morreu de dôr!...

CARLOS RIBEIRO NOGUEIRA FERRÃO

CHARADA (bisada). — N° 51.

A fructa — 3
— ma —
No peso — 2

AMANCIO

RESPOSTA

Ao Sr. Carlos Ribeiro Nogueira Ferrão

Meu amigo : Seus versos, inspirados
N'um assumpto d'atroz melancolia,
Das chammas deslumbrantes da magia
Na immensa luz hão de ficar gravados.

Saúdo — humilde — a lyra merencoria,
Que immortalisa a dôr d'um rouxinol.
Prostrado — como um indio ao vêr o sol —
Ajoelho-me ante a luz da sua gloria.

Se, como diz Buffon, «o estylo é o homem»,
Meu caro ! que saudades o consomem,
Quando descreve a morte d'uma ave ?...

É triste vêr nas sombras do horisonte
Pender do sol a luminosa fronte,
Depois... morrer um rouxinol suave !...

LOPES DA SILVA

Dos « Reflexos Occidentaes »
1894.

~~~~~~~~~~~~~~

O CHRISTIANISMO

Desde que começou a prégação da bôa nova por Jesus Christo, a luz da verdade não tem cessado de illuminar todas as intelligencias ; a voz da justiça não tem deixado de chamar a humanidade ao caminho do bem, da ordem e da confraternidade ; e os influxos da caridade, que é a aureola do Christianismo, não tem diminuido na sua poderosa influencia na regeneração do mundo pelo reinado moral do Verbo divino.

É grandiosa, nobre e sublime, a missão da Egreja-Guarda, depositaria das verdades eternas, reveladas pelo seu fundador, o divino Jesus continua sempre a evangelizar e moralizar os povos, encaminhando-os para o seu fim supremo e alargando sem cessar as balizas do reino de Deus, sem trepidar um momento na sua marcha avante, quaesquer que sejam as difficuldades e por mais encarniçados que sejam os seus inimigos.

E assim tem em todos os tempos tem vivido o Christianismo, entre luctas e triumphos, entre perdas e reparações opportunas, e sempre triumphante.

(*Santo Antão*) P. M.

PENSAMENTO

A instrucção é o alimento do espirito; sem ella não somos mais do que um povo escravisado pela ignorancia, da qual sómente brotam vicios e crimes.

P.º M. A. M.

CHARADA (novissima). — N.º 52

(*A Antonio Nobre Mello*)

Flôr ou serpe, todavia é um Eden, 1, 2.

(*Santo Antão, C. Verde.*)

Elesbon

Conselhos proveitosos: — Procura antes de tudo a paz da consciencia. Não julgues, que alguma vez a poderás enganar. Ella sabe melhor que tu discernir a bondade e a malicia de teus actos. — Procura estar sempre occupado. No seio do trabalho pôz Deus um thesouro, que é a tranquillidade. A ociosidade corrompe a alma como a quietação corrompe as aguas. Nenhum trabalho é deshonroso. O que deshonra o homem é o vicio e a ignorancia: só as almas frivolas e vans julgam ser coisa de bom *tom* a ociosidade e a libertinagem.

LEMBRANÇAS DA MINHA TERRA

....
Eu recordo os instantes divinos,
Que passaram nas azas d'um sonho.
(Do autor.)

O céo alegre d'agosto
Da minha terra adorada
Tem encantos ao sol posto
E ao romper da madrugada.

A minha terra é formosa,
Quer de noite, quer de dia:
Tem os orvalhos da rosa
E os cantos da cotovia.

Tem purpureas alvoradas
E tardes azues, serenas;
E as canções apaixonadas
Das raparigas morenas.

Tem prados cheios de flôres
E azas de borboletas,
Que segredam mil amores
Aos beijos das violetas.

Tem o murmurio das fontes
E o gemer da viração;
Tem harmonias nos montes,
Tristezas na solidão.

Nos valles, jardins mimosos,
De malmequeres bordados,
Ha gorgeios amorosos
Dos rouxinoes namorados.

Tem os concertos d'aurora
Cheios de fresca harmonia;
E a gargalhada sonora
Dos melros, saudando o dia.

Tem olhos de negra treva,
Em cada riso uma flôr;
E as tranças, que o vento leva
N'uma vertigem d'amor.

Tem ignotas melodias
Quando o sino, a suspirar;
Entôa as Ave-Marias
N'um extremo soluçar.

E n'essa hora formosa
Tem preces do coração,
Quando minha mãe, saudosa,
Reza por mim a oração.

. . . .

A minha terra é mais bella
Em noites de lua cheia;
Porque tem os sonhos d'Ella
No somno manso d'aldeia.

Cabo-Verde (Praia)

A. SARMENTO

CHARADA (bisada). — N° 53

O instrumento, 3.
— a —
No mais alto ponto, 2.

AMANCIO

Villa da Ribeira Grande (Sto Antão)

ANAGRAMMA. — Nº 4.

Composto com os nomes dos actuaes empregados do quadro das alfandegas de Cabo-Verde e offerecido ao Ex.ᵐᵒ Sñr Pedro Augusto Macedo d'Azevedo, como prova de verdadeira amizade.

Pedro **A**ugusto Macedo de Azevedo.
João Henriques **d**uarte Ferreira.
Aurelio Antonio **m**artins.
Alfredo de Souza P**i**nto.
Annibal Barbosa Vice**n**te.
José Alexandre P**i**nto.
José da Co**s**ta Leijo.
João Ben**t**o Rodrigues d'Abreu Fernandes.
Joaquim Pedro F**r**ederico.
Antonio Cleoph**a**s dos Santos
José Luiz **d**e Mello.
Antonio Pereira Gamb**o**a.
Francisco do Sac**r**amento Monteiro.

Joaquim **d**e Macedo.
Antonio Sim**a**s Vera-Cruz.
Car**l**os Ferreira.
Antonio **F**ilippe Lima.
José Antonio M**a**rtins.
José Qui**n**tino dos Santos.
João Luiz **d**e Amorim.
João Gom**e**s Barbosa.
E**g**ydio Lopes.
Eduardo M**a**rques Lopes.

Valentim Furtado **d**e Mendonça.
Agostinho Ferreira d**a** Fonseca Vidal.

Francisco José Ferre**i**ra Querido.
Joaquim da Si**l**va.
Sanc**h**o de Medina Macedo.
José Soares d**a** Luz.

Antonio Pedro **d**e Lima.
Antonio José L**e**ite.

Pedro Alcantara do Livramento **S**ilva.

Cus**t**odio Simas Vera-Cruz.
Alvaro Art**h**ur de Senna Martins.
Franc**i**sco José Roberto da Silva.
C**a**rlos Ollero Sequeira.
Pedro José Del**g**ado.
Joaquim Mendes da F**o**nseca.

JOSÉ QUINTINO DOS SANTOS

Ilha do Maio, 1.º de Jan.º de 1895.

PHONOGRAPHIA

Ha tantas phonographias, quantos os expedientes mais ou menos engenhosos da nossa velhacaria litteraria, uns para affectarem sciencia etymologica e outros para encobrirem a sua ignorancia.

O facto é que ninguem escreve com recta graphia, porque não ha lei portugueza que a fixe, não ha auctor que a possa impôr (visto que os melhores são tambem variaveis nos proprios escriptos), e, finalmente, porque nenhum compadre, por caturra ou idiota que seja, a pode estabelecer segundo o seu exclusivo bestunto.

Mas não é menos certo que temos uma orthographia chamada etymologica, outra usual ou mixta, e outra phonica.

Examinemo-las:

A etymologica não está nem pode ser fixada por ninguem; pois que a philologia ou a paleographia não pode levar as suas investigações linguisticas além da ultima pedra da "*Torre de Babel*" que, por signal, significa *confusão*.

Não pode, portanto, ser imposta a ninguem como lei ou regra, já pela falta de base certa e segura, já porque, se a tivesse, só podia ser seguida pelo diminuto numero dos que podem entregar-se aos altos conhecimentos da litteratura historica da lingua.

Esta orthographia, que poderemos chamar *erudita*, ficará reservada para o Curso Superior de Lettras, inaccessivel a nós outros pobres mortaes do "*Zé Povinho*". *A usual ou mixta*, quem a estabeleceu?

Em 1897, uma Portaria Regia determinou se seguisse a orthographia usual nas escolas portuguezas, por amor dos eruditos lentes da Skienkia Kikeronika, que fumavam Kigarrinhos d'olhos pr'o Kéo Kinzento do Mondego. Mas essa Portaria não disse que imitassemos a Camões, Thomé de Jesus, Luiz de Souza, Bernardes, Vieira, Garrett, Herculano, Castilho, Latino Coelho, Chagas ou Camillo, os quaes muitas vezes usaram de graphias differentes; nem que servisse de unidade Bluteau, ou Madureira, Faria, Moraes,

Constancio, Roquette, Vieira, Contemporaneo, Corazzi, Marques, João de Deus, Adolpho Coelho ou outro qualquer, não adiantando mais que o Diccionario d'Academia que ficou *a zurrar*.

Sem lei, nem regra, nem fundamento para a adopção da orthographia usual, que havemos de fazer, quando os proprios autores, os proprios diccionaristas attestam as suas contradicções, a sua omnimoda arbitrariedade?

Segundo a orthographia usual seguiremos, portanto, o uso de cada um; e, como cada terra tem seu uso e cada roca tem seu fuso, quem quizer que tome a meada e vá fia-la na sua roca...

Procuremos, pois, uma phonographia racional. É a

ORTHOGRAPHIA POPULAR PORTUGUEZA.

PRINCIPIOS:

1. — A escripta é a representação da falla ou do pensamento, por meio de signaes convencionados chamados lettras, que, isoladas ou reunidas em grupos de syllaba ou syllabas, teem significações diversas, segundo a convenção das linguas e dos dialectos de cada paiz ou nação.

2. — A linguagem escripta é necessariamente phonographica; logo toda a orthographia é phonica, com maior ou menor perfeição.

3. — A phonographia tanto mais perfeita será, quanto tambem o fôr o systema ou a combinação de lettras que a representam.

4. — O systema mais perfeito deve ser o mais simples e facil para ser accessivel a todos ou á maioria do povo sujeito á mesma convenção de linguagem fallada e escripta;

5. — Todo o systema d'escripta deve ser, portanto: *simples e facil* para ser accessivel a todos; claro, para ser entendido; verdadeiro para ser fiel e fiel para ser racional.

6. — Logo, deve ser banido de todo, o systema orthographico, tudo o que não seja simples, facil, claro, popular, verdadeiro e racional.

7.— Logo, o systema ou a combinação de signaes para, representar a falla ou o pensamento de um povo sujeito á mesma convenção de linguagem, deve ser simples, facil, claro, popular, verdadeiro e racional.

Tal deve ser a
Orthographia popular portugueza.

AS MOSCAS E AS ARANHAS

(*Contos de Schmidt*)

Com que vistas poderia Deus crear as moscas e as aranhas? dizia com frequencia um principezinho. Taes insectos para nada são uteis ao homem, e, se eu tivesse poder, fa-las-hia desapparecer da terra.

Este principe viu-se um dia obrigado, durante uma batalha, a fugir diante do seu inimigo. Sentindo-se já mui fatigado, deitou-se no chão debaixo de uma arvore, no meio do bosque e não tardou que não dormisse. Foi descoberto por um soldado inimigo, o qual de sabre em punho foi-se approximando devagarinho para mata-lo. N'aquelle momento foi repentinamente pousar-se sobre a face do principe uma mosca, a qual lhe deu tamanha picada que o acordou. Levantou-se sobresaltado, lançou mão á espada e fez fugir o soldado.

Foi d'alli o principe occultar-se n'uma caverna do mesmo bosque. Durante a noite, uma aranha teceu a sua teia na bôca da caverna. Dois soldados, que iam em cata d'elle, passaram de manhã em frente da gruta e o principe ouviu-lhes a conversação.

— Olha, disse um d'elles, é de certo aqui que elle está escondido.

— Nada, nada, disse o outro, porque não teria podido entrar sem romper a teia de aranha.

Quando o principe percebeu que se haviam ausentado já, ergueu as mãos ao céu, todo commovido, exclamando :

— Meu Deus! quantas graças tenho que dar-vos!

Hontem me salvastes a vida por meio de uma mosca, hoje m'a conservaes por meio de uma aranha! A mais alta sabedoria presidiu á creação de todas as vossas obras, ainda as mais insignificantes.

O SECULO EM QUE NASCEU A VIRGEM

Todos os seculos disputavam a gloria de vêr nascer a Virgem, predita pelos prophetas. Este facto realisou-se no anno de 1183 depois da creação do mundo ; 2941 annos depois da creação do diluvio ; 1999 depois do nascimento de Abraham ; 1494 depois de Moysés e da sahida do povo de Israel do Egypto ; 1016 depois que David foi sagrado rei ; emfim, na 65ª semana, que prophetisara Daniel, da 190ª olympiada, 736 annos depois da fundação de Roma 26ª do imperio de Octavio Augusto.

~~~~~~~~~~

ERUDIÇÃO SUI GENERIS

Certo sujeito, regedor de parochia, que tinha a mania de decorar o diccionario, e, qual papagaio, repetia sem connexão os termos que monopolisava, julgando-se assim muito erudito, dirigiu n'uma occasião o seguinte officio ao Administrador do concelho : Illmo Sñr. Os cabos de policia requisitam insignias reaes para defesa da republica.... O pobre homem queria pedir terçados para os cabos de policia.

Exonerado de regedor e perguntado um dia por certo documento que devia existir na regedoria, respondeu : « Está no archivo com outros documentos conjunctamente separados ».

Lastimando um dia umas mulheres perdidas, exclamou com toda a ingenuidade : « Oh! se eu fosse rico, arrancava todas estas donzellas do antro da prostituição ».

N'um bilhete que dirigiu a um logista dizia-lhe : Amº e Sñr. Rogo-lhe a benignidade de mandar-me cinco libras de pregos francezes do maior o menor, do menor o maior ».

Como se vê, o homenzinho tornou-se enigmatico e só podia ser comprehendido por aquelles que lhe conheciam a mania.

A. C. L.

Bôa Vista, Cabo-Verde.

SEMINARIO DE CABO-VERDE

(*O edifício.*)

O edifício do Seminario-lyceu de Cabo-Verde, collocado dentro d'uma modesta cêrca, em horta e jardim, no extremo occidental da Villa, á esquerda da Ribeira Brava, constava primitivamente de dois pavimentos : o inferior com um corredor norte-sul, ao centro, tendo á direita dois salões e á esquerda quatro quartos pequenos ; o superior, com um corredor incompleto lés-oeste, tendo quatro compartimentos de cada lado.

Sob o bispado de D. José Dias Corrêa de Carvalho, sendo Vice-Reitores, primeiro o ex.mo conego, Ferreira Pinto, e depois o rev.mo chantre, Manoel Rosado Caeiro, foi augmentada a parte occidental da casa (1880) com dois salões inferiores e dois quartos e um salão superiores, depois de construidas tres casas de aula, camara ecclesiastica e latrinas.

E sob a administração do actual venerando Prelado tem subido de importancia o incremento do Seminario.

Em 1885, sendo Vice-Reitor o ex.em conego, Manoel Corrêa de Figueiredo, foram levantados no pateo norte quatro compartimentos ao rez-do-chão, para cozinha, despensa, casa de arrecadação e de banhos ; e em 1887, augmentada a parte léste do edifício, como em 1880, e construida uma cavallariça.

Sob a inspecção do actual ex.mo Vice-Reitor, F. Ferreira da Silva, foram reduzidas a capella, accessivel ao publico, duas das salas de aula, e successivamente, construidas novas cloacas, reparados os muros da cêrca e recreios, e reformado (1896) o corredor superior, prolongando-o até aos extremos, d'onde por duas portas recebem larga corrente de ar lés-oeste.

Apresenta hoje o edifício a vista da photographia que segue esta noticia.

O Seminario adquiriu, em 1894, uma grande propriedade rustica, sequeira, e posteriormente um pardieiro urbano fronteiro, podendo hoje alargar-se mais com a ultima acquisição (1897) de uma modesta quinta, que lhe fica adjacente ao nordeste.

Seminario de Cabo-Verde.

Vê-se pois que, desde a creação do Seminario, em 1866, os ex.mos Prelados d'esta diocese não se teem poupado a esforços para o incremento e prosperidade do estabelecimento, que ha proporcionado instrucção e educação tanto dentro como fóra da provincia.

Desde a fundação do Seminario teem governado a diocese os ex^mos Prelados seguintes:

1º D. José Luiz Alves Feijó, o fundador, já defuncto;
2º D. José Dias Corrêa de Carvalho, actual Bispo de Vizeu;
3º D. Joaquim Augusto de Barros (desde 1884), actual eitor
RE teem sido vice-reitores do Seminario os ex^mos conegos guintes:
F. M. do C. Ferreira Pinto (1866), Dr. Manuel Rosado Caeiro (1872), Arcd. Manuel Corrêa de Figueiredo (1882), Dr F. Ferreira da Silva (1889), tendo servido interinamente os rev^mos deão Bernardo da Costa Pinto e mestre-escola Manuel Antonio Ramalho, aquelle hoje residente em Lisboa e este professor no Seminario de Coimbra.

Cabo-Verde, 1898.

A. DA C. T.

A ESCRAVATURA NA AFRICA

A *Revue des Revues*, n'um curioso artigo, diz que, apezar de todos os esforços da liga anti-escravagista, não ha menos de 50 milhões d'escravos na Africa.

A Inglaterra, que tem tomado parte, com tanta energia, em todas as campanhas philantropicas contra os negociantes de carne humana, tolera a escravatura nas suas possessões. Em Zanzibar e em Pemba, não se conta menos de 260:000 escravos.

Ainda mais: o transporte dos escravos entre estas duas ilhas é uma coisa legal. 1:500 navios de differentes toneladas empregam-se n'este odioso trafico. Na região de Nyassa, os inglezes teem 10 a 15:000 escravos.

Ha muito tempo que os missionarios catholicos denunciaram o duplo jogo da Inglaterra.

ARITHMOGRAMMA. — N° 20.

(*Á auctora da poesia publicada a pag. 197 do Almanach "Luso-Brazileiro" para 1898, organisado com os seus proprios versos.*)

Se occulta pela folhagem, 21, 4, 6, 2, 25
Não tens o orgulho da rosa,
Ao beijar-te a branda aragem
E mais leve e mais graciosa.

Parece que á borboleta
Dá o sol mais brilho e côr, 16, 5, 21, 23, 9, 6
Se pousando em ti, violeta, 14, 7, 18, 16, 15, 3, 16, 4, 3,
[11, 17.]
Se embriaga em teu olor, 10, 21, 12, 6, 20.

Como a virgem d'aurea coma, 8, 24, 9, 21, 22
Toda modestia e humildade, 16, 24, 23; 7, 1, 9, 6, 7, 3,
[19, 12]
O teu suavissimo aroma, 13, 11, 17, 21
Symbolisa a castidade, 6, 4, 21, 9, 5

Quando brilhas orvalhada
Pelo rocio matutino,
E docemente emballada
No teu calix pequenino....

Por entre a relva mimosa
Sorris tão linda e gentil,
Que te inveja a propria rosa
No seu throno senhoril!

(*Santo Antão, Cabo-Verde*)

DRACO

PERGUNTA ENIGMATICA. — N° 14.

Porque é que o medico detesta o tratamento pela agua?

(*Santo Antão, Cabo-Verde*)

DRACO

DIALECTOS E POESIA INDIGENAS

(*Guiné portugueza*)

BALANTAS

Para os *blufús*, ou mancebos balantas, o dia mais sombrio que lhes enluta a alma é aquelle em que são obrigados, na edade dos seus vinte a vinte e cinco annos, a irem ao centro dos bosques para serem circumcidados, a fim de entrarem na classe dos homens sérios pelo casamento. Antes d'esse dia nefasto passam os dias da sua mocidade alegremente, conduzindo seus rebanhos na liberdade dos campos, onde cantam e fazem exercicio das armas, de forças e de agilidade. Ouçamos a voz plangente do grande blufú de Nhala, que, a seu pezar e com passos vacilantes, vae seguindo o caminho do bosque sagrado. O seu canto, trespassado de sentimento, parece o ulular de um cão da Terra Nova á beira de uma sepultura, nas horas em que o sol declina; não o sol que allumia o universo, mas o sol de seus formosos dias.

ELEGIA

... He! he! ingeminart
Voz. — Bochim nam Nhala ó lunho
Côro. — Oé! lecareg-a
Voz. — Uli ó duó buále nhe!...
Côro. — Oé! etc.
Voz. — Incá tuoó noda cubiada
Côro. — Oé! etc.
Voz. — Uli-nó duó Nhomg-nim buále!
Côro. — Oé! etc.
Voz. — Nhiná iõg-iõg enfanda!
Côro. — Oé! etc.
Voz. — Nhiná alôfo cumbá Maché
Côro. — Oé! etc.
Voz. — Chossó bsamu sochiô-oe!
Côro. — Oé! etc.

Voz. — Nhim bdantigáta óoe!
Côro. — Oé! etc.
Voz. — Enjá chossomá bsamn soché
Côro. — Oé! lacareg-a...

Tradurção quasi livre « Ai dos meus! Sobreveiu uma calamidade ás terras de Nhala! Ah! Lá declina o sol! Sinto uma cousa que me consterna immenso... Ah! Lá declina o sol! Sigo com os meus companheiros o caminho da floresta. Ah! Lá declina o sol! Ai meu pae! esta lembrança entristece-me muito. Ah! Lá declina o sol! Mas quem? Eu! o mocetão de Enfanda? (filho de-) Ah! Lá declina o sol! Mas quem? Eu! o mancebo de Cumbá Maché? Ah! Lá declina o sol! É sempre certo que vamos á floresta! Ah! Lá declina o sol! Ai que me fizeram mal deixando-me chegar a esta edade! Ah! Lá declina o sol! Não resta duvida que me levam á floresta! Ah! Lá declina o sol! »

Cº M. Marques de Barros

NOSTALGICAS

Lá vem navio da Brava!
 Ai, lá vem
Roçando as velas de neve,
Brancas de neve ao luar,
 Ao de leve
Nas ondas mansas do mar!
Ai! lá vem novas da Brava
E bençãos de minha mãe
Que com lagrimas me escreve!

Minha mãe! Vejo-a chorosa,
 Triste n'alma,
Á soleira, ao fim do dia,
Rezando a sua oração,
Pedindo á Virgem Maria,
Pedindo á Mãe Dolorosa
Lhe traga o filho na palma
Na palma da sua mão!

Vejo-a contando ás visinhas
(Velhinhas tão adoradas
Que são, quasi, pelo amor,
Outras tantas mães, Senhor!)
O que as minhas cartas rezam;
As saudades que padeço;
Os desgostos que em mim pesam
A data do meu regresso!
Vejo-as todas, coitadinhas,
Tão amigas, tão magoadas,
Limpando os olhos leaes
Nas pontas dos aventaes!

Ai! vejo os entes queridos,
(Longe dos quaes não ha riso
Que dure nos labios meus,)
Ouvindo ler, reunidos,
As cartas que lhes escrevo!
E n'este placido enlevo,
N'este sonho, até diviso
Uma visita chorosa
Que se abeira cautelosa
E murmura, de momento :
— Deus o traga a salvamento! —

Ao fundo, enxergo outra Dôr :
Manso o gesto e triste o olhar,
Muda a bocca dolorosa,
Porque tem a alma a penar
Nas torvas scismas do amor,
Vejo a companheira amada
Tão modesta, tão bondosa,
Tão simples, tão adorada
Deixando o pranto cahir
No calice perfumado
De um sorriso amargurado!
Vejo a perola a fulgir
No niveo seio da flôr!
Grandes lagrimas ethereas
Contae-me as maguas sidereas
Dos olhos de onde cahistes
Prantos doces, prantos tristes...

Disse-me esta noite a lua
O nenuphar que fluctua
No immenso rio dos ceus,
Que te viu... que lhe contaste
   Tua magua...
E que os negros olhos teus,
    Razos d'agua,
    Se baixaram
    E choraram
Como flôr pendida da haste
Orvalhando a terra núa!
Lua branca! lua triste!
Quando, na volta, passares
Pelo meu saudoso val,
Lua amiga! se a topares
Dize-lhe que em mim existe
Inda, o mesmo escuro mal
Terrivel como os olhares
Das trevas que se cerraram...
Profundos como esses mares
Profundos que nos separam...

Tarrafal de S. Thiago
                IGNOTUS

A PALAVRA

De todas as artes a mais bella, a mais expressiva, a mais difficil, é sem duvida a arte da palavra. De todas as mais se entretece e se compõe. São as outras como ancillas e ministras, ella soberana universal.

Da estatuária toma as fórmas; da architectura imita a regrada estructura das suas fabricas; da pintura copia a côr e o debuxo de seus quadros; da musica apprehende a variada successão dos seus compassos e melodias; e sobre todos estes predicados tem mais do que as outras artes a vida que anima os seus paineis, a paixão que dá novo esplendor ás suas tintas, o movimento que intima aos que a escutam e admiram o enthusiasmo e a persuasão.

A estatua falla, mas falla como uma interjeição, que apenas expressa um sentimento vago, indefinido, momentaneo.

A pintura falla, mas falla com uma phrase breve, em que a ellipse houvera supprimido bôa parte dos elementos essenciaes. O edificio falla, mas falla como uma inscripção abreviada, que desperta a memoria do passado sem particularisar os acontecimentos a que allude. A musica falla, mas falla apenas á sensibilidade, sem que o entendimento a possa claramente discernir.

Só a palavra, nas artes a que é materia prima, falla ao mesmo tempo á phantasia e á razão, ao sentimento e ás paixões; só ella, Pygmalião prodigioso, esculpe estatuas que vão sahindo vivas e animadas da pedra ou do madeiro, onde as delinêa e arredonda o seu buril. Só a palavra, mais inventiva do que Zeuxis, sabe desenhar e colorir figuras e paizes, com que se illude e engana a vista intellectual. Só a palavra, mais audaz do que os Ictinos, e os Callicrates, traça, dispõe, exorna e arremessa aos ares monumentos mais nobres e ideaes que o Parthenon de Athenas.

Só a palavra, mais commovedora e persuasiva do que o plectro dos Orpheus, encadeia á sua lyra magica estas feras humanas ou deshumanas que se chamam homens, arrebatados e enfurecidos nas mais truculentas allucinações.

J. M. Latino Coelho

ARITHMOGRAMMA. — N° 21.

(Ao Exmo Redactor do *Almanach*.)

Na prima dou-te um petisco
Que dizem ser saboroso, 1, 3, 5, 4, 8
Alvo como é a neve,
Succulento e cheiroso. 6, 2, 7, 4, 8, 3

Sendo o conceito, amigo,
Uma cousa necessaria,
O que disse acima, ouvi
N'uma sessão litteraria.

(*Bahia,*)

João Eliot

ORTHOGRAPHIA POPULAR

Ha na lingua portugueza 34 phonêmas principaes, 16 dos quaes são representados pelas 5 lettras vogaes *a*, *e*, *i*, *o*, *u*, e 18 pelas restantes lettras.

Procuremos, pois, representar de modo mais fiel e racional esses phonêmas da lingua, banindo todos os signaes, ou grupos, ou symbolos, ou digraphos, quando sejam *inuteis*, deixando as representações historicas para os curiosos.

A orthographia deve ser de tal modo que esteja ao alcance de todos; e poucos são os que podem entregar-se ao estudo dos bons diccionarios e da litteratura da lingua.

Lancemos pois as bases de uma orthographia popular, sem pretensões a legislador, deixando-as á discussão e exame racional dos curiosos.

BASES :

1.ª Supprimir todas as *lettras dobradas*, á excepção de *rr*, que representa um phonêma especial;
2.ª Supprimir todos os grupos inuteis, como : *ch*, *cç*, *cp*, *ct*; *pç*, *ph*, *ps*, *pt*; *rh*, *th*; *ou* (= ô), *am* = ão, *em* = ãi;
3.ª Banir as lettras *k*, *y*, *w*, *ç*;
4.ª Banir os accidentes nasaes *m*, *n*, indicando-se exclusivamente a nasalação por meio do til;
5.ª Empregar as lettras com o valor seguinte :

c. Sómente para o valor *k*, sendo substituido por *s* antes de *e*, *i*.

g. Sómente para o valor guttural, sendo substituido por *j* antes de *e*, *i*.

j. Para todos os casos *ja*, *je*, *ji*, *jo*, *ju*.

lh. Substitui-lo por *li*, seu valor.

q. Empregá-lo sómente nos grupos *que*, *qui*, quando seja nulla a lettra *u* (*quér*, *ecuéstre*).

r. Não empregá-lo com o valor guttural (*rr*) no meio da palavra.

rr. Empregá-lo em todos os casos para representar o respectivo phonêma guttural, menos no principio da palavra (por commodidade), como antigamente se escrevia : *erro, tenrro, melrro, isrrael,* etc.

s. Empregá-lo para o valor ç, invariavelmente, excluindo-o do fim da palavra, por causa da mudança para o plural e da ligação da leitura.

x. Valor fixo de *ch*, invariavel.

z. Empregá-lo em todos os casos para o valor respectivo, e no fim da palavra em vez de *s*.

s, x, z. Continuam a ter o valor *accidental* de *ch*, antes dos bafejos (*f, s, x*) e *p, t, c,* e em pausa; — e de *j* antes das outras lettras, na palavra ou na leitura corrente.

6.ª Conservar o grupo *nh*, para o respectivo phonêma, unico emprego do *h*.

7.ª Substituir do modo seguinte os grupos :
ei por *ai*, menos *ei* accentuado : *éi* ;
ae, ãe; oe, õe; ue por *ai, ãi; oi, õi; ui;*
e conjuncção = *i;*
em, ens, finaes, por *ãi, ãiz*.

8.ª Permanece o *e* átono, surdo;

9.ª Substituir o *o* átono por *u* ;

10.ª Dividir as palavras na escripta como se dividem na pronuncia ;

11.ª Accentuar a voz aguda com accento agudo, quando não o dispense alguma regra geral prosodica ;

12.ª Accentuar sempre as vogaes *e, o,* quando agudas ou normaes, com o accento agudo (′), signal de bocca muito aberta, ou com o accento circumflexo (ˆ), signal de voz normal.

13.ª Indicar a voz tonica com o signal —, e a breve com o signal ‿, quando o exijam a clareza phonetica ou lexicológica da palavra;

14.ª Permanecem os valores dependentes do accento tónico.

Os curiosos leitores d'este livrinho discutirão as bases propostas, alterando-as, como entenderem melhor, e propondo novas bases para a discussão dos pobres mortaes, que não teem tempo a perder em estudos etymologicos para se approximarem mais da *orthographia erudita*.

Os que adoptarem qualquer das orthographias devem

declará-lo nos seus artigos; e, quando houver maioria de votos depois de algum tempo, o Almanach será publicado na orthographia escolhida: *erudita, usual,* ou *popular,* exposta agora á sóva dos criticos.

Cabo-Verde, 1897.

A. A C.

TRISTEZA

(*Ao meu presado collega e amigo, H. Lopes Cardozo*)

Meu Deus! sinto em mim já da morte o verme
Em seu cruel minar, feroz, insano,
D'esta vida triste, cortando o flo!
E do mundo, em breve, mostrando o engano!

Sempre foi baça a luz do meu destino!...
Risonha esp'rança tive um dia só,
Mas foi um sonho, uma cruel miragem
Que, breve instante, vi desfeita em pó!

Penar! sempre penar é sorte minha!
Nenhum goso, nem uma só ventura,
Durante o piso d'uma estrada ingrata,
É-me dado levar á sepultura!

Lava ardente já no meu seio existe,
D'atroz agonia que me vae minando,
Pouco a pouco da existencia a calma,
Lentamente p'ra campa resvalando!

Que horror, Bom Jesus! que negra sina!
Quando tudo brilha no ceu da vida,
No formoso abril da estação virente,
Cae o pròscripto na feral jazida!!

Quero, ao menos, do crente a dita, a gloria
De morrer sereno, beijando a Cruz!
« Symb'lo da Fé, da Redempção cruenta »
No Calvario hasteada por Deus-Jesus!

Bissau, 20 d'Outubro de 1894.

A. D.

ASSEIO DO CORPO

(Conselhos de um pae á sua filha)

A primeira cousa que te recommendo é o asseio constante, porque tenho visto muitas meninas da tua edade, que guardavam limpar os dentes, as orelhas e as unhas para o dia de festa ou de baile : este cuidado deve ser diario; mas não gastes muito tempo, e, com o pretexto de seres asseiada, não sejas perluxa. Não tenhas horror á agua fria, a não ser que por motivos de molestia os medicos te prohibam usar d'ella; nunca tive em conta de limpas e asseiadas as pessoas que esfregavam a cara com uma toalha molhada em vez de a banharem e lavarem com as palmas cheias d'agua; e sempre me pareceram invencioneiras as que, sem necessidade, esperavam que a agua se aquecesse para lavarem o rosto : as abluções d'agua fria ao levantar da cama são muito saudaveis, com a addição de conservarem as faces frescas e rubicundas, — razão de certo mui attendivel para as pessoas do teu sexo.

Os banhos de todo o corpo fazem uma parte do asseio; porém, a não serem ordenados por facultativo, basta que tomes um cada semana, e que não sejam longos. Fica mal a uma menina o gosto de se estabelecer no fundo d'uma banheira horas esquecidas : esta molleza e ociosidade nem quadra aos seus verdes annos, nem é propicia á sua saude.

A primeira cousa que deves fazer depois de te lavares é arranjar o cabello; e, se por algum incidente o não poderes fazer logo pela manhã, põe uma touca com que escondas o teu desalinho. Não ha objecto mais desagradavel do que uma mulher desgadelhada ou mal penteada.

Os arrebiques, os perfumes e até os cheiros, teem cahido em desuso : e com razão, que eram elles prejudiciaes á saude e pouco favoraveis á fama das que os traziam, porque chamavam a attenção dos homens, e não posso dissimular-te que elles são mui dispostos a cortejar as mulheres quando ellas parecem deseja-los; mas que, em lhes prodigalizando os cortejos que ellas provocam, cessam de as estimar.

Mathias da Luz Soares

ANAGRAMMA. — Nº 5.

Composto com os nomes dos cavalheiros residentes na Ilha do Maio e a elles offerecido.

Francisco Jos **E** R. da Silva
Joaqui **m** Pedro Bento
João Ba **p** tista Bento
José Robe **r** to da Silva
Francisco J **o** ão Pinheiro
João José E **v** ora
Olleg **a** rio A. dos Santos
Pe Manuel A. **d** e Jesus
Manuel F **e** rreira Martins
Do **m** ingos A. dos Santos
João Q **u** intino dos Santos
José Qu **i** ntino dos Santos
Luiz de Bri **t** o Lima
Justino Ros **a** Bento
Marcellino T **a** vares Furtado
Antonio **m** artins Freire
Miguel Qu **i** ntino dos Santos
Antonio Jo **s** é Quintino
José Bo **a** ventura Spencer
José Pereira **d** e Mello
Luiz A. Fr **e** derico

ADELINA CABRAL VARELLA

Ilha do Maio)

CHARADAS (bisadas). — N.ºˢ 54 a 57

54

É habil o rapaz, mas   3
— ri —
do irmão que é vesgo   2

55

Cahindo d'este arbusto   3
— ri —
de dôr   2

56

Se leres esta carta   3
— lê —
tambem os versos do poeta   2

57

No Brasil é uma ave como o pombo   3
— cá —
e no Japão é um titulo honorifico   2

(Santo Antão)

Draco.

CHARADAS SALPICADAS. — N.ºˢ 58 e 59

58

Maior, chocarreiro.
Conceito: Mammifero cetaceo.

59

Saudade, bellico, philaucia.
Conceito: Prazer.

(Ilha do Sal, Cabo-Verde.)

J. Simas
(*caboverdiano*)

AVE MARIA

(Ao Exmo e Rev^mo Conego Teixeira)

Ave! doce *Maria*
Cheia de graça e amor!
E comtigo o Senhor!
Tu, dona d'essa luz
Que consola e alumia
Em dôres e prazeres,
Benta és entre as mulheres
E *bento esse* penhor
Do teu ventre: Jesus!
Roga, Santa Maria,
Por nós, os peccadores!
Dos teus olhos emanem
Balsamos para as dôres!
    Melhora
A nossa triste sorte!
Sê nossa Mãe, *agora*
    E na hora
    Da morte.
    Amen.

(Brava)

Eugenio Paula Tavares
(caboverd.)

INFLUENCIA DAS FLORESTAS SOBRE O CLIMA

Das observações feitas durante muitos annos pela direcção das florestas do cantão de Berne resulta:

1.º Que a humidade média do ar nas florestas é, segundo o vento, de 10 a 20 por cento maior do que em campo raso;

2.º Que a temperatura média do ar nas florestas é tambem mais baixa do que em campo raso;

3.º Que a temperatura das arvores é mais baixa á altura de um homem do que na corôa da arvore;
4.º Que a temperatura média do sólo da floresta é consideravelmente mais baixa do que a dos campos;
5.º Que a altura da chuva e da neve era, em campo raso, mais consideravel do que na floresta;
6.º Que na floresta se infiltrava no sólo uma quantidade muito mais consideravel de chuva do que em campo raso.

— Venho importunar-te?
— Não; descobri agora um remedio para mosquitos.

A ILHA DE S. NICOLAU

A ilha de S. Nicolau faz parte do grupo de Barlavento do archipelago de Cabo-Verde; está situada a 16º-35' L, 24 Lg. O. Gree.; corre de sueste a noroeste; é de fórma irregular, quasi toda cultivada e muito productiva, bastante povoada, tendo por uns 10.000 habitantes, bem laboriosos. Sua capital é a villa da Ribeira Brava, situada nas duas margens de uma ribeira, que lhe dá o nome, como se vê das photographias juntas, dizendo-se Brava pelo alcantilado de suas rochas e impetuosidade com que correm suas aguas no tempo das chuvas.

Contém quatro a cinco mil almas; tem bons edificios particulares, uma bella casa onde está alojado o Seminario-Lyceu, unico estabelecimento d'esta ordem na Provincia, e uma elegante egreja matriz, com a invocação de N. Senhora do Rosario, hoje servindo de Sé Cathedral.

Fôra começada no sitio da Chanzinha, mas não levada a cabo, sendo depois mudada para o local onde se acha, como se conhece das duas seguintes declarações contemporaneas: — *Em 28 de mayo de 1789 impoz a primeira pedra n'esta Igreja o Ex.mo e R.mo Senhor Dom Frey Christovão de S. Boaventura, Religioso Franciscano da Provincia de Portugal, Bispo deste Bispado de*

288   ALMANACH LUSO-AFRICANO

Cabo-Verde Governando a Igreja de Deus o Papa Pio VI e o Reyno de Portugal a Rainha D. Maria

Villa da Ribeira Brava (S. Nicolau)

Primeira de feliz memoria. Em maio de 1804 impoz a primeira pedra nesta Igreja o Exmo e R.^mo Senhor Dom Frey Silvestre de Maria S.^ma Religioso da Prov.^a de S.ᵗᵃ M.ᵃ d'Arrabida, Bispo de C°-V° Governando a Igreja de D.ʳ. o P. Pio VII e o Reyno D. Maria 1ª.

Este templo, achando-se em ruinas, foi ultimamente reconstruido á expensas do Governo provincial pelos esforços do actual Prelado, o Ex.ᵐᵒ e Rev.ᵐᵒ Sñr. D. Joaquim Augusto de Barros. A ilha tem mais outra freguezia chamada de *N. Senhora da Lapa*, no sitio das *Queimadas*; tem agradaveis e abundantes ribeiras, sendo a sua maior elevação o Monte Gordo com 1.334ᵐ d'altura. Dá entrada para ella o porto denominado da *Preguiça* com bello magnifico caes de cantaria do reino e uma pequena povoação do mesmo nome, creada pelo Bispo D. Frey Christovão.

CONEGO, J. DA SILVA CAETANO.

ASSOCIAÇÕES DE BENEFICENCIA

A infancia, orphã ou abandonada de seus progenitores, abre no seio da sociedade o calix da innocencia, em que o vicio lhe entorna o seu veneno e, raras vezes, a virtude o seu balsamo.

Com o correr do tempo vae a infancia attingindo a virilidade, e, alimentada por essa seiva vivificante ou mortal que lhe inocularam ao sahir do berço, e por esse sopro puro ou impuro que lhe insufflaram no solemne baptismo da razão, vae levar á sociedade no numero de seus membros, ou cidadãos honestos e prestadios, ou homens permanentemente acurvados ao dominio do crime, existencias funestas, instrumentos do mal, que lamentarão na hora ultima da vida a estrella sinistra que os attrahiu em seu errante curso e lançarão sobre a sociedade, que os não acolheu e abrigou da influencia terrivel d'esta estrella, o anathema da sua ruina.

A associação de beneficencia ahi vae, ao meio das classes, desde a mais pobre, abrindo suas abençoadas azas e com ellas acolhendo os orphãos e os desamparados, que recolhe a um asylo, onde os alimenta, veste e aquece maternalmente, estudando-lhes as vocações e proporcionando-lhes a conveniente instrucção. O homem resgatado á sua desgraça, que, com os olhos ainda mal abertos, mas já com horror, mediu um dia, como o naufrago, de sobre a taboa em que, se salvou e, assim educado, ha de ser virtuoso e será incansavel no culto do elevado principio que o suspendeu na queda do abysmo.

A mulher, a esposa e mãe, tendo por nobre missão o amor e a virtude, se não encontrar n'um asylo o esteio da sua honra, na educação o desenvolvimento do germen de seus sentimentos, ha de, corrompida, vexar-se e fugir de apparecer ante o altar do matrimonio; ferirá bem no seio, com a sua existencia, a sociedade, pelo exemplo immoral e vivo da prostituição. Seus filhos, os filhos do crime, não terão por alimento o leite da virtude nem o amor maternal puro, que os vá suavemente embalar no berço da innocencia, nem educação que os desvie dos atalhos do vicio e lhes inspire sentimentos de honra.

Os melindrosos interesses moraes da sociedade exigem a instituição de casas de beneficencia em que sejam recolhidas creanças de um e outro sexo.

A caridade, desprendendo-se ahi em celestes aromas, vae derramar perfumes agradaveis e salutares na atmosphera que a sociedade respira.

(*Cidade da Praia, Sant-Iago*)

H. O. DA COSTA ANDRADE

CHARADA. — Nº 60.

Dos quadrupedes sou parte,   } 1
Mas em Roma duplicada;
De suor, e de trabalho   } 2
Sou prenda muito estimada:
De infinita variedade
Sirvo á mentira, á verdade;
Por singular distincção
Da especie humana condão,

(*Bravo*) ***

A AGRICULTURA EM CABO-VERDE

Ha mais de dez annos que tem sido anormalissima a estação pluviosa n'esta provincia de Cabo-Verde.

A maior felicidade, que aqui se pode dar, é nos annos em que ha chuvas regulares, que só ellas bastam para garantir colheitas de extraordinaria abundancia, sem aliás a decima parte do trabalho que em Portugal se emprega constantemente para arrancar do seio da terra os elementos necessarios á vida e ao commercio.

Os nossos estadistas, que parecem desconhecer a fertilidade quasi espontanea do continente africano e das ilhas, devem voltar as suas vistas pelas nossas tão ricas colonias, mas não com meras conferencias, artigos ephemeros nos jornaes, ou decretos e portarias que nada produzem na pratica. O que é conveniente, o que é necessario, é entregarem-se com verdadeiro amor e interesse nacional, dedicarem-se ao desenvolvimento da agricultura, cujos processos aqui bem simples são, aperfeiçoando o que ha e fomentando todos os outros compativeis com a constituição do sólo.

E não só isto, como fomentar e propagar as industrias varias que aqui pode facilmente haver, em quasi todos os ramos conhecidos. A provincia de Cabo-Verde é rica, muito rica, já pela virtude de seus bons terrenos, na sua maior parte baldios, já pela capacidade intellectual dos colonos e indigenas.

Deixá-la, portanto, no esquecimento e desprezo, em que tem sido deixada, é desprezar a propria nação, que, se hoje pode ter algum refugio, é nas colonias que o deve procurar.

O *sal* de superior qualidade, que ha nas ilhas de Sal, Boa-Vista e Maio, mas cujo commercio cahiu por completo ha mais de dez annos; —o *milho* que se produz extraordinariamente em todas as ilhas e especialmente em Santo Antão, S. Nicolau, S. Thiago, e Fogo; o *café*, esse ouro vegetal que temos tão bom n'estas ultimas ilhas; a *purga*, de extraordinario rendimento pela nullidade do trabalho que exige; a *canna saccharina*, esse emigrado indio, que produz a bôa aguardente, o bom assucar e o bom mel que ordinariamente substituem o assucar refinado nos usos domesticos; a grande variedade de *feijões* e *aboboras*, a *mandioca* em abundancia; a banana de variadissimas qualidades; a batata tambem variada e bôa; o peixe de variados gostos, qualidades, tamanho e especies, abundante principalmente nas ilhas do Sal, Boa Vista, Maio, Santo Antão, S. Thiago e nas Desertas; — tudo isto, além da numerosa variedade de fructas e bôa hortaliça, allia-se com o vinho, que em alguns logares chega a produzir duas vezes no anno, em Junho e Dezembro; tudo isto devia preoccupar os que se dizem amigos das colonias e amigos da patria.

O povo bem vive, havendo chuvas regulares; pois com a mandioca, a banana, a batata, a abobora, o feijão, o milho, arranja bôa panella.

A creação do gado é egualmente facil e breve, e o trabalho é relativamente nullo, porque a riqueza do terreno, provocada pelas chuvas, suppre milhares de braços.

Mas o povo, indolente e imprevidente, confiando abusivamente na fertilidade do solo, não encelleira nos *annos fartos* e vem a ter fome no *anno fraco*, em que se empenha ás vezes até aos pellos para se prover de alimentos, não tendo mesmo o cuidado de, no anno farto, trabalhar para pagar as dividas, alimentar-se bem e encelleirar para o futuro.

Não procedem melhor os chamados abastados ou ricos, descurando a cultura assidua e progressiva dos campos, desenvolvendo a cultura do café, cinchona (quina), canna saccharina, fazendo reviver a do vinho. Achamo-los culpaveis no atrazo de nossos rendimentos, porque, além de bem cultivarem seus campos, deviam estende-los pelos baldios.

Sabemos que por vezes se tem pedido ao governo aforamentos importantes e para fins de grande alcance; mas, se o governo não attende, por um lado, aos indigenas, para depois fazer largas concessões a quem talvez nada entenda das nossas culturas, por outro os proprietarios indigenas e colonos veteranos não instam, nem reclamam.

Isto por aqui vae ficando como está, e sabe Deus até quando...

Se Nosso Senhor não nos faltar com as chuvas, iremos

vivendo, e melhor e bem quem quizer trabalhar. A patria entretanto é que vae perdendo o que lhe é tão necessario para se ter nas receitas e na dignidade da sua independencia.

(*Paúl*)

MANUEL ANTONIO
(*caboverdeano*)

CHARADA (novissima). — Nº 61

Á minha patricia, Humilde Camponeza (Santo Antão)

Prende isto que dá muito proveito n'esta bolsa — 1,2.

(*Ilha do Maio*)

ADELINA CABRAL VARELLA

ENIGMA. — Nº 19.

𝒰𝒰 𝒜𝒜 ₁₈₉₅ ₁₈₉₆ ₁₈₉₇ ₁₈₉₈ ℳℳ

(*Cabo-Verde*) D. FORTUNATA DA PRAÇA

CHARADA (novissima). — Nº 62.

Ás minhas amigas, Ex^{mas} Sras D. Anna Quintino dos Santos e D. Roza de Moraes Quintino Frederico)

É mentira, não aqui, mas nas flôres 2,1.

(*Ilha do Maio*)

ADELINA CABRAL VARELLA

O THEATRO

Não é raro ouvir-se — o mal e a desmoralisação caminham a passos agigantados. — Se investigarmos a razão crescente do abaixamento do nivel moral da sociedade, encontramos entre os muitos meios, que se proporcionam ao progresso do mal, o theatro.

O theatro, que outr'ora era a escola do bem e da virtude, hoje tornou-se, salvas raras excepções, a sua perfeita antithese; isto é, em logar do povo ahi encontrar escola onde aprenda a pratica da virtude, onde encontre o meio de saber evitar as seducções humanas, onde se instrua nos sãos e verdadeiros principios do bem, do amor da humanidade e da patria, bem pelo contrario é escola de desmoralisação.

O theatro hoje devia ser completamente abandonado, se houvesse verdadeiro sentimento do bem. Mas infelizmente, não. As salas dos espectaculos enchem-se d'espectadores, afim d'ahi ouvirem e se instruirem em tudo quanto é mau.

Hoje o amor ao odio, amanhã a apologia do suicidio, do infanticidio, pouco depois a apotheóse da desmoralisação, fazendo adorar a deusa impureza.

Oh! a que tristes tempos chegámos nós!

Ouvem-se clamores:

A sociedade perde-se no meio da grande immoralidade que campeia liberrimamente.

Mas oppõem-se diques a estes males, que atormentam a sociedade? Infelizmente não. A imprensa, que muito poderia contribuir para a regeneração do theatro ao seu verdadeiro nivel moral, pouco ou nada se tem importado, porque com os seus pomposos reclames só chama a sociedade a frequentar esses espectaculos nocivos, não se importando de fazer uma critica conscienc, à peça, mas sim só ao trabalho artistico, o que é muito secundario, desde que se emprega como motor do mal. Trate-se de se levantar o theatro ao verdadeiro nivel, tal qual o fundou Gil Vicente secundado por muitos outros. Exerça-se rigorosa vigilancia sobre os theatros, prohibindo tudo o que fôr nocivo á sociedade e ter-se-hà dado á frente um passo a prol do bem e da regeneração da sociedade e portanto da Patria, pois firmada nos principios da moral, mas da moral ensinada por Jesus Christo, é que Ella poderá ser grande.

(*Lisbôa*)

F. Costa

LONGEVIDADE DAS ARVORES

Segundo calculos tomados em medidas e avaliações numerosas, pode-se assignar hoje o seguinte numero de annos a certas especies :

Cercis siliquastrum (Olaia)	300 annos
Ulmus campestris (Negrilho)	335 »
Hedera helix (Hera)	450 »
Acer campestre (Bordo commum)	516 »
Betula alba (Vidoeiro)	576 »
Citrus Aurantium (Laranjeira)	630 »
Cupressus sempervirens (Cypreste)	800 »
Olea europœa (Oliveira)	800 »
Juglans regia (Nogueira)	900 »
Platanus orientalis (Plátano)	1:000 »
Tilia europœa (Tilia)	1:100 »
Picea vulgaris	1:200 »
Quercus Robur (Carvalho)	1:500 »
Cedrus Libani (Cedro)	2:000 »
Schubertia disticha (Cypreste calvo)	3:000 »
Taxus baccata (Teixo)	3:200 »

Estas avaliações foram feitas pelas camadas annuaes concentricas das mais velhas d'estas arvores que teem sido observadas.

J. H-Ag.

NAS SOMBRAS

(*A Cazimiro Monteiro*)

O SONHADOR :

O amor, vês tu, a deliciosa essencia
Que nos perfuma a placida existencia,
    Não conseguiu sequer
    Fazer-nos esquecer!
Antes, mais nos desfolha as illusões...
Mais amortece os nossos corações...

Porque, tão grande crença e santa esmola
    Que eleva e que consola
    Não poude, inda, arrancar
Do nosso Dia a Sombra do Pezar?..
Terá emmudecido a cotovia?
E a Noite negra estrangulado o Dia?...

A ESPOSA :

Não. São nuvens que passam, vagarosas!
Viuvas do infinito, dolorosas,
Que andavam a chorar pela ampldião
Nas sombras. Com as sombras fugirão.
E verás, e verás n'um só momento
Inundar-se de luz o firmamento!

Descança no meu seio a tua fronte.
Deixa passar a Treva no horisonte.
Quando se erguer o sol; quando os caminhos
Se estenderem em flôr; e os passarinhos
Preludiarem, — acordarás sorrindo,
Porque o Pezar, então, irá fugindo...

  Brava, 1894.

                               J. NINGUEM.

AVES UTEIS Á AGRICULTURA

Entre o numeroso grupo de aves uteis á agricultura salientam-se as seguintes: A *cegonha*, que se sustenta de reptis e batrachios. O *grão duque*, que come por anno mais de 4:000 ratos. O *mocho* e as *corujas*, que, além dos ratos que destroem, devoram numerosos insectos nocturnos e crepusculares. A *garça real* defende a especie bovina das moscas e mosquitos parasitas. O *corvo* engole por dia uma quantidade prodigiosa de vermes brancos (rosca) e larvas de muitos insectos variados, que vivem escondidas na terra. O *peto* limpa dos insectos a madeira velha das arvores. A *codorniz* e a *perdiz* comem vermes brancos (rosca) e pequenos insectos. O *cuco*, que vale muito mais que a reputação que tem, caça as lagartas pelludas que as outras aves não podem comer. O *melro* limpa os jardins das lesmas e caracoes. O *tordo* engole por anno mais de um milhão de insectos nocivos. O sustento do *estorninho* é quasi o mesmo que o do *melro* ou do *tordo;* além d'isso é tambem muito guloso por saltões e gafanhotos. O *gallispo* é infatigavel caçador de variadissimos insectos e um benemerito destruidor do teredo, que aniquila as construcções navaes. A *cotovia* alimenta-se de vermes, grillos, saltões e larvas de formigas. O *pardal* devora o verme branco (rosca), os besouros, moscas, pulgões, etc. Quando tem filhos necessita para bem os alimentar de 400 insectos por dia. Uma ninhada de *carriças* consome 150 lagartas diariamente. O *rouxinol* é um grande destruidor das larvas, das formigas, que particularmente aprecia. A *toutinegra* caça no ar as moscas e mosquitos, e limpa as arvores dos pulgões. A *andorinha* tem um estomago que pode absorver seguidamente uma média de 540 insectos. Contam-se por centenas as lagartas que os *Chincharavelhos* servem diariamente aos filhos. Um casal d'estas prestimosas aves absorve por dia 500.000 larvas e corpos de insectos. Um *pisco*, fechado em uma sala, apanha por dia 600 moscas. O *chasco* agarra no ar moscas e mosquitos; além d'isso limpa as vides da pyrale, e uma pyrale de menos são 115 cachos salvos. Vinte *lavandiscas* ou *alvéoloas* limpam em um dia um celleiro de todo o gorgulho. Pode-se calcular bem os serviços que nos prestam estas aves tão gentis, sabendo-se que cada gorgulho pode levar a destruição a 92 grãos de trigo. A estes assignalados benefícios respondem os rotineiros, os egoistas, os ignorantes, que, em dados momentos, algumas das aves acima apontadas devoram tantos fructos e grãos como insectos. Mas destruir um sêr que, de cada mil grãos que salva, come um, é a mais fatal das faltas de calculo, e o mais culpavel acto de ingratidão. Equivaleria a prohibir que o ceifador se alimente de pão!

Protejamos, pois, devotadamente os seres encantadores, que são, debaixo de muitos pontos de vista, os salvadores das nossas colheitas, e ao mesmo tempo os infatigaveis cantadores dos jardins, dos campos e das florestas.

D. Sophia de Souza.

PROVERBIOS INDIANOS

Quando dois luctam, um ha de cahir.
Os cegos não devem correr.
Um cego não deixa cahir o bordão senão uma vez.
A casa escura enche-se de cobras.
Priméiro agua, depois lodo.

(Do Hindustani)

O escorregar da lingua é peior que o do pé.
O covarde queixa-se da sua arma.
O gato que vive no templo não teme os deuses.
Ninguem corta a mão porque lhe deu no olho.
Onde ha cães, ha zangas.
Quem matou mil homens é meio medico.
A inveja de um inimigo é a punição d'elle.

(Do Tamul)

ACROSTICOS. — Nᵒˢ 1, 2.

1.º — (Duplo)

(Aos distinctos collegas brazileiros)

```
.  c h a  .
.  u r o  .
.  u b r  .
.  n d u  .
.  a n d  .
.  p i o  .
```

2.º — (Simples)

```
.  n t ã o
.  i r i o
.  a r i a
.  l p e s
.  u l l a
.  m o r a
.  o u v e
.  a j a s
```

3.º — (Simples, rimado.)

```
.  o d o
.  o d o
.  o d o
.  o d o
```

(Cabo-Verde)

Hesperitano

ANAGRAMMA. — Nº 6.

Procurar um anagramma de

Nhamalca

(C.-Verde)   Xico Bananeira

GARRIDICE FEMININA

Uma mulher garrida figura-se-me sempre empunhando uma trombeta como a estatua da Fama; toca, torna a tocar e não descança emquanto se não vê bem rodeada : assim como os feirantes estendem a fazenda para attrahir os compradores, assim ella faz alarde de todos os seus attractivos, enfeites, ditos engraçados, para captivar a attenção e os affectos dos que a admiram. Nota-se-lhe o volver dos olhos, o sorvido dos beiços, o inclinado do collo, os requebros do corpo, a languidez ou vivacidade dos gestos; passa-se depois a examinar as dobras da mantilha, os fofos dos vestidos, o ondeado dos folhos, o bordado do lencinho que meneia com desdem, o aberto das meias, o justo dos sapatos, a pequenez dos pés que tem cuidado de mostrar : este é o estudo dos olhos; segue-se o dos ouvidos, que é mui curto, porque estas damas dizem todas o mesmo, segundo se acham lançadas ou no genero sentimental ou no apaixonado. Se fallam de litteratura, só conhecem o romantico; se contam as suas viagens, extasiam-se com as impressões que receberam, e querem que partilhemos das suas emoções.

FÉNELON

DA PRONUNCIAÇÃO AO TEMPO DE FALLAR

Quem deseja adquirir uma pronuncia agradavel deve lêr todos os dias em voz alta um pedaço a um amigo entendido, supplicando-lhe que o interrompa e corrija quando fôr demasiadamente apressado, quando não marcar os diversos periodos e membros de cada um, ou não pronunciar com a clareza devida. Na falta d'um amigo ou d'outra pessoa que corrija, será bom que leia para si, porém em voz alta, accommodando a pronuncia ao seu proprio ouvido, e variando aquella conforme o assumpto, para evitar certa toadilha enjoativa e monótona, mui propria para conciliar o somno a quantos estiverem ouvindo a leitura.

É mister abrir os dentes para lêr ou fallar, articulando cada uma das palavras com clareza, o que não pode fazer-se sem se pronunciar a ultima lettra.

Com este exercicio diario adquire-se em pouco tempo muito desembaraço e graça na leitura.

Não são tambem para desprezar-se a voz e o modo de fallar: algumas pessoas ha que quasi fecham de todo a bocca quando fallam, e rosnam, sem que se lhes entenda palavra; outras ha que fallam muito precipitadamente e cospem na cara do individuo com quem estão fallando, e nada egualmente se lhes entende; outras gritam, como se fossem surdos aquelles que os estão escutando : e outras abaixam tanto a voz, que nada se lhes ouve. Todos estes habitos são grosseiros e desagradaveis ; por cuja razão devem ser evitados.

Tenho visto pessoas de muito talento mal acolhidas, por faltarem a estas bagatellas, ao passo que outras de muito pouco talento eram muito bem recebidas, porque as observavam.

Mathias da Luz Soares.

MARIA

(A José Lopes)

Tens os olhos tristes! tens os olhos mortos!
Tenho dó das moças de olhos soluçantes,
Fundas noites negras com Calvarios, Hortos,
Ideaes derrubados, sóes agonizantes...

Olhos piedosos, olhos supplicantes,
Feitos da mudez dos grandes desconfortos,
Ai de vós, se passam torvos mendicantes,
Sonhadores tristes, pallidos, absortos...

Ai, Maria! esconde-os antes n'uma cova,
N'uma cova funda, ao pé de um rozeiral...
Dormirás tranquilla embora vente ou chova...

Ai, Maria! esconde-os antes... no meu peito!
Olhos negros, negros! olhos côr do Mal;
Ai de mim! Que vejo o futuro desfeito!...

(*Brava, 1894.*)

Estevão

UM INSECTO NOVO QUE ATACA AS MAÇÃS

O *Garden and Forest* relatou ultimamente que o Sr. Alexandre Craw, official da quarentena do Estado, em S. Francisco, tinha descoberto, em uma das ultimas remessas de maçãs procedentes da California, as larvas de um insecto que não pôde classificar.

Este insecto cava galerias em todos os sentidos debaixo da epiderme dos fructos e produz a sua descoloração parcial. Feita a descoberta d'este insecto, é claro que todos os fructos atacados foram queimados para obstar á introducção do insecto nas culturas americanas.

Será, porventura, mais um inimigo que venha engrossar as fileiras dos muitos que já invadem as arvores fructiferas europeias?

Ahi fica o aviso aos cultivadores para que se ponham em guarda.

« Jornal horticolo-agricola »

MAXIMAS.

Has de ser bom, se com bons viveres.

— O mal é como o fogo que devora uma cidade em pouco tempo; o bem é como o sapo que leva um seculo a percorrer uma aldeia.

Não murmures de outrem, se não quizeres que de ti murmurem.

ANAGRAMMA. — N° 8.

Offerecido ao Ex.mo Dr José de Brito Freire e Vasconcellos, dignissimo chefe do serviço de saúde de Angola e director do hospital «Maria Pia» de Loanda. Composto de todos os Ex.mos facultativos e pharmaceuticos que fazem serviço no quadro de saúde da provincia, e dos empregados maiores do referido hospital.

Dr Graciano André **J**oão Ribeiro de Sant'Anna
Dr José de Brit **O** Freire e Vasconcellos
Dr Joaquim Bernardo Cardo **S**o Botelho da Costa
Dr Porfirio Teix **E**ira Rebello

Dr Antonio Bernar **D**ino Roque
Dr Alberto de Vasconc **E**llos Cid

Dr João Chrisostomo **B**aptista Alves de Novaes
Dr Athanazio Zefe **R**ino d'Azevedo Moniz
Dr Feliciano Carac **I**olo Salvador Primo de Menezes
Dr Affonso Anice **T**o Ildefonso de Souza
Dr Luiz Fernand **O** Collaço

Dr Filippe Nery **F**rancisco do Rozario Collaço
Dr José Ma **R**ia d'Aguiar
Dr Antonio Micha **E**l d'Azevedo
Dr Francisco da S **I**lva Garcia
Dr Joaquim Francisco Heliodo **R**o da Silva
Dr Cypriano Corn **E**lio Rodolpho Nogueira

Dr Henriqu **E** Maria d'Aguiar

Dr Cosme **V**alerio Ignacio Delgado
Dr João de M **A**ttos e Silva
Dr Manoel Augu **S**to Gomes de Faria
Phº Francis **C**o José das Neves
Phº Antonio Figueired **O** da Costa
Phº Domi **N**gos José Monteiro
Phº Mar **C**olino A. Alves da Cunha
Phº Fortunato d'Az **E**vedo Varella
Phº Aristides Augusto da Si **L**va Guardado
Phº Norberto Paes d'O **L**iveira Mamede
Alferes-Anthero de Carvalh **O** Magalhães
Capellão — Carlo **S** Wunemburger.

(Loanda) ANTHERO DE CARVALHO MAGALHAES

ANAGRAMMA. — Nº 9.

Offerecido ao Ex.mo Sr. Francisco Xavier Crato, dig.mo Escrivão de Fazenda da Provincia de Cabo-Verde actualmente em S. Nicolau, e composto com os nomes de todos os empregados da sua repartição.

João Carlos da **F.** onseca Vaz

Pedro Xi **X** a da Costa
Theodoro Oliveir **A** Almada
Benjamim J. Oli **V** eira
A. Lessa S **I** lva
Manuel Jos **E** Cardozo
José A. **R** amos

J. Domingos **C** ardozo
Francisco Ped **R** o Lages
Antonio Fr **A** ncisco Ramos
Manuel Bal **T** hazar Souza
Manuel L **O** pes Nejo

S. Nicolau. — *Cabo-Verde.*

M. A. BRITO
(*caboverdeano*)

CHARADA. — Nº 63.

(*Ao meu compadre e dedicado amigo, Athanasio B. Spencer.*)

O peso é nome e mulher 2,2.

(*Angola-Cazengo, Monte-Bello*)

A. COSTA
(*caboverdeano*)

OS ANNOS DE GENINHA. — POLKA

Por A. S. Oliveira. — (caboverdeano)

30

O « CLOU » DA EXPOSIÇÃO DE 1900

Sabe-se que o deputado francez Paschal Grousset propôz á commissão da exposição de 1900 que se procedesse a uma experiencia grandiosa de modo a elucidar um dos problemas mais interessantes da physica do globo: o do fogo central terrestre.

Um jornal de Paris tratou de colher a opinião de alguns homens de sciencia sobre a praticabilidade de tal ideia.

Berthelot, um dos consultados, declarou que a existencia do calor central podia dar-se como demonstrada. Em excavações praticadas já se chegou a 40 graus de calor, podendo concluir-se que a 6:000 kilometros de profundidade, isto é, á extremidade do raio terrestre, se deve obter um calor de 200:000 graus. « Isto, porém, é hypothetico, acrescentou Berthelot, e melhor seria ir vê-lo. » Quanto á proposta de Grousset, disse que não era inedita, quanto á sua execução merecia ser estudada.

Tisserand, director do observatorio de Paris, tambem disse que a hypothese do calor central está na actualidade geralmente admittida por todos os sabios. Duvida, porém, que seja realisavel a ideia de Paschal Grousset.

Adolpho Carnot, sub-director da Eschola das Minas, declarou que não via alguma utilidade na proposta de Paschal Grousset, pois já se tinham praticado excavações á profundidade que pretende, sabendo-se que a temperatura é alli de 50°.

Por fim, o bem conhecido empreiteiro Hersent tambem foi consultado sobre se seria praticamente possivel cavar um poço de 5:000 metros ou mais de profundidade. Hersent respondeu que era possivel, estabelecendo-se galerias sobrepostas como propõe Grousset. Entretanto, devia declarar que na perfuração do monte Cenis, onde se encontrou o calor a 30° e 32°, os operarios cahiram em extrema nemia, apezar do systema de ventilação estabelecido.

SONETO

(*Ao meu discipulo, Julio Jardim de Vilhena, filho do Ex.mo Sr. Julio Marques de Vilhena, no dia do seu brilhante exame.*)

Na quadra esplendoroza, em que a alegria impera,
Em que o folguedo é lei, que tudo mais supplanta,
A tua applicação, gentil creança, encanta...
Julgára-me feliz, se um filho assim tivera!

Versos dignos de ti offertar-te quizera;
Desculpa-me, porém, o mal que a lyra canta
Os loiros que ganhaste na cruzada santa
Do *estudo* e do *saber* — pharoes da nossa era.

Tiveste um sonho um dia — oh! candida creança!
Um sonho d'ambição; e, triste, perguntaste:
— « Á *gloria*, essa chimera, oh! Deus, como se alcança? »

Caminha altivo, audaz, na senda que encetaste,
Por armas tendo o estudo e por arnez a esp'rança,
E encontrarás um dia a *gloria* que sonhaste!

3 de Maio de 1897.

JOSEPH BRANDÃO

DO MENTIR

(*Conselhos aos jovens*)

Nada ha mais criminoso, baixo ou ridiculo do que o mentir: é effeito de malicia, de cobardia ou de vaidade; porém, geralmente fallando, os que mentem não conseguem o seu intento; porque, tarde ou cedo, vem a descobrir-se a mentira.

O embusteiro, que trata de depreciar os bens ou a reputação d'alguma pessoa, poderá por algum tempo damnifica-la, mas afinal será elle quem terá mais que soffrer; pois, descoberta a mentira, todos o aborrecerão.

O que se equivoca e tem a franqueza de o confessar procede com nobreza.

O que trata de evadir-se d'alguma cousa por meio d'uma mentira é um homem desprezivel e cobarde.

Ha muitos que se recreiam em contar mentiras que podem ser havidas por innocentes, porque a ninguem fazem damno senão a quem as diz: estas mentiras nascem da vaidade e loucura.

Uns taes são amigos do maravilhoso, têm visto cousas que nunca existiram; têm visto outras que realmente nunca viram, ainda que existissem, sómente porque julgaram que eram dignas de ser vistas.

Tem succedido ou tem-se dito alguma cousa notavel em qualquer parte que seja? Immediatamente declaram que se achavam alli, e que foram testemunhas de vista. Sempre são os heróes das suas fabulas, pensam attrahir com isto a attenção dos mais; ainda que, a dizer a verdade, o que ganham é fazerem-se ridiculos e despreziveis, accrescentando ainda a isto o ninguem dar credito ás suas narrações, pois é muito natural o suppôr que uma pessoa, que mente por vaidade, não terá escrupulo em encaixar uma mentira mui gorda, se fôr do seu interesse.

Meus filhos, se alguma vez chegardes a vêr alguma cousa, tão extraordinaria que se possa duvidar da sua veracidade, não a conteis para não dar occasião a que vos tenham por embusteiros sequer por um minuto.

A dissimulação na juventude é precursora de perfidia na velhice: o seu primeiro apparecimento é fatal prognostico de ignominia futura.

Sêde em todos os vossos procedimentos francos e firmes, com as devidas precauções.

O caminho da verdade é facil e seguro, o da mentira é um labyrintho confuso.

O que uma vez deixa após si a sinceridade não é já senhor de tornar para ella, porque um artificio conduz a outro; o enredo do labyrintho se augmenta, até que cahe nas rêdes que elle mesmo tem tecido.

Mathias da Luz Soares

VINGANÇA

Jurei amar-te
E tu sorriste;
Pedi-te um beijo
E tu fugiste.

Foste esconder-te
No arvoredo,
Rubra de pejo,
Cheia de medo.

A procurar-te
Inquieto andei;
Tinhas fugido,
Não te encontrei.

Jurei vingar-me
Da ingratidão,
Com que feriste
Meu coração.

E d'uma vez,
Junto á noitinha,
No arvoredo
Vi-te sósinha.

Colhias flôres
Tão descuidosa,
Que não me viste,
Minha medrosa.

Aproveitando
Tão bello ensejo,
Fui de mansinho,
Roubei-te um beijo.

> Fugiste, então,
> Qual anjo alado;
> Mas dei-te um beijo,
> Fiquei vingado.

Cabo-Verde (Praia)

A. SARMENTO

CHARADA. — Nº 64.

(Ao meu particular amigo, João B. Rochetcau.)

Custa muito o nome, mas é proprio 2, 2.

(Angola-Cazengo, Monte-Bello.)

A. COSTA
(caboverdiano)

(Aos amigos Silva, Whanon, Martins e Leite.)

A medida, na cidade, é vestimenta de mulher 2, 2.

(Angola-Cazengo, Monte-Bello.)

A. COSTA

PENSAMENTOS

Quando somos prodigos, roubamos os nossos herdeiros; quando poupamos sordidamente, roubamo-nos a nós mesmos.

LA BRUYÈRE

As armas da maledicencia e da calumnia são aceradas nas duas pontas, e por isso ferem muitas vezes as mãos que as despedem.

— A hypocrisia é uma homenagem que o vicio rende á virtude.

ARITHMOGRAMMA. — N° 22.

(*Ao meu primo, João Joaquim Marques Oliveira.*)

Em certo paiz mui nobre
Ha um pobre cavalheiro
Que ha tempos é vezeiro
Em esta vida levar.   8, 7, 6, 10, 9, 8.

Assim mesmo tem á mesa
Com certeza mui bem feita
Boa sopa que deleita
E esta mui linda ave.   1, 3, 2, 5.

Não é José nem Alberto,
Raymundo, Cezar ou Carlos
E muito menos Norberto
Que é um homem tão certo.   4, 2, 3, 4, 10, 2, 6, 8.

Não sei quem é; o q'eu digo
E q'uma grande apathia
Lhe devora todo o dia
E que d'ell' sempre eu maldigo.

(*Santo Antão, Babozo*)

FREDERICO ANTONIO D'OLIVEIRA

~~~~~~~~

CHARADA. — N° 65.

(*A. A. Spencer, auctor da charada a pag. 230 do almanach de 1895.*)

Na flôr que corre ha illação, 3, 2.

Paúl

CARA DE FUINHA

A PRIMEIRA BANDEIRA QUE FLUCTUOU EM AFRICA

Desde que os estudos africanos se tornaram moda, os historiadores teem procurado com afan qual seria a bandeira que nos tempos modernos primeiro se mostrou em Africa. Portugal, orgulhoso do impulso dado á sua marinha pelo infante D. Henrique, queria para si esta prioridade emquanto que indagadores infatigaveis a não deram á França. Os archivos de Dieppe não permittem a menor duvida sobre as expedições que os Normandos na edade média fizeram, e d'um modo positivo pode-se affirmar que em 1364 algumas cabanas foram por elles construidas na costa d'Africa. Os documentos mais antigos que os portuguezes poderam apresentar apenas teem a data de 1418.

Este celebre processo scientifico terminou vantajosamente para a França, cuja bandeira fluctuou na Africa mais de meio seculo antes que a bandeira portugueza lá fosse hasteada.

Os portuguezes que tinham guerreado contra os Mouros viam inimigos a combater em todas as povoações africanas que punham a saque. As resistencias que por fim experimentaram foram muitas vezes fataes ás suas expedições, que eram todas tidas como muito perigosas.

As guerras civis do decimo quinto seculo fizeram com que os habitantes de Dieppe não continuassem estas longiquas navegações e a bandeira portugueza poude então, unica, erguer-se nas costas africanas.

O que confirma a realidade das navegações francezas para Africa é serem attestadas por nomes que os navegadores de Dieppe pozeram aos logares que frequentavam, nomes que até hoje teem persistido. O mais importante dos seus estabelecimentos foi na costa do Ouro e tomou o nome de Mina; sem duvida construiram alli alguma fortificação para assegurar o seu commercio d'ouro que era então muito productivo. Deve-se crêr que os vestigios d'este estabelecimento ainda existissem em 1481, epocha em que os portuguezes construiram um novo castello na Mina, que se tornou a chave das suas possessões na costa de Ouro, visto que conservaram a um dos bastidões do forte o nome de Torre Franceza, e que testemunhas oculares affirmam ter visto gravadas as armas de França na capella d'Elmina. Além d'isto, muito tempo depois do grande Dieppe e pequeno Dieppe ter sido abandonado, ainda os naturaes se serviam d'algumas palavras francezas para convidar os navios a vir com elles negociar. Logo que a paz consentiu á França o novamente fixar a sua attenção sobre o commercio maritimo, o espirito aventureiro dos filhos de Dieppe despertou e a velha cidade normanda, recordando-se, no fim do decimo sexto seculo restabeleceu communicações com a Africa d'onde a hostilidade dos portuguezes os repelliu. O commercio que os portuguezes fizeram no Senegal foi sempre muito precario; em 1591 só alli existia um individuo d'esta nação; os naturaes da costa da Guiné, irritados com as suas cruéldades, expoliaram-n'os de todas as suas posições que foram occupadas pelos Hollandezes.

N'estes tempos remotos os inglezes apenas commerciavam alguma cousa no Senegal.

Fleuriot de Langle.

SALVE RAINHA

(Ás minhas discipulas)

Salve, diva *Rainha*,
Mãe de misericordia,
Nossa *vida e doçura*,
Doce Mãe de concordia!

Salve *esperança nossa*,
A *Vós bradamos* f'lizes
Os pobres *degredados*
Filhos d'Eva inf'lizes!

A *Vós* nós *suspiramos*
Gemendo ora e *chorando*
N'este *valle de lagrimas*
Illusões embalando.

*Eia, pois, Advogada
Nossa, esses vossos olhos
Misericordiosos*
P'ra da vida os escolhos,

Nos livrarmos, Senhora,
A nós volvei constante,
E, depois d'este longo
Desterro tão cruciante,

*Nos mostrae a Jesus
Bemdito fructo* e santo
Do vosso casto *ventre,*
Celeste Nosso Encanto.

Oh clemente, oh piedosa,
Imperatriz dos ceus!
*Oh dôce sempre Virgem
Maria,* Mãe de Deus!

Rogae sempre *por nós,
Santa Mãe do* bom *Deus,
P'ra que sejamos dignos,*
Os pobres filhos teus,

Das eternas *promessas
De Christo,* o Salvador.
Amen, dizei, oh Mãe,
Dizei, celeste Amor!

Cº. A. da C. T.
(*caboverd.*)

ENIGMA PITTORESCO. — Nº 19 *bis*.

(*Ao rev.º Conego, Oliveira Bouças*)

(*Cabo-Verde*)

Um Pygmeu

A CARIDADE

*Em beneficio da creche de S. Vicente na kermesse
de 13, 14 e 15 de Junho de 1895.*

As creanças pobresinhas,
Que vagueiam pelas ruas
Sem amparo, sem carinhos,
Meio mortas, semi-nuas,

Erguem as mãos pequeninas
Ao astro da Caridade,
Buscando a luz d'um conforto
Cheia de amor e piedade.

E soluçam: — Temos fome!
As aves, nossas irmãs,
Acordam sempre cantando
As orvalhadas manhãs.

E adormecem no consolo
Dos seus leitos pequeninos,
Ensaiando, n'um concerto,
Os seus cantos matutinos.

E nós, as tristes creanças,
Dormimos em camas nuas;
E quando as aves se beijam
Vagueamos pelas ruas.

Não temos o doce allivio
De um beijo cheio de amor;
Deu-nos a sorte, em caricias,
A fome, os prantos, a dôr.

Nos nossos sonhos da noite
Temos negras phantasias:
E assim nos doira a infancia
O triste viver dos dias!....
. . . .

Orphãs de affecto e carinhos,
Orphãs de fé e de esp'ranças,
Vem, ó santa Caridade,
Proteger estas creanças.

Dá-lhes um ninho tranquillo,
Um asylo socegado,
O pão, a fé, a esperança,
No teu sopro perfumado.

E as orações das creanças
Serão por ti mais ferventes...
São mais sinceras as bençãos
Dos corações innocentes.

(*Praia*)   A. SARMENTO

PROSÓDIA PORTUGUÊZA

IV

DO VALÔR TÓNICO

É de capital importancia o conhecimento da tónica da palávra, fallada ou escripta ; por isso, antes de entrármos na exposição do valôr tónico, ou da influencia do accênto tónico na metaphonia do valôr normal, digamos o que seja accênto tónico ou icto.

Accênto tónico, predominante, principal ou primário, é a pausa que se fáz na pronuncia de uma palávra, ou a maiór fôrça com que pronunciãmos uma syllaba de uma palávra.

As palávras portuguêzas não pódem têr a tónica, ou icto, alem da penultima syllaba. Só póde apparecêr o icto alem da penultima, nas fórmas verbaes, graves ou exdruxulas, com *inclinação* ou adjunção dos pronômes pessoáes átonos, após o verbo.

Os vocábulos portuguêzes, pôis, em relação á tónica pódem sêr : *agudos, graves ou exdrūxulos*.

São *agudos* — os que teem o icto na ultima syllaba será, paúl.

São *graves* — os que o teem na penultima : cása, cãma.

São *exdrūxulos* — os que o têem na ante penūltima : árvore, līrio.

As fórmas verbáes *encliticádas*, ou a que se ligão partīculas pronomináes enclīticas, e cujo icto retrocêda, por êste fácto, máis de três syllabas, — são *bis-exdruxulas*, como : *amăvamol-o, louvăvamo-vol-o*, não podendo havêr, porem, mais de quatro syllabas átonas depois da tónica.

Indicarêmos a vóz, ou a syllaba tónica, com o accênto longo latino, eomo se disse no valôr accidentado ; e a vóz, ou syllaba átona, com o accênto bréve latino (ᵕ), quando o exija alguma circumstancia especial.

Usarêmos, portanto, os accêntos agudo (') e normal (^), para a accentuação das vogáes accidentadas; e o tónico (—) e átono (ᴗ), para a distincção tónica da palávra.

Passêmos agóra á exposição da metaphonīa vocabular por influencia do accênto tónico.

A

ā (tónico) verbal é agudo, menos antes de **m, n, nh** (excépto o pret. perf. indic. 1ª do pl. e a base *gânh* de gánhár).

E

1. ē (tónico) = **ei**, antes de **a**; ea tónico = eia : *ídea* = ideia, mas não *ideial*. Nas fórmas tónicas dos vérbos em *cár* : passéia (escréve-se nêste caso o i, mas não passeiar).
2. ē (tónico) = **a**, antes de **ch** (x), **lh, nh, j** (palataes) : fecha, telha, tenha, veja (= fácha, tálha, tánha, vája).
3. ē (tonico) = **é** antes de **m, n**, nas *terminações* : éme (excépto alfagême), émico, émio, émia (menos fêmea, sêmea), émona, émos (e démo), émulo, émula ; éne, énio, énia, énides (e rémo e seus derivados) ; e as *fórmas verbaes* fórtes ou agudas.
4. ĕ (átono) = **i**, inicial : elogīo, heróe (ilogīu, irói).
5. ĕ (átono) = **i**, antes de **a, c, o** : leal, peór, cafeeiro (lial, piór, cafieiro).
6. ĕ (átono), fóra dos casos indicados, pronuncīa-se bréve. E o caso ordinario do *e* no fim da palávra, mas pronunciál-o-hêmos distinctamènte, se bem que bréve.

I

1. ĭ (átono) medical = ĕ (átono), quando precedido de consoante, e em sȳllaba ou sȳllabas successivas, até ao

penultimo i : visita, militar, dividir (vĕsita, mĕlitar, dĕvĕdir). Excépto, porem, se qualquer dos i i provem de ī (tónico) do vocábulo primitivo na lingua, como : fĭtinha de fīta (e não fĕtinha), diffĭcilimo (defĭcīlimo de diffīcil, e não dĕffĕcilimo).

O

1. ŏ (átono) = **u** : o ovo (u ôvu), colorido (culuridu). É o caso ordinário do o final, mas pronunciál-o-hêmos distinctamente : o corvo (u côrvu).
2. ŏ (átono), não final, antes de **l**, é normal : vôltār, vôlta.
3. ō (tónico) = *ó*, antes de **m, n**, nas *terminações* : ómalo, ómem (e fóme); ómene, ómetro, ómico, ómica, ómio, ómina, ómito, ómodo (e chrómo); óne, ónia, ónica, ónides, ónimo, ónio, ónis, ónito e ónomo; e as *fórmas vérbaes* fórtes ou agudas.

São êstes os factos principaes da influencia metaphónica do accênto tónico.

Resumâmos agóra os divérsos valôres das lêttras, segundo as régras expóstas.

A. DA C.

~~~~~~~~~

NO THEATRO

Uma creança pergunta ao administrador do concelho :

— O senhor diz-me que peça representam agora ?
— A «Cabelleira de minha mulher,» responde a auctoridade.

A creança, correndo para a mãe :
— O mamã, mamãsinha, sabe o que representam agora ?
A cabelleira da mulher do senhor administrador.

A. SARMENTO

Praia, 28 de Fevereiro de 1895.

Á MEMORIA DO D.ʀ JULIO JOSÉ DIAS

Em 1866 cheguei á ilha de S. Nicolau de Cabo Verde, na qualidade d'um dos mais obscuros funccionarios do Ultramar.

Logo apoz a minha chegada fui apresentado por um amigo meu, o Exᵐᵒ Sr. José A. G. Neves, ao Dr Julio José Dias para quem era portador de uma carta de seu genro, o distincto juiz da Relação, o Dr José Maria da Costa.

O venerando ancião tinha o dom de captivar os que d'elle se approximavam, já pelas suas maneiras affaveis, já pelos seus conhecimentos scientificos e fazendo lembrar pela sua figura o valente Marechal Duque de Saldanha.

Não obstante a minha mediocridade, conheci que estava na presença d'uma d'essas intelligencias que fazem a honra dos seus conterraneos, muito principalmente quando esse individuo é d'uma provincia ultramarina onde a instrucção está muito áquem da que devia ter e quando ainda muita gente julga que a África é terra só de selvagens e só propria para degradados, ignorando-se completamente que, se existe alguma cousa má no ultramar, uma das principaes é servir de vasadouro publico a toda essa escoria que a mãe patria para lá envia mensalmente com a escola pratica do Limoeiro e outras prisões do Reino, em vez de empregados honrados e habeis mestres de artes e officios.

Mais tarde conheci que o Dr Julio Dias, além do seu muito saber, era um benemerito da humanidade, tratando e fornecendo medicamentos gratuitamente a todos que o consultavam como medico, que era. Isto desfalcou a sua fortuna e por isso deixou unicamente aos seus herdeiros um nome respeitado e honrado.

É com sentimento e já passados annos que escrevo estas linhas, porque é sempre penoso vêr cahir inerte um vulto do valor intellectual, como o do Dr Dias; e o valor intellectual de tão prestimoso cidadão nunca foi contestado.

Os habitantes da ilha bem reconheceram n'elle um bem-

Dr. Julio José Dias.

feitor, e por isso lá existe um modesto monumento levantado com o producto d'uma subscripção, de que damos a estampa, copia d'uma photographia do auctor d'estas linhas.

A provincia perdeu um dos seus mais predilectos filhos e os Sãonicolarenses o medico mais caritativo que pisou o seu solo.

Deixou o D.r Julio numerosa familia e entre os seus genros conta-se o illustre juiz da Relação, D.r José Maria da Costa, ha pouco fallecido, o activo negociante Cesar Augusto Neves, e o incansavel Eduardo Arthur da Silva e Raphael d'Oliveira.

Á esses dedico estas linhas como tributo de gratidão áquella provincia, na qual passei a melhor quadra da vida e onde me prendem laços de familia e amizade.

Paz ás cinzas de tão illustre extincto, do qual tambem se pode dizer: *Sans peur et sans reproche.*

Lisbôa, Setembro de 1894.

J.-S. AFRA

PENSAMENTOS ESCOLHIDOS

A vida humana é uma perfeita mutação. O nosso corpo não é de tarde o que era de manhã; ganhou para a vida ou perdeu para a morte. Do mesmo modo, a alma do christão não deve ser de tarde o que era de manhã: deve ter mudado para a perfeição e para a gloria. Sobretudo, se recebeu a Eucharistia, é-lhe necessario reproduzir na sua vida o mysterio da transformação que se produz sobre o altar e dar a Jesus Christo, em recompensa d'esses milagres, um coração cada vez mais transformado.

* * *

A Egreja é um composto de tempo e de eternidade, porque é um composto do homem e de Deus, porque é a união de Deus com a humanidade, como disse S. Paulo.

* * *

O padre é um enigma, mas é um enigma divino.

HENRY PERREYVE

ECCE ITERUM...

O professor RodolfoFalb., de Vienna, predisse o *fim do mundo para 1899*. O astronomo em questão não renega a prophecia e acaba, segundo parece, de publicar uma brochura de dezeseis paginas, illustrada, onde expõe precisamente a sua idéa.

O fim do mundo realisar-se-hia exactamente a 13 de Novembro de 1899, ás 3 horas e 9 minutos da tarde. O culpado d'esta fatalidade seria um cometa, que em 1866 esteve para praticar identica patifaria, mas que resolveu, instruido pela experiencia, dar cabo d'elle em 1899.

~~~~~~~~~~

DIZEM

(Ao meu intimo amigo, Adolpho Pires Ferreira)

> Dizem que ha gozos no correr dos annos, só eu não sei em que o prazer consiste!
> C. DE ABREU

Dizem que ha quadra n'existencia, bella,
Dizem que ha n'ella muito amor e lida...
Só eu, qual barco que soluça em fraguas,
Encontrei máguas no raiar da vida!..

Eu tenho idéas que me dão martyrios,
Febres, delirios, que me roubam calma!...
Dae-me remedio na cruel tortura,
Se existe cura para os males d'alma!

Despindo as vestes festivaes d'infancia,
Acceso em ancia de arrojado sonho,
Sem mal o berço abandonar contente,
Ousado e crente d'um porvir risonho...

Uma por uma as illusões fagueiras,
Sem das ombreiras me assomar do mundo,
Uma por uma vi cahir bem cedo,
Em o seu tredo lodaçal profundo!

Depois... um ceu que se mostrára lindo,
Azul... infindo... a nebular-se escuro!
Depois... as trevas d'um caminho incerto,
Arduo, deserto... sem talvez futuro!

E todavia d'este meu calvario,
O solitario e desleal caminho,
Começo apenas a pisar descrido...
Monge perdido, que não teve um ninho!

Dizem que ha quadra n'existencia, bella,
Dizem que ha n'ella muito amor e lida,
Só eu, qual barco que soluça em fraguas,
Encontrei máguas no raiar da vida!

Paúl, Cabo-Verde

(das "Expansões d'alma")   JANUARIO

NOTICIAS COLONIAES

O movimento commercial do porto da Beira tem-se ultimamente desenvolvido de um modo verdadeiramente excepcional.

As mercadorias que no anno corrente alli teem affluido teem sido o dobro do que representou no anno anterior o commercio d'importação, isto devido certamente a que os navios de quasi todas as companhias que navegam para a Africa Oriental começaram a fazer escala por alli. Ultimamente n'aquelle porto estacionavam cêrca de 11:000 toneladas de mercadorias, vendo-se a companhia de Moçambique na impossibilidade de as descarregar com a brevidade exigida, apezar dos melhoramentos que alli se tem realisado ultimamente.

— No periodo decorrido de janeiro a julho d'este anno o rendimento e movimento commercial da alfandega de Lourenço Marques foi o seguinte:

Valores: importação nacional, 568:693$241 réis; estrangeira, 1.394:024$516 réis; exportação, 65:807$996 réis; reexportação, 90:788$125 réis; transito nacional, 18:588$000 réis; strangeiro, 7.512:915$960 réis.

Direitos: importação nacional, 10:842$178 réis; estrangeira, 238:391$567 réis; exportação, 152$931 réis: reexportação, 311$404 réis; transito nacional, 120$819 réis; estrangeiro, 115:589$901 réis.

Total: valores, 9.650:817$838 réis; direitos, 373:308$800 réis.

Além dos rendimentos propriamente aduaneiros, cobrouse na alfandega mais a quantia de 83:995$655 réis, assim dividida:

Armazenagem, 11:085$749; receita eventual, 2:929$881 reis; sello, 6:808$389 r-is; contribuição industrial, 27:726$481 réis; pharolagem e balisagem, 13:775$255 rcis: tonelagem, 21:670$210.

O rendimento total foi, pois, de 447:304$465 réis.

Em egual periodo do anno anterior o rendimento propriamente aduaneiro foi de 370:664$253 réis, e o rendimento total da alfandega, incluidas todas as demais despezas, foi de 422:892$317 réis; menos 24:412$148 réis, do que n'este anno.

DIALECTOS INDIGENAS

(Manatuto)

PADRE NOSSO

Guita Amar mia Lânit, guita cete go moco ne goni lalálan mai mia itobo rodi racnéan robo guita Bá irbein-Deus ni náran Santo; moco né goni santo reino mai mia guita: moco né goni lalán mai mia itobo rodi sia cumpre obo Gamî Ba'irbein-Deus ni vontade mia mundo lê'i, elétan Santo sia runa ba mia Lânit; moco né ran' an lelon mai, lelon mai mia guita: Moco né perdão mai mia guita, namenécec guita né halim perdão itobo runa háeth guita : Moco né lálan mai guita rodi se mônu odi mia tentaçã ; mocó libra étan guita lalá robo taiac. Elilan Jesus.

AVE MARIA

Ave Maria, Amo-Deus ni lalán bêno têmac Go, Amo-Deus ni megan mia no Go ; Go Santa li robo batata lálan mia mundo lê'i : Go Anan, naran Jesus, ni lálan li oim. Santa Maria, Amo-Deus ni inan cete no Amo-Deus dô'i guita sala dor, hóras nehe laláim cete, no hóras nehe maim guita cadessic roco mate. Elilan dô'i, Jesus.

SALVE RAINHA.

Salve! Lânit ni aránbáta Nossa Senhora, Inan sadi'a no ralan lálan guita ni mamôri, lálan li noco néne lálan ua'in nai Lânit mai mia guita, Salve! Guita, Eva ni anan sassure mia rêa lé'i, tânis naclélec nahite cá'a mia Go.

Guita tanis ró salê'ite ambâna, mia náhuco réa lê'i tai'-ac, rague nahátic Go, mui essac ambâna, Guita Inar, Go. Aia, guita ni Inan mia oim Lânit, hali teha go matan sadi'a gâmi, intini, guita mate sôruco suçu mai guita, Goni.

Anan lalálan, Jesus. Maria Santissima, Go batrá Santa lálan li, sadi'a gâmi. Amo-Deus ni Inan, cete lálan noco Amo-Deus ni benção mia no gâmi : Guita toco téné ba Idlan, nehe maim Amo-Jesus Christo mui noco né mai mia guita. Noco elilan dô'i, Jesus.

— Estas tres orações são extrahidas de um pequeno methodo para assistir á missa, dedicado aos reinos de Manatuto, Lacló, Laleia, Vemasse, Montael e Hera, pelo missionario

M. M. ALVES DA SILVA.

CHARADA. — N° 66.

(*Aos Seminaristas de Cabo-Verde*)

O insecto está no jardim e na botanica. 3,1

Praia, ADELA NOBRE MARTINS

AS CATECHESES

É bom lembrar de quando em quando ao clero que os destinos da sociedade e da patria estão muito nas suas mãos.

Bem se sabe, porque bem se vê, que a nossa epocha é uma epocha de combate. Estão em effervescencia todas as paixões, e em lucta renhida todos os interesses.

Não ha classe, associação, individuo, que não prégue doutrinas mais ou menos acceitaveis, ás vezes subversivas e anárchicas, dissolventes não raro, mas... todos vão seu caminho.

O nosso clero, por uma modestia talvez um pouco arriscada, emmudece no meio d'este tumultuar de vozes desconcertadas.

E pena! Porque será que os parochos não fallam tambem, tendo, como teem, auditorio seguro para escuta-los? Porque será que, á estação da missa conventual, e a proposito da explicação do Evangelho do dia, não aconselham, exhortam e instruem os seus parochianos em assumptos de tanta opportunidade, como são os que se agitam na sociedade actual?

Esta febre dos suicidas não mereceria meia duzia de conselhos? Esta facilidade em calumniar e diffamar, não estaria a pedir um correctivo?

Este materialismo desconsolador não valeria um punhado de observações espirituaes? Este affrouxar dos laços da familia e da amizade não reclama algumas advertencias salutares?

Será o padre, só para dizer missa? Sendo tanto e tão pouco! Porque, emfim, se o clero não toma o seu logar, d'aqui a pouco nem sequer terá quem lhe ouça a missa!

(*Lisbôa*)

S. C.

CREOULO — (CARTAS)

(*S^to Antão*)

Miúgŏ Jơm : — Cŏmâ vapôr d'êsse boladạ êne'tâ dĕmorá náda, ûme tâ faze-ô-bo só dôs linba pâ- sabê cŏmâ bô tem passadĕ e sẹ bôs meniúns 'tâ bom. —
D'o'te vez' m'ha manda-bo 'quês bóba, q'Antoéne comprá e q'elle êne tive teompe de levá e que'mi'êne tâ podê embarca, por cóza de mute pressa que tem vapôr. Salva-'me 'nhe cumpáde Franciúscŏ e 'quês gente tuḍe.
Sant'Anton, 14 de Seteómbro de 93.

(*Sant'Anton*)

Bô miúgŏ de c'raçôm
Antoéne Jósê Santa-Barba da Virge

(TRADUCÇÃO). — *Amigo João* : — Como (*o*) vapor d'esta vez não está a demorar (*não demora*) nada, eu estou a fazer-te (*faço-te*) só duas linhas para saber como tu tens passado e se teus meninos estão bons. — D'outra vez (*por outra occasião*) eu hei-de mandar-te aquellas aboboras, que Antonio comprou e que elle não teve tempo de levar e que eu não estou (*a*) poder (*não posso*) embarcar, por causa de muita pressa que tem (*o*) vapor. Salva-me meu compadre Francisco e áquella gente toda.
— Santo Antão, 14 de Sctembro de 93. —
Teu amigo do coração, — Antonio José Santa Barbara da Virgem.

~~~~~~~

CHARADA. — Nº 67.

(*A C.*)

Em vinte e quatro horas tornou-se excellente esta mulher má. 2,2.

(*Paúl*)　　　　　　　　　　　　Fernando

ADORAÇÃO DOS MAGOS

Depois do nascimento de Jesus, vieram do Oriente tres Magos adorar o Messias, rei dos Judeus. Herodes, que

Adoração dos Magos.

então reinava na Judéa, turbado com tal acontecimento, usou do seguinte estratagema:

« Ide, disse elle aos Magos, e informae-vos bem d'esse menino, para que eu tambem vá adora-lo. Apenas se puzeram a caminho, de novo lhes appareceu a estrella que até alli os tinha guiado. Chegando ao logar onde se encontrava o Menino Jesus com sua Santissima Mãe, prostraram-se diante d'elle e o adoraram, offerecendo-lhe ouro, incenso e myrra ao Rei, Deus e Homem.

Regressando ás suas terras, não passaram por Jerusalem, como na vinda lhes succedera, segundo os avisos que em sonhos tiveram, ficando assim frustrada a primeira tentativa do primeiro perseguidor da Egreja, triumphante até nossos dias, como será até á consummação dos seculos.

SONHOS DO PASSADO

> Coimbra, nobre cidade
> Onde se formam doutores;
> Lá se formaram tambem
> Os meus primeiros amores.
>
> *Trova Popular*

Entre os verdes salgueiraes,
Lá das margens do Mondego,
Ouvi outr'ora em segredo
Meigos cantos divinaes!
Eram sorrisos e ais...
Lamentos da mocidade,
Quando, em lucida anciedade,
A brisa, que então passava,
Sonora me segredava:
— Coimbra, nobre cidade...

Noites formosas de lua,
Noites que nunca olvidei,
Visão d'amor que eu sonhei,
Onde existe a crença tua?
Essa nuvem que fluctua
Colhi-a eu toda odores

Lá na fonte dos Amores
Ao som dos echos da serra,
Dôces canções d'essa terra
Onde se formam doutores.

N'essas collinas tão bellas
Do Mondego de crystal,
Lá baixo, no Salgueiral,
Sonhei crenças bem singellas!
Sob os platanos de Cellas
Olhando as nuvens d'alem,
Vi formar-se o meigo bem
Cingindo-me em seu alvor,
E até meus sonhos d'amor
Lá se formaram tambem.

E na Làpa dos Esteios
A par de mil illusões
Outr'ora em meus devaneios
Architectei ambições!...
As santas inspirações
Dos vates, dos trovadores!
Só então colhi horrores
N'essa visão que evolou,
Quando o tempo, alfim, matou
Os meus primeiros amores.

Julho de 1893.   ALFREDO DE PRATT.

RECEITAS DIVERSAS

MANTEIGA (Modo de conservar a). — Misturar 30 grammas de sal commum com 500 grammas de manteiga.

MARFIM. *Modo de restituir ao marfim amarellecido a côr branca que tinha.* Dissolva-se em uma porção dada d'agua quanto baste de pedra-hume para torna-la côr de leite; faça-se ferver, deitem-se dentro as peças de marfim, e deixem-se de molho obra de uma hora, escovando-as de vez em quando.

Pode-se tambem esfregar o objecto, que se quer branquear, com sabão preto, e enxuga-lo muito bem com panno.

D.r CHERNOVIZ

A GASTRONOMIA ANTIGA

> Temos na sociedade duas classes de pessoas: os medicos e os cozinheiros, uns que trabalham incessantemente em conservar a nossa saude, outros em a arruinar; com a differença, porém, de que os ultimos conseguem-no mais do que os primeiros.
>
> DIDEROT

Por mais que os modernos tenham apurado o luxo gastronomico, ainda assim não ha termo de comparação entre os nossos banquetes mais opiparos e a extravagancia com que os romanos engulliram no meio das suas orgias os productos mais raros do universo então conhecido, desbaratando as rendas de muitos reinos. E mais era o povo rei *populum laté regem*, que começára pela vida dos Curios e dos Catões, com couves e nabos. Daremos uma ideia d'essa desatinada e inconcebivel intemperança, que foi uma das causas principaes da decadencia do seu imperio.

A *cœna* ou a ceia era sobre todas a comida mais completa. Punham diante dos convivas, estendidos preguiçosamente sobre coxins, *triclinia*, as primeiras, mesas carregadas de antepastos, *salsamenta*, *apiastra facelares*, *abyrtaca*, e enxovas, diversas hortaliças confeiçoadas com agraço, etc., para excitar o appetite.

. . . . *qualia lassum*
Pervellunt stomachum, ciser, alec, fœcula coa.
(HORAT. II, sat. 8)

Juntamente vinham ostras, spondylos, pelorides e outros mariscos. Depois serviam quantidade enorme de viandas, caça, peixe e legumes, como se vê um exemplo na satira de Petronio onde descreve o luxo de Trimalcião. Havia até sete serviços e por fim traziam a sobremesa e os doces com grandes taças para beberem, á tôa, vinhos velhos, dos máis finos e aromatizados. Lucullus, cognominado *Xerxes togado*, mandou aprompter de improviso um banquete de quarenta mil francos a Pompeu e Cicero. Citam-se entre os comilães celebres : Hortensio, Fabio *gurges* ou o golfo, Messalino Cotta, Esopo o tragico, etc. Apicio depois de ter gasto em banquetes mais de doze milhões de francos, no valor de hoje, cuidou que morria de fome quando lhe sobejavam apenas cerca de um milhão e trezentos mil francos.

Isto tudo ainda é pouco em comparação com as extravagancias de muitos imperadores romanos. São conhecidas as devassidões de Marco Antonio, que mandava servir javalis inteiros n'um repasto para poucas pessoas. Vitellio gastava perto de oitenta mil francos por dia, e de vez em quando dava festins de cem mil escudos. (*Suetonio, Vitellio*, cap. XIII.) Só n'um bodo, dado de improviso a seu irmão, havia sete mil aves e dois mil peixes escolhidos. Um grande prato de oiro, que offereceu, ia cheio de miolos de pavão, linguas de phenicopteros, etc., para o que mandára de proposito navios em procura até junto do estreito de Gibraltar e cohortes de caçadores até aos montes Krapaes ; de modo que só este prato custava para cima de duzentos mil francos. E se fallassemos das loucuras de Caligula?! Domiciano mandou convocar o senado para decidir o molho com que havia de ser preparado um enorme rodovalho.

Por ordem do Commodo e de outros imperadores os esturjões eram trazidos para a mesa com pompa triumphal. Elio Vero fazia prodigalidades inauditas nos seus banquetes em que chegava a gastar seiscentos mil sestercios (ou noventa mil francos) ; Heliogabalo, esse monstro em toda a casta de extravagancias, parece, segundo diz Lambride, que excedeu todos os mais. Cada um dos seus banquetes custava ao estado mais de oitocentos mil francos, havendo alguns pratos que valiam cento e quarenta mil francos. Isto não admira se considerarmos que elle mandava servir juntamente miolos de seiscentos mil avestruzes, chispes grelhados de grande porção de camelos novos (*Herodian*, lib. IV); e que queria pratos só de linguas de papagaios ou de rouxinoes e de guelras de peixes raros.

Punha a premio a invenção de novas iguarias, e diz-se que até se lembrou de mandar preparar carne humana e excrementos para tomar o sabor a tudo quanto o podesse ter na natureza.

VIREY

GEOGRAPHIA

Poesia (¹)

off. ao ex° e rev° Reitor do Collegio de Campolide.

Ancioso de offertar-te
Muitos mimos n'este dia (²),
Pedi-os de terra em terra;
E trouxe alguns de valia.

Das serras de Traz-os-Montes
(Vê que serras de condão!)
Trago nozes da *Nogueira*,
Trago a Eneida de *Marão*.

Tambem dos montes do Algarve
Te mandão com expressão
Umas notas que lá estavão
A sombra do *Caldeirão*.

A Extremadura flava:
Pedi-lhe uma maçaróca.
Pois sim (disse), leva tudo,
Leva até o *Cabo da Roca*.

E como o carvão 'stá caro,
E inda ha frio e nevoeiro,
Leva tambem (me disse ella),
Leva o *Cabo Carvoeiro*.

---

(1) Recitada no dia 20 de Março no Collegio.
(2) Anniversario natalicio do rev°. Reitor.

E por brinde, ao appetite
Em dia tão festival,
Com venia do cozinheiro,
Remetto o *Alcacer do Sal*.

Olha (ajuntou), já meus campos
Vestem de primaveral !
Leva pois em cada offerta
Uma flôr de *Cada-val*.

E a cultor tão desvelado
Do reino dos vegetaes
Não quero mandar só flôres
Tambem mando os *Olivaes*.

Porem de *ar* e de *lume*
Quem poderá não gostar?
Não é pois nenhuma asneira
Que leves o *Lumiar*.

E já agora que fallamos
D'esta secção mineral,
Leva ao menos uns seixinhos,
Ou então todo o *Seixal*.

Respondi : « Não levo tanto :
Quem a taes cargas se affoita?
Carrega e cala (me disse);
Dou-te o *Concelho da Moita!*

A Beira, em tributo ao brilho
Que em teu merito reluz,
Te remette a sua *Estrella*,
Envolta em ondas de luz.

Pois nas pugnas da virtude
Nunca foges da metralha,
Dá-te, qual symbolo humilde,
Seus despojos a *Batalha*.

E para que Traz-os-Montes
Os seus brios não desminta,
Manda-te hoje antiga espada
De « *Freixo-d'Espada-á-Cinta.* »

Novo Mensageiro

PROVERBIOS DE SALOMÃO

Uns, dando, mais enriquecem;
Outros, roubando, empobrecem,
  Quem de repente
  Se enfurece é estulto :
  Quem é prudente
  Dissimula o insulto.
O insensato dá-lhe logo a furia;
Quem é prudente dissimula a injuria.

É o temor de Deus fonte da vida :
Quem não tomar esse norte,
Vae no caminho da morte;
É uma alma perdida.

Antes a pobreza honrada,
Do que a riqueza roubada.
O filho, que amargura
    Os paes,
      Jámais
Conte com ventura.

Toma em rapaz bom caminho,
Que o segues tambem velhinho.
  Não te gabes a ti...;
  Outrem que te elogie.
O impio a propria sombra o amedronta;
O justo é um leão que tudo affronta.

A palavra a proposito e sensata
É pomo de oiro marchetadó a prata.

João de Deus

PRIMEIRO CONSELHO D'UM PAE A SEU FILHO

> Que a piedade e a religião são a base sobre que assenta toda a nossa ventura e felicidade, e por conseguinte tudo quanto ha de mais excellente e de maior utilidade.

O primeiro conselho, e o mais importante e saudavel de todos os que podem dar-se aos moços, é o de amar a Deus sobre todas as cousas, honra-lo, teme-lo e servi-lo com a maior e mais escrupulosa exactidão. De quantas obrigações nos são impostas, a mais essencial é aquella, cuja pratica só pode constituir-nos verdadeiramente felizes e venturosos, e guiar-nos necessariamente na observancia das outras obrigações todas que temos. Com effeito o temor de Deus não só é o principio de toda a sabedoria, mas tambem o que só pode dar-nos perfeita felicidade n'esta vida e na outra.

Quanto a esta vida, a religião nos dá a rectidão do coração, uma doce e inestimavel tranquillidade, nascida do testemunho d'uma boa consciencia, e o solido contentamento d'alma. Ella nos torna resolutos e inalteraveis nos maiores perigos; faz-nos supportar com paciencia, constancia e grandeza d'alma as adversidades, as doenças, as dôres, as miserias, as desgraças e os revezes, que nos acontecem; modera a alegria excessiva nos venturosos successos, e nos impede de assoberbar-nos na prosperidade; mantem em nossa alma uns sentimentos pacificos e tranquillos, já na prospera, já na adversa fortuna; concorre sobremodo para que olhemos para a morte sem horror, com socego de coração, e ainda mesmo com alegria; emfim, é mais que tudo capaz de grangear-nos a amizade, estima, conceito e apreço de nossos nacionaes, pois não ha cousa como a virtude, que mais digna seja de respeitos.

MATHIAS DA LUZ SOARES

DIALECTOS INDIGENAS

(*S. Thomé. — Poesia.*)

Mó pômbin Kúscá vuá
Andôlin Kuscá fugi,
Vida mun ten scá bédê
Alma mun ten scá sumi.

Trad. livre : Assim como o pombo vôa assustado ou como a andorinha que para longe foge, assim me vae a vida e assim d'este mundo foge a minha alma.

Feble dgi pézále mun
Milá-m'li ni bóccazá ;
Fogo dé sugam cloncó
Canto dge cantá cəbá.

— A febre, que me causaram os desgostos, mirrou-me o riso nos labios ; o seu calor seccou-me a lingua. Adeus, meus cantos, adeus, minhas canções!

A. C.

A INTEMPERANÇA

(*Pensamentos*)

O homem intemperante, debaixo todo do jugo da carne e do sangue, deixa-se ir quasi sempre ao envite grosseiro dos estimulos animaes, das paixões embrutecedoras, das acções baixas e aviltantes.

P. J. C. Debreyne

Os grandes comilões são, em regra, fracos pensadores.

P. Debreyne

OS GAFANHOTOS NA RHODESIA

Parece que se ameudam as invasões de gafanhotos na Africa do Sul, ha sete annos a esta parte, devastando vastos territorios desde o Cabo até além do Zambeze.

N'uma fazenda do paiz de Matabeles, de 15 a 20 hectares de superficie, havia no outomno de 1895 bellos campos de milho. Vieram os gafanhotos, não deixando uma folha verde.

Em 1896 foram taes os estragos no paiz dos Amatongas que os indigenas renunciaram á cultura do milho e venderam os gados.

Estas invasões são periodicas; não as houve na Rhodesia de 1872-1891 e parece, segundo as observações feitas, que dentro de curto praso, um ou dois annos, sobrevirá outro periodo, em que os terriveis visitantes deixarão em paz aquellas regiões.

No Natal fizeram experiencias para destruir os gafanhotos, obtendo-se bons resultados. Prepara-se uma solução de *soda caustica e arsenico* em *agua a ferver*, addicionando-se depois *agua e assucar* ou *melaço*.

Ensopam-se molhos de verdura e de cannas de milho n'este liquido e põem-se nos campos visitados pelos gafanhotos, os quaes morrem e são comidos por outros, que por sua vez succumbem, obtendo-se assim uma enorme mortandade dos temiveis insectos.

REFLEXÕES E MAXIMAS

Quando estiverdes só, pensae em vossos defeitos; quando estiverdes em companhia, esquecei os dos outros.

Governae a vossa casa e sabereis quanto custa a lenha e o arroz. A casa sem governo é peior que a nau que sem elle encalha.

PONTE DE MARMORE

Em Knoxville, Estados-Unidos, procede-se á construcção d'uma ponte monumental, toda de marmore rosa, que, segundo parece, é uma maravilha incomparavel, tanto sob o ponto de vista architectural, como sob o da ousadia que presidiu á sua concepção. Lançada sobre o rio Tennessee, essa ponte de marmore não tem menos de 500 metros de extensão e a sua altura sobreleva 33 metros acima da agua.

O arco central tem uma abertura de 74 metros, o que constitue um verdadeiro *tour de force* architectural.

(Encyclopedia das familias)

UMA PONTE MONSTRO

Os americanos já possuem a maior ponte sobre rio até hoje conhecida, de New-York a Bronklyn, com 500 metros de extensão e 110 de altura sobre o rio Hudson; porém, não contentes, vão emprehender a construcção d'outra muito maior entre a mesma cidade e a de New-Jersey. Terá de extensão 872 metros e quatro columnas torreadas de 140 metros de altura, sobre as quaes assentarão os taboleiros para passagem das locomotivas, carruagens e peões. As linhas ferreas serão no taboleiro superior. Os dois inferiores serão para o transito dos peões e carruagens. A ponte será construida toda de aço.

(Encyclopedia das familias)

CHARADA. — Nº 68.

Esta ave com esta parte d'ella é planta. 2-2.

Paúl   F...

UM DESCARADO

Fallavam algumas pessoas sobre o infame e criminoso vicio de roubar. Um refinado larapio, conhecido por tal, que estava um pouco affastado ouvindo em silencio a conversação, approximou-se mais e disse descaradamente: « Meus senhores, isso de furtar está no brio e capricho da gente. Eu já estive tres annos sem furtar! » Todos desataram-se a rir de tal descaramento!

Antonio José d'Oliveira

~~~~~~~~~~

PARA PRESERVAR AS GALLINHAS DO PIOLHO

As gallinhas no inverno costumam ser atacadas de piolho, que as emmagrece; para os destruir, usa-se da pimenta em pó, que se lançará sobre as pennas da gallinha de modo que chegue á sua raiz.

(*Encyclopedia das familias*)

~~~~~~~~~~

MAXIMAS

Não ha para o homem senão tres acontecimentos: nascer, soffrer e morrer.

R. de Bastos

* * *

Não façamos nada vergonhoso, nem em publico nem em segredo. Um dos nossos maiores cuidados, uma das nossas primeiras leis, seja respeitar os outros e a nós mesmos.

Não se deve fazer nem tudo o que se pode, nem tudo o que se quer.

Rodrigues de Bastos

Foi ha pouco encontrado em Coffee-Creek, na California um *filão de ouro* verdadeiramente formidavel, cujo valor é de 43.000 dollars. Até hoje o maior filão conhecido, que tinha sido encontrado na Australia, e valia cerca de 210 mil francos, era o que recebera o nome de *Welcome-Nugget*, a varinha bem vinda.

O engenheiro Sautereau mandou á commissão geral da Exposição Universal de 1900 um projecto para reproduzir em Paris a *Egreja Wasili Blagennol*, de Moscow. Este monumento, denominado Egreja de S. Basilio o Bemaventurado, foi construido por ordem de João Terrivel em 1254 commemorando a conquista de Kazan e Astrekad. E um dos edificios mais originaes não só da Russia, mas do mundo inteiro, e tem além d'isso uma sinistra historia.

Segundo diz a lenda, quando ficou concluida a Egreja, o João Terrivel mandou chamar o architecto e perguntoulhe se elle era capaz de construir outro monumento tão formoso e tão cheio de bellezas como aquelle. Como fosse affirmativa a resposta, o imperador exclamou:

— Pois eu não quero que exista coisa que se pareça com este edificio e por isso vou impossibilitar-te de o fazeres.

E o sanguinario monarcha ordenou que arrancassem os olhos ao infeliz architecto, a quem, desde esse momento, rodeou de toda a especie de commodidades, mas privando-o completamente da liberdade.

ESTADO INDEPENDENTE DO CONGO

SUA POPULAÇÃO E RIQUEZA

O barão Dhanis, entrevistado por varios jornalistas a proposito do Estado Independente do Congo, disse que Stanley não errou avaliando a população indigena do Congo em 40 milhões de almas, accrescentando que ella tende ainda a augmentar, porque o paiz não tem agora que receiar das hecatombes que alli fizeram durante quatro seculos os arabes caçadores de escravos.

Quanto á sua riqueza affirma o barão Dhanis que o marfim, longe de estar esgotado, como alguns affirmam, continuará a ser por muitos annos abundante fonte de prosperidade. Dhanis está convencido de que o Congo virá ainda a fazer uma terrivel competencia aos productores da California e outros Estados da America no que diz respeito ás conservas de carnes e fructas, e julga que a producção do tabaco do Congo equivalerá em qualidade ao da Havana.

Fundando-se em observações pessoaes, crê na existencia de grandes riquezas minerias.

Todas estas demonstrações parece que tendem a provar a inanidade dos receios d'aquelles que julgam absurda a annexação do Congo Estado, suppondo que aquelle paiz carece de recursos e até de braços para a sua prosperidade e desenvolvimento da sua riqueza.

RECEITAS DIVERSAS

Betumes.

Betume para concertar louça. — Cal virgem, clara de ovo, de cada substancia partes eguaes. Misture-se.

Betume universal. Faça-se coalhar leite por meio de vinagre, separe-se este leite coalhado do soro, esprema-se, faça-se seccar, e reduza-se a pó. A 300 partes d'este pó ajuntem-se 30 partes de cal viva, e 3 partes de camphora.

Misture-se bem e guarde-se em frasco bem tapado. No momento em que se precisa do betume, amassam-se estes pós com sufficiente quantidade d'agua e applica-se immediatamente.

A laca, amollecida em alcool, constitue tambem um bom betume.

Outro Betume. Queijo fresco ou recentemente separado do soro de leite, misturado com cal hydratada, forma um excellente betume.

Cimento commum. Areia de rio 20 partes, lithargyrio 2 partes, cal viva 1 parte, oleo de linhaça q. s. para formar massa. Para tapar os intersticios das pedras, betumar as caldeiras de vapor, etc.

Betume para soldar pedras. — Derreta-se enxofre, e applique-se na racha.

Betume para fixar torneiras ou tapar as rachas das vasilhas de barro que servem para agua. Derretam-se 4 partes de breu com 9 partes de cera amarella; ajuntem-se pouco a pouco 4 partes de tijolo pulverisado; e applique-se quente sobre o logar, o qual deve estar bem sêcco.

Dr CHERNOVIZ.

MAXIMAS

O acaso não é senão a causa ignorada de um effeito conhecido.

* * *

Não devemos nunca praticar aquellas acções que nos desagradam nos outros.

* * *

Quem duvida da justiça de uma acção deve abster-se de pratica-la.

* * *

Não devendo fazer-se cousa alguma por vangloria, ha poucos homens capazes de praticar boas acções sem testemunhas.

* * *

Cada acção má traz após si, claro ou encoberto, o seu infortunio.

* * *

É mais facil ridiculisar uma bella acção que imita-la.

* * *

Uma bôa acção é uma lição desagradavel para aquelles que não teem a coragem de a imitar.

R. DE BASTOS

O Gosto.

O GOSTO

O prato de lentilhas.

Esaú. — Dá-me d'essa comida avermelhada, porque estou muito fatigado.

Jacob. — Vendes-me tu por ella o teu direito de primogenitura?

Esaú. — Eu sinto-me morrer; de que me servirá o meu direito de primogenitura?

Jacob. — Jura-m'o tu pois.

Esaú. — Juro.

Eis o que vale um prato de lentilhas.

Abbade Martinho de Noirliéu

* * *

Publicou-se ha pouco um estudo summamente curioso sobre o passado, presente e futuro das *machinas de escrever*.

Como succede com quasi todos os progressos de que nos utilisamos, resulta que esses apparelhos foram já usados pelos egypcios e pelos gregos, e que datam de 1714 os primeiros privilegios concedidos para a sua exploração.

Não se pode, porém, negar que foram os americanos que puzeram em voga as machinas de escrever.

Actualmente, ha mais de cem fabricas na America e na Inglaterra que se dedicam ao fabrico d'esse util apparelho.

Um jornal inglez publica o fac-simile d'uma pagina escripta com a machina em questão, contendo duzentas e uma palavras, e para a factura da qual se não gastou mais do que um minuto.

Junto d'ella lêem-se os certificados dos notarios e agentes judiciaes que assistiram á experiencia.

(1897)

RHEUMATISMO E DÔRES DE CABEÇA

Um medico inglez declarou que obteve a cura completa do rheumatismo por meio do aipo, tomado em abundancia.

Deve-se corta-lo em bocados, ferve-los até que se tornem molles, e beber depois a agua em que tiverem sido fervidos : além d'isso, é preciso misturar leite com alguma farinha e noz-moscada; deitar tudo em uma vasilha com o aipo fervido e fatias de pão, e come-lo, querendo, com batatas.

Toda a affecção rheumatica, segundo o medico inglez, desapparecerá com o uso do aipo assim preparado.

Será verdade ?...

A coisa não é difficil de experimentar, e mal não poderá fazer.

Em Hespanha e n'outros paizes cultiva-se muito o aipo para comer em salada.

Entre nós, pouco.

(*Novo Mensageiro*)

Ha muitas pessoas que deixam tudo para o dia seguinte, acabando mesmo por nunca fazer nada; e outras que tudo querem fazer immediatamente.

Hulle

PENSAMENTOS

O despotismo, quando passa das mãos dos governantes para as dos governados, não deixa de ser despotismo. — O da multidão é o mais intoleravel, mas o menos duradouro. — O despotismo militar é tanto mais de temer quanto elle mais se arreia com o prestigio da gloria. — As leis de excepção não são mais que um despotismo legal.

A lei suprema da salvação do estado é de ordinario o pretexto de todos os despotismos.

AGOIROS

Orelha direita quente
E que alguem diz bem da gente;
Porém se fôr a esquerda,
Que alguem está a dizer mal,
E infallivel signal.
Canto de c'ruja á janella,
E morte... safa! com ella!
O gato arranhando á porta,
E sabido em toda a gente,
Que com certeza é presente.
Quando entra em casa voando
Um grande besoiro loiro,
Alegrem-se, pois traz oiro.
Se negro é o besoiro,
Isso então é mau agoiro.
E gallo que tem costume
De cantar fóra da hora,
E logo cabeça fóra.
Porco morto em minguante,
Sempre encolhe na panella,
O que é bem bôa peste;
E os gatos brincando são
Signal de vento nordeste.
Os passarinhos cantando,
Espalhando a sua magua,
Signal certo de que ha agua.
Signal de bom tempo,
Affirmar se pode
Que a gente o apanha,
Se espirra algum bode.
Matar a gente andorinhas
Vae-se a fortuna, zás! pás!
E então matar uma cobra,
Tudo anda para traz!
Crear pombos e depois
Não continuar a crea-los,
E pobreza certa em casa,

Adeus fortuna e regalos!
A mão que mata toupeira,
Saibam esta os senhores,
Com verdade tira dôres.
Uma pulga em fato novo,
E bom signal... é mui bello,
Pois indica que ha de o dono
O fato todo rompe-lo :
Mas se em logar d'uma pulga,
Poisa um piolho, adeusinho,
O pobre dono do fato....!
Não se gosa do fatinho.
Borboleta doidejante
Que poisa na luz, é prova
De fortunas, coisas bôas,
Mil pechinchas... bôa nova.
O leitor com attenção
Agora estas coisas oiça :
O comer tromba de porco
Faz quebrar immensa loiça.
Petiz que queima papeis,
Conte com a gracinha
De que de noite na cama
Com certeza faz mi... ji...
Vestir fato do avesso
Dádivas são com certeza;
E saltar com ligeireza
Por cima da gente, então
E signal que nos enguição,
Estes signaes certos são.
Ter espada á cabeceira
Livra de bruxas, olé,
Fallar só, isso é fallar
Com o diabo, oh! se é!
O que brinca com a sombra,
Não casa, não, é sabido.
E tambem o dar soluços
Quando se falla em alguem,
E signal que esse alguem morre.
Outro signal aqui têm,
Beber agua, notem isto,
Do mesmo copo, um bom frade
Garantiu a muita gente

Que é signal de ser compadre.
Quem come cantos de pão,
D'isto não faço segredo,
E' bom para casar cêdo.
Entornar o sal na casa,
Bulhas, ralhos, e quisilia
Com certeza entre a familia.
Dar agulhas de presente,
Inimizades na vida,
Dar contas, apartamentos;
Dar lenços é despedida.
Dar alfinetes, amores,
Maçã partida, discordia,
Maçã inteira, amizade,
Flôr de oliveira, concordia.
Quem dá e torna a pedir,
Merece bem esta tunda,
Nasce-lhe uma corcunda
E ao inferno vae cahir.
Morar em casas de canto,
(Estas passão por verdades),
Asseverão ter a gente
Milhões de infelicidades.
Morar em casas de esquina
Uns lá dizem que é fortuna,
Outros que é morte ou ruina.
Se a candeia faz murrão,
E signal de vento á rasa,
E quando uma luz espirra,
Isso vem dinheiro á casa.
Se cae o comer da boca,
Com esta logo se acode:
E que alguem (isto é verdade)
Nos quer fallar e não pode.
Quando estala qualquer vidro,
Ruim nova isto annuncia;
Vinho entornado na mesa,
Signal de muita alegria.
Azeite que cae na casa,
Tristeza p'r'o dono d'ella,
Coisas que não s'explicão
E parecem bagatella.

Luiz d'Araujo

GUINDASTE ELECTRO-MAGNETICO

Tem sido ensaiado em Inglaterra com optimo resultado um guindaste electro-magnetico para a carga e descarga de peças de ferro ou de aço, dispensando-se o trabalho de os lingar. Em vez do gancho ordinario, um electro-magnete que attrahe a peça a içar.

A força electrica serve tambem para a manobra do guindaste, de modo que a operação executa-se com extraordinaria rapidez.

Basta interromper a corrente excitadora do magnete, quando a peça içada chegou ao seu logar, para que elle a largue e o guindaste possa repetir o trabalho. Chegou-se a levantar assim peças de 2 toneladas de ferro.

Para utilisar o guindaste na manutenção de outros objectos, basta munir o magnete de um gancho que funcciona ao modo ordinario.

O peor é se a corrente excitadora se interrompe e o magnete larga a sua presa. É um perigo que importa attender, introduzindo no apparelho alguma disposição adequada.

~~~~~~~~~~

CHARADA. — N° 68.

(A Antoninho Martins)

O enfeite e a louçania dão betume. 2-2.

(Paúl) F. Wahnon

~~~~~~~~~~

ENIGMA. — N° 20.

(Retribuição a P. A.)

Déchiffrez en français :

$$\frac{P}{G} \quad \frac{\cancel{R}}{C} \quad D \quad A$$

M. de Chamery

UM OFFICIO CURIOSO

A leitura do que vem exarado a paginas 270 do almanach Luso Africano, do corrente anno, suggeriu-me um outro não menos importante, que um regedor de parochia enviára ao Administrador do seu concelho.

Tendo-se suscitado na freguezia da sua regencia diversas questões de que resultaram altercações, espancamentos e injurias e não podendo os seus cabos de policia manter a devida ordem pela falta de sabres com que melhor se respeitassem, lembrou-se o energico regedor de os pedir ao Administrador, por meio do seguinte officio, concebido n'estes termos:

« Illustrissimo Señr. — Participo a V. S^a que n'esta « freguezia tem havido muito desordem desde honte, e que « os cabo de policia não tem podido os apasiguar por falta « de Armas Reaes para defeza da Republica. »

Como este tem apparecido muitos outros exemplares que bem provam o pouco escrupulo com que pessoas incontestavelmente ignorantes empregam termos que desconhecem.

F. A. d'Oliveira

(*Santo Antão.* — *Babozo.*)

~~~~~~~~~~

ROUXINOL

(*Ao Illmo e Exmo Sr Dr Trindade Coelho*)

Rouxinol que esvoaceja
E doudeja
Na florida laranjeira
Já depois do Sol ter posto,
Dá-me o gosto
De escutar-te a voz fagueira!

Cantor de selvas risonhas,
O que sonhas?
Quem esses hymnos te inspira?...
Não me occultes essa rara
Musa avara,
Que tambem tenho uma lyra!

Quero ouvir-te a voz mimosa,
Melodiosa,
Noite e dia sem tristeza!
Ambos juntos comporemos,
Entoaremos,
Um grande hymno á natureza!

Quando surge a madrugada,
Festejada,
Que nos vem dourar a serra,
Vem dizer-me em melodia:
Rompe o dia!
Rouxinol da minha terra!

(*Paúl, Cabo-Verde.*)

(Expansões d'alma)

(*Januario*)

TEM GRAÇA

Em 1879 havia regressado de Lisbôa um sujeito que para alli tinha ido tratar da saúde, e logo á sua chegada foi cumprimentado por varios amigos. Lembrou-se um d'estes de fazer-lhe a seguinte pergunta:

— Então Sñr. F... como passou lá por Lisbôa?

— Oh! perfeitamente; aquillo alli é bonito, e passa-se mui agradavelmente o tempo.

— Eu no seu caso, — redarguiu o outro promptamente, — gastaria mais algum dinheiro, e iria conhecer Portugal, que tambem dizem ser bonito...

Ilha do Maio. — Cabo-Verde.

José Quintino.

ASSOCIAÇÃO ESCOLAR "ESPERANÇA"

1º. — Natureza e fim :

A Associação Escolar « *Esperança* » tem por fim diffundir, apar da bôa educação, a instrucção popular theorica e pratica, para ambos os sexos, por escolas theoricas de instrucção popular e escolas praticas de artes e officios, desviando assim a mocidade do vicio e da ociosidade, inspirando-lhe o amor pela instrucção, pelo trabalho e **pelo bem**.

2º. — Socios :

É constituida a Associação por todas as pessoas de ambos os sexos, que satisfizerem os respectivos requisitos dos Estatutos, que são :
 1º Inscripção do nome ;
 2º Receber o diploma ;
 3º Pagar a quota mensal, segundo a classe a que pertencer.

3º. — Ordens, grupos, classes e quotas dos Socios :

1º — NATUREZA E FIM

ORDENS	GRUPOS	CLASSES Nº	CLASSES TITULO DOS SOCIOS	QUOTA MENSAL (em réis)	REMISSÕES ANNUAL	REMISSÕES PERPETUA
CONTRIBUINTE (que paga quotas mensaes)	1.º grupo	1.ª	Ordinarios......	30	300	3.000
		2.ª	Aspirantes......	60	600	6.000
		3.ª	Escolares.......	120	1.200	12.000
	2.º grupo	4.ª	Auxiliares..	200	2.000	20.000
		5.ª	Subsidiarios....	400	4.000	40.000
		6.ª	Promotores	600	6.000	60.000
	3.º grupo	7.ª	Protectores.....	1.000	10.000	100.000
		8.ª	Benemeritos....	2.000	20.000	200.000
HONORARIA (Serviço importante)	Unico	1.ª	Profissionaes ...	Ensino gratuito por mais de 3 annos;		
		2.ª	Artisticos.......	Serviço ás escolas de artes e officios;		
		3.ª	Litterarios......	Obras de instrucção popular;		
		4.ª	Fundadores.....	Fundação effectiva d'algum centro;		
		5.ª	Perpetuos	Beneficio perpetuo importante.		

São illimitadamente graduados os socios da 8ª classe, correspondendo sempre cada grau a mais um quarto da respectiva quota mensal (500 rˢ).

2º INSIGNIAS DOS SOCIOS :

1.º Gru o : — Emblema (0ᵐ,03) de metal branco suspenso e trancelim ou fita verde.
3ª classe : Uniforme escolar (adeante).

2.º Grupo : — Emblema (0^m,03) doirado, suspenso de trancelim de prata.

3.º Grupo : — Emblema (0^m,04), suspenso de trancelim, ou corrente doirada : Ancora de oiro e lettras esmaltadas de azul, sendo os graus indicados até ao 7º por pequenas esmeraldas engastadas nos braços da ancora, recomeçando no 8º a indicação dos graus por meio de brilhantes.

Ordem honoraria : Pendente de trancelim, corrente ou collar doirado, uma medalha doirada (0^m,04), tendo ao centro o emblema, fechado com um arco de 5 estrellas de 5 raios, e, no reverso, o titulo, a data e o centro ou circulo beneficiado.

Uniforme escolar (3ª classe)

Sexo masculino

Calças compridas com lista verde de $0^m,01$ de largura ; *casaco* á militar com canhão de $0^m,06$ e golla verdes, e botões amarellos com o emblema da « Associação ». *Boné* preto com o emblema ($0^m,03$) amarello, sobre fundo azul e galões verdes de $0^m,001$, indicando os graus escolares. A côr dos uniformes será fixada em cada circulo pelo seu respectivo director, preferindo-se as côres branca ou preta.

Sexo feminino

Chambre branco com romeira, cinto de $0^m,06$, verdes.

Privilegios

Todos os socios do 2º e 3º grupos têm direito a diplomas escolares, ou de 3ª classe, a favor de qualquer candidato á escola, na proporção seguinte : a *um* diploma, os socios da 4ª classe; a *dois*, os da 5ª; a *tres*, os da 6ª; a *quatro*, os da 7ª; e os da 8ª a *cinco* e *mais um* por cada grau que tiverem.

Organisação

É constituida a Associação do seguinte modo : dependentes do *Director geral*, que é o centro de todo o movimento da Associação, haverá em cada provincia ou circumscripção regional um *Director regional;* — em cada circulo territorial ou ilha um *Director circular* e um *Conselho circular;* — em cada parochia ou centro um *Director local*, mesa gerente, *Conselho* zelador, deputados e zeladores.

Insignias dos directores:

Estrella de 8 raios, tendo ao centro o emblema da Associação, com a legenda: *Docete omnes gentes*, e distinctivos secundarios hierarchicos.

Fundação

Pedir os estatutos e a respectiva auctorisação ao Fundador, o director do « *Luso-Africano.* »

1895.

NA AVENIDA

A uma senhora caboverdeana perguntava uma lisbonense na Avenida, para ridiculariza-la.
— Em Cabo-Verde ha porcas, minha senhora?
— Porcas não ha, respondeu a africana, porque foram exportadas todas para Lisbôa no tempo dos Condes de Santa Cruz, para aqui se multiplicarem e depois perguntarem se ainda ha por lá alguma avózinha...

Um naturalista americano descobriu recentemente na *ribeira de Adabijù*, na ilha de Marajó, perto da foz do rio Amazonas, um passaro que tem quatro pés. O mais extraordinario n'este animal é que sómente na sua juventude é quadrupede. Passados os primeiros annos da sua vida, os pés posteriores transformam-se em azas.

Esta ave é muito parecida com o faisão e gosta muito de viver nos lagos da ilha, poisando sobre as largas folhas do Anniga, que é uma formosissima planta aquatica.

COSTUMES DE AMBACA

(AFRICA OCCIDENTAL)

Continente

A MULHER; O MODO DE VIDA E TENDENCIAS D'ESTE POVO

A mulher, no meio d'esta raça similhante á mulher antes do christianismo, não passa d'uma escrava e vil instrumento das paixões do homem, sendo ella quem pega na sua exotica enxada e vae recolher o parco sustento, que a terra lhes dá, quasi espontaneamente, que lhes entreteem o estomago, durante o dia, emquanto que o homem fica fumando no enorme cachimbo, muitas vezes cheio de mortifera hamba, deitado, ou meio recostado ao lado da cubata, sobre uma esteira, que durante a noite lhe serve tambem de colchão. Alguns dos ambaquistas teem a mania de viajar; e de muamba ás costas com um tinteiro e meia folha de papel, lá marcham para o meio do gentio, percorrendo assim muitas vezes centenares de leguas, voltando, aquelles que voltam, muitas vezes depois de dois ou tres annos, com o immundo panno, que sómente lhe chega para cobrir parte do corpo, quando não serve mesmo uma pelle de um animal qualquer, á maneira do gentio. Por isso não ha explorador nenhum que não tenha encontrado ambaquistas embrenhados no mais interior do sertão, vivendo juntamente com o gentio, distinguindo-se unicamente por saber dizer algumas palavras em portuguez já muito antiquado. Os ambaquistas, vivendo no centro d'outros concelhos, tambem sujeitos á nação portugueza, distinguem-se inteiramente, parecendo uma raça muito differente, tendo todos a mania de fallar portuguez, mas um portuguez tal que não se percebe palavra, e terem a presumpção de ser o povo mais civilisado da provincia. Quasi todos sabem ler e escrever, mas uma escripta tal que a maior parte só elles a entendem. Ensinam seus filhos e parentes, servindo-lhe de livro 3 ou 4 paginas d'um antiquado codigo penal, deixado já por seus bisavós, ou da nova Reforma Judiciaria de que elles gostam muito, por lhe servir de grande auxilio para fazerem seus requerimentos, sendo o papel a folha da bananeira, e a tinta, que elles teem de mais abundancia, extrahindo-a de certos arbustos, e no ultimo caso serve o succo do tomate, que elles sabem compôr d'uma maneira admiravel.

Pe. ANTONIO LOPES

FEIJOEIRO ESCARLATE

(Phaseolus multiflorus)

O feijoeiro escarlate é uma planta vivaz de caules voluveis, ramificados, podendo attingir 3 a 4 metros de altura, ligeiramente pubescentes, isto é, guarnecidos de pequenos pellos molles; as suas folhas são compostas de tres foliolos egualmente pubescentes e de um verde carregado. As flôres numerosas, dispostas em cachos pedunculados mais compridos do que as folhas, são de um vermelho escarlate na espécie typo, e brancas ou bicolores, isto é, metade brancas, metade vermelhas nas variedades. Os fructos são vagens carnosas, cheias de sementes ou grandes feijões de côr rosa vinosa largamente mosqueados de castanho na especie typo, brancos na variedade de flôres brancas e negros n'uma outra variedade.

É uma bella trepadeira que prospera em todos os terrenos e em todas as exposições, produzindo abundantes flôres que se succedem desde Maio até Outubro (Portugal).

Apezar de ser vivaz, cultiva-se sempre como planta annual, devendo ser semeada na primavera, no logar onde tiver de ficar. Cortando-lhe as summidades com a unha, obtem-se exemplares anões muito floriferos e que podem ser utilisados para ornamentar os canteiros dos jardins rectilineos.

Esta apreciavel trepadeira, muito antiga e muito popular como planta de ornamento, é susceptivel de enfeitar tudo

ALMANACH LUSO-AFRICANO 359

o que estiver em elevação e até certas partes horisontaes. Os seus usos, como planta decorativa, são multiplos e variados.

Quer-se guarnecer com promptidão uma pequena casa de fresco, uma grade, uma parede velha, uma fachada, um abrigo vegetal, ou uma cortina de folhas e flôres? Recorre-se ao feijoeiro escarlate, que em pouco tempo satisfará ao fim que se deseja.

Serve para fazer columnas vegetaes e grupos floridos, revestir troncos de arvores desnudados, e pode empregar-se com vantagem para decorar as janellas, as sacadas, os terraços, etc.

Plantado junto de arvores de pequenas dimensões, produz sempre um effeito muito decorativo, fazendo correr e trepar os seus caules nos ramos, d'onde as suas ramificações pendem em festões e grinaldas bastante elegantes.

J. Marques Loureiro

CHARADA (invertida por syllabas). — N° 69.

(*Ao meu amigo, João Vasconcellos Monteiro*)

As direitas vestimenta } 2.
As avessas animal

Ilha do Fogo.   Simão J. Barbosa
(Cabo-Verde)

ENIGMA PITTORESCO — N° 20 bis.

(*A minha irmã, D. Maria do C. D. Pinto*)

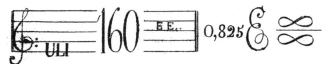

(*S. Nicolau*)   Coripe
(caboverdiano)

ORIGEM DAS FLÔRES

(*A*.......)

(Ao mimoso poeta caboverdeano, Antonio Januario Leite,
meu primo.)

..... Perguntas, meus amores,
Ai! tu perguntas donde vêm as flôres?!..

Da França vem a rosa purpurina,
Que á trança prende a timida donzella.
Do Mexico a mimosa dhália bella,
E a hortensia saxifraga da China.

Da santa Palestina vem o lyrio;
Da America a magnolia rescendente,
O jasmim branco e a baunilha olente,
E o lindo cravo perfumado e tyrio.

A tulipa é oriunda da Turquia.
O jacintho na Hollanda origem teve,
E a gloria d'Antoskoff — a flôr de neve —
Nos gelos vastos da Siberia fria.

..... Já sabes, meus amores!
Ai! tu já sabes d'onde vêm as flôres?...

Tu, cuja cutis se avantaja ás sedas,
O flôr de carne! Tu, talvez procedas
Do céo, porque não podes ser da terra,
Que tão rara belleza não encerra!...

Em ti anda algum anjo disfarçado,
O flôr omnipotente do peccado!

Mas, todavia, o teu olhar profundo,
Que excede o sol e subordina o mundo,

As vezes morre n'uma nuvem d'agua,
Nas convulsões d'alguma grande magua!

E tu perguntas donde vêm as flôres!...
Pergunto-te tambem, deusa d'amores,

Ao contemplar o teu fatal tormento :
De onde vem

a flôr do soffrimento ?!...

Dos « Reflexos Occidentaes » 1893.

Lopes da Silva

A HUMANIDADE — OS HEROES

As ondas, tocadas da tempestade, batem furiosamente no penhasco que as assoberba. N'esta lide atropellam-se, amontoam-se, sobem umas sobre as outras e repetem assim os ataques, redobram os arremessos, até que galgam a altura onde a resistencia as levou, e de lá, fatigadas e desfeitas em espuma, cahem no mar d'onde sahiram, no mar d'onde eram, no mar que lhes dera a força, no mar em que se tornam!...

Os heroes são estas cataractas passageiras, estes cachões espumosos. O mar é a humanidade; como elle, larga, vasta, immensa; como elle, querendo sempre saltar fóra das suas barreiras, fugir ás leis que a dominam, e voltando sempre, apezar da sua inquietação, aos principios de harmonia natural a que perpetuamente está sujeita e para conservar os quaes foi creada.....

E, serenada a tempestade, que resta dos penhascos em que as ondas já não batem, que o mar apenas roça, que já não attrahem as nossas vistas pela lucta que sobre elles se travára?

Pedras d'irregular conformação, sem belleza que satisfaça a nossa curiosidade, nem excitem o nosso pasmo.

José Estevam

REGIÕES EXTERIORES

DO CORPO DE CAVALLO

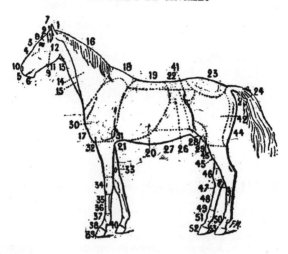

1. Nuca.
2. Topete.
3. Rosto.
4. Testeira.
5. Ponta do nariz.
6. Labios.
7. Orelhas.
8. Saleiros.
9. Face.
10. Ventas.
11. Queixadas.
12. Parotidas.
13. Garganta.
14. Pescoço.
15. Gotteira da jugular.
16. Crina.
17. Peito.
18. Junta.
19. Dorso.
20. Costella.
21. Passagem das cilhas.
22. Rins.
23. Garupa.
24. Cauda.
35. Anus.
36. Flancos.
37. Ventre.
28. Estojo.
29. Glandulas espermaticas
30. Espadua e braço.
31. Cotovelo.
32. Ante-braço.

33. Castanha.
34. Joelho.
35. Canhão.
36. Bala.
37. Ranilha.
38. Corôa.
39. Pé.
40. Esporão e bandeirola.
41. Anca.
42. Coxa.
43. Juntura.

44. Nadega.
45. Perna.
46. Jarrete.
47. Castanha.
48. Canhão.
49. Bala.
50. Esporão e bandeirola.
51. Ranilha.
52. Corôa.
53. Pé.

CRIOLO DE SANTO ANTÃO

(Traducção do artigo do « Almanach de Lembranças Luso-Brasileiro » 1894, pag. 289.)

Mandriando

Um reperguinha bá d'um recáde que sê mã mand'-élle. Má, assim q'êlle cabá de cambá onde ja ês êne ta oi-élle de cása êlle quetá, elle v'rá ta coçá na cabéça e ta dezê:
— Quem quezê trabaiá, elle trabaiá, que mi' ne 'stá pa 'stemperá nha corpe. E' que' ta ta faltá-me.

Traducção litteral

Uma raparigazinha foi dar um recado que sua mãe mandou-lhe. Mas, assim que ella acabou de cambar (desapparecer) onde já elles não viam a ella da casa, ella quietou(-se) (quedou-se, parou), ella virou (começou) a coçar na cabeça e a dizer:
— Quem quizer trabalhar, elle trabalhe, que eu não estou para destemperar meu corpo. Era o que estava a faltar-me.

S^{to} Antão.

Draco

TRANSFORMISMO

O padre Brucker, sabio jesuita notavel pela sua prudente exegese, refuta o transformismo no livro *Questions actuelles*, consagrado ao estudo da inspiração biblica e ao exame das objecções formuladas em nome da sciencia. Lê-se n'elle:

« Os sabios crentes encontrarão fraco auxilio e ainda menos estorvo na affirmação da distincção primordial das especies, tal qual é formulada na Biblia.

« Com effeito o auctor sagrado não especifica em particular as especies que sahiram directamente das mãos do Creador, nem diz coisa alguma ácerca do seu numero.

« Os botanicos e zoologos teem, pois, plena liberdade para reconstruir, segundo as suas observações, as genealogias de cada reino vivo e para reduzir o numero das verdadeiras especies e o dos typos primitivos, tanto quanto o exigirem os progressos da sciencia.

« O que a Biblia lhes prohibe (não só ella, como a verdadeira sciencia) é affirmar que o transformismo é a lei primordial e universal do desenvolvimento dos seres ».

NOTICIAS COLONIAES

Foram isentos de direitos pelo sr. commissario regio da provincia de Moçambique, os seguintes generos, quando em transito para o Transvaal pela alfandega de Lourenço Marques: aço, baldes, barras de ferro, bicarbonato de soda, colla, cortiça, etc.

A idéa do Sr. commissario regio decretando esta isenção é, sem duvida, responder á guerra que começam a fazer-nos as colonias inglezas do Natal e Cabo, especialisando aquella, no proposito de inutilisar as vantagens naturaes que favorecem a nossa linha ferrea.

As tabellas de receita e despeza da provincia de Moçambique, decretadas pelo commissario regio, Mousinho, para o anno economico de 1897-1898, são as seguintes : a receita é calculada em 3.952:818$242, réis assim distribuida: receita provincial, 33:048$000 réis ; dita de Moçambique, 389:123$000 réis ; dita da Zambezia, 403:021$242 réis ; dita de Inhambane, 439:370$000 réis ; dita de Gaza, 339:570$000 réis ; dita de Lourenço Marques, 2.348:686$000 réis ; a despeza é calculada em 3.700:036$555 réis ; sendo assim distribuida ; despeza provincial 679:412s920 réis ; dita de Moçambique, 272:174$715 réis ; dita da Zambezia, reis 315:096$815 réis ; dita de Inhambane, 206:124:825 ; dita de Gaza 303:941s380 réis : dita de Lourenço Marques, 1:923:286s000 réis.

— O movimento commercial e o rendimento da alfandega da Beira no mez de Julho do anno corrente foi o seguinte ; valores 306:237$180 e direitos 29:789$499 rèis; no mesmo mez do anno passado foi : valores 86:703$715 réis ; e direitos, 11:784$155 réis.

Por estes algarismos vê-se, pois, que o movimento commercial quasi quadruplicou e o rendimento foi muito além do dobro em relação ao de 1896.

EXAME DE CONSCIENCIA

La Croix transcreve alguns trechos de um livrinho impresso em Bruxellas em 1656 e contendo um directorio para o exame de consciencia antes da confissão, accommodado ás diversas profissões.

No capitulo destinado ao vendedor encontra-se o seguinte :

« Accuso-me de ter conseguido por meio de mentiras vender a minha mercadoria mais cara que o seu valor ;

de ter misturado com ella alguma coisa para a tornar mais pesada ;

de ter estirado de mais o panno ;

de ter misturado o mau com o bom, vendendo tudo por bom ;

de ter vendido por mais que o valor o necessario ao proximo ;

de ter comprado por muito menos do seu valor o que outrem vendia por necessidade ;

de ter n'uma sociedade tirado quinhão maior que o meu socio ;

de ter feito um monopolio com os do meu negocio, isto é, de não vender a mercadoria senão por tal preço, embora excessivo, ou de não comprar senão por um preço muito baixo, ou de guardar a mercadoria para a fazer encarecer ;

de ter committido usura, levando juro excessivo ;

de ter tirado emolumento de dinheiro emprestado a outro que o não empregava em negocio, o que é usura ;

de ter comprado alguma coisa abaixo do seu valor, porque a pagava com dinheiro de contado ;

de não querer emprestar dinheiro a outro que d'elle precisava senão vendendo-me alguma coisa por menos do seu valor, ou comprando-m'a acima do valor, o que é usura ;

de ter vendido mais caro por causa de demora no pagamento, o que é usura ;

de ter pedido pelo dinheiro emprestado mais do que lucraria pelo negocio ;

de ter emprestado alguma mercadoria com obrigação de m'a restituirem quando estivesse mais cara.»

Que luz não projecta sobre os problemas sociaes este testemunho d'um livro ignorado! Quantos problemas hoje debatidos resolvia sem declamações a Egreja pela disciplina da confissão geralmente acceita!

UM BOM CONSELHO

Quando os « Cincoenta e cinco » deliberaram em 1787 sobre a futura constituição dos Estados-Unidos, Franklin, cuja edade avançada o tinha obrigado a permanecer sentado, levantou-se e proferiu estas solemnes palavras, dirigindo-se a Washington : — « Sr. Presidente, no meio d'esta Assembleia que anda tropeçando nas trevas em busca da verdade politica, incapaz de comprehende-la, como é possivel que ainda não tenhamos pensado em invocar humildemente o pae das luzes para que illumine nossas intelligencias? Durante a minha vida, já bastante longa, tenho-me ido convencendo cada vez mais d'esta verdade: — que só Deus é quem dirige e governa os negocios dos homens. »

«E, se um passarinho não pode cahir á terra sem sua licença, como poderá sustentar-se uma republica sem seu apoio?»

O MAIOR DOS MANDAMENTOS

Estando Jesus a ensinar no templo, perguntou-lhe um phariseu: «Qual é o primeiro e o maior dos mandamentos?» «Amarás, respondeu Jesus, ao Senhort eu Deus com toda a tua alma, com todo o teu coração, com todo o teu espirito, e com todas as tuas forças. E o segundo, semelhante a este, é: Amarás o teu proximo como a ti mesmo.

Conego, D^r. T. J. Knecht

CHARADA (em quadro). — Nº 70.

(Offerecida ao distincto charadista, Augusto C. M. Brito)

Os cantos d'esta charada são feitos com a mesma lettra, e em todos os lados se lê o mesmo nome.

. . . . .
. . . . .
. . . . .
. . . . .
. . . . .

Por cima e por baixo, murmúrios nos vem,
E planta, é remedio, é tinta, eu conheço.
Fazenda commum, porém de bom preço.
Paredes dos lados, toda casa tem:
De um lado e de outro, ha vezes tambem.

S. Bento, Maranhão.

João Miguel da Cruz

CASTIGO D'UM SOBERBO

Nabuchodonosor, rei de Babylonia, depois de ter vencido os judeus, subjugado os Syrios, os Moabitas e conquistado o Egypto e grande parte da Persia, occupou-se em aformosear a capital, levantando n'ella magnificos e soberbos edificios. Ensoberbecido com suas façanhas e riquezas, contemplava do alto do seu palacio toda a cidade, dizendo comsigo:

« Não é esta a cidade que edifiquei para côrte do meu reino, com a força do meu poder, e com a gloria da minha magestade ? »

Não havia acabado ainda de proferir estas loucas e soberbas palavras, quando ouve uma voz do céo que lhe disse: « O teu reino passará de ti a outro possuidor. E lançar-te-hão da companhia dos homens, e a tua habitação será como a das alimarias e feras do campo; comerás o fêno, como o boi, e sete annos passarão por cima de ti, até que reconheças que o Senhor Deus tem um poder absoluto sobre os reinos dos homens, e que os dá a quem lhe apraz. »

A predicção cumpriu-se logo; Nabuchodonosor cahiu enfermo, e, julgando-se ser um boi, foi viver nos bosques entre feras, onde permaneceu sete annos, no fim dos quaes, tendo feito penitencia de seus crimes, tornou a subir ao throno. Morreu um anno depois com grandes sentimentos de religião.

P. Daniel (Cap. iv)

CONSELHOS DE HYGIENE

AQUECIMENTO DOS QUARTOS DE CAMA:

Nunca devemos empregar fogões nos quartos de cama.

O frio é um bom tonico, e só a humidade é nociva; portanto, se estivermos convenientemente cobertos, essa precaução é sufficiente. Em geral os fogões metallicos que aquecem depressa, e que espalham no ar oxydo de carbonio, taes como os de ferro fundido, são prejudiciaes á saúde e devem ser completamente *proscriptos* ou *postos de parte*.

(*Lisbôa*)   Ribeiro da Costa

A CULTURA

DO ALGODÃO NA AFRICA OCCIDENTAL PORTUGUEZA

O algodão pode ser, por sem duvida, uma das mais importantes fontes de riqueza da provincia de Angola. A sua cultura, mais largamente desenvolvida, poderia naturalmente produzir a materia prima necessaria para o consumo das fabricas nacionaes. Apezar d'isso vemos, infetizmente, que as nossas fabricas teem importado este artigo principalmente do Brasil e dos Estados-Unidos da America do Norte. Em 1891, por exemplo, Portugal importou algodão em rama e em caroço no valor de 1.211 contos, do Brasil, e de 272 contos, da America do Norte, emquanto que de Angola importámos apenas 17 contos. Este facto revela claramente que os proprietarios de Angola podiam encontrar na metropole um mercado importante para poderem explorar em maior escala a sua cultura de algodão; e mostra egualmente aos fabricantes de tecidos de algodão em Portugal o vasto mercado que lhes pode offerecer a nossa provincia de Angola, e que até hoje tem sido explorado quasi exclusivamente pelos productores estrangeiros. Dos 1.189 contos de tecidos de algodão que enviámos para Angola em 1891, só pertenciam á industria nacional fazendas no valor de 21 contos. N'esse mesmo anno importámos para o consumo interno tecidos de algodão no valor de 3.063 contos e reexportámos artigos similares para as colonias no valor de 1.290 contos; a industria nacional tem, pois, uma margem approximada de 4.362 contos para desenvolver o fabrico dos tecidos de algodão. Chamamos, pois, a attenção dos productores do continente do reino e da nossa provincia de Angola para os importantes lucros que podem resultar para o commercio nacional da exploração do negocio de algodão, da sua cultura em Angola e do seu fabrico em Portugal. Será um negocio que augmentará logo no valor approximado de 6.000 contos a cifra do nosso commercio ultramarino.

Dr M. AZEVEDO ENNES

UM PLEBEU E UM NOBRE

Um nobre, cheio de soberba e balôfa vaidade, que deshonrava o seu nascimento com vicios degradantes, queria humilhar um homem do povo, ou de humilde nascimento, mas de muito merecimento por suas boas qualidades e virtudes. Lançava-lhe, pois, em rosto, que seus antepassados eram uma pobre gente.

Mas o plebeu, rindo-se, dizia-lhe:

« Se a minha origem me deshonra, tu deshonras a tua. »
Palavras admiraveis, materia digna de meditação!...

Possa ella recordar-nos de que nada ha egual ao merito pessoal. E' só o que Deus avalia, julga e glorifica ou condemna. Tudo o mais é accidental e postiço, e portanto egual a... zero.

LYDIA. — VALSA

João Baptista Leite. — (S. Vicente)

A COUVE

(Contos de Schmid)

Dois artistas, José e Bento, que viajavam juntos, passaram perto de uma horta situada fóra e não longe de uma aldeia.

— Olha, olha, disse José, que bellas que são aquellas couves! nunca as vi tamanhas.

— Hom' essa! respondeu Bento, que gostava de fazer suas ponderações; eu nada encontro de notavel n'estas couves.

N'outra viagem que fiz, vi uma que era muito maior; sim seguramente que era maior que aquella casa que acolá está.

— Isso será demais, homem, replicou José, que era caldeireiro. Mas, emfim, vá; o que eu sei é que já trabalhei n'um caldeirão que era bem maior que a egreja d'este povo.

— Que é o que dizes? exclamou Bento; e não me dirás para que era esse gigante dos caldeirões?

— Para cozer a tal couve que tu viste, replicou José.

— Já te comprehendo, meu amigo, respondeu Bento envergonhado e confuso; tu ordinariamente não mentes; fallaste n'esses termos para me fazeres vêr o ridiculo da minha mentira e que sou um verdadeiro ponderador.

~~~~~~~~

CHARADA. — Nº 71.

(Offerecida a Affonso Leite, auctor da da pagina 210 do Almanach para 1895.)

Abre o fio da planta. 2, 2.

(Paúl)   JULIO D'ALMEIDA

A VELHICE

A velhice é uma quasi morte, assim como o crepusculo vespertino é uma quasi-noite. Como os montes d'aquella edade são mui altos e o sol da vida declina para o occaso, que muito que as sombras d'ellas sejam maiores! Da vida toda, as fezes são as cançadas respirações d'um velho achacoso; e quem chegou ás fezes certo que toca no fundo. Que outra coisa é vêr um velho enfermo, encurvado e tremulo, senão vêr um composto de vida e de morte? Por isso um poeta, vendo a um d'estes forcejando por andar com o seu bordão, disse:

> Porque apertas mais comtigo,
> E esse pau na mão te arrasta?
> Ir em dois pés não te basta,
> Em busca do teu jazigo?

E outro perguntando porque andariam os velhos com a cabeça baixa olhando para o chão, respondeu-lhe graciosamente: « Buscam onde enterrar-se. » — O imperador Julio Cesar nos principios do seu governo portou-se com moderação e suavidade, attendendo á disposição das leis; depois não punha grande reparo em as quebrar, usando de absoluta auctoridade, ou violencia. Um senador mui ancião, por nome Considio, lhe disse livremente: « Senhor, sabei que, se o senado vos não vae á mão, é porque com o temor de vossas armas não nos ajuntamos a determinar o que convem. » Respondeu o Cesar: « Pois como te não obriga o mesmo temor a estar em tua casa e a calar a bocca? » — « Com a muita edade (disse Considio) gastou-se-me o medo; porque a vida que posso perder é já pouca. » — Vendo o philosopho Demetrio a um mancebo diligente e industrioso, e inimigo do ocio, disse-lhe approvando o seu espirito: « Continuae, mancebo, e á noite da vossa velhice achareis a ceia bem feita, e a mesa posta. »

PADRE MANOEL BERNARDES

O ABACATEIRO E SUAS VARIEDADES

O abacateiro (*Persea gratissima*, Gaertn, *Laurus Persea*, Lin.) é uma arvore fructifera, que hoje pode-se dizer que está espalhada por quasi toda a zona tropical.

A maioria dos leitores d'este livro com certeza o conhecem, mas o que talvez desconheçam são as suas variedades.

Esta arvore presta hoje grandes serviços aos habitantes dos paizes intertropicaes, e é por esse motivo que vamos dizer algumas palavras a seu respeito.

O abacateiro (*Persea gratissima*, Gaertn.) é originario da America tropical, desde o Mexico até ao Perú e Brazil, onde habita as mattas da região littoral.

Como acima dissemos, encontra-se hoje em quasi toda a região tropical, mas cultiva-se especialmente em grande escala na India oriental e nas Mascarenhas, onde já se encontra como especie sub-espontanea.

Em alguns pontos da zona temperada, quente, elle se cultiva tambem, como por exemplo: no sul da Hespanha, norte d'Africa, Madeira, Açores e Canarias, sobre tudo n'este ultimo archipelago.

Em S. Thomé e Principe tivemos occasião de vêr muitas d'estas arvores.

Em 1885 ouvimos dizer em S. Thomé que o Abacateiro fôra alli introduzido ha uns 25 ou 27 annos com sementes vindas do Brazil.

Hoje encontra-se em toda a ilha na parte cultivada. Observamo-lo desde o littoral até cêrca de 1.350 metros de altitude. Pode-se considerar bem acclimado n'aquella formosa ilha, nascendo por toda a parte e sem ninguem se dar ao incommodo de o semear. As arvores mais altas, que então alli vimos, teriam uns 8 a 10 metros.

O abalisado botanico suisso, De Candolle, ao tempo que elle escreveu o volume da sua obra, o *Prodromus*, onde elle descreve esta arvore, menciona quatro variedades d'ella, a saber: *vulgaris*, *oblonga*, *macrophylla* e *Schiedeana*.

O dr. P. Sagut, no seu « *Manuel pratique des cultures*

tropicales, diz que as variedades mais estimadas cultivadas no Mexico são as seguintes :

Abaaca dulce larga, talvez a melhor das variedades; o fructo tem a fórma de uma pequena cabaça alongada, a semente é ligeiramente da fórma cylindro-conica, a casca é de côr verde e a polpa é muito sumarenta.

Abaaca Tecosaulta: o fructo tem a mesma fórma da variedade antecedente, mas com uma incurvação muito pronunciada; a casca é de côr violeta escura, o caroço do feitio das sementes das *Lucumas*.

Abaaca myoradodechalco: fructo em fórma d'uma pera, muito mais pequeno do que a da primeira variedade, geralmente de bôa qualidade, casca violeta.

Abaaca verde de San Angel: fructo assemelhando-se ao da variedade antecedente, mas um pouco mais piriforme, a casca é de côr violeta escura.

Abaaca morado de San Angel: fructo pequeno, com a polpa relativamente espessa, casca violeta clara, semente cylindro-conica com a base ovoide.

Abaaca verde chico: fructo muito pequeno, casca verde, semente ovoide.

Abaaca dulce: fructos grandes mais de fórma ovoide do que piriforme, polpa muito espessa, casca verde, semente quasi ovoide, e de qualidade mais inferior do que os das duas primeiras variedades.

Abaaca paqua: polpa menos espessa do que a da especie antecedente, casca violeta escura, sementes quasi esphericas.

Abaaca paqua redonda: fructo espherico, polpa pouco espessa, casca verde, semente quasi espherica.

D'estas variedades, as melhores são as que teem os fructos em fórma de cabaça muito alongados. Algumas variedades, como a *Abaaca dulce larga*, só vegetam na zona intertropical, e parece-nos ser esta a que mais se cultiva em S. Thomé. Em 1885, quando estivemos n'aquella ilha, vimos na roça, Riode Ouro, uma variedade de fructos com a côr violeta importada do Brazil pelo seu possuidor, o dr. Bustamante.

Os fructos do abacateiro pôdem-se comer em verde ou dreparados como os vegetaes, ou ainda em salada. Os europeus e americanos, em geral, comem-os á sobremesa misturando a polpa com vinho generoso e assucar, ou ainda addicionando-lhe sumo de limão ou de laranja.

Tambem ha quem addicione á polpa Kirsch e assucar, emulsionando por meio da batedura até á consistencia de creme.

Os negros comem estes fructos com prazer. O maior valor que teem os fructos é pela quantidade de oleo que conteem.

A polpa d'estes fructos contém cerca de oito por cento e mais d'um oleo de côr esverdeada. Este producto é pouco ou nada conhecido na Europa, mas merece que se lhe preste attenção, pois na America, onde elle é feito, emprega-se com vantagem, e em grande quantidade no fabrico do sabão.

Em 1891, n'um artigo que escrevemos no ex-*Jornal de Horticultura Prática* sobre este assumpto, chamámos a attenção dos laboriosos roceiros de S. Thomé para alli implantarem esta nova industria agricola.

Alguem nos ouviu, pois na Exposição insular e colonial portugueza que teve logar o anno passado no Palacio de Crystal Portuense, por occasião das festas henriquinas, o Sr. Salvador Levy, proprietario da roça Plateau Café, em S. Thomé, expoz uma amostra de oleo d'abacate, muito bem preparado; e um outro proprietario d'aquella ilha, cujo nome agora não nos recorda, tambem mandou uma amostra d'este oleo áquella exposição.

O caroço do fructo do abacateiro é dotado de enorme quantidade de tanino. Elle tem propriedades adstringentes e pode ser empregado em medicina com vantagem em clysteres contra a dysenteria. Basta um quarto de um caroço para um cozimento sufficiente para dois pequenos clysteres.

A amendoa diz-se ter propriedades aphrodisiacas, tomada na dose de 4 grammas tres vezes ao dia.

As folhas são estomachicas, peitoraes e vulnerarias.

O cozimento dos gomos se tem prescripto contra as affecções syphiliticas e nas contusões.

Coimbra.

A. M.

OS MAIORES TUNNEIS DA EUROPA

A perfuração do monte Saint-Gothard constitue o *summum* das emprezas d'esta natureza que até hoje teem sido emprehendidas. Para provar esta asserção, bastará fazer a seguinte resenha da extensão comparada dos principaes tunneis da Europa.

O Saint-Gothard tem 14.920 metros. A seguir está o tunnel da collina de Frejus, impropriamente chamado o tunnel do monte Cenis. Este mede 12.220 metros.

Depois d'estas duas obras gigantescas o maior tunnel tem apenas 4.700 metros, que é o de Mauvage, no canal do Marne ao Rheno. Figuram depois os seguintes, pertencentes á França: o subterraneo de Nerth, linha de Marselha, que tem 4:638 metros.

O de Blaisy, na linha de Lyon, a mais bella obra d'este genero, com 4.100 metros.

O do Credo, sob a montanha d'este nome, linha de Génova, 3.900 metros; e é aberto em saibreira. Os tunneis de Houblonnière, linha de Caen, com 3.100 metros; o de Dommartin, linha de Strasburgo, com 2.678 metros, e de Rolleboise, linha de Rouen, com 2.600 metros. Em Hespanha ha numerosos tunneis, poucos dos quaes excedem o comprimento de 1.500 metros, muito communs em todos os caminhos de ferro do mundo. O de Oazurza, linha de Madrid, mede 2.950 metros, e o que precede Toledo tem 2.400. Na Italia ha numerosos tunneis, que apresentaram grandes difficuldades para o seu rompimento. São sob esse ponto de vista as obras mais notaveis que se conhecem. Na cadeia dos Appeninos, entre Bolonha e Florença, ha o tunnel de Carale, com o comprimento de 2:750 metros, precedido e seguido de outros tunneis que variam de 600 a 1.800 metros. O da Busalla, linha de Genova a Turim, tem 3.100 metros; é perfurado em schisto calcareo. Em Inglaterra os tunneis são raros relativamente ao desenvolvimento dos caminhos de ferro. Os da penedia do rei Leas, em frente ás costas da França, tem apenas 1.937 metros, um d'elles, e 1.393 o outro. Os restantes tunneis conhecidos não attingem 1.000 metros. Os nossos dois tunneis de Lisbôa ao Porto teem: o de Chão de Maçãs 650 metros, o de Albergaria 659 metros.

(*Encyclopedia das Familias*)

DIALECTOS INDIGENAS

(*Guiné Portugueza*)

POESIA. — BIAFADAS

No tempo de uma horrorosa fome, uma pequena deu a seu irmãozinho uns feijões para o acalentar; chega a mãe, que se achava ausente, sabe e enfurece-se tanto que a pequena foge e vae esconder-se no tronco de uma arvore que ensombrava uma linda fonte.

Todos os que vinham do povoado buscar agua ouviam esta voz innocente, saudosa e de uma feição primitiva.

SIRÁ (*a fugitiva*)

Uane nanté gumcumbúrum
Gumcumbúrum gandéa :
Mamande laná, Gamchenkèrem
Gamchenkêrem u álemá
Manfenta mansôdi
Maiâble gubdá :
Mablungú fekigda feki
Feki jiranga bfenhio
Badigué machombá Sirá
Chombá chombá Siram Gālo.

Traducção ao pé da lettra. « O que desperta os echos d'esta fonte acceita o recado que lhe dou. Dize a minha mãe que mora, em Gamchenkerem, que por causa de uns feijões que dei ao meu irmãozinho me vejo mettida n'este poilão ha tanto tempo, que já estou muito crescida; e tão crescida que o meu cabello já arrasta pelo chão, e os meus seios já estão pendentes; que sou eu a mesma filha de Gālo e o meu nome é Sirá.

C.º Marcellino de Barros

O MYSTERIO DA TRINDADE

Estavam duas creanças sentadas n'uma arvore desarraigada, na vespera, por uma forte ventania.

Uma era a menina do palacete proximo, a outra era filha de um pobre operario da visinhança; uma tinha um livro na mão, outra recitava laboriosamente uma lição de catechismo, que achava muito difficil.

A mestra e a discipula estavam tão sérias e tão attentas, que nem reparavam que as estava eu ouvindo.

— Vamos, animo, Georgina; já quasi que sabes esta pergunta, responde-me ainda outra vez.

O que vem a ser o mysterio da Santissima Trindade?

E Georgina respondeu sem se enganar: « São tres pessoas distinctas e um só Deus Verdadeiro.

— Está bom, respondeu a mestrazinha, mas tu percebes o que me dizes?

Ai! lá isso não percebo, minha querida menina!

— Pobre Georgina! Pois não te admires; eu estou na mesma tambem, porque tu sabes que já dissemos que um mysterio é uma verdade perfeitamente certa, mas superior á nossa razão, e que devemos acredita-la sem a comprehender.

Comtudo, pode-se fazer uma ideia dos mysterios por certas comparações, e é o que eu logo te procurarei mostrar, como fez a mamã estando no outro dia commigo; entretanto, vamos a vêr se estás bem certa na tua resposta, perguntando-te eu sem ser como está no livro:

— Quantas são as pessoas da Santissima Trindade?

— Tres.

— Quaes são?

— Padre, Filho, Espirito Santo.

— Qual é a mais velha, a mais perfeita d'essas tres pessoas?

— São eguaes em todas as cousas.

— Pode-se dizer que são tres Deuses?

— Não, não: são tres pessoas que formam um só Deus.

— Bravo, Georgina, sabes isto que nem um padre!

Agora vou eu vêr se decorei bem o que a mamã me

disse a esse respeito. Tenho medo de me enganar. Quando te conto uma historia, percebes-me?

— Percebo, respondeu Georgina.

Eu te digo porque: é porque tens em ti uma intelligencia, isto é, uma coisa que pode perceber.

— Sabes se és minha amiga?

— Ah! isso sei, sim, menina.

— E Georgina saltou ao pescoço da sua companheira.

— E porque tens em ti um coração que pode amar. Queres continuar a ser minha amiga, e a ser bôa menina?

— Quero, sim.

— Já vês que tambem tens uma vontade que sabe querer.

Conta pelos dedos as tuas riquezas todas: uma intelligencia, um coração, uma vontade.

— São tres coisas, disse a creança com admiração..

E verdade; mas são tres Georginas?

— Já se vê que não.

— Logo tens em ti tres coisas distinctas, e estas tres coisas formam uma Georgina só. Da mesma fôrma em Deus ha tres pessoas que formam um só Deus. Fica-te isto na cabeça?

— Hei de vêr se fica... Muito obrigada, menina; olhe, esta toda córada de ter dito palavras tão difficeis!... Vamos brincar agora.

As duas creanças levantaram-se e iam correr á matta, quando Georgina estacou e ficou toda pensativa. Depois, mostrando a arvore desarraigada que ia deixar:

— Ora veja, menina, exclamou ella toda alegre: a pobre arvore tem:

Raizes,
Tronco,
Ramos;

São tres coisas distinctas que não formam tres arvores, mas uma só. Assim é que eu me hei de sempre lembrar da lição de hoje.

Tres pessoas em Deus, mas um só Deus!

« *Perfeitamente*, respondeu a joven mestra. »

E ambas fugiram como dois passarinhos.

A. d'Almeida Netto

A PROVIDENCIA

Havia dois homens que moravam visinhos um do outro, e cada um d'elles tinha sua mulher e muitos filhinhos pequenos, a quem sustentavam só com o trabalho de suas mãos. Um d'estes homens levava vida amargurada de cuidados, dizendo sempre comsigo : se eu morrer ou cahir n'uma cama doente, que será de minha mulher e de meus filhinhos?

Nunca este pensamento o deixava, antes do dia e de noite lhe roía o coração, bem como um bicho róe o fructo aonde vive escondido.

Ora, comquanto o outro pae não deixasse de ter tido tambem o mesmo pensamento, não se havia n'elle demorado, porque dizia elle : Deus, que bem conhece todas as suas creaturas, e n'ellas vigia, tambem ha de vigiar em mim, em minha mulher, e em meus filhos.

A. F. DE CASTILHO

AÇAFRÃO

O açafrão (*Crocus sativus,* Linn.) é planta de muita utilidade, e bom seria que entre nós se introduzisse este ramo de cultura, cujo consumo é extraordinario e cuja applicação é muito variada.

Empregado nos guisados, serve não só de condimento, mas torna-os mais saborosos e estomacaes.

Um nosso amigo obsequiou-nos, ha annos, com vinte e oito tuberculos do *Crocus sativus,* que plantámos em vasos, e o resultado foi o melhor que se podia desejar.

Pouco tempo depois da plantação floriram quasi todos os bolbos, apresentando alguns segunda ordem de flôres.

O producto colhido era perfeitamente bom, e rivalisava em tudo com o hespanhol.

Em Julho colhemos os novos tuberculos, em numero de

trinta e seis. Plantámo-los em fins de Agosto, e, na verdade, a florescencia foi magnifica.

A maneira de colher o açafrão é simples. Logo que a flôr se desenvolve, apparecem os estames, de côr amarella, e juntamente os estigmas, um pouco mais compridos e de côr passando a vermelho. E isto o que se aproveita, e deve ser colhido logo que a flôr começa a desabrochar.

O açafrão dá-se perfeitamente na provincia do Minho, e geralmente em todo o Portugal: e tanto que o açafrão vulgar (*Crocus autumnale*) nasce espontaneamente nos montes e terrenos incultos. Embora muito mais ordinario, deve tambem aproveitar-se como por aqui faz alguma gente, que chama açafrão dos pobres.

Os *Crocus sativus* e outras variedades vendem-se na Real Companhia Horticola do Porto.

(*Póvoa de Lanhoso*)

Francisco M. M. d'Oliveira

SAPATOS DE PAPEL

O Snr. Henry Borthey, afamado sapateiro norte-americano (Nova-York) é o inventor do calçado, cuja solidez, duração e barateza hão de vir com toda a certeza a desenthronisar a sola e o couro de que até agora se tem feito uso. O segredo da factura pertence exclusivamente ao inventor, que por nenhum preço o quer ceder aos outros industriaes. Parece comtudo que o papel é reduzido a massa, mais ou menos espessa, a que se junta certa substancia que lhe dá a grande consistencia. As solas e todas as peças do sapato, uma vez lustradas, imitam perfeitamente a manufactura de couro, differindo apenas em ser o calçado muito mais leve e commodo. Um forro fino de verão, outro mais encorpado de inverno, tornam excellente para qualquer das estações este calçado singular, cujo consumo em Nova-York augmenta extraordinariamente de dia para dia.

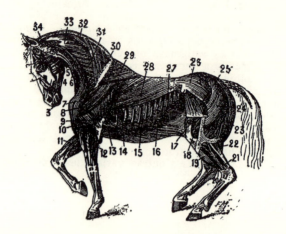

MYOLOGIA

1. Orbicular das palpebras.
2. Musculo do nariz.
3. Musculos dos labios.
4. Masseter.
5. Omoplata-hyoidio.
6. Esterno-maxillar.
7. Musculo-commum.
8. Subespinhoso.
9. Extensor do ante-braço.
10. Extensor do braço.
11. Extensor anterior do metacarpo.
12. Extensor anterior das phalanges.
13. Peitoral profundo.
14. Grande denteado.
15. Musculos intercostaes.
16. Grande obliquo.
17. Anterior direito da coxa.
18. Vasto esterno.
19. Extensor anterior das phalanges.
20. Extensor lateral das phalanges.
21. Flexor profundo das phalanges.
22. Gemeos
23. Semi-tendinoso.
24. Longo vasto.
25. Fascia lata.
26. Trazeiro médio.
27. Pequeno denteado.
28. Grande dorsal.
29. Trapezio dorsal.
30. Pequeno peitoral.
31. Angular da omoplata.
32. Erector da espadua.
33. Esplenio.
34. Musculo da orelha.

PENITENCIA

(Para o « *Almanach Luso-Africano* »)

Atravessando um anno inteiro, esquecidos dos mysterios da Paixão do Redemptor, envolvidos na fria atmosphera dos interesses, cuidando sómente da vida temporal, entramos no tempo da quaresma que a Egreja consagra á penitencia, ao recolhimento e á oração.

Os apostolos, esses denodados soldados da Cruz, que atravessaram as mais rigorosas asperezas para cimentarem no chão idolatra a religião do Divino Martyr; os apostolos, que receberam na impermeavel couraça da sua ardente fé os ataques selvagissimos do paganismo embrutecido e cioso das suas praticas extravagantes, instituiram este tempo da quaresma em memoria dos quarenta dias de rigorosa penitencia que J.-C. passou entre as sombras do deserto como preparação para entrar na vida do soffrimento e da evangelisação.

Não necessitava o Divino Mestre d'esta tão austera penitencia, mas Elle vinha regenerar pelo exemplo e, portanto, era necessario ensinar que não devemos encetar actos importantes da vida sem nos havermos preparado convenientemente com a oração e com a penitencia. Mas não é só ao emprehender alguma cousa grande que nos devemos preparar com alguma mortificação; convem que de tempos a tempos, esquecidos por um pouco das vaidades que passam, a sós com a consciencia, imaginando-nos em presença de Deus, lancemos uma vista por sobre o passado pesando cuidadosamente a gravidade e a malicia de nossas acções, lembrando-nos de que serão estreitas as contas que necessariamente havemos de prestar n'um futuro proximo ao Juiz Supremo.

Estes pensamentos podem gerar na nossa alma tão esquecida do seu fim um arrependimento sincero das faltas commettidas e este pensamento arrastar-nos até á presença do confessor, onde á vontade desabafaremos os remorsos que nos trucidavam a alma, ainda mesmo envolvidos nas maiores distracções que o mundo offerece aos que seguem as suas estultas e ephemeras vaidades..

Eis os motivos que levam a Santa Egreja a celebrar n'um recolhimento sentido os mysterios da Paixão e Resurreição do Homem Deus. Acompanhemo-la como filhos n'este prantear doloroso desde o horto, no Jardim das Oliveiras, até ao cimo do Calvario, onde se consummou o sacrificio cruento da Victima Immaculada.

Contemplemos o primeiro passo da Paixão, o suor de sangue que é passado entre os discipulos mais intimos, não nos esquecendo que é no seio quente d'amizade, bafejados pelos affectos dos que mais nos estimam, que devemos descerrar as cortinas da nossa alma para nos abrirnos n'um desabafo intimo, depositando n'um peito amigo as tristezas que nos amarguram os dias da existencia.

Os confessores são os nossos maiores amigos; procuremo-los cheios de coragem e bons propositos d'emenda. Breve reponta a aurora da Resurreição, o tempo das alleluias, em que o Bom Jesus nos irá fazer uma visita, a visita do amigo verdadeiro offerecendo o seu corpo aos nossos osculos. Não imitemos a perfidia do discipulo traidor!!

(1893)

A. Oliveira Bouças

DESPEDIDA

Adeus, Guiné! terra do meu fadario!
P'raizo santo em que sonhei venturas,
Enlevos, gozos, celestiaes doçuras,
Aureo porvir, do meu amor sacrario!

Adeus, campinas, majestosa flóra,
Ridentes veigas sem rivaes no mundo!
Turvas aguas de caprichoso fundo,
Myst'riosos lagos que minha alma adora!

Adeus, ó ilhas, encantadas, bellas,
— Niveas sereias a surgir das ondas!
Ai! quantas vezes, ao gemer das sondas
Arquejou meu seio d'emoções singellas!

Adeus ó tardes de poesias magas,
Calmas, serenas, d'arreboes tão lindos!
Oh! que pezares não terei, infindos,
D'aqui bem longe, vendo outras plagas!

E vós, ó noites de mysterios santos
Que vezes tantas contemplei, chorando!
Na dôce aragem d'um bafejo brando,
Recebei meu adeus, banhado em prantos!

Adeus! que eu sigo para onde a sorte,
O meu dever e a missão me chama:
No peito levo do amor a flamma
Que só se extingue na mansão da morte!

Talvez um dia, quando o cruel destino
Volver seus olhos para mim, coitado!
Possa eu dizer, em triumphante brado:
— *Accordei á vida, d'um viver mofino —!*

Bissau, 25 de Novembro de 1894.

A. D.

A EDUCAÇÃO

Se existe cousa que se ligue estreitamente aos destinos de uma nação, que deva excitar a solicitude dos governos, e a dos particulares, e que seja capaz de precaver ou de preparar a ruina das gerações futuras, é, senhores, a educação dos meninos.

Eis ahi uma das causas principaes da prosperidade ou decadencia dos estados. Com effeito, depois de tantas convulsões violentas, que abalaram entre nós o edificio social até aos seus fundamentos, seriamos muito para lastimar, se não reconhecessemos a necessidade de o segurar e de o firmar mais do que nunca sobre uma educação essencialmente moral e religiosa. Longe de nós, a este respeito, a negligencia e o desdem. Trata-se do interesse mais urgente de todas as familias; trata-se da propria salvação da patria. Deixemos a um pequeno numero de homens as discussões sabias sobre as lettras e artes, sobre as maximas da politica, sobre a administração dos dinheiros publicos; mas a educação dos meninos não deve ser estranha a quem-quer que seja. Ella interessa tão vivamente a todas as condições, desde o throno até á cabana; pertence por tal maneira a todos concorrer para ella pelos proprios preceitos e exemplos, que a indifferença a ninguem é permittida.

(*Conferencias*)

MGR. FRAYSSINOUS

PROSÓDIA PORTUGUEZA

V

RECAPITULAÇÃO DOS DIVÉRSOS VALÔRES DAS LÊTTRAS

a — : (4) *normal* = â, *accidentado: agudo* = á, *nasal* ã, an am; *accidental* = á (*guttural*).

b — : *normal*, simples ou dobrado.

c — : (3) *normal* = c (= k, q); *accidentado* = ç (que não se usa antes de e, i, nem no principio de palavra, mas só em ça, ço, çu); *accidental* = s, em ce, ci; nullo ás vezes, antes de ç, t.

d — : *normal*, simples ou dobrado.

e — : (6) *normal* = ê; *accidentado*: agudo = é, nasal = e, en, em; *accidental*: i, â, âi, âi; *tónico* = â, i; átono = ĕ.

f — : (2) *normal*, simples ou dobrado; e *grego* = ph.

g — : (2) *normal* = g', simples ou dobrado; *accidental*, simples ou dobrado = j, antes de e, i (ge, gi).

h — : (3) *normal* é nullo; *accidentado*: retroáctivo em ph, ch (= x, k ou ç), e *mixto* = nh; *accidental* = i em lh = li; e *nullo*, muitas vezes, em grupo.

i — : (3) *normal* = i ou y; *accidentado* = in, im (nasal); átono = ĕ.

ALMANACH LUSO-AFRICANO 387

j — : *normal*, singello. Só se usa antes de *a, e, o, u*.
k — : *normal = q'*. Só se usa em palavras vindas do grêgo.
l — : (2) *normal = l*, simples ou dobrado; (molhado) *accidentado* = lh = li.
m — : (2) *normal*, simples ou dobrado; *accidente phonetico* nasal, que só se empréga antes de *m, b, p* e no fim de palavra,
n — : (3) *normal*, simples ou dobrado; *accidente phonetico* nasal, que não se empréga antes de *m, b, p*, nem (hôje) no fim de palavra, como signal nasal; *accidentado* = nh, antes de *h*, em grupo (= ⁻ *i*).
o — : (4) *nominal* = ô (ou); *accidentado* : nasal = õ, om, on, agudo = ó; — átono = u.
p — : (2) *normal*, simples ou dobrado; *accidentado*, *ph* = f.
q — : *normal* = c, singello.
r — : (2) *normal liquido*; *accidental* = rr (guttural).
rr — : *normal guttural*, invariavel, representado ás vezes por *r*. Não se empréga hoje no principio da palavra, nem nos casos em que é representado pelo liquido *r*.
s — : (2) *normal* = ç (simples ou dobrado); *accidental* : j, x, z ; nullo muitas vezes, antes de *ce, ci*.
t — : *normal*, simples ou dobrado, sempre sôa.
u — : (2) *normal* = u ; *accidentado* nasal = un, um, (muito = muito); ordinariamente nullo : em *ou* (= ô) em *que, qui, gue, gui*.
v — : *normal*, singello.
x — : (2) *normal* = ch; *accidental*: z, j, s, cs.
y — : simples módo grêgo de escrever *o i*, norma o nasal (y, yn, ym).
z — : *normal* = z ; *accidental* = x, j.

Com o conhecimento prático das régras expóstas, não será difficil aprender ou ensinar, lêr ou escrever, e por isso fallar a nossa lingua materna, guiando-nos por principios práticos colhidos da experiencia do ensino e do estudo comparativo dos nóssos melhóres auctôres contemporâneos.

(*Cabo-Verde*, 26 de *Janeiro* 1898.

A. DA C.

— 1640 —

(Ao Conde de Castro, meu dilecto amigo.)

Surgiu, brilhou, sumiu-se em breve occaso,
O meteóro fugaz das nossas glorias;
    Descemos ao chão raso,
    Que cobrem as escorias:

A incuria e a ignorancia, agudos cravos
Da cruz do sacrificio, prepararam
As cadeias, que os pulsos roxearam
    D'um rebanho d'escravos.

Então a harpia extranha vem cevar-se
Na gangrena fatal d'um povo enfermo,
    Que farto d'humilhar-se,
    Põe á ignominia termo;
E vindica, por fim, o seu desdouro
Ganhando, em cem combates porfiosos,
A grinalda dos feitos gloriosos,
    O immarcessivel louro.

Assenta-se outra vez, livre e ousado,
Ao ágape dos povos; mas, depressa,
    Dos vicios arrastado,
    Curva a nobre cabeça
No tremedal. Nem mesmo um pulso duro
Pode dar-lhe as antigas preeminencias...
— Não se cura um mal grave com violencias,
    Nem ellas teem futuro.

Todavia, jámais de nosso peito,
Emquanto n'elle houver algum alento,
    Se risque por tal feito
    O grato sentimento...

Não é tanto o receio de verdugo,
Nem das baixas miserias a peçonha,
Quem m'inspira este canto : é a vergonha-
    Da infamia do jugo.

Demais, quando pensamos, porventura,
Friamente, n'aquelle nobre heroismo...
    Parece-nos loucura
    O arrojado estoicismo
Dos poucos, que, com tal heroicidade,
Sem armas, sem dinheiro, sem soldados,
Souberam conquistar-nos, denodados,
    A patria, a liberdade.

Louvor, pois, aos que, em marmore escreveram
Essas datas illustres do passado;
    Pois um padrão ergueram,
    Que será respeitado
Pelos sec'los, emquanto a intrepidez
Inspirar á nossa alma a fortaleza
Sustentando o decoro e gentileza
    Do nome portuguez.

(Dos cantos do Fim do seculo)

(Portugal) — Dr GUILHERMINO DE BARROS

SEMANA DO MANDRIÃO

(Para vergonha dos que o são)

No domingo nada faço = porque sou fiel christão;
Na segunda porque abraço = da preguiça a profissão;
Na terça porque o cançaço = me ob riga a ser mandrião;
Na quarta não dou um passo = porque temo da-lo em vão;
Na quinta porque adoeço = com medo de trabalhar;
Na sexta porque padeço = d'uma affecção pulmonar;
Sabbado porque conheço = que é preciso descançar!

O NOVO MENSAGEIRO

CIVILIDADE

DO MODO DE ANDAR PELAS RUAS

Os homens de juizo, que não querem passar por extravagantes e attrahir a attenção da gente, andão naturalmente, nem muito lenta nem precipitadamente, uma vez que não exija pressa algum negocio urgente.

O erguer com affectação a cabeça, acompanhado ao mesmo tempo d'um balanceamento de hombros, indica orgulho e altivez.

Se andardes bambaleando-vos e arrastando os pés, passareis por preguiçosos; que vos moveis como por força.

Não andeis nas pontas dos pés, como se estivesseis dançando, excepto havendo de passar algum charco: não correaes do passeio d'uma rua para o outro, porque vos teriam por loucos.

Não movaes violentamente os braços, como se fossem azas ou remos.

Se fôrdes com alguma pessoa supèrior, ponde-vos á sua esquerda e regulae os vossos passos pelos seus: não vos avisinheis tanto d'ella que a incommodeis, nem vos arredeis tanto que não possaes ouvir o que ella vos disser.

Tendo cuidado de observar onde pondes os pés para não sujar-vos, nem salpicar de lodo os mais que passarem.

A uma senhora deveis offerecer o braço, e leva-la da parte lateral do passeio da rua, ainda que ella tenha de sar-vos a direita; pois é esta uma precaução necesdaria para evitardes que a salpiquem de lama as carruagens, os carros e as cavalgaduras, e porque o lado das casas considera-se como o de preferencia.

O que fôr com duas senhoras deve collocar-se no meio d'ellas, para dar a cada uma o seu braço.

Nas grandes cidades, onde o concurso da gente pelas ruas é muito numeroso, ha uma convenção que se observa com o maior rigor sem distincção de pessoas, e consiste em seguir cada qual a direita no passeio da rua por onde vae passando; d'este modo termina toda a origem de disputas, não se interrompe a marcha, e resulta o que para todos é mui commodo.

Quando fôrdes andando, voltae a ponta do pé um pouco para fóra: não bataes o calcanhar um no outro, nem vades brincando com as pedrinhas que encontrardes.

Se vos sahir ao encontro alguma pessoa respeitavel por seus annos, ou dignidade, saudae-a cortezmente, sem para ella vos voltardes demais, excepto se a conhecerdes particularmente.

Nas grandes cidades só se cumprimentam as pessoas conhecidas.

Se alguem vos saudar e detiver no caminho, deveis corresponder-lhe nos mesmos termos, com tanto que vos não seja muito inferior: mas nem por isso ficaes isentos de ser cortezes com este, e de trata-lo com amabilidade e attenção.

Nem a todo aquelle com quem nos topamos na rua devemos dizer-lhe: *Como passa?* Esta formula só é bôa para ser usada com os nossos eguaes, e com as pessoas do nosso grande conhecimento.

O ir fumando, assobiando ou cantando pela rua é proprio de gente ordinaria; embora o pratiquem sujeitos que se teem por cavalheiros, porque tambem ha cavalheiros mui ordinarios e de má educação.

MATHIAS DA L. SOARES

O CÁBULA

Havia eu meditado
De como o mestre enganar,
Pois não sabia a lição,
E era certo apanhar.

Muito doente me fingi,
Logo, logo de manhã,
Ainda na minha cama,
Para enganar a mamã.

Ella, atrapalhada, afflicta,
Fricções frequentes fazia
Por todo o meu bom corpinho;
Chá sobre chá eu bebia...

    Á hora da escola foi-se...
    E com ella o mal estar,
    E uma hora depois
    Eu almocei a fartar.

E já fallava, brincava,
Quando, ouvindo palmas, vou
A escada vêr quem era:
O mestre!... Q'infeliz q'eu sou!...

    Elle, a quem nada escapa,
    Depois de bem me fixar,
    Comprehendeu logo a manha,
    E puz-me logo a chorar...

Para nada isso te serve,
Maroto; vamos p'r'escola!
Alli bom doce t'aguarda
E bem afinada viola.

    Entrou e disse á mamã
    Que só um remedio havia
    P'ra minha doença tão grave:
    De bom *bólo* uma fatia...

E eu lá fui... fui com elle,
O Mestre meu inclemente...
Certo é que por tal fatia,
Jámais cahirei doente...

(*Santo Antão*)

                  D. ANTONIA DA COSTA
                        (caboverd)

SOCIALISMO

Delegado socialista. — As malas estão promptas?
Esposa. — Sim, meu caro. Tens tudo prompto... Então sempre estás resolvido a ir assistir a esse congresso de Toulouse?
D. — Ora essa! Iria a pé, se não tivesse meios para ir de comboio.
E. — Pois olha que não gosto nada dos teus companheiros!
D. — Oh! Cumprem uma missão sublime!
E. — Hum!
D. — Como? Não te sentes indignada com todas essas injustiças a que assistimos todos os dias?
E. — Pois são ellas tantas como tu dizes?
D. — São mil vezes mais. Pois não vês que o pão está cada vez mais caro? que os salarios diminuem? que os patrões?...
E. — E esse teu congresso é que ha de impedir tudo isso?
D. — Pois então? — Nós é que havemos de resolver a questão social.
E. — Deus queira!... (Entra a criada) Que queres, Eugenia?
Criada. — Uma carta para o senhor.
D. — Deixa vêr... (rasga o sobrescripto). É do meu tabellião... (gritando): Ah! Meu Deus!... morreu meu tio!...
E. — Teu tio? O que?... Aquelle que...
D. — Sim, aquelle que é rico!... sim, sim, minha querida! E eu sou seu herdeiro universal!...
E. — Que felicidade! Emfim! A questão social está resolvida para nós... E um principio de vida. (Um silencio) E sempre vaes a esse congresso?...
D. — Sim!... Não posso deixar d'ir... mas... vou em *sleeping-car!*

* *
*

O transformismo, mais ou menos restricto, é uma hypothese scientifica, que espera ainda a sua confirmação, e por emquanto não conseguiu refutar victoriosamente o systema contrario, nem adduzir provas cabaes da sua verdade.

Deixemos aos sabios a discussão de uma questão que é do seu dominio, em vez de compromelter a auctoridade da fé, que nada tem que vêr em tal problema, desde que a sciencia proclama, com a Biblia e com a razão, que o mundo foi creado por Deus; que a vida não seria possivel sem uma acção transcendente de Deus; que a evolução, a ter-se dado, revela a acção directiva da Providencia realisando os planos da sua sabedoria; que o homem forma um reino á parte na creação. Invocar a Biblia fóra de proposito e formular anathemas n'uma questão meramente scientifica é, como diz S. Thomaz, expôr a fé ao escarneo dos homens instruidos e crear entre elles e ella barreiras que a Egreja não auctorisa a erguer.

Estudemos, se queremos ter opinião pessoal no assumpto.

Mas, por Deus, não queiram substituir a sua auctoridade á da Egreja os que para tanto não teem missão.

E aos que tomam o Genesis no sentido rigorosamente litteral, para codigo scientifico, perguntarei como explicam a apparição dos animaes que precederam as plantas, a existencia da flora actual antes da apparição do sol, etc., etc.

Por que razão não continuam a attribuir egual rigor scientifico ao celebre texto de Josué invocado contra Galileu?

Não sou partidario nem adversario do transformismo, pois que não sou naturalista.

Limito-me a rejeitar o evolucionismo materialista e atheu e a proclamar que Deus creou o mundo e o governa pela sua Providencia, que o homem foi creado á sua imagem e similhança.

Nemo.

* *

Por occasião do congresso syonista em Basilér, fez-se uma estatistica approximativa dos *judeus* espalhados pelo mundo.

Segundo essas estatisticas, o seu numero seria pouco mais ou menos de 9.000:000, assim distribuidos: 5.000:000

na Europa, 500:000 na Asia, outros tantos na Africa, 2.500:000 na America e 120:000 na Oceania.

A Russia contará proximo de 2.500:000; a França 300:000 e a Italia 40:000. Na China haverá apenas uns 1:000.

* *

O rev°. padre Lagrange, de Jerusalem, communicou á Academia das Inscripções, em nome do rev°. padre Sejourné, o plano e os mosaicos com inscripções gregas d'uma nova egreja que descobriu em *Madaba*, no mez de Agosto ultimo. Essa egreja, que as inscripções designam sob o nome de Elianéa ou egreja de Santo Elias, comprehende uma crypta com soberbos mosaicos e uma basilica superior. A crypta foi construida por Sergios, em 490, e a basilica por Leontios, que continuou os trabalhos em 502, indicação 11ª. Esta ultima indicação refere-se á era de Bosca, 106 annos depois de Christo. As datas respectivas são, portanto, 596 e 608, e concordam com a renascença artistica do reino de Justiniano, que precedeu a conquista arabe.

Uma aguarella do rev°. padre Vincent permitte apreciar a arte delicada do mosaista. O nome de Sergios deve ser considerado como o de um bispo de Madaba, mas outro tanto não se pode dizer do de Leontios, que foi talvez unicamente vigario encommendado de Elianéa.

CARTA INEDITA

(Do Padre Antonio Vieira)

« Senhor. No fim da carta, de que Sua Magestade me fez mercê, me manda Vossa Magestade diga meu parecer sobre a conveniencia de haver n'este estado ou dois capitães-móres ou um só governador. Eu, Senhor, razões politicas nunca as soube e hoje as sei muito menos, mas, por obedecer, direi toscamente o que me parece. Digo que menos mal será um ladrão que dois e que mais difficultosos serão de achar dois homens de bem que um. Sendo propostos a Catão dois cidadãos romanos para o provimento de duas praças, respondeu que ambos lhe descontentavam, um porque nada tinha, outro porque nada lhe bastava. Taes são os dois capitães-móres em que se repartiu este governo. N. de N. não tem nada, N. do N. não lhe basta nada, e eu não sei qual é maior tentação, se a necessidade, se a cubiça. Tudo que ha na capitania do Pará, tirando as terras, não vale dez mil cruzados, como é notorio, e d'esta terra ha de tirar N. do N. mais de cem mil cruzados em tres annos, segundo se lhe vão logrando bem as industrias. Tudo isto sahe do sangue e do suor dos tristes indios, aos quaes trata como tão escravos seus que nenhum tem liberdade nem para deixar de servir a elle, nem para poder servir a outrem; o que, além da injustiça que se faz aos indios, é occasião de padecerem muitas necessidades os Portuguezes, e de perecerem os pobres.»

(4 de Abril de 1654)

A VIDA

(A minha filha)

Desponta a aurora risonha
Cheia de luz e esplendor,
Arrancando a natureza
Do seu lethargo e torpor.

Surge após o sol, — a alma
Do céo, da terra e do mar :
Gorgeiam aves nos bosques,
Canta quem anda a lidar.

Depois uma nuvem negra,
Que se estende n'amplidão,
Converte em trevas a luz
E os campos em solidão.

Rompe novamente o astro;
Mas de novo além se occulta;
Resurge ainda... assim vae
Té que no mar se sepulta.

Tal a vida : agora risos,
Que são o sol da ventura,
Logo tristezas, — as trevas...
E depois? A sepultura.

(*Moçambique, 23 de Janeiro de 1895.*)

Manuel d'Almeida

O QUE É UM PUBLICISTA

« *Publicista* — escreveu um dia o Sr. Ch. de Mazade na *Revista dos Dois Mundos* — é um escriptor que, sem ser exclusivamente um historiador ou um philosopho, é muita vez um e outro, que mistura a philosophia, a litteratura e a historia, reunindo sob uma fórma impressionavel e rapida todos os elementos das questões á medida que ellas se succedem, condensando por vezes n'algumas paginas a vida de uma epoca ou a vida de um homem, seguindo, com um espirito preparado pelo estudo das luctas da intelligencia, as evoluções do pensamento, assim como os acontecimentos, finalmente introduzindo uma arte invisivel n'esta obra sempre nova de um ensino substancial e variado. »

O Sr. Maurice Block, ácerca do mesmo assumpto, escreve o seguinte:

« Não é *publicista* quem quer. Não basta tratar mate-
« rias politicas : é preciso trata-las com superioridade,
« com independencia de espirito ; é preciso ter principios
« e ter ideias proprias. Um *publicista* tem uma grande
« affinidade com o homem d'Estado ; teem ambos muitas
« qualidades communs ».

Segundo uma descoberta feita ultimamente em Paris não é o *bicho de seda* que a fabrica.

Uns fabricantes asseguram ter descoberto que não é o bicho o productor da seda; elle apenas se limita a mesclar a fibra vegetal, que a folha da amoreira contém, com uma secreção gommosa, fiando em seguida a pasta que d'ahi resulta.

Em consequencia d'esta descoberta, maceraram-se folhas e ramos de amoreira ainda verde e d'outras arvores, tratando-os depois por meio d'uma preparação o mais parecido possivel com a secreção do bicho de seda, e em seguida obteve-se uma seda artificial mais brilhante do que a outra e que apenas occasiona a quarta parte da despeza.

Á VIRGEM IMMACULADA

OFFERTA

Quero fazer uma offerta
De tudo que é delicado,
De quanto ha de mais bello
Em todo o mundo creado.

Esplendidas maravilhas,
Que possue a natureza,
Reuni vossos encantos,
Prestae-me a vossa belleza.

Como são bellas no ceu
As estrellas a brilhar!...
A brilhar como perolas,
Como as perolas do mar.

Doze e das mais formosas
Que lá no ceu fulguraes,
Formae luzente corôa,
Que não possa brilhar mais.

E as florinhas do campo
Que rico vestido teem!...
Que delicados tecidos!...
Que aroma o da cecem!

Juntae-vos as mais fragrantes
As de mais puro matiz,
E tecei uma grinalda
Mais bella que de rubis.

Avesinhas da floresta!...
Que harmonia, que doçura!
Que gorgeio tão suave!
Que innocencia tão pura!

Entoae todas um canto,
Um canto sem egual,
Repassae-o d'harmonia
A mais pura e festival.

Astro-rei, que despontando,
Nos dás a luz e o dia,
És da natureza vida,
És do mundo alegria.

Com os teus raios mais puros
E os mais cheios d'alvor
Dá-me um vestido celeste,
Todo luz, todo fulgor.

E tu, rainha da noite,
Tens encanto que arrebata,
Na tua doce pallidez,
Nas tuas ondas de prata.

Quero roubar-te inteira
P'ra me seres pedestal
D'uma grandeza tão bella
Que nunca teve egual.

Está calçada de lua,
De estrellas é coroada,
Pelo sol está vestida,
Pelos anjos é cantada.

Junto da sua belleza
Não tem o sol esplendores,
Não tem brilho as estrellas
Nem fragrancia as flôres!

Junto d'Ella a natureza
Perde os encantos seus,
Tudo excede em belleza...
É Maria, Mãe de Deus!

F. DE M.

ADAMASTOR

Entrou no Tejo no dia 7 de Agosto de 1897 o *novo cruzador Adamastor,* construido em Livorno com o producto da subscripção nacional aberta em todo o paiz por occasião do *ultimatum* da Inglaterra, em 1890. O *Adamastor* é um bello navio de 1:952 toneladas, com o comprimento maximo de 79,622; largura 10,70; 18 milhas de velocidade e força de 4:050 cavallos. Custou 65:000 libras, além de 40:000 francos, importancia do armamento pago pelo governo, ou sejam, ao cambio actual, 510 contos de réis. No dia da sua chegada ao Tejo houve grandes manifestações de regosijo, e um brilhante cortejo fluvial que foi ao seu encontro fóra da barra.

Q. A. DE J.

Cruzador «*Adamastor*» offerecido ao Governo por subscripção nacional.

OS MICROBIOS NOS LEGUMES CRÚS

Um medico de Bayonna acaba de assignalar os perigos que resultam do consumo de legumes crús, quando cultivados com adubo humano. O dr. Roux, de Lyon, observou que os microbios que se encontram nos legumes apresentam uma resistencia vital consideravel e não desapparecem senão com grande difficuldade.

Um outro pratico affirma que nunca poude isolar o bacillo d'Eberth, ou bacillo typhico, mas sómente uma especie visinha. Em nove vezes sobre dez encontra-se em abundancia nos morangos e nas saladas o *Bacillus Coli* que, virulento para os animaes, não o é comtudo para o homem. Entretanto, não é menos certo que não poderia ser introduzido impunemente na economia, onde, em determinadas condições, poderia actuar desagradavelmente. E' talvez á sua influencia que se deve attribuir essas constituições proprias das estações e esses accidentes febris ainda inexplicaveis, diz o Snr. P. Hariot na chronica do *Le Jardin*, d'onde reproduzimos esta noticia. E com elle diremos tambem, se dessemos credito aos hygienistas, acabariamos depressa por não comermos nem legumes nem fructos.

(*Jornal horticolo-agricola*)

O PAPEL DE CANNA DE ASSUCAR

O assucar de beterraba fez uma desastrosa competencia ao excellente assucar de canna, e fa-la-ha ainda por muito tempo, emquanto continuarmos a deixar-nos envenenar pelo funesto veneno allemão denominado saccharina.

O professor Walter P. Torbes aconselha aos cultivadores de canna para se defenderem, que se dediquem a fabricar papel com vantagem, pela fórma seguinte:

As fibras de canna de assucar são, segundo parece, um papel de qualidade superior, sem exigir um trabalho chimico e mechanico muito difficultoso.

O assucar, contido nos tecidos de que se extrahiu o precioso succo, desprende os silicatos, e é incontestavel que um alcali assucarado é preferivel ao alcali ordinario para os usos da papelaria.

O professor Torbes fabrica um papel maravilhoso, cujo custo não excede de 21 francos por 100 kilogrammas, com os desperdicios da canna doce.

Calculando que 500:000 kilogrammas de cana podem produzir por este preço 10:000 kilogrammas de papel, offerece-se um valor supplementar de 2:100, que vem beneficiar a canna.

Convem não esquecer que o consumo do papel vae em augmento, pelo qual bem merece ensaiar-se a nova applicação a que nos referimos.

A ESCOLA [1]

AOS ALUMNOS DA ESCOLA D'ARTES E OFFICIOS

Ha muito que se alava o fanatismo
No pó da desprezivel ignorancia...
Na terra não brotava uma fragrancia,
Nem uma só! Reinava o vandalismo!

Mas d'entre a escuridão do mundo inteiro
Ao longe despontou, como um brazeiro,
Ou como a luz intensa d'um pharol,
    A célica Instrucção.
A todos distribuia a doce esmola
Sorrindo meigamente, á luz do Sol,
    Como uma emanação.

E abriram-se as portadas d'uma Escola.

Não mais se viu a treva. A luz da aurora
Desfez toda a neblina que existia.
A Escola é esse altar onde demora

---

[1] Recitado pelo auctor, na noite de 28 de Setembro de 1894 no theatro da Escola d'Artes e officios, d'esta cidade.

O lucido planeta que nos guia...
E é bello vêr partir a mocidade
Em bandos sorridentes, joviaes,
    Na estrada do Saber.
A Escola, a Escola: a Fé e a Caridade,
A estatua sobre altivos pedestaes,
O templo sacrosanto do Dever.

D'um polo a outro polo o pedagogo
Levou, entre florões de excelso fogo,
A palma d'esse heroico movimento;
E ergueu-se o Pantheon d'altiva Gloria,
    A luz do pensamento.
A Escola, o grande athleta do Pensar,
Desvenda-nos as paginas da Historia,
E ensina a terna infancia a soletrar!

Dá espirito á materia e lança o Bem,
Do alto do seu throno todo luz,
Ás lagrimas do orphão sem ninguem.
A Escola é isto: — a pallida cecem,
Legado sacrosanto de Jesus...
    A Escola é outra mãe.

Moçambique, 28 de Setembro de 1894.

Alfredo de Pratt

O PUBLICO

A multidão indefinida e voluvel, *o publico* é o menino mais edoso que se conhece; não tem ainda uso de razão e nunca o terá; é uma creança eterna. Imputam-lhe os maiores crimes e desatinos; mas ninguem lhe exige a responsabilidade do que faz, ou por suggestões ou por instinctos; não raras vezes por instinctos de féra.

Affonseca Mattos

RELAÇÃO ENTRE A ESTATURA E O PESO

Quetelet organisou, depois de numerosas experiencias e rigorosos calculos, a seguinte tabella da relação normal entre a estatura e o peso, segundo a edade e sexo dos individuos de genero humano.

\multicolumn{3}{c	}{HOMENS}	\multicolumn{3}{c}{MULHERES}
Edades	Estatura	Peso	Edades	Estatura	Peso
Annos	Metro	Kilog.	Annos	Metro	Kilog.
0	0,500	3,20	0	0,490	2,91
1	0,698	9,45	1	0,690	8,79
2	0,791	11,34	2	0,781	10,67
3	0,864	12,47	3	0,852	11,79
4	0,928	14,23	4	0,915	13,00
5	0,988	15,77	5	0,974	14,36
6	1,047	17,24	6	1,031	16,00
7	1,105	19,10	7	1,086	17,54
8	1,162	20,76	8	1,141	19,08
9	1,219	22,65	9	1,195	21,36
10	1,275	24,52	10	1,248	23,52
11	1,330	27,10	11	1,299	25,65
12	1,385	29,82	12	1,353	29,82
13	1,439	34,38	13	1,403	32,94
14	1,493	38,76	14	1,453	36,70
15	1,546	43,63	15	1,499	40,37
16	1,594	49,67	16	1,535	43,57
17	1,634	52,85	17	1,555	47,31
18	1,658	57,85	18	1,564	51,03
20	1,674	60,06	20	1,572	52,28
25	1,680	62,93	25	1,577	53,28
30	1,684	63,65	30	1,572	54,33
40	1,684	63,67	40	1,572	55,23
50	1,674	63,46	50	1,536	56,16
60	1,639	61,94	60	1,516	54,30
70	1,623	59,52	70	1,514	51,51
80	1,613	57,83	80	1,506	49,37
90	1,613	57,83	90	1,505	49,34

CALENDARIO AGRICOLA

(Portugal)

Outubro, revolver ;
Novembro, semear ;
Dezembro, nascer,
Nasceu um Deus,
P'ra nos salvar ;
Janeiro, gear ;
Fevereiro, chover ;
Março, encanar ;
Abril, espigar ;
Maio, engrandecer ;
Junho, ceifar ;
Julho, debulhar ;
Agosto, engramelar ;
Setembro, vindimar.

~~~~~~~~~~~~~~

MILHO

Origem do milho. — Ha annos que o defuncto dr. Sereno Watson recebeu do Mexico varias plantas de milho, cujos productos fôram por elle examinados. Em consequencia d'este exame, deu elle a este milho o nome de *Zea canina*. Agora, segundo se vê de um artigo publicado recentemente pelo dr. Harshberger no Garden and Forest, esta planta seria uma hybrida accidental natural entre o milho cultivado e o *Teosintho* ou *Euchlœana mexicana*, genero muito visinho. Suppõe-se que o *Zea maïs* ou milho commum poderia bem ter uma origem hybrida análoga.

(Jornal hort.-agricola)

MOVIMENTO COMMERCIAL

DE ANGOLA, MOÇAMBIQUE E S. THOMÉ

(em contos de réis)

ANNOS	ANGOLA VALORES	ANGOLA DIREITOS	MOÇAMBIQUE VALORES	MOÇAMBIQUE DIREITOS	S. THOMÉ VALORES	S. THOMÉ DIREITOS
1891	9:685	1:079	5:057	539	1:748	159
1892	9:517	908	4:869	483	1:882	158
1893	12:456	1:601	4:936	759	2:076	176
1894	11:665	1:426	6:621	741	2:508	158
1895	11:651	1:210	8:227	964	2:326	196
1896	10:983	900	14:249	1:425	3:285	189
TOTAL..	65:957	7:124	43:959	4:911	14:825	1:036
AREAS..	1.255:775 k^2		768:740 k^2		1:080 k^2	

O progresso das colonias depende da sua prudente e conscienciosa administração.

O commercio colonial, largamente protegido pelo Estado, resolverá no seculo 20 o problema economico.

CRIOLO — S.tº-ANTAO — (*Cabo-Verde*)

Traducção do artigo a pag. 385 do « ALMANACH DE LEMBRANÇAS *» para 1894.*

CRIOLO dè S.tº-Antão

Ê PR'ÊI !

Um repazim tropeçá n'um câldêra que revrá (1) c'tude qùénte elle tinha. Elle c'êi de cumpriúde na mêi de chom (2).

Em qùénte sê ermã c'mom levantade na veónte ti ta dezê:

— Num Senhô valeô-bo! (3) que z (4) é que ti t'odeô-bo? bô'sturtegá 'legum legár? Nem diábe qùêrê contráte má meniúne (5), e elle tem rézom.

(*S.tº-Antom*)

Ti Juquim e
A. da C.

TRADUCÇÃO LITTERAL

O QUE AQUI VAE !

Um rapazinho tropeçou n'uma caldeira que revirou com tudo quanto ella tinha. Elle cahiu de comprido no meio do chão.

Emquanto sua irmã com mão levantada no vento diz:

Nosso Senhor valha-te! que coisa é que está a doer-te? tu estortegaste algum logar? Nem diabo quer contracto com menino, e elle tem razão.

S.tº-Antão.

Tio Joaquim e
A. da C.

---

(1) c', lê-se : k.
(2) *ch*, lê-se como em Traz-os-Montes na palavra *ch*ave (tx).
(3) bo significa *te, a ti, tu, teu, tua, se* (impessoal). Veiu de bos = vós.
(4) que z é = que coisa é...., o que é...
(5) As terminações em *ino* fazem *iûne*, como em meniúne siûne, etc.

GOIVOS

(*A memoria de meu chorado amigo, Joaquim Silva Almeida.*)

> A vida é folha que cáe.
> JOÃO DE LEMOS

Tua existencia não foi mais que um sonho,
Viçoso lirio que ao abrir-se cai!
Do mundo apenas nos umbraes, risonho,
Pasmou-te a morte... nem soltaste um ai!

Pobre estudante, que, dos teus nos braços,
Vinhas saudades mitigar d'ausencia,
Que negro Fado te seguiu os passos,
Roubando a tanto amor tua existencia?...

Quando sentias uma mãe ao lado,
Irmãos, amigos e carinhos mil,
E o solo apenas do teu berço amado,
Pizavas do viver em pleno abril!

Quando eras quasi ainda uma creança,
Estremecido ideal dos teus, formoso,
E vias, toda cheia d'esperança,
A clara senda d'um porvir ditoso!

E quando... O quadro! mãe e teus irmãos,
N'um só amplexo te estreitavam rindo.
E todos vinham apertar-te as mãos,
Em um ardente e festival — bem vindo!

Ai! quantas dôres do viver na senda,
Infindas dôres que expressão não tem!
Quantos abysmos sob illusa venda,
Quantos espinhos a rasgar tambem!

Foi quando a morte veiu horrenda e crua,
A tantos risos estender seu manto!
Porque da vida eis a verdade pura :
Dorme-se a rir e se desperta em pranto!

O mundo é triste!... nada n'elle dura,
Só do teu somno não se acorda, amigo!
Por isso eu venho, com saudade pura,
Dar-te estas flôres em o teu jazigo.

. . . .

. . . .
Tua existencia não foi mais que um sonho,
Viçoso lirio que ao abrir-se cai!
Do mundo apenas nos umbraes, risonho,
Pasmou-te a morte... nem soltaste um ai!

Paúl, Cabo-Verde.

(Das Expansões d'alma)
Januario

INFLUENZA

N'estes ultimos tempos tem-se fallado muito d'uma nova doença designada com o nome de *influenza*; mas pouco ou nada se tem dito sobre os meios de a debellar com segurança e promptidão. Os medicos attribuem-lhe um caracter epidemico, e pretendem que se communica pela atmosphera.

Pela minha parte considero-a simplesmente como a chamada vulgarmente *grippe*, mais ou menos intensa.

A influenza declara-se facil e rapidamente, após uma subita mudança de temperatura.

Como vivemos no seculo de enervação, qualquer destemperança da natureza exterior exerce facil influencia sobre o nosso organismo : o frio da atmosphera entra em conflicto com o calor do corpo, e esse conflicto, sobretudo quando o pescoço e a cabeça estão muito agasalhados, termina naturalmente em detrimento do organismo humano, provocando na garganta uma inflammação, que não tarda a lavrar na cabeça, peito e corpo todo.

Quanto aos symptomas d'esta doença, vou indica-los n'um caso pratico que se deu com um criado :

« Hontem á noite, contou elle, sentia-me forte e com saúde, não experimentando nenhuma indisposição ; esta manhã acho me-prostrado ; quasi não posso andar, trememme as pernas.

As dôres de cabeça são tantas que me põem mesmo tonto, e no pescoço sinto um prurido e ardor taes, que não posso engulir mesmo nada. »

A este enfermo, atacado tão subitamente de influenza, prescrevi o seguinte tratamento : « Vá para casa sem tardar e deite-se : lave com agua muito fria o pescoço, o peito, e toda a parte superior do corpo ; depois, envolva o pescoço n'um panno sêcco ou toalha de limpar as mãos, cubra-se bem, mas sem muito peso.

Repita esta operação 10 vezes em 10 horas.

Depois d'isso, é necessario lavar o corpo todo com agua fria, com a maxima rapidez.

Finalmente, tome d'hora em hora uma colher d'agua. »

Após a loção total, o corpo cobriu-se de suor por fórma que a breve trecho o doente estava todo alagado, na cama. Este suor dissipou os ultimos vestigios da doença, e o serviçal sentiu-se completamente restabelecido.

Talvez perguntem, como é que estas applicações, tão simples, da agua poderam influenciar sobre a doença. Pois bem! escutem, meus amigos : O frio tinha-se apoderado da garganta, onde occasionou uma inflammação. Esta provocou um affluxo de sangue, que congestionou a cabeça e a garganta, ao passo que, faltando nas extremidades, estas arrefeceram por anemia. Mercê das loções, os póros abriram-se, e sobretudo por effeito do enfaxamento sêcco, o calor desenvolveu-se de novo na superficie cutanea. D'este modo estabeleceu-se no pescoço e na cabeça a transpiração, que eliminou tudo no espaço de tempo indicado.

O panno sêcco exerceu uma acção attractiva, a agua produziu um effeito resolutivo, e por esta fórma se expulsaram todos os elementos morbificos. Agua bebida operou tambem, no interior, a mesma acção resolutiva e eliminadora.

Emquanto que as loções e os enfaxamentos, na parte superior do corpo, tinham um effeito local, a acção da loção total abrangia o corpo todo. Abertos os póros, as loções desenvolveram o calor do corpo, que a temperatura da cama reforçou, e assim se eliminaram todos os humores mórbidos do organismo, e assim, por conseguinte, foi possivel despedir, em 18 horas, o hospede funesto.

Sebastião Kneipp

A grippe é uma affecção epidemica caracterisada principalmente por um catarrho bronchiaco ou uma angina, dôres musculares e grande prostração de forças. As mucosas dos bronchios, das fossas nasaes e dos olhos são atacadas: ha cephalalgia, abatimento, e febre. Posto que o catarrho, a corysa e a angina constituam, para assim dizer, a grippe, esta não separece nem com uma nem com outra d'essas molestias.

Antonin Bossu

FLORESTAS

Necessidade das florestas. — As florestas são indispensaveis á regularidade das chuvas. Segundo as observações do sabio dr. Evermayèr, da Baviera, a evaporação produzida por uma superficie florestal, comprehendendo a transpiração das folhas, excede perto de 50 0/0 a evaporação dada pela mesma superficie de agua em pleno ar. Resulta d'este facto que, desbastando-se grandes extensões de florestas, reduz-se consideravelmente a humidade do ar ambiente e por consequencia os terrenos visinhos d'uma floresta hão de seccar com mais rapidez.

A seccura que actualmente prevalece em certas regiões não é sómente devida á diminuição da chuva, mas sim tambem á evaporação mais rapida do solo, causada pela diminuição das florestas.

(*Jornal hort.-agricola*)

NAPOLEÃO E A LETTRA M

Esta lettra representou na vida de Napoleão um importante papel.

Os seis marechaes do seu exercito erão: Murat, Moncey, Massena, Mortier, Macdonald, Marmont; seguiam-se-lhe vinte e quatro generaes de divisão: Miollis, Montbrun, Mouton, Morlet, Merle, Mermet, Mesnier, Mathieu, Marchand, Milhaud, Maison, Merlin, Menon, Margeron, Macker, Molitor, Menieux, Manume, Marcognet, Morin, Marulez, Marcansin, Menard, Mionnet.

A sua primeira batalha foi em Mont-Saint-Jean; ganhou as batalhas de Millesimo, Mondovi, Marengo, na Moskowa, em Montmirail, e Montereau.

Milão foi a primeira e Moskow a ultima cidade que elle triumphante pisou.

Entrou tambem em Madrid, porém, Madrid e Moskow trouxeram-lhe desgraças. Murat foi o primeiro a desertar-lhe. O Egypto perdeu-se por causa de Menon. Moreau foi por algum tempo o seu rival, e conspirou depois contra elle. Tres dos seus ministros chamavam-se Maret, Montalivet e Molé. O seu primeiro camarista era Montesquieu. Malmaison foi a sua ultima residencia em França. Finalmente foi o capitão Maitland que o conduziu para Santa Helena, onde esteve com Montholon, tendo por camareiro Marchand.

(Encyclopedia das familias)

~~~~~~~~~~

O KINKÉLIBAH

(antifebril)

Em 1889 foi descoberta uma planta por P. Raimbault e que o dr. E. Heckel, professor da Faculdade das sciencias de Marselha, acaba de estudar.

Esta planta é o Kinkélibah, um arbusto de 3 metros, de

folhagem espessa, formando grande copa. Nos sitios onde chega propaga-se em grande quantidade.

Mais ou menos espalhada pela Africa, abunda sobretudo na linha ferrea de S. Luiz a Dakar.

Esta planta nasce nos terrenos areentos e pedregosos. Na occasião da floração torna-se branca e então reconhece-se facilmente.

O Kinkélibah é um preciosissimo vegetal, porque constitue presentemente o unico remedio conhecido contra a febre biliosa hematurica, terrivel flagello que victima as tropas e os colonos europeus desde que cheguem ás regiões tropicaes. Empregam-se sómente as folhas verdes ou sêccas em decocto, devendo observar que este remedio é curativo e preventivo da molestia.

Um meio seguro de acclimação do europeu, contra a febre biliosa hematurica, é fazer uso diario d'um copo d'este decocto, tomado de manhã em jejum, pelo menos durante toda a estação chuvosa.

Hoje que tanto se falla na Africa e que tanto se temem as suas condições inhospitas, vem muito a proposito a indicação d'um remedio para uma das molestias que mais flagellam alli os europeus. Se as nossas expedições fossem acompanhadas por naturalistas, a sciencia teria lucrado muito, porque teria feito conquistas como as fizeram as armas.

Welwitch, por conta do governo portuguez, fez alli grandes revelações ao mundo scientifico, nas épocas em que a Africa estava pouco explorada, e o actual governo, buscando quem proseguisse a notavel obra do celebre naturalista, honrar-se-ia e ao paiz ao mesmo tempo.

E a proposito : o que será feito d'essas valiosissimas collecções herborisadas por Welwitch, á custa do erario portuguez, e que foram para ser estudadas em e Londres que lá estavam á época do seu fallecimento ?

Se, porventura, estas linhas cahirem sob os olhos d'alguem que conheça essa historia que o acaso nos fez relembrar, passados muitissimos annos, e possa faze-lo, com toda a verdade, seria isso interessantissimo e aproveitavel documento historico das nossas explorações scientificas na Africa.

(*Jornal hort-agricola*)

RIQUEZAS DO TEMPLO DE SALOMÃO

Segundo Flavio Josepho, este templo possuia : 12:000 candelabros de ouro e prata; 12:000 mesas dos mesmos metaes; 1 grande mesa toda de ouro; 20:000 copos e vasos de ouro; 60:000 copos e vasos de prata; 100:000 redomas de ouro; 200:000 redomas de prata; 8:000 pratos de ouro; 16:000 pratos de prata; 50:000 bacias de ouro; 100:000 bacias de prata; 20:000 jarros de ouro; 40:000 jarros de prata; 20:000 thuribulos de ouro; 50:000 thuribulos de prata; 1:000 vestimentas sacerdotaes, com bordados de ouro e pedras preciosas; 200:000 trombetas de prata; 40:000 instrumentos musicos de ouro e prata.

No serviço do templo empregavam-se : 38:000 levitas e 24:000 sacerdotes.

~~~~~~~~~~

A BENEFICENCIA

A beneficencia é a manifestação exterior da benevolencia, ou o acto de concorrermos para o bem do proximo.

A beneficencia é a benevolencia traduzida em obras. A benevolencia ficaria no fôro intimo de cada individuo e não produziria resultados effectivos, sem a *acção* da beneficencia.

Os principaes deveres de beneficencia são :

1º A *delicadeza*, ou *polidez* nas maneiras exteriores; a *delicadeza* dos pensamentos e das palavras; a *delicadeza* dos sentimentos do coração.

2º Os *soccorros corporaes*, que se acham designados nas sete primeiras Obras de Misericordia — *as corporaes*.

3º. A *consolação* e os *affagos* aos nossos similhantes nas occasiões d'afflicção, ou desgosto de qualquer ordem.

4º. A *instrucção* e os *bons conselhos*.

5º. O *bom exemplo*.

Os vicios contrarios aos *deveres de caridade* são, principalmente, os seguintes:

A *inveja*, ou o desprazer pela felicidade dos nossos similhantes.

A *deshumanidade*, ou crueza d'animo para com o proximo, e ainda para com os outros *sêres* da creação.

O *odio*, ou a aversão pelos outros.

O *desprezo*, pela dignidade do proximo.

O *egoismo*, que é o demasiado amor pelos interesses proprios.

A *ingratidão*, que é a falta de reconhecimento pelos favores recebidos dos nossos similhantes.

A *dureza do coração*, ou a indifferença pelos soffrimentos e infortunios alheios.

A *vingança*, que é o desejo ancioso de fazermos aos outros tantos males como os que elles nos fizeram.

A *maledicência*, que é o acto de dizermos mal dos outros, o qual toma o nome de *calumnia*, quando se maldiz sem razão nem verdade.

A *injuria*, que é o acto de atacarmos os outros por palavras, ou por obras, com o intento de lhes faltarmos ao respeito, á consideração que lhes devemos.

A *injustiça*, que é a falta de respeito pelos direitos dos outros. A maledicencia, a calumnia e a injuria constituem ataques á *honra do proximo*.

A. Simões Lopes

O VULCÃO DO FOGO

O vulcão, que se ergue ao centro da ilha do Fogo, em Cabo-Verde, em fórma de cone, tem a altura de 3:200 metros acima do nivel do mar. Tem sido pouco visitado. Que nos conste, só lá subiram em 1875 o naturalista Feijó, Mudge e Vidal em 1820, Brito Capello em 1855, Clerc em 1856, dr. Hopffer em 1858, E. Venell em 1859, Taveira e D. Laura de Almeida em 1870.

Apenas ha noticia das seguintes erupções: 1675, 1680, 1757, 1761, 1767, 1785, 1799, 1817, 1847, 1852 e 1857, tendo tido, portanto, o vulcão do Fogo um descanço de 40 annos, que ainda continùa (1897).

Não está, porém, extincto, porque de tempos a tempos vê-se fumegar causando tremores na visinha ilha Brava.

A SACHA

Antes de ser semeada, a terra aravel é revolvida com cuidado pelas lavouras e outras operações preparatorias; em seguida, porém, ella aperta de novo insensivelmente, não, como se poderia crêr, nas camadas profundas, mas primeiro á superficie, que se encontra batida pelas chuvas e sêcca pelo sol.

Forma-se entãa uma camada mais ou menos espessa, oppondo-se á penetração do ar, do calor, da humidade, de todos os agentes atmosphericos indispensaveis á vida vegetativa, cuja influencia é tamanha sobre o desenvolvimento dos productos. Em seguida as plantas adventicias apoderam-se de uma parte do terreno, vindo disputar á colheita os succos nutritivos : é a lucta pela vida.

Emfim, sob a acção do sol a evaporação é muito activa á superficie do solo e a agua contida nas camadas inferiores tende sempre a subir para reparar as perdas, pelos intersticios que separam as moleculas terrosas e que formam assim uma infinidade de pequenos canaes capillares. Com effeito este phenomeno physico da ascensão da agua chama-se capillaridade.

É egualmente pela capillaridade que um liquido sobe em todas as partes de um pedaço de assucar cuja base só é posta em contacto com o liquido.

Para alimentar a chamma o azeite sobe tambem nas torcidas da lampada por um meio identico, facil de observar.

A sacha, ou segundo amanho, tem por fim crear vasios entre a camada superior do solo e as que são mais profundas, impedindo esta descontinuidade da capillaridade se produzir á superficie consideravelmente, diminuindo, por conseguinte, a evaporação.

A humidade sobe até á ruptura dos canaes capillares e fixa-se á disposição das raizes. Além d'isso, a terra mobilisada, dividida pelos apparelhos proprios, é desde então accessivel ás chuvas e aos orvalhos, cuja acção é tão benefica após os calores fortes. Em regra geral, a sacha é regar sem agua.

Alguns agricultores teem receio de revolver a camada

superficial do solo durante a estiagem, pensando que tal operação augmenta a secca. É o contrario.

A sacha conserva a frescura do solo favorecendo a absorpção das chuvas e destruindo as hervas más.

A cultura das plantas mondadas necessita de um certo numero de sachas, que é muito importante realisar na justa occasião precisa. A primeira deve ser feita cedo, pouco depois do nascimento das plantas. Mas convem não esquecer que a terra argillosa, ou argillo-calcarea, não deve ser trabalhada pelos instrumentos culturaes, quando está humida; é preciso esperar que enxugue.

Sem esta precaução correr-se-hia o risco de estragar a terra, por aquelle anno, o que seria perder em um instante todo o trabalho e despeza havida na sua cultura.

Quanto aos solos leves e arenosos, podem ser sachados a todo e qualquer momento.

Mario Pereira

OS DEVERES PARA COM DEUS

Os deveres para com Deus são:

1º. A *piedade* e *amor* de Deus;

2º. O *respeito* e *reverencia*, porque Deus é o supremo creador do universo, infinitamente bom, e infinitamente digno da nossa adoração;

3º A *obediencia* a Deus e ás leis da moral, filhas da sua vontade e infinita sabedoria;

4º. O *amor* pelas obras de Deus, em que reside a mais perfeita harmonia;

5º. A *oração*, por meio da qual elevamos o espirito até ao Creador, enchendo a alma do pensamento em Deus;

6º. — O *culto*.

Todo o homem de espirito elevado e de coração perfeito deve considerar como uma das suas melhores qualidades, e a principal das suas obrigações, a de ser religioso.

A religião comprehende em si todos os deveres, e do cumprimento d'estes resulta a *Felicidade*, para a qual Deus creou o homem.

A. Simões Lopes

MAXIMAS

O amor de Deus é o maior de todos os thesouros: é pobre quem o não possue, quem o possue é riquissimo.

* * *

Ha esta grande differença entre o amor do mundo e o amor de Deus: que o amor do mundo em principio parece ser doce, mas tem um fim amargo; e o amor de Deus parece ter um principio amargo, mas o seu fim é cheio de doçura.

* * *

A lei, que manda amar a Deus, é superior a todas as leis. Não ha na natureza, não ha na sociedade poder algum capaz de dispensa-la; não ha situação alguma, que se possa subtrahir ao seu imperio.

RODRIGUES DE BASTOS

* * *

Nos dominios de Rominten, Allemanha, acaba o *imperador Guilherme* de festejar o 25.º anniversario do seu inicio na caça.

Durante esses 25 annos foram mortas pelo imperador as seguintes peças de caça : 2 bisões, 7 antas, 3 rennas, 3 ursos, 2:189 javalis, 1:022 animaes bravos diversos, 1:275 gamos, 680 cabritos montezes, 171 camurças, 16:188 lebres, 674 coelhos, 9:643 faisões, 54 gallos bravos, 20 raposas, 95 grous, 2 narsejas, 56 patos bravos, 654 perdizes, 694 garças e alcatrazes, 581 peças differentes de caça e uma baleia. Ao todo 33:967. (1897).

* * *

A batata é a planta alimentar que tomou n'este seculo maior desenvolvimento. Em 1789, Parmentier mencionava apenas 12 variedades; hoje contam-se mais de 400. É a Belgica um dos paizes de maior exportação de batata, figurando entre as nações consumidoras a Inglaterra, Brasil, Turquia, Portugal e America, n'um valor de cêrca de 8 milhões de francos.

A PURGUEIRA EM CABO-VERDE

(*Legislação*)

Sendo geralmente reconhecida a importancia que actualmente offerece e de futuro pode vir a assumir para a prosperidade das ilhas de Cabo-Verde o commercio da semente de purgueira, e sendo tambem evidente que um dos melhoramentos que mais podem concorrer para o desenvolvimento da riqueza dos habitantes d'aquelle archipelago é a propagação de tão util planta nas proporções que sua mais extensa e cuidadosa cultura comporta; Sua Magestade El-Rei, conformando-se com o parecer da junta consultiva do ultramar, ha por bem ordenar o seguinte:

1.º As camaras municipaes do archipelago de Cabo-Verde incluirão nos seus orçamentos annuaes uma verba especial para a plantação e sementeira da purgueira, e nenhum orçamento será approvado sem que n'elle se ache cumprida esta determinação.

2.º O governador geral da provincia de Cabo-Verde distribuirá annualmente pelos concelhos do archipelago a verba que na lei das despezas estiver consignada para a sementeira de purgueira.

Esta distribuição será feita na razão das verbas votadas pelas camaras nos seus orçamentos para a mesma sementeira.

3.º Ás camaras municipaes é incumbida a obrigação de mandarem plantar e semear a purgueira, empregando n'este trabalho não só a quantia destinada no seu orçamento, mas tambem a que lhes fôr distribuida pelo governador geral.

4.º As camaras municipaes darão as necessarias providencias para a guarda das plantações e sementeiras por meio de zeladores ou vigias encarregados d'este serviço, impondo multas e fazendo posturas em harmonia com as prescripções do codigo administrativo.

5.º As camaras municipaes darão ao governador geral conta annual do modo como foram applicadas as verbas destinadas para a plantação e sementeira da purgueira, e do estado em que estiverem as plantações e sementeiras dos annos anteriores.

O governador geral enviará ao governo um relatorio especificado sobre este objecto até ao dia 28 do mez de Fevereiro de cada anno.

6.º O governador geral, pelos meios de que dispõe, fiscalisará com a maior vigilancia a execução das disposições d'esta portaria.

7.º A obrigação das camaras municipaes de fazerem plantar ou semear purgueira cessará sómente quando estiverem inteiramente cobertos d'esta planta todos os terrenos publicos em que ella poder dar-se, salvo os empregados em outra cultura.

Paço em 9 de Outubro de 1869.

Luiz Augusto Rebello da Silva

ENIGMA PITTORESCO. — Nº 21.

(*Ao rev.º P.º H. L. Cardozo*)

(*S. Nicolau*)   Coripe (caboverdiano)

RATOEIRAS E LADRÕES

Andava frequentada de ladrões a unica horta que certo individuo possuia.

Ouvindo dizer que havia ratoeiras para ladrões, comprou uma que collocou no logar que lhe pareceu melhor. Depois fixou á roda da propriedade muitas bandeirolas em cujas taboletas escrevêra : *Aqui ha ratoeiras. Cuidado!*

No dia seguinte apparecia caçado o mais esperto dos ladrões da localidade, pois entrava onde não havia taboleta, mas, por infelicidade d'elle, onde estava a ratoeira.

Levado o homem perante o juiz, e, perguntado sobre o facto, disse : — *Cahi é facto, mas foi porque as taboletas não diziam onde estava a ratoeira...*

Pouco tempo depois, havia tanta taboleta *ratazana*, por toda a parte, que parecia haver uma exploração de engenharia, evitando-se d'este modo os ratoeiros...

São Nicolau, 31 de Janeiro de 1898.

Antonio Roberto Lopes da Silva
(caboverdiano)

S. VICENTE DE CABO-VERDE

L'unique grand port africain que le Portugal possède dans l'océan Atlantique, où les vaisseaux affluent en plus grand nombre et trouvent facilement les moyens de satisfaire leurs justes ambitions, c'est sans contredit celui de *S. Vincent de Cap-Vert*.

Les plus grands *transatlantiques* peuvent aborder à n'importe quelle heure du jour ou de la nuit et sont certains d'y trouver un asile assuré.

Le bureau *télégraphique* sous-marin permet de communiquer avec toutes les nations du monde. On y rencontre du *charbon d'excellente qualité* et un chargement peut s'exécuter rapidement, vu que les compagnies qui s'y trouvent établies se disputent pour avoir la préférence. Les *provisions* d'eau douce et de vivres s'obtiennent très facilement et sont de *bonne qualité*. Bien plus,

São Vicente (Mindelo)

on a supprimé les *embarras* occasionnés par la douane qui existaient antérieurement par suite de manque de connaissance parfaite des choses.

Les *denrées* proviennent surtout de l'île de S. Antão, qui produit le meilleur *café du Cap-Vert*, particulièrement celui de la Ribeira das Patas, sur la côte sud-est de l'île, qui, selon l'avis de plusieurs, *est supérieur* au Moka.

Pour pouvoir apprécier l'*importance* du *port de S. Vincent*, comme dépôt de charbon, il nous suffit de dire que, sur les *soixante-quatorze* dépôts qui existent dans les différentes parties du monde, *trois* seulement ont livré plus de charbon à l'exportation dans le courant de janvier 1890, ce sont :

      Malta, d'où sortirent 42:832 tonnes,
      Port-Said   —   89:880 — et
      Singapura   —   38:688 —

Le chiffre des tonnes expédiées de S. Vincent s'élève à 36:638.

Si, comme nous venons de le dire, S. Vincent se place au les *premier rang* comme *coaling station*, il s'ensuit, tout naturellement, qu'il peut devenir un excellent port de commerce.

Ernesto de Vasconcellos

(Capitaine)

CHARADA. — Nº 71.

(Ao meu amigo d'infancia, Snr Athanasio de Brito Spencer.)

2-2. — Este animal é um mammifero que tem sómente um companheiro.

(*Boa-Vista*)   A. S. d'Oliveira

* * *

O remorso é o ministro da justiça da razão humana.

Henrique Rizzoli

DESCOBRIMENTO DO CAMINHO MARITIMO PARA A INDIA

(A *partida*)

Mandou escrever a Vasco da Gama, El-Rei D. Manoel; e tendo-lhe dado parte do que d'elle requeria, e exhortado com uma longa falla a se comportar com muita prudencia e valentia n'aquelle feito, lhe commetteu o governo da armada.

Encarregou-se da empreza Vasco da Gama; e depois de render a D. Manoel extremados agradecimentos, lhe pediu que n'ella o acompanhasse seu irmão, Paulo da Gama, a quem summamente amava por suas infinitas virtudes; o que sua alteza mui facilmente lhe permittiu. Em pouco tempo pôz de verga d'alta a armada, fornecida de todo o necessario para tão longa viagem, e, como ia mais a tomar noticias do Oriente que a combate-lo, continha pouco numerosa lotação d'homens. Compunha-se de quatro náos, das quaes uma ia só carregada dos bastimentos; na capitania entrou Vasco da Gama, seu irmão Paulo na segunda, Nicolau Coelho na terceira, e do navio que levava os mantimentos ia por capitão Gonçalo Nunes. Distava de Lisboa quatro mil passos um templo religioso e santo, que em honra da Santissima Virgem edificára D. Henrique, que depois perdeu o nome com a visinhança de outro mais amplo e magnifico, que D. Manoel mandou construir desde os alicerces á mesma Immaculada Senhora. N'elle se recolheu Vasco da Gama na vespera do dia de seu embarque, empregando a noite inteira em orações e votos na companhia dos religiosos do proximo convento; e no dia seguinte com quantos tinham vindo para despedir-se d'elle e de seus companheiros, foi um grande sequito acompanha-lo até aos bateis. E então não sómente os religiosos, mas todos os mais, em altas vozes e com os olhos cheios de lagrimas, pediam a Deus que tão perigosa navegação lhes fosse a todos prospera e bôa; e que, tendo dado bom acabamento áquelle feito, voltassem todos á patria com salvamento.

Jeronimo Osorio

Filippe II visitando o mausoléo do Condestavel.

O nome d'este heroe portuguez infundiu tal terror entre os castelhanos, que ainda duzentos annos depois aconteceu o seguinte caso :

Quando Filippe II e muitos nobres de sua côrte foram visitar o convento do Carmo, procurou Filippe a sepultura do Condestavel; e quando para alli se encaminhava, reparou que os nobres cavalleiros recuavam, não ousando entrar a porta aonde estava o mausoléo. D. Filippe olhou para elles dizendo :

— Podeis entrar, senhores, que já está morto!

A verdade tem força, a razão auctoridade, a justiça poder.

Evita o gosto momentaneo de que podem nascer longos soffrimentos.

Amar um ingrato é deitar gaz n'um prato.

PENSAMENTOS ESCOLHIDOS

Deus reservou do mundo para si as virtudes humanas, bem como o privilegio de collocar essa parte de virtudes na verdadeira Egreja, e de lhe assegurar, a ella só, a guarda incommunicavel : são os diamantes e as perolas que só a esposa recebeu do esposo.

A conducta de Deus, mesmo nas suas severidades, é sempre a d'um pae. Elle fez o coração de tal fórma que não sómente a expiação, livremente acceita, se muda em dignidade, mas a dignidade se transfigura a si mesmo e torna-se uma doçura, uma alegria, uma felicidade, de sorte que a alma generosa se encontra recompensada ao centuplo dos seus sacrificios.

Deus dá, de tempos a tempos, golpes repentinos para acordar em muitas almas adormecidas a lembrança da eternidade. É necessario desejar que essa lição produza os seus fructos : não ha bravura contra Deus.

A vida christã constitue, entre as almas piedosas, como que uma especie de harmonia que faz com que se encontrem em certos dias e quasi em certas horas n'uma perfeita conformidade de sentimento e de estado moral.

HENRY PERREYVE

BAGATELLAS

Não empregueis o tempo em bagatellas.
O homem frivolo parece sempre occupado, porém em nada de proveito. Para elle os objectos pequenos são grandes, e desperdiça em bagatellas o tempo e a attenção que devêra empregar em cousas de importancia.
Pára a observar os vestidos, e não os caracteres de quem os traz.
Fixa toda a sua attenção nas decorações d'um theatro e não faz caso da peça : não lhe escapa uma cerimonia da côrte, e deixa a um lado a politica.
Conhecei o verdadeiro valor do tempo : arrebatae, colhei e gozae todos os seus momentos.
Fóra com a ociosidade, com a preguiça, com as dilações : nunca demoreis para o dia seguinte o que hoje poderdes fazer.

ECONOMIA

O pateta dissipa sem crédito nem proveito o que tem; homem de juizo gasta por um modo inteiramente contrario.

Este emprega o dinheiro, como o tempo, util e agradavelmente para si e para os outros: aquelle compra o que não necessita, e não paga o que lhe faz falta; não passa por diante d'uma loja sem cahir na tentação de comprar algumas bugiarias e bagatellinhas, que só servem para arruina-lo: contra elle se conspiram os seus criados e tendeiros; e dentro de pouco tempo fica assombrado de vêr em sua casa tantas superfluidades ridiculas, e tão poucas cousas das que augmentam a commodidade e o bem estar d'um individuo.

Sem cuidado, nem methodo, as rendas mais pingues não servem para cobrir os gastos necessarios.

Meus filhos, pagae immediatamente o que deverdes com dinheiro á vista, e não com papel; e pagae vós mesmos, em pessoa e não por intervenção d'algum criado, afim de que não estipule com os tendeiros tanto por cento, ou o mimo que lhe hão de fazer por seus bons officios, segundo costumam dizer os criados.

Nunca por economia mal entendida compreis aquillo de que não tendes falta, só porque vo-lo dão barato, muito menos pelo nescio orgulho de ser objecto caro.

Fazei uma conta exacta de tudo quanto recebeis e de tudo quanto pagaes: o homem, que sabe o que recebe e o que gasta, nunca dissipará o seu dinheiro.

Não quero dizer n'isto que assenteis por escripto as pequenissimas quantias despendidas em frioleiras, pois não merecem o trabalho de com ellas se gastar tempo, papel e tinta: só, sim, quero dizer que em economia, bem como nas mais cousas da vida, deve o homem attender aos objectos de utilidade e desprezar as bagatellas.

Mathias da Luz Soares

ALIMENTAÇÃO DOS PINTAINHOS

Não ha alimento mais apropriado para os pintainhos do que os ovos cozidos, picados e misturados com as cascas, e com duas ou tres vezes o seu volume de pão sêcco.

Não convem preparar de cada vez mais do que o necessario, sem lhes dar maior porção do que a que podem comer com appetite.

Outro alimento muito recommendavel é o pão sêcco em sopas de leite, mas este não deve deixar-se por muito tempo por causa do leite coagular.

Uma mistura de aveia e milho, em partes iguaes, é tambem acceitavel, devendo moer-se préviamente as duas primeiras substancias.

Quando os pintainhos teem tres semanas, já se lhes pode dar a aveia e o milho sem serem moidos.

Convem alternar o alimento de uns para outros dias, pois as aves comem melhor e manteem-se em melhor estado de saúde.

É muito importante que se ponha sempre á disposição agua pura, qualquer que seja o alimento, para evitar as enfermidades dos intestinos tão frequentes nas aves; convem pôr uma porção de carvão em pó ao seu alcance, ou misturar uma pequena dóse na comida quatro ou mais vezes por semana.

(Jornal horticolo-agricola)

O Luizinho — é muito endiabrado. Não faz senão travessuras. Umdia, apoz uma diabrura, é condemnado a jantar só pão e agua; mas elle não se rala muito com isso. A hora do jantar, ei-lo sentado no seu logar á mesa.

— Escusas de ir para ahi, não jantas senão pão e agua.
— Bem sei, mamã, eu não quero jantar.
— Então o que vens cá fazer?
— Venho almoçar outra vez.....

Espera!

Como fazer agora!

Subo tambem.

Mais um passo!

Em nome da lei...

Essa agora!

NOVIDADES JA VELHAS

MÓTE

Faz o carneiro mé... mé
O galo cócórócó,
O frango quiquiriqui,
O menino faz ó... ó...

GLOSA

O besouro faz zú... zú...
Chi - chi - chi, faz a cigarra
E a môsca se se agarra,
Tambem zumbe zú... zú... zú..!
Grúgrúgrú, faz o perú,
Quando elle entufado é;
E juro aqui eu de pé
Agora, á fé de maráu,
Que faz o gato... miáu,
Faz o carneiro mé... mé...

A vacca toda faz... mâ!
Abrindo uma grande bocca;
Faz carêtas quem tem touca,
Quer á noite ou de manhã.
Grita a creança! mamã!
Coitadinha, se está só;
Faz a miseria mui dó,
O boticario remedio,
Faz um tolo grande tedio;
O galo, cócórócó.

Ai, o rato faz chiada,
Quem é que não a sentiu?
O pintainho... piu... piu...
A cobra faz rustilhada.

As damas grande gralhada,
E nada se omitta aqui;
O bom grilo faz gri, gri,
E a cadella e mais o cão
Fazem ambos ão, ão, ão,
O frango quiquiriqui.

O cachorro faz béu... béu...
O papagaio assobia,
O ouriço tambem chia;
E chia, que o digo eu,
Todo o bruto que nasceu;
Tem sua falla, olaró;
Varrer a casa, faz pó;
Faz muita sêde o atum,
A espingarda faz pum!
O menino faz ó... ó...

Luiz d'Araujo

A CULTURA DA BORRACHA

Esta planta dá-se perfeitamente em todos os terrenos das nossas colonias da Asia, da Africa e Oceania, cuja temperatura é elevadissima.

Está, porém, a sua cultura bastante atrazada, e a producção da borracha, extrahida das plantas, sem tratamento algum, tem diminuido bastante, devido á maneira barbara como a teem explorado.

A provincia de Cabo-Verde actualmente não produz borracha e é possivel o desenvolvimento d'esta planta, por haver terrenos humidos e quentes.

Na Guiné, a maior parte constituida por terrenos alagados, cobertos de florestas densissimas, com uma temperatura média de 28.°, abunda a *dende* (*elais guinensis*), sendo o seu cultivo, como já tivemos occasião de dizer, feito a maior parte pelos fulas. O *latex* é extrahido por meio de incisão.

Em S. Thomé cultiva-se já a *Manihot Glarionii*, e é de suppôr que esta planta seja de facil propagação por os terrenos se adoptarem bem ao seu cultivo e a temperatura exceder a média de 23.º

Onde a extracção da borracha tem tido maior desenvolvimento é na nossa provincia de Angola e alguma coisa se tem feito a favor da sua cultura.

As plantas espontaneas são na sua quasi totalidade exploradas barbaramente pelos pretos, que *cançam* a planta em muito pouco tempo.

Não fazem differença no modo como extrahem o *latex* das differentes trepadeiras, o que as prejudica muitissimo, pois o processo deve variar consoante a planta que se pretende explorar, tendo ainda que se attender ao local.

As *Landolphias* vivem em todas as regiões da nossa Africa; são as mais vulgares.

A *Castilloa elastica* vive em terrenos humidos, com uma temperatura de 23º a 26º,8.

A *Hevea*, assim como a *Castilloa*, tambem se encontra no sul da provincia de Angola e nas regiões do Cubango, no norte.

Tem-se procedido a alguns ensaios de cultura da planta da borracha em algumas missões, e cabe-lhes a ellas a iniciativa. Seria bom que se reconhecesse que em Africa são as missões que primeiro vulgarisam, não se poupando a trabalhos, a cultura das plantas que mais proventos podem dar.

Haja vista o que se tem feito nas missões do sul, principalmente no planalto de Huilla, devido ao zelo dos missionarios catholicos.

Na provincia de Moçambique tambem estas plantas se dão perfeitamente em toda a região da Zambezia e bacia do Rovuma.

A exportação avultada d'este artigo, pelas alfandegas do Ibo e delegações, e pela de Quelimane, figura nas estatisticas como a verba de exportação mais importante.

Aqui, porém, ainda se não procedeu a ensaios de cultura, sendo a borracha extrahida de plantas espontaneas. Na nossa India, apezar da *Ficus elastica* se dar perfeitamente, a sua producção é nulla, não se procedendo sequer a qualquer ensaio.

Ha quem diga ser a cultura da borracha impossivel, mas os ensaios a que se tem procedido mostram não terem razão os que assim pensam.

São dignos de elogio os esforços empregados pelo Estado para promover a cultura da borracha, mas não são bastantes.

É preciso mandar pessoal habilitado para dirigir o seu cultivo, mas infelizmente, ao contrario do que succedeu aos demais paizes coloniaes, aqui ou nas nossas colonias não ha uma escola onde se habilite o pessoal e nem sequer se fizeram esforços n'esse sentido.

UM BURRO PERANTE O TRIBUNAL

Não é gracejo; o caso é serio. Refere-o o *Temps,* cuja seriedade é por todos conhecida.

N'uma audiencia do Tribunal de policia de Liverpool o juiz Harwick ordenou a comparencia em pessoa... de um burro.

O animalejo pertencia ao litigante, que, tendo-o comprado ao reu, queixava-se de ter sido por este ludibriado, porque o burro era quasi cego; e por isso pedia a rescisão do contrato.

O juiz entendeu que não podia pronunciar-se sobre a vista d'um burro ausente e ordenou que trouxessem á sua presença esta testemunha d'accusação.

A execução d'esta ordem apresentou algumas difficuldades, porque a sala da audiencia era n'um sotão e bastante acanhado. Além disto, o burro sentindo a emoção inseparavel d'uma primeira apresentação, ou julgando talvez em perigo a sua liberdade, abafou com formidaveis zurros a voz dos advogados e dominou até a palavra auctorisada do juiz.

Finalmente, o pobre asno foi julgado enfermo de myopia incuravel e as partes mandadas em paz.

Durante este debate o burro readquiriu o seu sangue frio, e... sentiu nascer em si o gosto pelas questões judiciaes, porque foi com enorme difficuldade que o obrigaram a abandonar o tribunal, e sobretudo a faze-lo descer para o rez-do-chão.

J. J. Rodrigues

(*S^(to) Antao.*)

POESIAS POPULARES

O ZABUMBA

O Zabumba tem tres filhos,
Todos tres d'uma ninhada:
Arrenego do Zabumba,
Mais da sua zabumbada!

    Não ha cousa
    Que mais me consuma,
    Chegar á janella,
    Não vêr o Zabumba.
    Tum-tum!

    O defuncto,
    Que vae na tumba,
    Levanta a cabeça
    P'ra vêr o Zabumba,
    Tum-tum!

O Zabumba'stá doente,
Muito mal para morrer;
Não ha gallo nem gallinha
Para o Zabumba comer!

    Não ha cousa, etc.
    O defuncto, etc.

Tive pena do Zabumba,
Quando hontem por'qui passou:
Deram-lhe tanta pancada,
Que afinal arrebentou!

    Não ha cousa, etc.
    O defuncto, etc.

PEDRO F. THOMAZ

(Coimbra)

COISAS QUE SÃO IMPOSSIVEIS

Encontrar-se um amigo verdadeiro.
Deparar-se-nos um janota sem dividas.
Vêr qualquer poeta de officio com dinheiro.
Uma criadinha de servir que não tenha o seu namoro.
Esconder objecto de valor a ladrão de casa.
Uma pessoa doente ter alegrias.
Tapar a bôca ao maroto do mundo.
Qualquer mulher guardar um segredo.
Mulher feia, caroxa, horrenda, furia, centopeia e horri-
[pilante, que não componha o penteado ao espelho.
Encontrar um velho sem ter rheumatico.
Um piteireiro sem o atacar a gotta (ou gata).
Um burro não adorar a palha.
A palha, não a levar o vento.
O vento não atear o lume.
O lume não queimar a estopa.
A estopa não servir para a torneira.
Á torneira não servir para a pipa.
A pipa não servir para o vinho.
O vinho não ser o sangue dos velhos.
Os velhos não nos darem conselhos.
E os conselhos dos conselheiros servirem para alguma
[coisa.]

LUIZ D'ARAUJO

ENIGMA. -- Nº 22.

(A' minha amiga, Maria Magdalena Frederico.)

Ás direitas vejo eu
Lindo e breve nome d'homem;
As avessas verás tu
Claridade aqui... além...

ADELINA CABRAL VARELLA

(Ilha do Maio)

POLLEN

Influencia do pollen. — A energia predominante do pollen é demonstrada por experiencias feitas pelo sr. *Martin Smith.*

O cravo Germania é uma flôr d'uma poderosa individualidade, e comtudo a sua côr amarella desapparece quasi completamente quando se emprega o pollen d'uma flôr d'outro colorido, o que prova o predominio do pollen na grande maioria dos casos. Por outro lado, quando o pollen do cravo Germania foi empregado, poucas flôres amarellas se obtiveram, o que faz suppôr que o amarello difficilmente diminue as outras côres. O sr. Smith accrescenta que, fazendo o cruzamento de côres muito distinctas, como purpura e amarello, obteve flôres brancas em grande proporção. Estas experiencias merecem ser renovadas com outras plantas.

* * *

Qual é o maior homem do mundo? Maximo.

MAXIMAS

A affectação da virtude custa mais que a sua realidade.

* * *

O homem dotado de um espirito justo e solido não é nunca affectado.

* * *

O natural agrada geralmente; e quasi todos o deixam, para correr após a affectação, que geralmente desagrada.

* * *

A affeição cega a razão.

RODRIGUES DE BASTOS

A TEMPESTADE

O céo estava puro e o ar sereno. Eis senão quando apparece uma nuvem annunciadora do furacão. O espaço, então alumiado pelo clarão da lua, tornou-se escuro, ameaçador. Um relampago, rasgando a nuvem, fuzilou, medonho. Ouvia-se de quando em quando um forte ribombar de trovões, e a chuva augmentava cada vez mais alagando os campos e fazendo das ribeiras caudalosos rios. Parecia que tudo acabava! Era meia noite. O céo alimpava-se pouco a pouco, reflectindo alguma vez a claridade da lua. A força do vento, o fuzilar dos relampagos, o ribombar dos trovões e o resoar da chuva, tudo amortecia-se progressivamente, quando despontou alfim no oriente o sol dourado, espargindo luz n'um céo d'anil. Reanimára-se e toda a natureza. E nos campos e nos prados ouvem-se gorgeios festivos que as avezinhas trinam ao seu Creador.

Pedro Monteiro Cardozo

(caboverdeano)

Seminario, 31 de Janeiro de 1898.

CHARADA (novissima). — N° 72.

Em Almada o chambre é tecido de algodão. 1, 2.

CHARADA (ampliada). — N° 73.

Junta uma a este rio e terás um instrumento, 3.

Ilha do Sal.   J. Simas
Cabo-Verde.   *(caboverdiano)*

FLÔRES

Meio de mudar artificialmente a côr das flôres. — Molham-se as hastes das flôres em uma solução de côr de anilina diluida em agua. Verifica-se que as côres compostas (o vermelho escarlate, por exemplo, que é feito de vermelho e azul) se separam durante a absorpção e apparecem bem distinctas nas flôres. Este processo não prejudica, de modo algum, nem a côr, nem a frescura das flôres.

Um outro meio consiste em fazer uma mistura de ether sulfurico e de 2 grammas de ammoniaco, na qual se mergulham as hastes das flôres, ou melhor ainda se salpicam ligeiramente com um pincel embebido n'este liquido. Por este processo, as flôres ficam manchadas e tomam côres muito extraordinarias. Collocando tambem as flôres sob um globo de vidro, no qual se tenha derramado antes algumas gottas d'este liquido, obtem-se identico resultado; entretanto é melhor fazer a operação ao ar livre por causa do cheiro do ether. Escusado será recommendar que é preciso ter o cuidado de desviar qualquer objecto acceso, como velas, etc., porque o ether é muito inflammavel.

(*Jornal horticolo-agricola*)

POESIAS POPULARES

CU-CU-RU-CU !

(*Louzan*)

Cu-cu-ru-cu : que fazes lá dentro ?
Cu-cu-ru-cu : faço fermento.
Cu-cu-ru-cu : faz um bolo :
Cu-cu-ru-cu : não tenho sal.
Cu-cu-ru-cu : manda-o buscar :
Cu-cu-ru-cu : não tenho por quem.
Cu-cu-ru-cu : manda o rapaz :

Cu-cu-ru-cu: o rapaz'stá manco.
Cu-cu-ru-cu: quem o mancou?
Cu-cu-ru-cu: foi uma pedra.
Cu-cu-ru-cu: que é d'ella a pedra?
Cu-cu-ru-cu: está no rio.
Cu-cu-ru-cu: que é do rio?
Cu-cu-ru-cu: beberam-no os bois.
Cu-cu-ru-cu: que é dos bois?
Cu-cu-ru-cu; estão a lavrar trigo.
Cu-cu-ru-cu: que é do trigo?
Cu-cu-ru-cu: foi para fazer pão.
Cu-cu-ru-cu: que é do pão?
Cu-cu-ru-cu: comeram-no os frades.
Cu-cu-ru-cu: que é dos frades?
Cu-cu-ru-cu: estão a dizer míssa.
Cu-cu-ru-cu: que é da missa?
Cu-cu-ru-cu: está no missal.
Cu-cu-ru-cu: que é do missal?
Cu-cu-ru-cu: está no altar.
Cu-cu-ru-cu: que é do altar?
Cu-cu-ru-cu: está no seu logar!

PEDRO FERNANDES THOMAZ

MAXIMAS

Não se deve fazer nem tudo o que se pode, nem tudo o que se quer.

* * *

Os moços costumam dizer o que fazem, os velhos o que fizeram, os loucos o que julgaram fazêr.

* * *

Aquillo que nós fazemos aos outros, bem ou mal, devemos espera-lo d'elles.

* * *

Mais faz quem quer, que quem pode.

RODRIGUES DE BASTOS

UM PASSEIO A FANJÃ

A meu irmão, A. d'Almeida.

Que prazer senti quando vi realisado o projecto do passeio a Fanjã.

Havia muito tempo, que desejava conhecer aquelle sitio que me tinham gabado tanto.

Logo de madrugada tinha o meu burrinho preparado, tendo escolhido o melhor para poder ir adiante de todos. Eramos vinte.

Puzemo-nos a caminho, e, apenas chegados ao Maniche, houve uma engraçada queda que causou gargalhada franca.

Seguindo sempre por hortas de mandioca e de canna, chegámos á Agua das Patas, onde ha uma linda propriedade com arvores de fructo e de sombra.

Faltava-nos subir a íngreme ladeira do «Cachaço»; mas ficámos pagos das nossas fadigas com a bella vista que d'alli desfructámos.

Olhando para baixo avistámos, ao fundo do valle, a villa da Ribeira Brava com a sua bella egreja destacando-se no meio das casas.

Chegado finalmente á Fanjã, pude admirar os extensos e ferteis campos cobertos de verdejantes culturas.

Com o ar fresco da manhã e com o passeio tinha-se-nos despertado o appetite e todos almoçámos á campesina. Depois do almôço cabritámos pelas várzeas com mil cabriolas e jogos, paparicando sempre. Regressámos ao pôr do sol, cheios de viva satisfação.

ALEXANDRE d'ALMEIDA
(caboverdiano)

(S. Nicolau)
1898.

Á VIRGEM NOSSA SENHORA

Ó vós, Rainha das Virgens,
Escutae nossa oração...
Escutae as justas preces,
Que faz um povo christão.

Rogae a Deus que nos livre
Da peste, da fome e guerra;
Que plante a paz e abundancia
Entre os filhos d'esta terra.

Que nos dê pureza e graça,
Esperança e caridade,
Fé ardente e boa morte,
E paz na eternidade.

Ó vós, Rainha dos Céos,
Esposa do Esp'rito Santo,
Escutae nossos pedidos,
Cobri-nos c'o vosso manto.

João Miguel da Cruz

(*S. Bento, Maranhão.*)

FEBRE

Antonio entra no meu quarto e diz: « Muito me custou a chegar ao topo das escadas para vir á sua presença! As minhas forças estão alquebradas; já chai no chão duas vezes; tenho dôres de cabeça espantosas; umas vezes fico frio como gêlo, para sentir pouco depois grande calor; outras vezes sinto um prurido que, com a rapidez do raio, invade todo este corpo. Ha já bastante tempo que eu sinto isto, mas n'estes 5 ou 6 dias o incommodo tem augmentado, a ponto de já não poder fazer coisa alguma. »

Tratamento: Recolha-se a casa, meu querido Antonio, e deite-se immediatamente.

Quando estiver bem quente, banhe o corpo todo com agua fria e, sem se enxugar, torne a metter-se na cama. Repita a operação de duas em duas horas, e, se chegar a transpirar fortemente e a transpiração durar meia hora, então lave-se de novo.

O nosso Antonio volta ao terceiro dia e diz : « Já me sinto bastante melhor; transpirei muito por vezes, o frio e o calor desappareceram, assim como a dôr de cabeça.

O appetite começa a vir, e acho-me em via de restabelecimento, mas ainda enfraquecido. »

Banhou-se ainda dez vezes no espaço de duas semanas, e a partir d'então possue com prazer e gozo uma saude perfeita.

Sebastião Kneipp

O MELHOR MEDICO

Eu deixo, quando morrer, tres grandes medicos, que evitarão mais doenças do que eu nunca curei : o *exercicio*, a *agua* e a *dieta*.

Dr Soerhaave

REFRIGERAÇÃO DO AR

Regando-se as ruas, os pateos e mesmo o pavimento das casas de habitação, refrigera-se o ar d'estas. A agua vaporizando-se tira calor aos corpos humedecidos, e os seus vapores, cuja temperatura é inferior á do ar, refrescam sensivelmente a atmosphera.

Dr J. C. de Lacerda

CRENÇAS AFRICANAS

A MORTE

Os pretos, em geral, nunca attribuem a morte a uma causa natural, ainda que ella se effectue por submersão, desastre ou velhice. Quem morre foi victima de algum maleficio ou sortilegio, *comeram-lhe a alma*, dizem elles; é, pois, necessario descobrir o culpado. Só o *nganga*, feiticeiro, pode saber quem foi; por isso é logo chamado e, em comparecendo com muitas momices, aponta para um dos assistentes com um imperturbavel sangue frio.

O indigitado por elle é julgado criminoso, e tem de submetter-se á prova do veneno. Se é pobre ou escravo que não possa offerecer valiosos presentes ao *nganga*, este administra-lhe um forte veneno e o infeliz morre infallivelmente; se, porém, fôr rico e offerecer grandes presentes, é-lhe propinado um veneno benigno que faz o effeito de vomitorio e, não morrendo, é julgado innocente. N'este caso o *nganga* indica outro como criminoso até que algum morra envenenado.

Quando morre um chefe, recomeça a experiencia muitas vezes, porque não é crivel que a alma d'um tão alto personagem fosse comida por uma só pessoa.

Apezar das imposturas dos *ngangas*, todos os pretos se sujeitam facilmente a estas provas, pois, tendo a consciencia de não haverem comido a alma de ninguem, acreditam ingenuamente que sahirão d'ellas indemnes, e assim morrem innumeraveis pessoas victimas d'esta horrivel superstição.

P.º João Alexandre Rulhe (*Lisbôa*)

ENIGMA. — N.º 22.

1897 $^{X\,=\,500\text{ a }500\text{ e}}_{500'\,4567S1}$ **1653**

S.^{to} Antão,   Amancio (*b*)

A CONFISSÃO POR UM CANUDO

(*Tradição oral do seculo XVIII*)

É tradição na ilha de S^{to} Antão que a importante propriedade do *Tarrafal de Monte Trigo*, que dista umas 18 leguas da Villa da Ribeira Grande, pertencia ao pae do fallecido Carlos Gomes, por nome Antonio Gomes.

Eram caseiros d'essa propriedade dois irmãos chamados João e Manuel d'Amninha, inseparaveis companheiros.

Ora, n'aquelle tempo, como ainda hoje, quasi todo o povo da ilha se reunia na Povoação por occasião da Semana Santa, para cumprir os seus deveres religiosos da confissão e communhão paschaes e assistir na matriz ás festividades da Paschoa.

Os dois irmãos, que se chamavam *Jom* e *Mané*, combinaram-se em vir assistir á Paschoa de 1797, para se confessarem e levarem lume novo.

Como, porém, a propriedade não podia ficar abandonada, disse o mais novo, chamado Jom, ao outro irmão:

— *Oh 'rmom Mané, bô que tem jüze fïune comâ burre, bô tâ bé nesse ánne pâ Rebêra pâ bô tomá cumfessom pâ bô má pâ mim, e pá bô trazê-me nha canudim.* (Oh irmão Manuel, tu que tens juizo fino como burro, tu vaes n'este anno para a Ribeira (nome que ainda hoje os camponezes dão á Villa da Ribeira Grande) — para tu tomares confissão para ti mais para mim, e para tu trazeres-me meu canudinho: (*traducção litteral*).

Com effeito, o nosso Mané veiu á Matriz, confessou-se e assistiu ás festividades da Paschoa; e, achando-se munido de varios canudinhos de carriço, destapava-os e fechava-os durante a confissão, missa e outras funcções, guardando-os depois cuidadosamente no bolso das pantalonas.

* * *

Quando o Mané se foi despedir do seu senhorio, que residia na villa, este deu-lhe um crucifixo, dizendo-lhe:

— Toma; este é o teu companheiro na viagem e em

casa, pois um christão não deve estar no campo ermo sem uma imagem de N. Senhor J. Christo. O Mané tomou o crucifixo e seguiu para o campo, onde tinha de passar tres dias para chegar ao Tarrafal.

No dia seguinte da viagem, fallando com o crucifixo (sem resposta, é claro) disse-lhe:

— *Ume sébe comâ bô 'tâ luáde, pá quê tude meniûne de cása de gente riûque êne tâ gostá d'andá c'gente preóte. Despertá esse côrpe, nhâ fi, pá quê nô tem mute q'andá.* (Eu sei como tu estás aluado, por que todos os meninos de casa de gente rica não gostam d'andar com gente preta (pobre). Desperta esse corpo, meu filho, porque nós temos muito que andar).

Á hora da refeição, punha-lhe comida e agua perto da bocca e dizia-lhe:

— *Comê, nha fi, comê um c'zinha; ardegá esse côrpe. Bô 'stu-me mariáde.* (Cóme, meu filho, cóme uma coizinha; ardéga (aviva) esse corpo. Tu estás-me mareado).

Mas o crucifixo nada comia e o Mané, cada vez mais descontente com elle, disse-lhe, á segunda refeição:

— *Se bô êne comê, ume tâ dá-bo tante vês na pólpa, comâ beójo que bô mén dá-bo, pá que bô ta devê sê nha companheóre na tude.* (Se tu não comeres, eu dou-te tanto vez no rabo como os beijos que tua mãe deu-te, porque deves ser meu companheiro em tudo.)

Ao terceiro dia de caminho, quando o Mané já tinha avistado a propriedade, disse novamente para o crucifixo:

—*Oh nha fi, olá nôsse cása; ja bô ié-le? Agó d'êi bô' ne ta bé, se bô' ne comê nem fallá c'mim, pa quê j'ume 'tâ zangáde c'bô c'ex busnaria bóssa, Se bô-'ne tâ fallá, ume tâ plá-bo ei meóme, diábe, ume tâ fazeó-bo tabáque!* (Oh! meu filho, é lá nossa casa; já tu a viste? agora d'ahi (aqui) tu não vaes, se tu não comeres nem fallares commigo, porque já eu estou zangado comtigo com essas tuas asneiras. — Se tu não fallas eu pilo-te aqui mesmo, diabo, e faço-te tabaco).

Dito isto, o Mané pôz-se a olhar para o mar, dando costas ao crucifixo.

Depois de alguns minutos, volta-se para o infeliz crucifixo que ainda não comera nem fallára e diz-lhe:

— *Bó 'ne tá fallá, diábe?*....
(*Tu não fallas, diabo?*)

E vendo que o crucifixo não comia, nem bebia, nem fallava, pô-lo em cima d'uma pedra e reduziu-o a pó dizendo:

— *Tomá... tomá... tomá... parviça, nassequediga!... Ume tá mostrá-bo agó se bó tá brincá c'mim...*
(Toma... toma... toma... parviço, não-sei-que-diga!... Eu mostro-te agora se tu brincas commigo.)

Depois, o Mané, larga uma gargalhada de parvo, e diz:

— *A Diás! esse é que cumpanheóre que nh'Antoéne Guéme dê-me pá gordé-me? Agó elle bem busc'é-le pá pô na tabaqueóre....*
(Adeus! este é o companheiro que o senhor Antonio Gomes deu-me para guardar-me? Agora elle que o venha buscar para o pôr no tabaqueiro (1).)

***

Chegado o nosso Mané á propriedade, entregou os canudos que elle julgava cheios de confissão, de missas e officios, ao irmão, que destapou um e levou-o á bôcca á moda de *matar o bicho*.

E confessou-se e ouviu a semana santa.... *por um canudo*.

Em seguida o Mané começou a contar a historia do crucifixo ao irmão, que satisfeito lhe diz:

— *Bó fazé bem, móçe, paqué 'nh' Antuéne Guéme tá tá mandá 'quelle meniune p'rêi pa bem 'spretá'ns p'elle bé dezé-lle 'spós tude que nô t'andá ta fazé éi. Assim, 'góra no tá fecá livre d'elle, e se 'nh'Antuéne perguntá'ns p'elle nô ta dezé-'lle comá futecêra panhé-'lle.*

---

(1) Corre uma outra versão sobre o destino do crucifixo. Dizem que não foi esmagado na viagem do Mané, mas sim algum tempo depois, por imputação de infidelidade na guarda de alguns queijos a elle confiados, pois appareceram alguns roidos de bicharocos que alli abundavam.

(Tu fizeste bem, moço, porque o sr. Antonio Gomes estava a mandar aquelle menino pr'aqui para vir espreitar-nos para elle ir dizer-lhe depois tudo o que nós andamos a fazer aqui. Assim, agora nós ficamos livres d'elle, e, se o sr. Antonio perguntar-nos por elle, nós dizemos-lhe como as feiticeiras apanháram-no).

Ficaram depois em bôa paz os dois irmãos, Mané e Jom, que, apezar da confissão pessoal de um e de outro... *por um canudo*, continuaram a ser os senhores da propriedade sem haver quem os fosse denunciar ao senhorio, até que morreram na ignorancia religiosa em que tinham nascido.

Santo Antão (Cabo-Verde.)

(Collaboração criôla de A. da C.)

Um logista
(*europeu*)

AVE, REGINA!

(*Versos para serem recitados n'uma recita a favor do cofre do « Instituto Ultramarino » pela intelligente e distincta cultora das bôas lettras, a Ex.ma Snr.ª D. Gertrudes Ferreira Lima.*)

Refere a historia — sabeis,
Que uma formosa rainha
Do paço dos nossos reis
Sahia, a occultas, sósinha,
Para esmolar, carinhosa,
Toda a miseria que via,
E a sua mão dadivosa
Ao enfermo e ao pobre acudia.
Quando o dinheiro faltava
E não faltava a pobreza,
Um milagre se operava,
Não obra da « realeza »,
Mas da virtude « real »,

Que é o mais rico thesouro:
  A um olhar divinal,
Transformavam-se em bom ouro,
  — Bôa moeda de lei —
As rosas que, no regaço,
Mostrára ao marido e rei
A esposa, ao sahir do paço.
E a sua bondade tanta
Valeu-lhe o nome que tinha
  Em vida: santa rainha,
  E, morta: rainha santa!
A quem não creia na historia,
Ou não a estude e entenda
  E veja na regia gloria
  Só phantasia da lenda,
Aponto outro exemplo — e esse
  Vivo, bello, deslumbrante,
De que a « bondade » parece
  A joia mais fulgurante
  Da joalharia real....
  Vêde a excelsa princeza,
  Rainha de Portugal!...
  Rainha pela nobreza,
  Pela suprema elegancia
  E suprema singeleza,
  Que é como a rara fragrancia
  Da verdadeira belleza:
  Rainha pela corôa,
  Pela angelica bondade,
  Com que para os pobres vôa
  Nas azas da caridade!
Aonde se ouve um lamento,
  Aonde geme uma dôr,
  Evoca-a o pensamento,
  Como a visão do amor
Sublime, infindo, da mãe,
  Que nos bafeja e encanta,
  Como só faz uma santa,
  Como não faz mais ninguem!...

**
**

Sabeis, por certo, o motivo
Que a todos aqui nos trouxe:

Foi inda esse exemplo vivo
Da caridade a mais doce,
A mais grandiosa expressão
Do amor celeste, divino....
Devemos-lhe a fundação
Do « Instituto Ultramarino »:
E justo, pois, que mostremos
Que a nossa alma é caridosa
E a rainha acompanhemos
Na sua obra generosa.
Dêmos a esmola!... Ponhamos
O óbulo, embora escasso,
No cofre e, em seguida, vamos
Despeja-lo no regaço
Da santa e, aos doces sons
Das suas fallas maviosas,
Ha de transformar-se em rosas,
Ha de repartir-se em dons...
E finda a missão, ainda
A gratidão em nós canta:
Bemdita a rainha linda!
Bemdita a rainha santa!

(*Ericeira*)   Joaquim Alves Crespo

CABO-VERDE

É uma colonia da povoação, ou agricola propriamente dita, no estado de maturação completa. O que nos resta, pois, antes de mais nada, é assemelhar a organisação administrativa do archipelago á da metropole, fazendo-o entrar, como disse Oliveira Martins, no regimen das ilhas adjacentes: Madeira e Açores. Depois cumpre-nos assegurar-lhe a prosperidade a que pode chegar pela agricultura, pela industria e pelo commercio.

Cabo-Verde pode crear muito mais gado, uma parte do qual seria exportada com vantagem para as outras colonias africanas, por ter bôas condições de acclimatação. Ao mesmo tempo ter-se-ha de desenvolver a cultura do café, da canna saccharina, do algodão, do anil, da cochenilha, do dragoeiro (para sangue de drago e cabos), da purgueira e de muitas outras plantas remuneradoras. Para se conseguir tudo isto, é indispensavel a arborisação do archipelago, afim de se regularizar o seu systema pluvial e de se evitar as grandes estiagens, que frequentemente originam alli graves crises alimenticias.

Como consequencia necessaria d'esse progresso agricola, crear-se-iam ou cresceriam outras fontes de riqueza de Cabo-Verde. Pode ter um futuro excellente o fabrico do assucar, do melaço e da aguardente. A fiação da bombardeira, que dá um tecido intermediario ao do algodão e da seda, daria bons resultados. A producção de couros tornar-se-hia mais abundante. Aberto um periodo de nova actividade no archipelago, a pesca do coral n'algumas das ilhas, a exploração das aguas mineraes na de Santo Antão e a do sal, em Boa-Vista, Sal e Maio, podem tambem tomar consideraveis proporções. O sal deixou de ser explorado com a intensidade de outr'ora, em virtude do augmento dos direitos de importação no Brasil. Mas resta abrir-lhe outros mercados, na propria Africa, e não é impossivel fazer da ilha do Sal uma estação excellente para a seccagem e salga do bacalhau, pescado na costa continental fronteira.

Por todos estes meios se desenvolverá tambem o commercio d'aquella provincia. S. Vicente de Cabo-Verde está destinado a ser mais alguma cousa do que uma preciosa estação carvoeira, como hoje é, na grande estrada transatlantica. Será egualmente um emporio mercantil, sendo para isso indispensavel uma bôa navegação inter-insular. A cabotagem do archipelago, que está realmente pedindo profundas attenções aos caboverdianos e á metropole, disporá de bahias excellentes, sobresahindo entre ellas a de Tarrafal.

QUIRINO AVELINO DE JESUS (Dr.)

CHARADA (novissima).

(Ao Exmo. Sr. Antonio Simplicio d'Oliveira)

Prende sem demora o peixe do mar vermelho. 2,1.

ADELINA CABRAL VARELLA

(Ilha do Maio)

ELEMENTOS DE MUSICA
5ª LIÇÃO

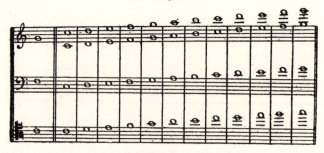

SOLFEJOS

Em 1875 o padre Monsabré, depois d'expôr a *doutrina transformista* a largos traços e de a refutar *em nome da sciencia*, declara : « Pouco importa á genesis divina do mundo que todos os vivos tenham sahido de varios germens ou de um só, visto que é preciso recorrer em ambos os casos ao acto transcendente do Creador. »

O padre Broglie, um dos primeiros apologistas do nosso tempo, escreve no seu magnifico livro *La Morale sans Dieu* :

« O *transformismo*, que admitte Deus como creador e auctor da evolução e se não estende até á origem do homem, é uma doutrina em nada contraria á fé ; interpretação liberal do texto do Genesis *secundum species suas* é geralmente abandonada no que respeita ao seu caracter obrigatorio.

. . . .

« O *transformismo* é uma theoria scientifica não provada por emquanto, mas que, entendida no seu verdadeiro sentido, não tem as consequencias metaphysicas e religiosas que lhe teem sido attribuidas. »

O diccionario apologetico de Jaugey consagra um bello estudo ao *transformismo*.

O PORCO

(Morte e aproveitamento)

Eis, em rapidas linhas, o melhor modo de proceder na matança e aproveitamento do porco, esse saboroso mealheiro dos pobres, que entra na confecção das melhores e mais deliciosas iguarias.

1º. — Deve-se escolher um dia bem frio de Dezembro ou Janeiro para matar o animal. Quanto mais intenso fôr o frio, tanto mais rapido e melhor solidifica a gordura, e as salchichas se conservam frescas por muito tempo.

2º. — O animal não deve receber alimento solido algum, pelo menos vinte e quatro horas antes de ser abatido ; só se lhe deve dar agua á discrição e, quando muito, algum leite para facilitar· depois a lavagem do estomago e dos intestinos do porco.

3ª. — Após a morte convem que esteja pendurado em sitio fresco e onde não dê sol, durante quarenta e oito horas, depois do que se pode desfazer para separação da carne.

4ª. — A carne destinada á salga fricciona se o melhor e mais fortemente possivel, durante algumas horas, com uma mistura de parteseguaes de sal de cozinha e salitre com um pouco de assucar candi pulverisado. Querendo-se-lhe dar côr, addiciona-se á mistura uma terça parte de colorau. Friccionada a carne, guarda-se bem acamada em caixas proximas, assente sobre sal de cozinha e coberta com elle, ou deita-se-lhe salmoura.

5º. — A salmoura para a conservação da carne prepara-se da seguinte fórma : para 50 kilos de carne deitam-se 15 litros d'agua, 3 kilos de sal de cozinha, 375 grammas de assucar candi e 60 grammas de salitre. Põe-se a ferver ao lume, agitando de tempos a tempos, escuma-se, e, logo que tiver fervido, tira-se do fogo, deixa-se arrefecer e depois de frio deita-se sobre a carne.

6º. — As salchichas podem ser fabricadas de differentes fórmas; os dois processos mais vulgares são a crú e cozido.

Preparam-se a crú, cortando a carne aos pedaços e fazendo-a macerar durante oito dias em vinho verde aromatisado com alho, pimenta, cravo e as essencias varias que se desejarem.

Finda a maceração enchem-se as tripas com esta carne, atam-se-lhe fortemente as extremidades e submettem-se as salchichas ao fumo de madeira durante um mez, depois do que se guardam em sitio sêcco.

As fabricadas a cozido preparam-se enchendo só tres quartos das tripas, para que não rebentem com a cocção, pois o sangue, figado, etc., augmentam cozendo, emquanto as tripas encolhem.

Não se deve deitar sangue de mais nas salchichas, pois muito sangue torna o preparado sêcco.

7º. — É preciso muito cuidado com a cocção das salchichas. Pega-se n'ellas pelas duas extremidades e depõem-se na panella, cuja agua deve ferver lentamente. Quando começar a ferver com força, deita-se agua fria para abrandar, pois uma fervura violenta faz rebentar as salchichas.

Uma salchicha grossa ou um salpicão deve ferver tres quartos d'hora; uma pequena, vinte minutos ou meia hora.

Antes de serem retiradas do fogo picam-se com um garfo; se a gordura sahe clara, com um bello aroma, estão promptas. Não ficando bem cozidas, não se conservam.

8º. — Para que as salchichas e salpicões fiquem bons e durem muito, é preciso não lhes poupar nem a gordura nem as especies.

9º. — As tripas precisam sempre da mais cuidadosa lavagem.

Depois de bem limpas, esfregam-se com sal durante um quarto d'hora e tornam a passar-se por agua fresca. Das tripas bem preparadas depende em grande parte o bom gosto das salchichas.

10º. — Com figado bem triturado e bem condimentado com especies fazem-se salchichas que são uma verdadeira delicia e que recommendamos aos bons gastronomos.

D. Sophia de Souza

PARA CONSERVAR FLÔRES CORTADAS

Prepara-se um liquido dissolvendo 20 grammas de copal claro, misturado com o seu peso de areia ou de vidro moido, em 500 grammas de ether.

Molham-sé as flôres n'este liquido, retiram-se com precaução e deixam-se seccar durante dez minutos, pouco mais ou menos. Em seguida repete-se esta operação quatro ou cinco vezes.

EMPREGOS PUBLICOS

Feliz aquelle, que sabe regular suas necessidades e seus desejos de maneira que pode viver, e com effeito vive, sem occupar emprego algum publico.

Rodrigues de Bastos

O POBREZINHO

(Á Ex.ma amiga, Snr.ª D. Carolina de Carvalho)

Aqui me vêdes
Um pobrezinho,
Um coitadinho,
Sem pae, nem mãe!

Sem pae, nem mãe,
Não tendo pão,
Nem um roupão,
Com fome e frio!

Com fome e frio,
Sem lar, sem luz ...
Que dura Cruz,
Oh, Deus d'amor!

Oh, Deus d'amor,
De compaixão,
'Stendei a mão
Ao pobrezinho!

Aqui me vêdes,
Um pobrezinho,
Um coitadinho
Sem pae, nem mãe!

D. Maria da Costa
(caboverdiana)

CHARADA. — N.º 75.

(A Draço)

O metro hollandez é pedra e armadura. 1,1

D. Ismenia Lara

ORANDO...

Vae para a egreja.

Cahe-lhe sobre os hombros flacidos o véu branco, posto sobre a pompa dos seus cabellos. Alvo vestido de seda vela-lhe o corpo adoravel. Sapatinhos de seda guardam-lhe os pés mimosos. Ella sente, atravez da nevoa do seu véu de noiva, a inclemencia e a indiscrição de curiosos olhares. Purpureiam-se lhe as faces, treme, cerra os seus olhos, mas segue.

Vae para o seu noivado...

Vem-lhe um receio, mas ninguem lh'o nota. Á sua perturbação causa diversa attribuem. Tão natural a commoção das noivas, quando vão n'esse caminho por onde ella segue agora!...

Mas o receio não a deixa. Fica com ella como uma sombra espectral perseguindo-a...

— Ave-Maria! seus labios dizem baixo, n'um murmurio suspiroso que ninguem percebe.

Vae para o altar.

Anjos lá estão, no ar, chamando-a. Luzes brilham no altar todo de branco, prompto para a oração. Andam no ambiente aromas mysticos; no chão que pisa, flôres desfolham-se...

Notam indiscretos o seu embaraço. Pobre d'ella! vae para o sacrificio. Aquelle receio a segue, pertinaz e mau. Chega junto do altar.

A pompa dos seus cabellos resplandece sob a luz das vellas. Descerra o véu. Seu rosto apparece, rosado e pudico.

Está junto d'ella o noivo, junto d'ella está o amor!

Ajoelha-se e reza.

— Ave-Maria! dizem seus labios tremulos.

E pára, como se houvesse esquecido a oração celeste. Não a esqueceu, entretanto; prosegue

— Cheia de graça...

E o seu olhar ergue-se para o céu, sóes procurando o seu logar. Anjos lá estao chamando-a, azas no ar paradas.

Dizem seus labios, préceando:

— O Senhor é comvosco...

E pára de novo.

O pertinaz receio fere-lhe o coração. O padre espera-a. Circumstantes olham-na curiosos, extranhando a demorada prece. Perturba-se.

— Meu Deus! suspira a pobre.

E tremendo, prosegue :

— Bemdita sejaes entre as mulheres, bemdito seja...

Pára de subito, assustada; estremece, sacudida por um pavor extranho. E a oração morre-lhe nos labios desbotados.

— Meu Deus! murmura, se *elle* soubesse!...

Olha para o noivo.

Está junto d'ella olhando-a, radiante de felicidade.

Aquelle olhar a punge.

— Ah! se *elle* soubesse!...

Baixa os olhos, chorando. Lagrimas descem pelas faces maguadas e vão sumir-se no corpete branco.

Olham-na, mas ninguem descobre a causa d'essas lagrimas. Meu Deus! se podessem conhece-la, se a comprehendessem!...

Mas ninguem sabe e ella não pode dize-la. É um segredo que a punge, que a opprime, mas que deve guardar.

Está prompta para o sacrificio.

O sacerdote une a sua mão á do noivo amado. Reza; ella reza tambem :

— Ave, Maria! cheia de graça, o Senhor é comvosco. Bemdita sejaes entre as mulheres, bemdito seja o fructo do vosso ventre...

Pára de subito e desmaia nos braços do recem-esposo.

LILASIA

PINTURA SOBRE O ZINCO

Augmenta-se a adherencia das pinturas a oleo sobre o zinco, humedecendo este com acido hydro-chlorico diluido em agua. Por este meio forma-se na superficie do metal uma delgada camada de chloreto de zinco que a acção do ar transforma em chloróxido e á qual as côres a oleo se ligam tão bem como, por exemplo, á folha de ferro.

(*Encyclopedia das familias*)

N'UM BAPTISADO

(*A o meu amigo, Manuel Silva Almeida*)

Era n'uma das egrejas d'esta ilha, e o parocho baptisava uma creança.

Pergunta elle ao padrinho, um rude camponez, qual o nome da creança.

Jom, respondeu. E o padre diz: Joannes quid petis ab ecclesia Dei?...

— Não é Joanna, *nho* padre, é *Jom*; o menino é macho. E o padre, prosegue, desprezando a ignorancia do padrinho; mas acaba de pronunciar de novo o Joannes, interrompe-lhe o padrinho:

— Ah! nho padre, está enganado, o menino é João, porque é macho!

Volta-se o sacristão para o padrinho e diz-lhe baixinho: Cale-se, homem não, interrompa o sr. Padre. Não sabe que João em latim é Joannes?

— *Hum*!... Esta não sabia eu, que em latim o homem é mulher.

(*Paúl, Cabo-Verde*)

JOÃO BAPTISTA LIMA

PEQUENA COZINHA, GRANDE CASA

(*A saúde e a mesa.*)

Quando vejo estas mesas cobertas de tantas iguarias, imagino vêr a gotta, a hydropisia e a maior parte das outras doenças occultas, em emboscada, debaixo de cada prato.

ADDISSON

CHARADA. — N° 76.

A faca é rumo e ave. 2-2.

(*S.to-Antão*)

J. J. RODRIGUES

BÔA-VISTA

ALFANDEGA

Construida em 1884 e 1885, sob a direcção das obras publicas n'esta ilha, representada pelo então administrador

Alfandega da Bôa-Vista

do concelho, alferes Antonio Joaquim d'Andrade, e concluida sob a administração do Tenente-coronel reformado Francisco Tavares d'Almeida.

É um pouco acanhada e, por este defeito, prejudica a saúde dos funccionarios que n'ella permanecem das 10 horas da manhã ás 4 da tarde, e prejudica a fiscalisação por ter de se recorrer ao antigo edificio da alfandega, hoje arruinado, para armazenagem de volumes de grandes dimensões.

MAXIMAS

Antes de se sahir de casa, deve examinar-se o que se vae fazer : depois de se regressar a ella, deve examinar-se o que se fez.

∗

Não defiraes nunca para amanhã, o que hoje podeis fazer.

∗

Guardae que comer, mas não guardeis que fazer.

R. de Bastos

ENIGMA. — N° 23.

(*As Ex*ᵐᵃˢ *meninas, D. Quinha, Dadó e Joja*).

F. W.

A MARIA !

(Ao R. P. Fr. M. das C. C.)

É este o grito d'amor que de toda a parte se faz ouvir, ao approximar-se o mez das flôres.

É um brado d'enthusiasmo, um hymno de louvor em que tomam parte todas as creaturas.

É a voz do soldado que, n'uma lucta desigual e renhida, vê cahir junto a si o companheiro do seu perigo e que pede á Virgem o livre de tão desventurada sorte.

É a esposa querida, o filho estremecido, implorando de Maria a conversão d'um esposo desvairado, d'um pae que esqueceu os seus deveres.

É a pobre mãe, derramando lagrimas de pungente saudade sobre o gelado cadaver do filho querido que a morte arrebatou.

É a donzella abandonada, recommendando á Virgem Mãe sua honra e innocencia.

É o orphãozinho, tiritando de frio e cahido nas pedras da rua, sem pão, sem abrigo, que pede á Consoladora dos afflictos seja para elle Mãe carinhosa.

É o enfermo no leito da dôr, nos paroxismos da agonia, invocando o auxilio sempre poderoso da Mãe de misericordia.

São todos os que soffrem, rogando á Virgem um remedio a tantos males, um lenitivo a tantas dôres.

Mas não é só o homem que entôa seus louvores á Mãe de Deus.

Os descantes do rouxinol, saudando os primeiros arrebóes da aurora, e a voz do pastor, echoando lá nas quebradas do monte, — dizem louvores a Maria !

As perolas d'orvalho matutino, aljofrando a corolla da flôr da campina, e as arvores da selva, ornando-se de formosas roupagens, — dizem louvores a Maria !

O marulhar merencorio da vaga, gemendo além nos abysmos do oceano, e o triste ciciar da brisa, coando-se por entre as ramadas do bosque, — dizem louvores a Maria !

Toda a natureza, vestindo-se de galas, e ornando-se de lirios e açucenas, — diz louvores a Maria!

E perante este choro immenso de todas as creaturas que se juntam ém uma só voz para acclamarem a Mãe do doce Jesus, só nós ficaremos insensiveis?

Não! de modo algum!

Corramos nós tambem ao altar de Maria; vamos consagrar-lhe nossos louvores e prestar-lhe nossas homenagens.

Vamos, com a fé de catholicos e de portuguezes, offerecer-lhe uma prece fervente por nós, pelos que nos são caros e por todos que dormem o pesado somno da morte.

Peçamos-lhe tambem por nossa Patria, pelo desventurado Portugal; que o salve do esphacelo que o ameaça, e do abysmo que para si mesmo cavou; que lhe restitua a fé ardente que tornou grandes seus heroes e que fez poderoso e respeitado seu luso-pendão.

Não receemos, que Maria é Mãe, e Mãe carinhosa. Ella ouvirá nossas supplicas, e dará favoravel despacho a nossos rogos.

Uma vez ainda: ao altar de Maria, e Maria nos salvará!...

F. AGRICIO

CAMÕES

A minha irmã, Bibi.

Camões fecha o fatal circ'lo do soffrimento,
Porque ninguem soffreu e amou como o bom Luiz (1).
Foi grande no valor, nos versos seus gentis,
E o seu amor á Patria o proclamou portento.

---

(1) Assim Tasso, seu contemporâneo, tão grande e infeliz poeta como elle, o chamou n'um soneto immortal.

(*O auctor*)

Em vão elle anciou, no derradeiro alento,
Ai! o espectro abraçar d'uma visão feliz!...
Nathercia, o seu Poema e a queda do Paiz,
Tudo isso lhe lembrou no ultimo momento...

Um dia Portugal, ao contemplar a Historia,
Lembrou-se do Poeta, e em perpetua memoria
Da sua lyra heroica ergueu-lhe um monumento...

Qu'importa?!... Não perece a ingratidão tremenda,
Porque é tambem perpetua a tragica legenda :

Camões fecha o fatal circ'lo do soffrimento!...

LOPES DA SILVA

(*Dos « Reflexos occidentaes » 1892*)

Le Matin publica a seguinte estatistica :

	1841	1891
Suicidios de menores...................	149	468
Parricidios por creanças...............	1	3
Infanticidios »	24	31
Vadiagem..............................	1:094	3:351
Mendicidade...........................	364	1:753
Homicidios e ferimentos...............	2:761	5:101
Roubos................................	5:650	15:756
Attentados contra o pudor.............	260	783
Rebellião, ultrages...................	868	2:562
Destruições e devastações.............	418	845
Diversos..............................	2:004	5:882
Total...	13:593	36:535
Differença para mais...................		22:942

Triste symptoma!

LOMBO DAS VACCAS

(*Um passeio*)

Era uma formosa tarde de primavera, quando fômos avisados de nos prepararmos para um bello passeio a cavallo. A vista d'este inesperado aviso, alegres escrevemos aos nossos correspondentes, pedindo cavalgaduras para o passeio. Mas para onde seria? Para um logar chamado « Lombo das Vaccas », que todos desejavamos conhecer. Foi, pois, indizivel a nossa alegria ao avistarmos o sitio cujos formosos plaino nos convidavam á péla e ao *cricket*. Depois de tomarmos uma ligeira refeição, subimos a um monte bastante elevado, de cujo cimo desfructámos um arrebatador panorama, desdobrando-se aos nossos pés a encantadora verdura de Léste, e ao longe o mar, o sereno Atlantico, que nos levava, em vapores imaginarios, até ao seio das nossas familias. Saudosos, pois, descemos do monte, entregando-nos logo a diversos jogos, até que, dado o signal do regresso, tomámos os gericos e puzemo-nos a caminho, recolhendo-nos ás Ave-Marias ao collegio, cheios de satisfação e com doces recordações dos deliciosos momentos que passáramos e que agora renovo no meu pensamento, bemdizendo o abençoado passeio.

(*Seminario de Cabo-Verde*, 1897.)

José Antonio da Graça

(*caboverdiano*)

COSTUMES AFRICANOS

NOMES

Quando alguem, quer indigena quer estrangeiro, chega a um logar da Africa, logo os pretos procuram pôr-lhe um nome, que tiram do modo de fallar, de andar, de estar, etc.

Assim, por exemplo :
Quem tem lunetas é chamado :
Fulano tala tala, ou *Fulano de espelhos*.
Quem ao desembarcar dá um passo em falso e se molha : F. *Ku bua na mai*. F. cahe á agua.
Quem tem barba grande é logo : F. *ki muesu ki o nene*.
A quem mette as barbas na bocca chamam lhe, F. *ki kuria ki muesu*, ou *come barbas*.
Ultimamente a um europeu que se apresentou de luvas pozeram o nome de : *mette as mãos nos sapatos*.
Mais vale prevenir que remediar.

P⁰. J. A. RULHE

USO DO TABACO

Tenho sido consultado já muitas vezes sobre o uso do tabaco, sobre o habito de fumar e de tomar rapé.
Vou, pois, dizer o que penso.
Primeiro que tudo, eis o meu modo de vêr com respeito ao fumo. Os rapazes que adquirem esse habito desde os 15 ou 17 annos arriscam-se a um mal immenso. Porque, além do uso de fumar, tão cedo começado, se volver facilmente em paixão, a nicotina, que é um veneno energico, tem uma acção muito mais forte e prejudicial sobre uma natureza ainda nova do que sobre um organismo que tenha attingido o seu completo desenvolvimento.
Não é raro vêr-se em rapazes novos a atrophia do crescimento normal, assim como doenças e torpor provocados pelo uso do tabaco.
Pouco basta, pois, para se arranjar uma doença de peito, uma affecção de garganta, irritabilidade dos nervos, palpitações de coração, etc...
É facil apanharem-se taes enfermidades, mas é difficil vermo-nos livres d'ellas. Sendo assim, em geral, expômo-nos a muito maior perigo ainda, fazendo uso d'um tabaco mau, falsificado.....
Vou dar-vos a minha opinião :
Vale mais não fumar, porque d'este modo não se absor

vem substancias nocivas, e economisa-se um certo dinheiro, que se pode empregar melhor em qualquer outra coisa.

Mas, se um homem de saúde perfeita, n'um momento d'ocio ou em sociedade, fumar um charuto ou uma cachimbada, isso não lhe fará mal; comtudo deve ter o cuidado de não fumar demasiadamente ou durante as suas occupações, para não prejudicar o organismo nem arruinar a bolsa.

S. Kneipp

O tabaco é a herança do Reino do Não-sei-porquê.

A.

ACROSTICO Nº 3.

(Duplo)

Aos Ex^{os} amigos de Cabo-Verde.

```
. A N T O .
. L L E M .
. O V A T .
. E G M E .
. R S I N .
. U B R A .
. E V A D .
. O R Ç A .
. D O R R .
. R P H E .
```

(S. Nicolau)   Silva Caetano (europeu)

A FESTA DO ORAGO

— Muito boas tardes,
Senhor Padre Cura;
Vae dar seu passeio,
Deus lhe dê ventura.

— Não vou dar passeio,
Que faz grande calma,
Vou vêr um doente,
Tratar-lhe da alma.

— Ha bastante tempo
Que ninguem o via;
Senhor Padre Cura,
Porque assim faria?

— Eu de casa saio
A cada momento,
Para um baptizado,
Para casamento.

— Diga, Senhor Padre,
Quando vem o dia
Da festa do Orago
D'esta freguezia?

— A festa do Orago
Já não tarda nada,
Tem o sacristão
A egreja armada.

— Eu que tenho feito
Um vestido novo,
Ha de ser gabado
Pelo nosso povo.

— Quem vae á egreja
Só por figurar,
Bem melhor seria
Em casa ficar.

(Portugal) ABILIO

ANTHROPOMETRIA

Medida do corpo humano, quanto ás suas dimensões e ás suas proporções, segundo as edades, sexos, raças, etc.

A anthropometria auxilia a photographia no conhecimento de grande numero de individuos que já tenham sido presos uma vez, submettendo-os a nova medição que, melhor que a photographia, denuncia a sua identidade.

Em Paris ha serviço especial, desde 1887, para este fim, tendo produzido bom resultado.

1, *Estatura;* 2, *Envergadura;* 3, *Busto.*

ACROSTICO Nº 4.

(*Simples, rimado.*)

Ao Exº amigo, J. V. Miller.

```
. O L O
. O L O
. O L O
. O L O
```

(*Encontrar dois acrosticos com esta mesma rima*)

Silva Caëtano

ENGORDA DE PORCOS

Não convem dar só o grão de qualquer qualidade que seja para engorda dos porcos, por isso que são mal utilisados e os animaes enjoam o grão depressa.

As ervilhas dão geralmente bom resultado; o augmento médio de peso por dia, verificado em porcos adultos de raça ingleza, foi, em 68 dias, de 0ᵏ, 950 por dia, termo médio. Com cevada o augmento diario foi, em 60 dias, de 0ᵏ, 860.

A aveia em grão é de todo o cereal o que menos convem; o augmento de peso foi, em 72 dias, de 0ᵏ, 405, sendo metade da ração rejeitada pelo apparelho digestivo.

A addição de batatas ao grão puro prejudica a utilisação d'este, que é então menos digerido do que dado só. Eis o que foi verificado em resultado do peso :

Com alimentação de grão	Augmento de peso
Ração de ervilhas e agua............	Kil. 0,970 por dia
» de cevada e agua............	» 0,860 » »
» de aveia e agua............	» 0,405 » »
» de ervilhas e batatas.........	» 0,715 » »
» de cevada e batata...........	» 0,645 » »
» de aveia e batata............	» 0,550 » »

A addição de leite desnatado ao grão augmenta o effeito nutritivo da ração de uma fórma importante.

O melhor resultado alimentar obtem-se pela mistura do grão, batata e leite. Sob a influencia d'este regimen verificou-se o seguinte augmento diario em peso :

Ervilhas, batatas e leite, em 168 dias.................. kil. 1:305
Cevada, batatas e leite, em 225 » .... » 1:250
Aveia, batatas e leite, em 225 » .... » 1:250
Farelos, batatas e leite, em 190 » .... » 1:400

Para o porco, não se deve, na composição da ração, ter só em vista um resultado nutritivo racional entre os elementos azotados e os elementos hydrocarbonados : a natureza da mistura obtida exerce uma grande influencia.

Assim na ração formada de cevada e agua o reddito nutritivo é de 1:4,30, e na mistura de cevada, batata e leit é de 1:4,32; e, comtudo, emquanto no primeiro caso foi obtido um quintal de carne custando 8.100 réis em sessenta dias, no segundo caso obteve-se um, no espaço de quarenta e sete dias, por 8,600 réis.

O reddito nutritivo mais vantajoso para a producção do porco varia tambem com a raça e os individuos.

De todos os grãos experimentados, comprehendendo a mistura d'elles com farelos, é a cevada que mais parece convir á engorda do porco.

O toucinho obtido pela alimentação da aveia é muito mais compacto que o fornecido pelo uso da cevada e das ervilhas.

A gordura de porco engordado com cevada coalha, no fim de uma hora, á temperatura de 32° C.

A gordura de porco engordado com ervilhas coalha, no fim de hora e meia, á temperatura de 30° C.

A gordura de porco engordado com farelo coalha, no fim de tres horas, á temperatura de 26° C.

A gordura de porco engordado com aveia coalha, no fim de seis horas, á temperatura de 24° C.

(*Porto.*)

D. Sophia de Souza

SO A ESPERANÇA!.....

Que do pobrezinho tão triste, infeliz,
Só co'a sua crença, qual orphã, criança,
Percorrendo os campos broncos, sem matiz,
Se não fôra o amparo da firme esperança?

De mil infortunios vexado, sem conta,
Como um bravo tudo vence, tudo amansa.
Quem forças lhe dá, que, ao sumir-se, desponta
Sempre alegre e firme, senão a esperança?

A carreira enceta, chega quasi ao fim,
Obstaculos rompe, para o termo avança;

Mas a sorte adversa alcança-o inda assim...
Que do pobre triste, se não fôra a esperança?

Ei-lo novamente á lucta devotado,
O peito d'escudo serve, a fé de lança,
C'o valor ataca d'afouto soldado,
Já succumbira, se não fôra a esperança!

Terriveis imigos, calumnias, intriga,
Contra o pobre infliz, tudo, tudo se enrança,
Resignado chora e a sua dôr mitiga,
Não procura a morte por ter inda esp'rança.

Seus sonhos dourados e quem os não tem?
Um a um se ião na voragem mansa...
Se á vida não põe termo, quem n'o detem?
Ah! eu bem n'o sei: é a luz da esp'rança.

Esperança! Esp'rança! e sempre a Esperança!...
Tu és o pharol, que a bom porto o conduz!...
Não o abandones, em ti tem confiança!...
Que destino o d'elle, sem a tua luz?

(*S. Nicolau*, 1895.)

MANINHO

ASSOCIAÇÕES

O erro grave da supposição de um direito que não existe ainda conserva dominados alguns povos que a influencia beneficamente poderosa da civilisação não teve até esta época vigor bastante para converter de todo ao progresso.

Tem o erro, na verdade, apparencia agradavel, sympathica, fascinante; a mas é, apparencia de um erro e do erro de um povo.

Satisfazendo as contribuições lançadas, esperam alguns povos que os governos produzam uma utilidade publica que completamente preencha a amplissima esphera das necessidades sociaes. É uma esperança exaggerada, é uma falsa persuasão, é um erro.

O tributo, considerado em economia politica como um

consumo reproductivo, offerecerá necessariamente menor vantagem na sua reproducção, se esta não fôr secundada pela iniciativa particular, pelo auxilio valioso de associações que cuidem de diffundir a instrucção popular, de beneficiar a infancia desvalida e a decrepitude indigente, de estabelecer o soccorro mutuo nas classes operarias, de desenvolver a industria, as artes, e o commercio, e de prover a outras necessidades de egual importancia.

E nem ainda que o imposto, por um augmento despropositado, vexatorio, expoliativo, produzisse receita que comportasse a necessaria despeza, seria possivel aos governos estender tanto e tão proficuamente a sua acção, como as associações.

Sob a valiosa influencia d'esse principio grandioso e fecundo, alguns povos se desenvolvem na agricultura, na industria, no commercio, nas artes, e nas sciencias, progredindo rasgadamente.

E, se o primeiro estandarte que deu a esses povos o nome de nações não tivesse já sido bordado em épocas, todavia admiravelmente heroicas, mas um tanto occultas ainda detraz do vulto dos seculos então por vir, á luz que a civilisação esparge no seculo presente, contemplariamos essas nações a augmentarem o seu territorio e a engrandecerem o seu nome sem a nodoa da espoliação, nem o sangue da conquista, desenrolando uma bandeira glorificada e ennobrecida pelo trabalho e pela illustração.

Mas, ainda assim, os louros adquiridos na demanda sublime de incruenta prosperidade, não devem seccar á memoria de outras eras, e pena é que os emmurcheça ás vezes o sopro agitado do campo de batalhas que a equidade bem podia evitar nos tribunaes da razão.

Uma nação, por pequena que seja em territorio, se n'ella não se constituirem associações para o derramamento de instrucção pelo povo, ha de conservar, a despeito dos maiores cuidados do governo, algumas povoações, cujos habitantes arrastem uma existencia infeliz, immersos na escuridão medonha de completa ignorancia, em que o homem não tem perfeita consciencia da sua existencia e vive sem as delicias de ternos affectos, nem o goso da poesia, nem o amor da gloria, sem aspirações nem esperanças, como que sem moral nem religião, sem deveres, nem direitos, nem lei, nem bandeira...

O principio da associação manifestou-se já com o fim

de alargar o mercado e tornar florescente o commercio : pronunciar-se-ha mirando a outros pontos de alcance economico tambem, de conveniencia moral e de dever de humanidade.

A instrucção popular exerce poderosa influencia no destino das nações.

O mais vivo elemento de riqueza particular e publica — o trabalho — preso a antiquados e a rotineiros systemas e instrumentos, não attinge o seu fim, importa sacrificio de actividade e de tempo.

O apreço das regalias publicas, o amor da patria, o enthusiasmo pelas glorias nacionaes, são sentimentos que a instrucção desenvolve, que não se abrigam, exaltados e grandiosos, no peito do homem rude. Já dissemos e não é muito que se repita : « que o maior perigo das sociedades é a ignorancia dos povos ».

Vê-se, pois, que tanto politica como moral, como economicamente, vae reflectir-se a instrucção dos povos no destino das nações. É por isso que alguns homens instruidos, quando os não impellem sentimentos humanitarios, ao menos para garantirem os seus direitos, se teem associado para instruir e educar os povos ; e é innegavel que a instrucção proporcionada pelas associações tem colhido resultados que nenhum governo obteria em mais largo tempo, e apezar de maior sollicitude.

O povo deve lêr os jornaes que o prendam ás questões vitaes do seu paiz, na vida e sorte do qual cada cidadão tem uma parte activa no uso dos direitos e em obediencia aos deveres que a sociedade na sua constituição lhe conferiu e impôz ; deve lêr os livros que lhe arraiguem no peito sentimentos de virtude pelo exemplo da rigorosa moral que a historia dos successos da vida muitas vezes fornece, ou lhe derramem no espirito conhecimentos uteis á profissão de cada homem.

(*Cidade da Praia, Sant'Iago.*)

H. O. DA COSTA ANDRADE

PRANTO

A memoria do meu amº. e ex-professor, Cº José Pedro Delgado (1).

Tão longe estou, mas oiço 'inda o gemido,
Que do templo na torre despertou!
No cemiterio o funeral parou...
E desceu á fria valla um ente q'rido!

É triste e lancinante e doloroso
Ter ante os olhos, firme, irresistivel,
Cruel certeza, de aspecto horrivel
Que traz á alma lance o mais penoso.

Quem é a virgem que suavisa a magua,
Pungente magua da cruel saudade,
E ouve os ais soltados na soidade,
E p'ra gel'da tristura é ardente fragua?

Oh, Esp'rança! formosa, sorridente,
Em mim tu foste da manhã o rocio
Que do estuante desprazer tardio
Defendia o meu viver, folha virente.

Assim brilhou aquella maga Esp'rança...
Mas breve se perdeu na immensidade,
Pois meu regresso á patria ainda ha de
Da dôr ferir-me com aguda lança.

Morreste, assim findaste, oh meu amigo!
Jazendo inerte sob a fria lousa!
E, junto d'ella, na umbra preguiçosa,
Paira o silencio, de gemer em p'rigo.

---

(1) José Pedro Delgado, Cavalleiro da Ordem de Nª. Sª. da Conceição de Villa-Viçosa, Conego honorario, Vigº. foraneo e Parocho da Freguezia de S. Miguel da ilha de S. Thiago, falleceu a 3 de Março de 1894.

Fôste uma flôr ainda em viço pleno,
Com suave aroma no jardim do clero;
Pendeu, açoutada p'lo tufão severo,
Baixaste á campa, ao gelido terreno!

Do santo sacerdocio revestido,
Couraça dura, que Jesus deixou,
A lucta des' então te não cessou
Contra o immoral, contra o erro infido.

Das verdes terras n'uma, cruel grassava
Altiva e fera e ingente epidemia,
Tragedia horrivel que no Sal se via,
Onde tambem eternal mansão p'rigava.

E lá. arrojado paladim, te foste,
Diligente soldado de Jesus,
Da fé e da sciencia armado do arcabuz,
No fogo acceso do sagrado archote...

Desfez-se o quadro, a negra escuridão
Dobrou-se inteira, e o alvôr fulgiu de novo
Ao sobrevivo, ao crente, ao grato povo,
Que em ti só viu dos paes aureo florão.

Dos teus ensinamentos co'o chuveiro,
Ouviu-se o estrondo, os echos despertando...
E fulgiu em teu peito venerando
Distinctivo de alto cavalleiro.

E a patria, ciosa, a ti abriu seus braços;
Mas ai! d'este amplexo de ternura
A morte veiu arrancar-te, a morte dura...
Em continente fôste a longos passos.

Ninguem mais viu a refulgente luz,
Que, vacillando, s'extinguiu de todo;
Deixou as armas n'um adeus penoso
Soldado invicto da invencivel Cruz.

Pois do viver na senda tão escabrosa
Me fôste amigo, esteio na desventura,
Todo bondade e paternal doçura,
Que p'la morte hoje é taça amargosa:

Quero ir plantar de gratidão o cypreste
Ah! junto á campa que te esconde á vida,
Rega-lo emfim co'a lagrima sentida
Que o meu sentir profundo, amargo, atteste!

(*Cabo-Verde, S. Nicolau. Junho*, 1894).

PORPHYRIO P. TAVARES

~~~~~~~~~~

JESUS

O Espirito do Justo, o immenso, o Incognoscivel,
O Eterno, o Jehovah que aos seculos assiste,
Ao mundo exterior e ao páramo invisivel;
O Sabio Creador de tudo quanto existe,

Sentindo que, sem Elle, a cega humanidade,
A prófuga dos céos — ao fim de tanto andar
Perdida e sem amor, iria naufragar
Nas ondas abysmaes do erro e da maldade;

Ergueu-se do seu throno... além... do claro azul,
Onde não chega nunca o suspirar do sul,
— Jardim primaveril de seraphins povoado,

E d'estrella em estrella, atravessando o espaço,
Em Nazareth poisou... n'um Lyrio immaculado,
Deixando-lhe JESUS no maternal regaço!

(*Arcos de Val-de-Vez*)

ERNESTO ADÃO

~~~~~~~~~~

CHARADA. — Nº 77.

(*A Roberto Duarte*)

Em Paris o arroz francez é capital importante. 1,1.

(*Caboverdiano*) C. T.

ANECDOTAS

O REI E O HISTORIADOR

Fallando um dia o celebre Gregorio Leti com Carlos II d'Inglaterra, este lhe perguntou:

— Leti, ouvi dizer que escrevieis a historia da côrte ingleza?

Senhor, respondeu Leti, ando ha tempo colligindo materiaes para essa obra.

— Tomae cuidado, disse o monarcha, não vá o vosso escripto offender alguem.

— Farei o que poder, replicou o historiador, mas nem um sabio como Salomão seria capaz de em tal assumpto evitar a offensa d'alguem.

Pois então, meu Leti, sêde sabio como Salomão, escrevei proverbios, mas não historias.

* * *

Dona da casa, á criada:
— Disseste a essas senhoras que me procuravam que eu não estava em casa?
— Sim, senhora.
— E que disseram, ellas?
— Que fortuna!

* * *

— Vaes ao enterro de João?
— Não.
— Porque? Não era teu amigo?
— Sim, mas eu não vou ao enterro senão d'aquelles que fôrem ao meu.

* * *

— A que horas janta a tua familia?
— Logo que te vás embora.

O HOMEM E O MUNDO

«Os philosophos antigos chamaram ao homem *mando pequeno*... Não é o homem um mundo pequeno, que está dentro do mundo grande; mas é um mundo, e são muitos mundos grandes, que estão dentro do pequeno. Basta por prova o coração humano, que, sendo uma pequena parte do homem, excede na capacidade a toda a grandeza e redondeza do mundo. Pois se nenhum homem pode ser capaz de governar toda esta machina do mundo, que difficuldade será haver de governar tantos homens, cada um maior que o mesmo mundo, e mais difficultoso de temperar que todo elle?

A demonstração é manifesta. Porque n'esta machina do mundo, entrando tambem n'ella o céo, as estrellas teem o seu curso ordenado, que não pervertem jámais: o sol tem seus limites e tropicos, fóra dos quaes não passa: o mar, com ser um monstro indómito, em chegando ás arêas, pára: as arvores, onde as põem, não se mudam: os peixes contentam-se com o mar; as aves com o ar; os outros animaes com a terra. Pelo contrario o homem, monstro ou chimera de todos os elementos, em nenhum logar pára, com nenhuma fortuna se contenta, nenhuma ambição nem appetite o farta: tudo perturba, tudo perverte, tudo excede, confunde e, como é maior que o mundo, não cabe n'elle.»

Pº. ANTONIO VIEIRA

AUSENCIA E SAUDADE!

(Offerecido á mãe Nhinha)

Passaya tranquillo o dia tres de Novembro, raras nuvens percorriam o espaço; a frescura da tarde crescia. Tudo, emfim, respirava socego, quando, apoz a recepção d'uma carta, inesperada nova me segredou partir! é forçoso partir.

O coração estremeceu de tristeza, e mil ideias diversas se atropelavam na minha mente.

Dois dias assim passaram. É chegado o momento fatal e, no meio dos prantos da familia, apenas se murmura um saudoso adeus, adeus para muitos annos!

Vacillante entre a saudade do torrão querido e a esperança de melhor porvir, silencioso inicio a estrada da vida.

O palhabote, levantando o ferro, já sulca o encapellado elemento; e, momentos depois, só se ouvia o ranger dos mastros, o embate das ondas embravecidas.

E os labios só murmuram *ausencia*, o coração só balbucia *saudade*.

Ausencia sem termo, saudade sem lenitivo! Ausencia cruel, dolorosa saudade!

Terra, mãe, parentes, amigos, — tudo desapparecera, e; apoz uma feliz viagem, desponta além uma das terras do barlavento, e o palhabote, qual pomba ligeira, alcança o destino procurado, onde longe da patria, longe da familia, triste contemplo a immensidade do Oceano que de permeio se põe ás duas terras.

Ora triste, ora alegre, tendo por arrimo a egide da resignação, meu calix vou tragando, até que um dia de melhor ventura desponte alegre, ameno, risonho.

Já lá vão cinco annos de infinda saudade, e a lembrança da mãe querida, do viver familiar e do tempo que mais não volta, de quando em quando um suspiro me rouba nas noites de insomnia nos momentos de enfado. Ditosos aquelles que no seio da familia seus encantos sabem apreciar! Felizes aquelles que, ausentes, á patria voltam para não mais sahirem!

Luiz Loff Nogueira

PENSAMENTOS MORAES

Nada ha que allivie o mal que se soffre como o bem que se faz.

Edmond Thiaudière

* * *

A alma nobre faz justiça, até mesmo aquella que lhe negam.

Condorcet

AS MISSOES CATHOLICAS E OS PROGRESSOS DO CATHOLICISMO

A *Propaganda Fide* acaba de publicar uma relação dos trabalhos levados a effeito recentemente pelas Missões catholicas e dos progressos obtidos pelo catholicismo nos ultimos tempos.

Durante o pontificado de Leão XIII, o apostolado catholico alcançou uma extensao consideravel, ficando estabelecida a gerarchia sacerdotal na Escocia, na India, no Japão e nos Estados danubianos. Nos da União Americana crearam-se tres novas dioceses; e tanto nas ultimas tribus selvagens do centro da Africa como nas das mais afastadas ilhas da Oceania não ha evangelisados.

A Australia, que ha annos contava poucos sacerdotes, tem actualmente 25 Bispos; o Papa nomeou Cardeal d'aquella região o Arcebispo de Sydney.

O numero total dos catholicos pertencentes aos diversos ritos que dependem da Congregação da Propaganda excede a 28 milhões; no periodo de 1890 a 1894 o augmento foi d'um milhão, correspondendo a maior parte aos Estados-Unidos da America e da Escocia.

As officinas da Propaganda são um verdadeiro ministerio de negocios estrangeiros. Preside a esta Congregação um Cardeal e a sua auctoridade estende-se a todas as partes do orbe.

Possue a Propaganda a mais rica imprensa polyglota que existe no mundo, imprimindo-se n'ella livros, cartilhas, etc., em tódas as linguas e dialectos que se fallam no globo terraqueo.

Foi fundada em 1626; um anno depois já contava os caracteres necessarios para imprimir em vinte e seis idiomas diversos. Em 1811, quando Napoleão I fez prisioneiro o Papa Pio VII e o mandou para Fontainebleau, fechou a imprensa da Propaganda, mandando para Paris o material que ella continha; tres annos depois, em tempos de Luiz XVIII, o Papa enviou um Prelado á capital da França e pôde conseguir que lhe restituissem aquelle material; porém grande parte estava completamente inutilisado.

Apezar d'isto, graças aos grandes esforços feitos para voltar a pô-la no estado florescente a que havia chegado, em 1842, ao visitar Gregorio XVI as officinas, viu um album que continha trabalhos impressos em 55 linguas, pertencentes 22 á Asia, 27 á Europa, 3 á America e 3 á Africa, todos impressos com os typos especiaes a cada idioma.

O estabelecimento typographico da Propaganda Fide é actualmente uma das maravilhas de Roma, que qualquer forasteiro medianamente illustrado visita antes de abandonar a capital do mundo catholico.

(Do *Progresso Catholico*)

A VERDADEIRA RIQUEZA

Que é preciso para ser rico? Cem mil francos? Um milhão? Mil milhões?

Cada qual responderá segundo o peso do seu sacco.

Para quem não tem nada, o possuidor de 30:000 francos é um ricasso.

Proponho uma definição completamente differente.

Ser rico é ter uma receita superior á despeza.

O meu ganho actual não é mais que de mil e duzentos francos, mas os meus gastos não excedem mil.

Pois então sou rico.

Pelo contrario, tenho um milhão de renda e gasto annualmente um milhão e duzentos mil francos.

N'este caso sou pobre.

Quem não tem conhecido millionarios pobres?

Eu tive um amigo que era um homem excellente, que havia herdado uma fortuna duplicando-a por meio do seu trabalho; que sabia ganhar, por conseguinte, mas que ainda melhor sabia gastar, pois o dinheiro que passava pelas suas mãos servia para toda a classe d'obras beneficas. Tinha este homem mil apuros e chegou um dia em que se julgou definitivamente arruinado e, apoderando-se a pena d'elle, morreu. A liquidação demonstrou que o seu activo excedia n'um milhão e quinhentos mil francos o seu passivo.

Agora pergunto eu :
Era rico ?
Era pobre ?
A resposta não offerece duvida para mim.
Era pobre.
Morreu materialmente de miseria.
Um exemplo opposto.
B. D... era um philosopho que teria sido celebre, se nao houvesse morrido novo.
Tambem era um escriptor muito notavel.
Não tinha um real, mas precisava de comer; e como não se vive da venda de livros de philosophia, e além d'isto elle não sabia escrever d'outra cousa, procurou um *modus vivendi* encontrou um logar de sacristão em uma capella.
Não tomava parte nas ceremonias do culto e a sua missão reduzia-se a dobrar as alvas e as sobrepellizes e cuidar do mobiliario da sacristia.
N'este emprego ganhava 60 francos por mez.
Cousin offereceu-se-lhe para lhe arranjar o logar de inspector da Academia de Paris.
« Ou inspector geral ou nada », respondeu elle.
Não teve nada. Vivia com 720 francos por anno, mas era rico, porque rejeitava 6:000. O mesmo succede com as funcções; sustento que todas as funcções são eguaes, e que o modo de preenche-las constitue a unica desegualdade entre os homens.
. Boileau o disse ha muito tempo : « Sêde melhor pedreiro, se vos agrada esse officio ».

Julio Simon

A FORÇA DO DIREITO

A *força do direito* mantem o vigor da justiça e a justiça é o arrimo necessario para o vinculo e solidez da sociedade, e a sociedade é a expressão da identidade essencial da natureza humana na civilisação e a civilisação, é a aspiração constante da nobreza racional do homem em sua terrena transição.

A *força do direito*, porém, é destruida em seus effeitos,

em suas operações, em seus fundamentos, pelo estupido direito da força — esse Hercules furioso e cego, fabuloso, horrendo aborto do mundo moderno, que só sente a robustez, só exerce o forte musculo, só mede a corpulencia, e só olha ao numero.

Se aquella — a *força do direito*, — é propria do homem, emquanto é racional, esta — *o direito da força* — tambem lh'o é mas, do homem animal; isto é: emquanto leão ou tigre, panthera ou leopardo.

Usar, portanto, do direito da força com degradante olvido da *força do direito*, é esquecer a parte racional, que é o que mais é no homem.

É deixar de ser homem na mais guindada concepção de sua racionalidade, para ser um animal tão só no sublime horror de sua brutalidade.....

A. DA C. T.
(*cabov.*)

A BIBLIOTHECA DO VATICANO

Não ha de certo ninguem medianamente illustrado que não tenha ouvido fallar na bibliotheca mais antiga da Europa, a bibliotheca pontificia do Vaticano, onde se encontram cuidadosamente guardados, além de verdadeiras joias artisticas, preciosos thesouros das sciencias e das lettras.

A egreja de Roma começou a reunir livros para a sua bibliotheca desde tão remota antiguidade, que alguns vão procurar a sua origem no tempo do Pontifice Santo Hilario (anno de 461 a 467). Nicolau V tornou-se principalmente celebre pela formação da bibliotheca actual, na qual se encontram 24:000 manuscriptos, dos quaes 16:000 latinos, 5:000 gregos, e 3:000 orientaes.

Ha alli autographos de Dante, Petrarcha, o *Virgilio* e o *Terencio*, que teem hoje um valor inapreciavel.

As litteraturas orientaes podem estudar-se n'aquella famosa bibliotheca em 900 manuscriptos arabes, 65 persas, 459 syriacos, 71 ethiopicos, 79 coptos, 13 armenios, 24 sanskritos, 10 chinas, 18 slavos e um samaritano.

Auctores muito considerados calculam o numero de livros impressos em 220:000, sendo todos unanimes em reconhecer o seu grande valor litterario e scientifico.

Antigamente nem todos se podiam aproveitar d'ésses valiosos thesouros. Hoje, porém, e principalmente durante o pontificado do actual pontifice, não ha difficuldade alguma para os consultar.

O cargo de bibliothecario, que os pontifices só dão ao mais distincto pela sciencia entre todos os da sua côrte, é actualmente desempenhado pelo sabio jesuita allemão, Francisco Ehrle, cujo nome é largamente conhecido entre os sabios, e especialmente dos que se dedicam a estudos historicos.

O illustre bibliothecario tem já publicado varias obras importantes sobre historia e litteratura antigas, e está agora trabalhando no Catalogo da Bibliotheca do Vaticano, que irá de certo prestar um valioso auxilio a todos os que cultivam as sciencias, artes ou lettras.

O PROFESSORADO PRIMARIO

A cultura dos espiritos é como a cultura das terras. O lavrador exulta, estremece de prazer, vendo pullular do solo, arado e semeado de pouco, os rebentos do grão que o calor fez germinar, evolverem-se as folhas, estenderem-se e enflorarem-se os ramos, penderem os fructos e colorirem-se das tintas da madureza; mas, emquanto vergado, coberto de suor, arquejante, se afadiga a arrotear o terreno duro e quem sabe se ingrato aos seus cuidados, muita vez lhe fallece o alento, e, se olha de quando em quando para o céo, não é para lhe agradecer com risos os gozos que elle lhe dá, mas para lhe pedir com lagrimas a força que lhe mingúa.

De egual modo, se é grato ao cultor das intelligencias o vê-las desenvolver, florir, fructificar; ardua, improba, desesperadora é muita vez a tarefa da sua primeira educação. É mister possuir um grande thesouro de ideal, para que o suave e risonho typo, que da infancia concebemos, não se transtorne, na phantasia d'estas victimas d'ella, em não sei que figura diabolica e maligna, que lhes envenena todos os momentos de alegria.

Além d'isso, o pobre professor de instrucção primaria, sobre quem pesam os mais fastidiosos encargos da instrucção, não pode ser comparado absolutamente ao agricultor do nosso simile; é antes o jornaleiro, contractado por magro salario para, á força de braço, lavrar o solo, d'onde, mais tarde, romperá a vegetação, que elle não terá de vêr e que a outros concederá os gozos e o beneficio. Venceu tambem o humilde professor, e por o mesmo preço o jornaleiro, que não vão mais longe com elle as liberalidades dos nossos governos, venceu as maiores cruezas do magisterio; mas não verá tambem o resultado das suas fadigas. Fogem-lhe as intelligencias, que educou, justamente quando com mais amor as devia contemplar, e, se o destino reserva a qualquer d'essas intelligencias um futuro de glorias, raro é que volvam um olhar agradecido para as humildes mãos, que as sustentaram, quando ainda não tinham azas para voar.

Quasi todos os grandes homens commettem esta ingratidão. Fallam nos seus mestres de philosophia, de mathematica, de litteratura, e não salvam do esquecimento, pronunciando-o, o nome do primeiro mestre, do que os ensinou a lêr.

Considerações da ordem das que acabamos de fazer, quero acreditar, não são as que mais preoccupam o pensamento da maioria d'esses pobres diabos, que, por noventa mil réis annuaes, se deixaram ligar á atafona do ensino primario da aldeia; porém devem ser, além das miserias de tão mesquinha sorte, causas de grandes torturas moraes para algumas almas de instinctos e aspirações mais elevadas, que o destino amarrasse, como por escarneo, a este poste de expiação.

Julio Diniz

SANTA HILDEGARDA

Nascida no anno de 1098, na aldéia de Bickelneim do condado de Ipanheim (Allemanha), foi educada por sua mãe com extraordinario cuidado em innocencia e humildade e não chegou a aprender mais que os Psalmos de David, para os recitar e cantar em louvor de Deus. Aproveitou admiravelmente d'esta escola e fez grandes progressos em virtude. Favorecida por Deus com revelações extraordinarias, adquiriu em pouco tempo a reputação de santa e sábia, sendo consultada por grande numero de pessoas e

Santa Hildegarda

visitada por S. Bernardo. Publicou, por auctorisação do concilio de Trèves (1147) e do Papa Eugenio III, muitas obras em latim, deixando 145 *Epistolas*, tres livros de *Visões*, nove de *Questões* de historia natural, etc.

Já ella havia explicado os seis dias da creação dizendo: « Os seis dias da creação são seis obras ou operações, porque dá-se o nome de dia ao começo e ao acabamento de cada obra. » (Epist. 2ª ad Colonienses.)

Falleceu em 17 de Setembro de 1180, tendo sido fundadora e abbadessa do convento de Saint-Rupert de Binghon.

PRINCIPAES RELIQUIAS DA PAIXÃO

Um jornal italiano dá a seguinte lista das egrejas que possuem ás principaes reliquias da Paixão de Christo. São ellas:

Santa Cruz de Jerusalem, uma parte da cruz.

— Santo Sepulcro, de Jerusalem, a parte inferior da columna da flagellação.

— Notre Dame de Paris, um pedaço da cruz e dos cravos.

— Monza, perto de Milão, outro cravo.

— O terceiro cravo está incrustado na celebre corôa de ferro dos reis da Lombardia. O quarto foi deitado no Adriatico, por Santa Helena, para acalmar as tempestades.

— A esponja, na egreja de S. João de Latrão, em Roma.

— A taboa, que encimava a cruz com a inscripção J. N. R. J., em Santa Cruz de Jerusalem.

— A corôa de espinhos está na Metropole de Paris, mas a maior parte dos espinhos estão espalhados por diversas egrejas da Europa.

— A lança está em S. Pedro de Roma.

— O habito, tecido de uma só peça, sem costura, na egreja de Trèves, á qual foi dado por Santa Helena.

— A tunica sagrada, na egreja de Argentéuil. Foi Carlos Magno que a deu ao mosteiro de Argenteuil, onde sua irmã era professa, e d'ahi passou para a egreja parochial.

— O Santo sudario está na cathedral de Turim.

— Na egreja de S. Paulo, em Roma, está a toalha com que Santa Veronica enxugou o rosto de Christo.

— A parte superior da columna da flagellação está em Roma, na egreja de Santa Praxedes.

PENSAMENTOS AO CORRER DA PENNA

(Ao Ex.mo Snr. Dr. Antonio Manoel da Costa Lereno, Chefe da Saúde em Cabo-Verde.)

Instrua-se o povo e a nação a que elle pertencer, e esta será rica.

***

A amizade não se compra, pois que, sendo um sentimento nobre, repugna-lhe o interesse por ser vil.

***

As apparencias enganam os espiritos exaltados, fazendo-lhes passar horas bem amargas.

***

Para o ambicioso todos os meios são bons, e ai d'aquelles que se oppozerem ao seu intento.

***

A caridade é o orvalho do ceu, que bem faze a quem o recebe e enaltece quem a pratica.

***

Os nataes são as festas mais sympathicas da familia; o faze-las esquecer é um crime social.

***

A intelligencia illumina; a memoria retem; a razão delibera, e a vontade escolhe.

(S. Nicolau, 9 d'Agosto de 1894.)

Cº J. F. MACHADO

O MICROSCOPIO

Segundo dizem varios jornaes, o microscopio mais notavel que até hoje se tem construido é o que expôz recentemente em Chicago o Instituto Physico e Optico de Munich. Banhando as lentes no oleo de vaselina, podem chegar a augmentar os objectos 16:000 vezes. Para dar uma ideia do que isto representa, bastará saber que os infusorios do vinagre, invisiveis, apparecem como serpentes monstruosas de 30 metros de comprimento, e que a farinha mais fina que possa encontrar-se tem o aspecto de um monte de rochas gigantescas. Se com pasmo se pode perguntar: Qual será o limite dos infinitamente pequenos?, ao considerar-se a espantosa grandeza de immensos corpos celestes, pode perguntar-se egualmente: E qual será o limite dos grandes?... Como tudo manifesta a omnipotencia de Deus!... E ainda ha infelizes que se dizem atheus!...

N. M.

A PHOTOGRAPHIA DAS CORES

— « Le Monde Moderne » publica um artigo illustrado, de Mr Berge, explicando scientificamente o processo da photographia em côres, inventado por Lippmann.

Ha tres annos que Lippmann, academico francez e professor da Sorbonne, apresentou aos seus collegas da Academia de Sciencias de Paris uma photographia de espectro solar, tirada só com uma exposição e uma só placa, fixa por um modo inalteravel e reproduzindo por uma fórma surprehendente as côres simples que se observam na luz decomposta pelo prisma.

Foi geral a surpreza. Como se alcançára resultado tão maravilhoso? Lippmann, renunciando aos lucros que poderiam advir-lhe do seu invento, não só não quiz patente de invenção, mas divulgou o seu processo. Eis, pois, o modo de operar para obter a photographia em côres:

Prepara-se pela fórma ordinaria uma placa photographica sensivel a luz mas que sejá *transparente e sem granulação de especie alguma*; colloca-se a placa na camara escura da machina, com a camada sensivel voltada do lado *opposto* ao objectivo e apoiada (a camada sensivel) a um espelho perfeito. Procede-se á exposição sem mais artificio, revela-se, lava-se e fixa se como de ordinario e, quando a placa sécca, apparecem n'ella com brilho indescriptivel as côres do objecto photographado.

Não obstante Lippmann ter operado d'esta maneira quando fez em 1891 a sua communicação á Academia, a parte pratica do problema não estava tão resolvida como parece á primeira vista. A principal difficuldade para chegar á perfeição consistia em achar um espelho perfeito-apoiado á camada sensivel.

Lippmann experimentou sem resultado a prata e a platina e acabou por adoptar o mercurio. Cheia de mercurio uma pequena cuba de pouca altura, das dimensões de um *chassis* e com bordos de *caoutchouc*, colloca-se a placa sobre ella, tratando de premer com a camada sensivel o liquido e brilhante metal; sujeita-se tudo por meio de braçadeiras ou molas de cobre, e a placa fica apoiada a um espelho brilhante e perfeito. É aquelle o *chássis* que se colloca na machina. Concluida a exposição, vasa-se o azougue, tiram-se as braçadeiras, revela-se, lava-se, fixa-se e deixa-se seccar a placa pelos methodos communs.

Outra difficuldade importante com que Lippmann teve que luctar, é que ha côres mais activas que outras, isto é, que impressionam mais rapidamente que outras as placas photographicas, o que nenhum amador ignora.

Remedeia-se isto tornando isochromatica a placa sensivel.

Lippmann, depois de bastantes experiencias com o eosina e uma porção de dissoluções colorantes, decidiu-se por metter a placa, depois de preparada, n'uma dissolução de cyanino, com o que fica sensivel em grau egual para todas as côres do espectro solar.

É preciso advertir que, posto que o methodo seja já completo, ainda lhe faltam alguns pormenores para chegar a egual grau de perfeição da photographia ordinaria.

Da photographia em côres a prova em crystal é a unica que se tira de cada exposição, por se não ter ainda descoberto o modo de tirar outras provas em papel; é preciso vê-la por reflexão, e as exposições são de tres a quatro minutos em pleno sol; porém no estado de progresso rapidissimo em que se encontra a photographia, os pormenores que faltam promettem os experimentados vence-los rapidamente.

A VERDADE E O DEVER

No tempo em que a calumnia dá volta ao mundo, a verdade apenas se move no logar da sua origem. A alegria que o exito produz nunca pode egualar a satisfação que se experimenta no constante cumprimento do dever.

N. M.

ARITHMOGRAMMA

(Ao ex^{mo} sr. E. P. T., auctor do soneto).

Eu fui bater á porta honrada do abastado,
Onde a fecunda paz as crenças avigora.
Entrei aonde a dôr esmorece e descora
A fronte encanecida e triste do entrevado.

Busquei esses a quem, doce, o Crucificado 10, 2, 5, 14
Chamava a si, banhando as almas n'uma aurora, 11, 7, 12,
[8, 14]
E mystico, e feliz como um crente d'outr'ora, 6, 11, 12, 4,
Lhes disse: parabens ó povo afortunado! [3, 2]

E agora, eu venho, ó padre, em nome d'essa gente, 1, 13, 8
Que em meio da oração se ri placidamente 7, 9, 11
Com a serena fé d'um bemaventurado; 14, 8, 6, 13, 4, 7

Em nome d'esse povo honesto e soffredor
Com quem rides na festa e pranteaes na dôr,
Agradecer a Deus por terdes cá ficado!

D. P. da G.

COSTUMES AFRICANOS

O LENÇO

Os pretos da Africa não precisam de lenço para se assoarem, e não comprehendem porque é que o europeu tem um lenço, se assôa, escarra dentro, e mette tudo no bolso. Vendo isto exclamam: « Oh! sujar assim um panno tão bonito! Por certo os brancos fazem alguma cousa com os escarros, pois os conservam tão cuidadosamente no bolso com mêdo de os perder! »

VINGANÇA

Um dia um menino da missão, discutindo com outro, chamou lhe hippopotamo. Achando-se gravemente offendido, o outro não respondeu nada, mas em presença do seu insultador pega n'uma navalha, põe o index na soleira da porta, e diz: « Estamos em casa do Padre, olha. » E d'uma só vez cortou o index e veiu pacificamente pedir ao Padre um remedio para cicatrisar a ferida. Ao vê-lo exclamou o Padre: « Desgraçado, quem te fez isso? » Fui eu, respondeu-lhe: « Escuta: dissestes que não era bom dar facadas nos outros, como acontece nas aldeias pagãs; tambem dissestes que era mau bater nos companheiros. Aquelle chamou-me hippopotamo. Que outra cousa podia eu fazer para lhe provar quanto sentia a affronta que elle me fez? »

P.º J. A. Rulhe

O TUMULO DE EVA

Os árabes pretendem que o tumulo de Eva está em Jiddah, perto de Meca. O templo em cujo tecto de pedra macissa cresce uma palmeira, curiosidade que é em si o assombro de todo o Oriente, indica, ao que elles dizem, o sitio em que está sepultada a primeira mulher.

Segundo a tradição arabe, a estatura de Eva passava de 200 pés, o que coincide com uma relação que, a proposito de nossos primeiros paes, escreveu não ha muitos annos um membro da Academia das Sciencias de França, que tambem dava aos habitantes do paraizo mais de 200 pés de estatura.

O tumulo de Eva acha-se em um cemiterio rodeado de altas e brancas paredes, e no qual não se effectuou uma só inhumação em mais de mil annos.

O tumulo é o sacrario de milhares de israelitas, que todos os sete annos fazem uma peregrinação a este logar. Circumdam-o sepulchros de esquecidos personagens que terminaram os seus dias n'aquella região de sol abrazador e candentes areias.

Uma vez no anno, a 3 de Julho, anniversario da morte de Abel, segundo as lendas dós arabes, as portas dos templos, que formam como que um docel sobre o supposto tumulo de Eva, permanecem abertas toda a noite, apezar dos esforços que fazem os guardas para as fechar. Diz-se que d'elle sahem espantosos gemidos e gritos de angustia, como se a memoria do primeiro crime commettido perseguisse ainda os restos que aquella gente julga alli depositados.

DESCOBERTA ARCHEOLOGICA

Mais uma importante descoberta archeologica acaba de ser feita no Egypto. A cêrca de 30 milhas de Thebas, foi descoberta uma cidade enterrada a mais de 20 metros de profundidade. Entre os restos de varios edificios descobertos, avulta um necroterio, com mais de 2:000 tumulos. Vê-se, porém, que os cadaveres que alli foram depositados não estavam vestidos e tinham as pernas dobradas para cima do peito.

Isto e o facto de não se encontrar nos tumulos nenhum deus, amuleto, nem joias de qualquer especie, nem mesmo inscripções, denota que a cidade ora descoberta não foi habitada nos tempos da opulencia do Egypto.

COMMEMORAÇÃO DOLOROSA

NA VESPERA DE FINADOS

Já além echôa, lugubremente, n'um psalmear dolorido que fere como uma lamina, o som agudo do campanario dobrando pelos que já não existem, pelos que foram colhidos pela ventania gelida da morte.

Uma toada plangente, sentida e commovedora revôa pelos espaços além, murmurando uma elegia que nos recorda a memoria dos que foram riscados do numero dos que passam no tempo esquecidos do seu fim.

O templo de Deus estará em breve cheio d'uma negridão que aterra, pois a luz lhe sera vedada por crepes pendentes ao longo de meio rasgadas janellas. Do pavimento levantar-se-hão mausoleus enchendo de terror os fieis, emquanto os ministros entoam o *miseremini mei* arrancado do coração dolorido.

Tombará sobre a terra um luto pesado que, arrancando lagrimas de todos os olhos porá uma nota tristissima, lugubre, nas alegrias que ha pouco douravam a existencia!!

Qual o motivo d'esta transformação?

É porque passa em breve o dia que a egreja consagra aos seus mortos, e o pranto da humanidade que tem coração e as supplicas ardentes da saudade que escalda, revoando de quebrada em quebrada, veem avivar mais em nosso espirito abysmado nas distracções mundanas, como é intensa a dôr que no Purgatorio estão passando os que ainda não pagaram toda a pena temporal, os que esperam o felicissimo momento de voarem venturosos ao seio da Omnipotencia.

Escutemos esses gemidos tão agudos que chegam da Eternidade ao tempo; reconheçamos a voz maguada d'uma pessoa que nos foi tão cara; deixemos que o sentimento, desdobrando-se, como as ondas, nos invada a alma no proximo dia dos finados, e vamos, em piedoso romeiro, velados de tristeza e cheios de devoção orvalhar as flôres que orlam a sepultura dos que já foram chamados a contas!

Os que nos precederam n'essa viagem já compartilharam comnosco as doçuras da vida e os travores do infortunio; mas hoje estão esperando com ancia cruciante a frescura da nossa commemoração, o allívio da nossa prece.

Dispensemos-lhes o favor que tão anciadamente supplicam e Deus recompensará tão caridosa fineza!

O obulo da caridade caia no regaço da indigencia em nome de Jesus, por intenção dos que para nós reuniram, trabalhando assiduamente, um peculio de bens, esquecidos talvez da proximidade do seu fatal passamento!

Como não pagarão cara tanta dedicação, tão incendrado amor que nos consagraram durante a vida!!

Oremos, oremos pelos mortos, que a nossa oração é luz que vae espancar as trevas do carcere onde expiam esperando com santa resignação o advento da sua immorredoura felicidade.

Oremos, porque a oração é sol que annuncia bonança, chave mysteriosa que abre o coração de Deus e faz chover n'esse logar de tremenda expiação a chuva da misericórdia, balsamos de consolação.

Oremos, porque a fé e o amor imperiosamente no-lo manda e Deus carinhosamente o exige, pois como Pae de Misericordia quer amnistiar os exilados da sua justiça.

Oremos pelos mortos ao menos no seu dia anniversario.

OLIVEIRA BOUÇAS

A ORDEM DOS FACTORES

Ia a cavallo n'um burro um professor, que havia *chumbado* um alumno em arithmetica, e que se resolvera a apear-se para deixar descançar o orelhudo.

Ora o rapaz, que vinha do lado opposto e vira a caridade do mestre, cumprimenta-o do seguinte modo:

— Ahi tambem, doutor, a ordem dos factores é arbitraria?

— Acertaste. Mas n'este caso tu és o producto...

A VERDADE

A verdade — é a manifestação *exacta* do que pensamos, ou a expressão *rigorosa* do que sabemos. O vicio contrario á *verdade* é a *mentira*.

A veracidade é um dever tão sagrado, que todo aquelle que é *verdadeiro* adquire por esse facto a consideração e a estima dos seus similhantes. Diz-se d'elle que *tem palavra*, que é *homem de bem*, e que por isso *inspira confiança*.

Pelo contrario, nada ha mais desprezivel do que o *mentiroso*. Aquelle que falta á verdade, que mente, não tem dignidade propria, nem respeito pelos outros. Perde a confiança dos seus similhantes, ninguem o respeita, todos o repellem.

O mentiroso offende a moral e o direito.

A. Simões Lopes

Mais facilmente se conhece o mentiroso que o côxo.

QUINZE DE ABRIL

Gia non si deve a té doglia, ne pianto :
Che se muore nel mondo, in ciel rinasci.

Torq. Tasso-Jeru. *Canto* 3º.

Quinze de Abril, já teus lumes
Deram luz aos olhos meus ;
Hoje só trevas diviso
Offuscando os raios teus !
De tanta gloria o que resta ?...
Saudade — esperança em Deus

Meigo Abril, foi este o dia
P'ra mim de gloria e prazer...
O natal da mãe querida
Vi comtigo florescer!...
Hoje só vejo um cypreste,
E sinto o meu padecer!

Em vez de c'rôas mimosas,
Dos hymnos que te offertei,
Hoje só tenho a saudade,
Que junto á lousa plantei!
Essa que o despojo encerra
Da que em vida tanto amei!....

Da que em vida me deu vida,
De virtude exemplos mil;
E esta fé que me conforta,
Ao vêr-te, formoso Abril,
Não já ledo e refulgente,
Porém triste, e inda gentil!...

Inda co'a face envolvida
N'esse luctoso véo,
Esta aurora inda me é grata,
Inda-lhe entrego um trophéo!...
Dou-lhe um pranto, uma saudade,
E as preces que envio ao Céo!...

Com teu pranto matutino,
Que os campos vem aljofrar,
Quero misturar meus prantos,
Quero este solo inundar,
Alli, onde se ergue um templo,
Nos campos do Lumiar!

Mãe querida! as tuas cinzas
Alli beijo, adoro alli,
Onde sepultei comtigo
Os jubilos que perdi!...
Mãe... não reproves meus prantos!...
Choro sim, oh! não por ti!...

Choro por mim, que inda vivo
No desterro e na afflição!...
Que, sem paes e sem ventura,
Em dolorosa missão,
Por entre abrolhos caminho
A terra da promissão.

Mas tu'alma, que ditosa
No empyrio gosando está
Os dias de luz eterna,
Que tem por sol Jehová,
Dê-me fôrças na agonia,
E o calix se esgotará!...

Fôste mãe tão extremosa,
Que do sepulchro indá além
Vélas e oras por teus filhos!
E os que mãe no céo já têm
Têm mais um anjo da guarda,
E no céo o maior bem.

D. Antonia Pusich.
(*Caboverdiana.*)

LOGOGRIPHO ANAGRAMMA. — N° 10.

A Ex.ma Snr.a D Maria Victoria (S.to-Antão

Bem longe de ti, amiga,
Sem que te possa abraçar,
Um logogripho t'envio,
Só um, p'ra te não maçar.

Viajando p'la Barbaria
Achei em uma mulher
Repetido o elemento,
Primeiro que é mister...

E no termo d'Armamar,
Como depois da entrada,
Observêi logo o segundo
Que tambem vi na estrada.

A léste ou poente d'America
Navegando com cuidado
Duas vezes na barquinha
Vi terceiro accommodado.

Quando ao centro fui de Bristol
E quarto alli encontrei,
Vi que tambem em Lisbôa
Deixára, s'egual não sei;

Mas se eu fôr á Inglaterra
E o quinto eu não topar,
A Berlim, ao Indostão,
Eu o irei procurar.

E se, depois das viagens,
Sempre na lua a brilhar
O ultimo eu não vir,
Voltarei ao proprio lar...

Não t'espante, amiga minha,
A longa excursão que fiz;
Pois, depois de tanta lida,
Tive um descanço feliz,

Onde, sabes? Oh! Maria
Na *Patria da Poesia*.

(*Santo Antão, Cabo-Verde*).

A. TINOCO

CHARADA. — N° 78.

3, 2. É o resumo do diccionario este livro.

(*Pernambuco*)   CAÇADOR PARAHYBANO

USO DA URTIGA COMO ALIMENTO DOS ANIMAES

A urtiga constitue para os animaes uma alimentação fresca muito apreciavel, porque é uma das primeiras plantas da primavera.

As vaccas e cabras, que se alimentam com esta planta, produzem muito mais leite e de melhor qualidade, contendo mais creme.

Para se dar a urtiga como forragem, basta corta-la emquanto estiver tenra e mistura-la com feno ou palha, deixando-a murchar um pouco, porque d'este modo os seus espinhos não molestam a bocca dos animaes, que a comem com avidez. Os agricultores intelligentes apreciam muito o estrume que resulta d'esta mistura, porque melhora as condições da terra.

As aves engordam muito quando a outros alimentos se addicionam sementes de urtigas, das quaes se extrahe um oleo de bom gosto e que tomado favorece a secreção do leite.

(Jorn. horticolo-agricola)

A SOBERANIA POPULAR

Os costumes e as leis cá d'este mundo
Satanaz quiz, um dia, transfornar:
E dizem que no barathro profundo
As furias infernaes fez congregar.

Um concilio geral do Averno immundo
Proclama a sob'rania popular:
E se é certo o que conta a antiga gente,
Satanaz dava pulos de contente.

Ha cem annos que vive esta herezia
No mundo convertida em falsa lei:

Mas onde ha de ir parar tal utopia
Dizê-lo ninguem póde, nem eu sei.

Não vêdes como exerce a sob'rania
O povo, proclamando « o povo rei »?
Nas revoltas, tyranno de tragedia ;
No suffragio, palhaço de comedia.

O povo, pobre povo! é só lembrado
No tal dia, chamado « de eleições » ;
E lá vaie, triste rei ludibriado
Ser instrumento vil de vis paixões.

Grande dia! o sob'rano expoliado,
Que o fisco já deixára sem calções,
Tem banquete real, servido em latas.
E zurrapa e... carneiro com batatas.

RESPIRAÇÃO

O ar atmospherico, do qual os animaes e as plantas tiram um dos elementos mais essenciaes á vida, é um fluido elastico, transparente, pesado, que envolve o globo terrestre, constituindo uma camada, cuja espessura alguns suppõem ser de 60 a 70 kilometros. E formado pela mistura de dois gazes : o *oxygênio*, na proporção de 21 (em peso) por cento, e o *azote* na de 79. Tambem n'elle existe *acido carbonico*, producto das combustões que se effectuam na superfície da terra, mas em muito pequena proporção. O ar que penetra nos pulmões pela respiração abandona ao sangue uma parte do seu oxygenio, que se combina com o carbonio existente no mesmo sangue. Este, em cada movimento respiratorio, lança para a atmosphera uma certa quantidade de acido carbonico, resultante d'aquella combinação, que é uma verdadeira combustão.

Esta entrada do oxygenio no sangue tem por effeito converter o *sangue venoso* (o das veias) em *sangue arterial* (o das arterias), ou o sangue negro, improprio para a vida, em sangue vermelho e nutritivo.

A absorpção do oxygenio é tão indispensavel, que uma atmosphera sem aquelle gaz é promptamente mortal para todos os animaes que a respirarem. Todo o animal collocado dentro da campanula da machina pneumatica (na qual o ar se rarefaz a ponto de quasi completamente desapparecer) não tarda em succumbir; e á sua morte será tanto mais prompta, quanto mais activa fôr no estado normal a sua respiração. O *azote* existe na atmosphera para moderar a energia do oxygenio, que não poderia ser respirado puro sem tambem produzir a morte.

Dr João Cesario de Lacerda

As bôas contas fazem os bons amigos.

MAXIMAS

Em logar de pôrem de acôrdo suas inclinações com a religião, a maior parte dos homens procuram pôr de acôrdo a religião com as suas inclinações.

*

Aquelle que não sabe administrar a sua casa, não é proprio para a publica administração.

*

Quem de bôa fé admira o merecimento alheio, não pode deixar de ter algum.

*

Aquelle que não admira nada, não offerece nada a admirar.

*

Quem, á vista do espectaculo da natureza, não admirará a grandeza de Deus!

A NAVEGAÇÃO AÉREA

Os americanos dos Estados-Unidos pretendem ter resolvido já o problema da navegação aérea.

Durante uma-semana verificaram-se em Washington experiencias do aero-plano inventado por Samuel Langley, dando essas experiencias bom exito, segundo os jornaes *yankees*.

O apparelho de Langley, cuja concepção tem já tres ou quatro annos de data, é para voar, tem a fórma de um peixe e é de aluminio com a arqueação de aço. No centro do apparelho ha quatro caldeiras, de pequeno peso, e, para obter o vapor, serve-se Langley de um liquido cuja composição é um dos seus segredos, mas que se volatilisa a uma temperatura relativamente baixa. As machinas estão collocadas na cabeça do peixe e são ellas que fazem mover as barbatanas ou aeroplanos do apparelho, tendo estas barbatanas uns 40 pés-de comprimento.

A NAVEGAÇÃO SUBMARINA

Ultimamente, em um livro velho e esquecido, descobriu-se que em 1653, em Rotterdam — ha 241 annos — um inventor propôz aos Estados da Hollanda a construcção de um navio de que dá o desenho, e que em um dia poderia ir de Rotterdam a Londres e voltar; em seis semanas chegar ás Indias orientaes tão rapido como uma ave, sem que o fogo ou a tempestade o podesse attingir.

O navio devia navegar debaixo de agua; o seu comprimento total seria de 72 pés, a altura de 12 e a largura de 8. O inventor não confiou ao papel qual devia ser o motor do navio. As despezas de construcção deviam ser pagas pelo Estado.

Mas os Estados geraes da Hollanda entenderam que a proposta só podia provir de um allucinado e deixaram o inventor sem resposta.

Seria um precursor de Julio Verne ou da navegação submarina a vapor? Quem sabe?

O PAPEL

Este seculo é decididamente das luzes e do papel que as accende.

Com o papel fazem-se casas, moveis de todo o genero, estufas, caixilhos para quadros, uma multidão de utensilios domesticos, toda a bateria de cozinha e até as chaminés, podendo mesmo dizer-se que hoje em dia se pode ter uma casa de papel, incluindo portas e janellas, menos os vidros, fechaduras e chaves, toda a especie de moveis e adornos, objectos domesticos, etc., etc.

Ha tubos para gaz e agua, banheiras e depositos de agua, soalhos e tecto, molduras e outros adornos architectonicos, tudo de papel.

Com o papel fazem-se portas magnificas, imitando qualquer madeira, com almofadas em talha, posto que sejam moldadas e prensadas.

Com o papel endurecido fazem-se exquisitos moveis, imitando madeiras e até marmores.

Fazem-se tambem pianos esplendidos e de fino gosto.

Fazem-se trilhos, rodas de carruagens, leitos e todo o material movel d'um caminho de ferro. Até se fazem locomotivas completas.

Com o papel fazem-se preciosas baixelas e todo o serviço de mesa, menos copos, toalhas e guardanapos.

Os pianos de papel são de invenção franceza, sendo toda a caixa de papel endurecido e diz-se que, quanto á commodidade e extensão de vozes, excedem os de madeira.

Com o papel fazem-se cabos para toda a casta de ferramentas para pedreiros, carpinteiros, machinistas, etc.

Fazem-se tambem estatuas e outras obras artisticas.

A ultima applicação do papel, consoante o *Chamber's Journal*, é converte-lo em armas de guerra e ligeiras couraças, mais resistentes e impenetraveis para as balas de espingardas que as de aço, e mais leves, duradouras e economicas.

T. P.

ANTHROPOMETRIA

4º. — *Comprimento da cabeça;* 5º. — *Largura da cabeça;* 6º. — *Orelha direita.*

(Vid. a grav. 1.ª pag. 471)

As dimensões principaes da cabeça, que se obtêm por meio do compasso d'espessura, são: o diametro anterio-posterior maximo; o diametro transversal maximo; o diametro frontal minimo; a curva occipito-frontal da raiz

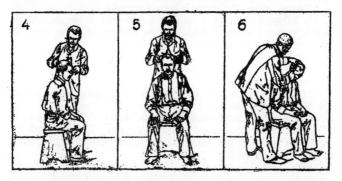

do nariz á protuberancia occipital (inion), a circumferencia maxima da cabeça seguindo um plano horisontal; a curva transversal sub-articular; o angulo facial de Camper; o comprimento da cara; a largura da face; o comprimento facial superior; o comprimento e a largura do nariz, etc.

~~~~~~~

CHARADA. — Nº 79.

(*Á minha mestra*

A setta é revez ou vicissitude.   2, 2

(*Brava*)   UMA DESCONHECIDA

O CAMELO E O RATO

Até ha pouco o camelo era considerado como o animal que mais podia resistir á sêde.

Fazendo provisão de agua insalubre, pela estructura anatomica do estomago, o camelo excedia até os animaes chamados hibernantes que, entorpecidos durante todo o inverno, aproveitam abundantemente da humidade ambiente e a absorvem continuamente, nas cavernas em que se occultam para hibernar.

Segundo uma sabia observação da *Revue des sciences naturelles appliquées*, é o rato das Montanhas Rochosas quem resiste mais tempo.

Nas planicies aridas, perto das Montanhas Rochosas e das Sierras, esses innumeraveis roedores que se encontram a grandes distancias dos rios, das ribeiras, ou pantanos, não teem nenhuma probabilidade de encontrar agua escavando o solo.

Durante semanas e mezes, quando a vegetação está sêcca e as areias teem attingido o mais alto gráo de calor, estes roedores esperam pela chuva.

O rato commum supporta a sêde tão bem como os cães das planicies da America. A prova tem-se visto guardando os ratos como reserva para a alimentação dos reptis.

F. P.

O DESCOBRIMENTO DA AMERICA

« Yule Oldham, um inglez erudito e infatigavel investigador, sustentou, n'uma das ultimas sessões da Sociedade de Geographia de Londres, que os portuguezes descobriram a America quarenta e quatro annos antes de Christovão Colombo effectuar a sua celebre viagem.

Yule Oldham, que é professor de geographia na Universidade de Cambridge, baseia as suas affirmações em uma interessantissima carta publicada em 1448 em Londres por André Bianchio, capitão de uma das galés da republica de Veneza.

Esta carta indica os descobrimentos feitos pelos portuguezes para além das ilhas de Cabo-Verde, citando Yule Oldham um trecho que diz : « A ilha está 1:500 milhas ao oeste. »

Esta ilha é a terra da America sobre a qual foi arrojado, em 1447, um navio portuguez, segundo consta. « Nos descobrimentos do mundo », publicado por Galvano.

Emfim, a these do professor da Universidade de Cambridge é que os portuguezes conheciam a existencia da America antes da celebre viagem de Christovão Colombo, dando como prova das suas affirmações a carta de Bianchio.

Não seria talvez descabido dizer que a these do professor inglez está em harmonia com a tradição portugueza, que apresenta Colombo como seguindo as indicações que lhe foram dadas por um filho da Madeira, que antes d'elle avistára as terras do Novo Mundo.

MAXIMAS

A adversidade é nossa mãe, a prosperidade não é senão nossa madrasta.

*_**

A adversidade abate os espiritos fracos, e eleva os fortes.

*_**

Mal se pode conhecer o homem, sem passar pela prova da adversidade. É ella que põe em toda a luz sua baixeza da alma, ou sua força de espirito.

C° RODRIGUES DE BASTOS

ENIGMA. — N° 24.

Qual é o objecto que é vestido e vela?

(*Cabo-Verde*) A. FERRER

UM PRESIDENTE DA CAMARA COMENDO BURRO

O presidente da Camara d'uma povoação protestante do concelho de Drôme (França), julgando-se com bastantes forças para impedir a reconstrucção da egreja parochial, jurou, em presença dos seus collegas vereadores, em plena sessão, que, emquanto elle fôsse presidente da Camara, não se verificaria a reedificação; e que, no caso que succedesse o contrario, se comprometta a comer um burro com a competente albarda.

Se a egreja se levantou, Deus bem sabe que não foi porque o presidente da Camara não oppozesse todos os obstaculos mais ou menos legaes. O que é certo é que o dia da sagração do novo templo raiou emfim, e Monsenhor Lyonnet, Bispo de Valence, presidiu á ceremonia. Inutil será dizer que o presidente da Camara estava enfurecido e maldizia a hora em que fizera o estupido juramento.

O Bispo, que conhecia as promessas do presidente do municipio, teve a engenhosa ideia de mandar preparar um pequeno burro d'assucar, que enviou ao presidente com o seguinte distico: « Sr. presidente, — o primeiro magistrado d'um municipio não pode nem deve faltar á sua palavra. Vossa excellencia comprometteu-se a comer um burro, e eu envio-l'ho esperando que se dignará acceita-lo. O burrinho é doce, a digestão facil e; sobretudo, — a honra de V. Ex.ª fica salva « assignado : »

J. P. Bispo, de Valence

Este facto parece invenção; mas, para tirar duvidas, apressamo-nos a dizer que o traduzimos d'um jornal catholico estrangeiro muito serio.

O que o jornal estrangeiro nos não diz é a cara com que ficou o presidente do municipio quando recebeu o burro... d'assucar com o respectivo distico. É facil, porém, d'imaginar: o nariz ficou-lhe de palmo e meio.

Prog. Cath.

ANAGRAMMA. — N° 11.

Offerecido á minha presada e extremosa esposa, G. M. N. T., composto de nomes de pessoas de familia.

D. Maria Vir**G**inia M. Neves
D. Fort**U**nata F. G. Teixeira
Dr Joaqu**I**m E. Nobre
O**L**ympio E. Nobre
Rodolp**H**O F. Lima
D. G**E**rmana E. Neves
D. Maria das Do**R**es M. Nobre
D. Oly**M**pia E. Nobre
Anton**I**o P. Teixeira
Anto**N**io A. F. M. Nobre
D. Mari**A** F. T. e Costa

D. Sebastiana **M**ello Nobre
Jos**E** R. C. de Mello
João Me**L**lo Nobre
Manoe**L** Nobre Mello
Pedr**O** Mello

D. Clara **N**obre Mello
D. Maria J**O**sé de Mello
José No**B**re de Mello
Augusto Fe**R**reira Nobre
Manoel d**E** Oliveira Teixeira

D. Elisabe**T**h L. P. de Mello
D. Ang**E**lina L. P. de Mello
Vir**I**ato A. P. de Mello
Antonio M. da C. Tei**X**eira (Conego)
Fr**E**derico Mello
Joaqu**I**m S. F. Nobre
D. Marga**R**ida Nobre.
D. Maria Virgini**A** L. P. de Mello

ANTONIO P. TEIXEIRA

(S^{to} Antão, Cabo-Verde)

A ANTIGA TROYA

Depois da morte do archeologo Schliemann, as escavações em Hissarlik para se encontrar o sitio da antiga Troya teem sido continuadas por Doepfeld, que recebeu do governo allemão uma subvenção de 30:000 marcos. A proposito d'estas escavações o «Monitor do Imperio» publicou um relatorio de Doepfeld ácerca dos resultados obtidos em 1894. Foi posto a descoberto todo o recinto fortificado de Troya. Parte dos muros da cidade acham-se em notavel estado de conservação. Na cidadella inferior descobriram-se grande numero de portas, torres e edificios, assim como grande numero de armazens, innumeraveis artigos de ceramica, entre outros uma fonte. Encontraram-se egualmente numerosos tumulos gregos, pertencentes ao periodo da antiga Grecia.

**

Sobre a *instrucção primaria* na Europa um jornal allemão publica o seguinte:
Por cada mil habitantes vão á escola: na Suissa, 167 creanças; na Suecia, 160; na Allemanha, 158; na Inglaterra, 155; na Noruega, 150; na França, 156; nos Paizes Baixos, 143; na Austria Hungria, 130; na Belgica, 110; na Hespanha, 105; na Dinamarca, 105; na Italia, 89; na Grecia, 62; na Bulgaria, 62; em Portugal, 50; na Roumania, 44; em Servia, 33; e na Russia, 21.

CONSELHOS DE HYGIENE

O ESPARTILHO:

Condemnar em absoluto o uso do *espartilho* seria, além d'um erro, prejudicar um pouco a graça e elegancia de muitas gentis meninas e comprometter altamente a das senhoras mais e dosas.

Todavia devemos dízer que a bôa hygiene exige que o *espartilho* seja leve e flexivel, que se applique ao corpo sem o apertar nem impedir nenhuma funcção.

Pela compressão exaggerada na zoná epigastrica, constrange-se a amplificação do estomago, e produzem-se outros accidentes que podem comprometter gravemente a saúde das jovens que, mais imprudentes, o usem sem obedecer a estas indicações.

DIA 1.º DE DEZEMBRO

A melhor homenagem que as nações podem levantar em memoria da sua independencia não é o monumento de pedra, mas sim a força da civilisação.

As materialidades são mudas, revelam o passado, apregoam glorias findas, feitos que foram e não são, exhibem o quadro de tempos que se volveram.

A civilisação de um povo é a melhor fiadora da sua independencia, entendendo-se a civilisação no seu verdadeiro significado, como representando o desenvolvimento dos ramos da actividade humana sob o imperio da razão, da justiça e da religião.

Portugal, cujas glorias são sobremaneira esplendidas, não deve sómente revêr-se n'esse passado, como um velho que contempla as edades idas; deve rejuvenescer-se, alteando-se quanto ser possa para no convivio das nações civilisadas ter o logar honroso que o seu passado lhe indica e que na actualidade lhe deve pertencer.

Um dos meios mais efficazes de sermos grandes é attenção ácerca das nossas colonias. Na prosperidade d'estas está um novo sol de gloria para Portugal, como no anno passado fizemos vêr.

Um paiz cujo nome ainda echôa na Asia, Oceania e Africa, um paiz que tem na Africa as melhores paragens, já no imperio angolense, já no imperio oriental, deve olhar para o ultramar de modo a não o perder de vista e a vêr n'essas paragens o mais bello porvir.

Um dos mais idoneos meios de sermos grandes nas colonias é o restabelecimento dos conventos de frades.

Foi este humilde almanach um dos primeiros pregoeiros d'esta verdade, porque lançámos aqui um brado a favor das colonias, mostrando como certas estas proposições:

— Portugal sem colonias mal pode subsistir.
— Colonias sem frades são impossiveis.

A historia das nossas colonias é farta em apregoar a obra dos conventos na colonisação. Embora possa haver uma ou outra pagina mais desbotada no brilho, é certo, é incontestavel que a grande colonisação que operámos foi devida principalmente aos conventos de frades.

Esta questão, apresentada sob o aspecto religioso, poderá desagradar a alguns espiritos, os quaes querem suppôr que a reorganisação dos conventos importava um retrocesso; mas pôr-se assim a questão não é mais que uma deslocação de principios.

E cousa assentada que se deve garantir a liberdade de associação, qualquer que seja o ramo de actividade a que o principio se applique. Portanto, sem quebra da democracia, não se pode tolher o principio de associação religiosa, podendo apenas o estado regular o seu modo de ser, como regula o modo de ser das mais associações.

Posto este principio, cessa a questão religiosa, porque fica o restabelecimento dos conventos sob o imperio do principio geral e democratico da liberdade de associação.

Desembaraçados assim d'esta questão, encaremos a utilidade dos conventos no ultramar.

É sabido que as missões religiosas são adequadas á colonisação, porque essas missões são o centro da actividade religiosa agricola, industrial e commercial dos povos nascentes.

A colonisação sem missionarios pede uma despeza que não se compensa. É necessario mandar o agronomo, o professor, o padre, o administrador, o juiz e um numeroso pessoal, todo retribuido e tão dispendioso que d'ahi provém a absoluta impossibilidade de colonisações.

Todo esse pessoal vae contrafeito, suspirando pela metropole e pelo regresso, entendendo que vão para o paiz do degredo por sacrificio temporario.

É sabido que não ha colonias nem civilisação sem o nucleo religioso, centro que reune raças as mais inimigas, fazendo de todos os habitantes do territorio uma só irmandade.

Manda-se de cá um padre que deixa aqui a sua capellania e outros proventos reunidos com que pode sustentar-se. Vae mal retribuido e suspira pelo regresso.

Mandam-se missionarios, os quaes vão com a melhor vontade, mas poucos em numero e sem formarem entre si uma verdadeira irmandade. São avulsamente agrupados e avulsamente mandados sem meios alguns de bom exito, por melhor que seja a sua bôa vontade.

Não é assim com a existencia de conventos de frades.

O frade vae contente para onde é mandado. O convento de frades constitue-se n'um conjuncto completo em que não falta o prégador, o missionario, o agronomo, o professor, o medico e o educador, emfim tudo o que é necessario para a colonisação, como a historia largamente evidenceia.

Com os padres que mandamos para o ultramar, com os missionarios que expedimos, não alcançaremos cousa alguma ; com os conventos devidamente organisados alcançaremos um exito completo e promettedor.

Esta necessidade é cada vez mais imperiosa e mais inadiavel.

Pelo ultimo tratado com a Inglaterra pode esta mandar para as nossas proprias colonias os seus missionarios.

De facto ella não se descuida. Uma enorme legião de puritanos quaesquer e protestantes vae invadindo toda a nossa Africa oriental. Essa legião acompanha-se de commerciantes, agronomos e industriaes para explorar toda a nossa riqueza em seu prol, de modo a ficarem as colonias apenas portuguezas no nome, mas inglezas realmente.

Tal é o estado em que temos quasi todas as paragens da nossa Africa oriental.

Para contrabalançarmos o espirito inglez, que nos submerge e que atrophia todo o desenvolvimento da nossa acção, é necessaria uma larga acção nacional, e essa acção não se opera com exercitos, aliás lá dizimados ; não se opera com colonos mandados avulsamente; não se opera com governadores e auctoridades, por melhores que sejam as suas intenções.

Um unico meio temos de seguir a nossa actividade nacional nas colonias. Esse meio é o restabelecimento de conventos sob um regimen bem pensado.

A França republicana não cahiu no erro de supprimir os conventos de frades para as colonias. A Hespanha tem frades. A Inglaterra não carece d'elles por ter alluviões de ministros que são ao mesmo tempo industriaes e commerciantes.

Portugal está desarmado para esta lucta, porque não tem riqueza para formar colonias meramente civis, nem tal intento seria viavel sem o nucleo religioso, que arranca os indigenas do poder de Mahomet para os trazer á civilisação christã, unica propria á constituição da civilisação moderna.

Assim desarmado, dá Portugal o triste espectaculo de lhe fugir a cada passo tudo o que e seu para se conservar apenas uma sombra do nosso nome.

Olhemos de vez para este estado de coisas, para não continuarmos a ter nas colonias um elemento de crescente ruina, demonstrada no auxilio que a metropole se vê obrigada a ministrar-lhes nos orçamentos coloniaes.

Restabelecidos os conventos sob uma sabia organisação, teremos no ultramar vastos imperios, que tornarão respeitado o nosso nome e levantarão as nossas quinas á altura que o passado apregôa e que o porvir assegura.

(1893)

J. M. DA CUNHA SEIXAS

ANAGRAMMA. — Nº 12.

(Offerecido aos amigos Paulenses de Santo-Antão de Cabo-Verde pelo feliz exito que tiveram na lucta eleitoral com os aggressores da villa da Ribeira Grandé.)

Antonio M**a**noel Martins
Pedro J**o**sé de Moraes
Manoel **S**ilva Almeida

João **B**aptista Rocheteau
Fe**r**nando Whanon
Anton**i**o J. Leite
August**o** M. de Lima
Luiz **S**ilva
Adolph**o** P. Ferreira
Alfredo Jo**s**é Leite

Francisco M. **P**ires Ferreira
João B**a**ptista P. Ferreira
Aug**u**sto L. Salgado
Antonio **L**uiz Silva
Julio Alm**e**ida
Anto**n**io S. L. Ramos
Jo**s**é Leite
João d**e** Deus Lima
Pedro da **S**ilva

(Angola, Casengo, Monte Bello)
C.
(caboverdeano)

A EDADE MÉDIA

Ao furioso vendaval da devassidão, que no occidente deitou por terra o potente imperio dos Césares, seguiu-se um longo periodo — a edade média.

A edade média não foi, como dizem muitos, um abysmo tenebroso em que estava immersa a humanidade; ao contrario, foi quem rasgou as cortinas espessas da profunda escuridão que a havia precedido.

N'esta epoca as sciencias, as artes, a industria e o commercio dão passos agigantados, e, senão, compulsemos a historia.

A imprensa que é, como sabeis, poderoso auxiliar das sciencias, o papel de trapos, a polvora e a bussola, sem a qual se tornaria impossivel o conhecimento de novos mundos, são invenções medievaes. Devem-se tambem á edade média a creação das universidades; as cruzadas, intransitavel barreira ao islamismo que então parecia ameaçar a Europa; os mosteiros que, como diz o illustre escriptor o Sr. Simões Dias, eram verdadeiras naves salvadoras que por muitos seculos boiaram sobre as encapelladas ondas da vida, guardando os despojos do mundo antigo.

Foi tambem n'este periodo que uma heroica serie de navegantes destemidos e sabios do nosso pequeno, mas nobre Portugal, sulcando os mares e supplantando a cerviz altiva das convulsas ondas, descobriam terras nunca d'antes conhecidas e abriam os tramites á civilisação moderna.

Que a edade média fôra victima de violentas procellas de divergencias e dissensões não o nego; mas que estas não tardaram a ser pacificadas pela Egreja Catholica que, como sempre, radiosa e bella, prégava a todos a paz e a harmonia universal, tambem é uma verdade incontestavel.

A voz suave e maravilhosa da Egreja, retumbando até aos recantos mais obscuros da terra, submettiam-se corações os mais ferozes; ás suas palavras de brandura e terno amor refreavam-se as concupiscencias e quebrantavam-se todas as especies de paixões; n'uma palavra, a edade média era docil á Egreja, que era e é qual facho luminoso conduzindo os nautas n'este vasto pélago da vida.

D'aqui se infere, pois, que a civilisação deu um grande passo na sua, até ahi, tão demorada marcha e, portanto, são injustas todas as invectivas contra esta época, cuja memoria deve agradavelmente prolongar-se até ás mais dilatadas regiões da posteridade, considerada como deposito das riquezas modernas.

(*Mação*)

Antonio Lino Netto

A vida não é um festim, é uma provação e um dever.

P. V. Marechal

Um sujeito, já de *barba grisalha*, diz ao barbeiro que lh'a deite abaixo, explicando:

— Andam para ahi a dizer que eu já pareço um velho: sempre quero vêr se depois ainda continuam a dize-lo. Acabada a operação, perguntou o homem:

— Então, mestre, ainda pareço um velho?

— Nada, não, senhor: agora pareceuma velha.

ENIGMA. — N° 25.

Fevereiro de 1895.

Canjodiseda
(Loanda)

ORIGEM DOS COMMETTIMENTOS PORTUGUEZES

(Carta ao episcopado portuguez)

Embora seja o reino de Portugal collocado no extremo da peninsula Iberica, circumscripto por apertadas fronteiras, é certo que os vossos reis, cujo louvor não pode ser mesquinho, estenderam os limites do imperio até á Africa, Asia e Oceania, de tal modo que Portugal não cede o passo aos mais excellentes e antes a muitos se avantaja. Mas onde deverá investigar-se a origem de tão grandes commettimentos? Quem quizer apreciar esta questão com animo recto, encontra-la-ha no amor e no sentimento religioso. N'essas laboriosas e perigosas expedições a gentes ignotas e barbaras, é sabido que se procurava de preferencia servir a Nosso Senhor Jesus Christo do que aos interesses e á gloria, e ambicionava-se mais semear o nome christão do que propagar o imperio. Com a imagem das cinco chagas de Jesus Christo costumavam os vossos antepassados levar respeitosos e firmes a Cruz Sacrosanta nas suas galeras e canhões, de modo que mais confiavam no auxilio da mesma Cruz do que na força das suas armas para ganharem essas nobres victorias, cuja gloria é immorredoura.

Leão XIII, Papa.

FEBRES PALUDOSAS — GIRASOL

Novo remedio contra as febres paludosas. — Parece que o *Helianthus annuus* (*girasol*), planta de todos bem conhecida, é um excellente especifico no tratamento das febres paludosas. A respeito do valor d'esta planta diz o Sr. Moncorvo, do Rio de Janeiro, na *Gazette hebdomadaire de médecine et de chirurgie*, que em tempos remotos os aldeãos russos, muito convencidos das propriedades febrifugas d'esta planta, logo que se sentiam atacados de febre, deitavam-se sobre uma especie de cama feita com as suas folhas, cobrindo-se egualmente com ellas. Um medico russo, o Sr. Monisnoff, guiado por esta pratica, administrou systematicamente esta planta sob a fórma de tintura das folhas contra a febre intermittente, e colheu os melhores resultados.

O Sr. Moncorvo, restabelecendo esta pratica, administrou a tintura alcoolica de folhas de girasol, na dóse de 1 a 6 grammas em 24 horas, em bebida, e obteve uma cura tão prompta como com a quinina.

Em alguns casos mesmo em que a quinina era inefficaz, o girasol deu bom resultado.

ARITHMOGRAMMA. — Nº 23.

Feito com a seguinte poesia, publicada a pag. 122 do 1.º anno d'este Almanach e offerecido á mesma Exma senhora.

SONETO

(Em agradecimento á minha inspirada prima,
D. Gertrudes Ferreira Lima.)

A vós me cabe agradecer, senhora, 8, 16, 13, 6, 4, 6, 9
A honra que me daes immerecida...
Quizera em troca est'alma enternecida, 1, 2, 10, 4, 5, 6, 14
N'uma outra lyra s'expressar agora!

Se o verme da tristeza, que devora,
Não me roubar depressa á luz da vida,
E a musa, os passos me seguir, querida, 11, 12, 7, 15, 4, 16
Nas luctas d'existencia, sem aurora...;

Se a venda ignara, que esta mente cobre,
Rasgar-se á voz da mystica harmonia, 8, 14, 5, 4, 8, 9
E aos braços se dignar da lyra pobre

Pousar, emfim, o archanjo da poesia...
Tenho esperanças, alma grande e nobre,
Do vosso applauso merecer um dia!

(A. J. Leite)

(*Paúl*) Antonio Maria

AS ANDORINHAS

Serviços que prestam á agricultura. — Para avaliar os immensos serviços que estas aves prestam á agricultura, basta saber-se o numero de insectos que diariamente ellas devoram. O Sr. Florent Prévost fez com o maior cuidado a autopsia a dezoito andorinhas, em diversas epocas do anno, desde Abril a Agosto. No estomago de uma das aves encontrou 742 insectos, no de outra contou 704 e o da que tinha menos apresentava ainda 244. Os estomagos das dezoito andorinhas continham ao todo 8:390 insectos, o que dá em média 466 insectos por dia e por ave. Além d'isso, entre todos estes restos de insectos differentes, não havia o mais pequeno grão, nem o menor vestigio de fructo, nem particula vegetal alguma.

Merecem, portanto, nossa mais desvelada protecção todas as aves insecticidas, que nos livram de myriades de insectos nocivos que infestam as nossas culturas e aniquilam muitas colheitas.

O SECULO XIX

O seculo xix está representando o chaos do bem e do mal. Se á labutação immensa que n'elle se opera podessemos fazer uma analyse chimico-moral, e decompôr os elementos sociaes, encontrariamos como conquistas do seculo os grandes estudos praticos das sciencias naturaes, o desenvolvimento das industrias, a historia considerada como verdadeira sciencia, tendo por base os monumentos de uma critica severa, as liberdades politicas possuidas por povos que as desconheciam, as Americas independentes, a liberdade do commercio forcejando por derribar as fronteiras internacionaes, o espirito da discussão, a abolição dos morgados, a liberdade da terra, o trabalho das industrias e das artes ennobrecido, a instrucção augmentando, o grande principio da associação produzindo resultados notaveis, a extincção do trafico da escravatura, a escravidão diminuida, a abolição ou redução da pena de morte, o adoçamento da penalidade, a reforma penitenciaria, o nivel popular tendendo a elevar-se em interesses e consideração.

Mas, em confusão com estes elementos, os corações subindo em proporção desegual ás intelligencias, a honra, o dever, a honestidade politica, o sacrificio pessoal, as crenças, n'uma palavra, os grandes fundamentos da natureza humana, em certa decadencia. Dir-se-hia que uma universal multidão de elementos bons e prejudiciaes, despedaçando as espheras que os retinham, se chocaram no espaço que os homens habitam, produzindo um combate geral D'este combate que sahirá? É o problema do seculo xix.

A crise por que o seculo xix está passando é passageira ou permanente? uma intermittencia ou um facto que se fixará? Ennublam-se os olhos para descortinar o futuro, mas tenhamos fé na humanidade e confiança no progresso.

Não nos illudamos, entretanto. A corrente do perigo, que é o indifferentismo, a descrença, o materialismo, vae largo e segue na direcção das opiniões. Não ha de parar facilmente. Quando, porém, os resultados do mal cavarem fundo, o genero humano conhecerá uma verdade, que o poderá salvar : é a união entre o progresso e o christianismo.

D. Antonio da Costa

CONSELHOS DE HYGIENE

MORDEDURAS DOS MOSQUITOS :

Um bom preservativo é a lavagem das mãos e da cara com a decocção de *quassia amara*, ou *d'eucalyptus*.

A irritação produzida pelas mordeduras encontra um bom calmante na applicação local de pannos embebidos na solução d'um gram. de cocaina em duzentos gram. d'agua de louro-cerejo.

AGUA FRIA :

Tudo conduz a medicina moderna á antiga theoria da circulação dos humores.

Ora, como até hoje a agua é ainda o melhor dos circulatorios conhecidos, preconisar as lavagens quotidianas de todo o corpo com agua fria, parece-nos conselho de grande utilidade hygienica.

ANAGRAMMAS

(Em quadro) — Exemplo

a	a	a
m	a	m
s	o	s

Solução:

a	s	a
s	o	m
a	m	a

A resolver:
ANAGRAMMA. — Nº 13.
(Em quadro)

a	a	a
m	a	m
r	e	r

ANAGRAMMA. — Nº 14.
(Em quadro)

a	i	r
l	a	l
r	o	a

(Cabo-Verde)   HESPERITANO

CRENÇAS AFRICANAS

A ALMA

Todos os indigenas acreditam na existencia da alma, e pensam que sobrevive ao corpo; mas uns cuidam que depois da morte as almas são deificadas e por isso honram-nas como deuses protectores; outros dão-lhes uma habitação debaixo da terra; alguns pensam que ellas continuam a habitar perto das casas onde habitaram durante a vida, e por isso construem-lhes pequenas cabanas deante das quaes veem offerecer as primicias de seus alimentos, outros imaginam que as almas gostam dos logares sombrios, e, portanto, que habitam nas florestas; d'ahi vem o costume de collocar os cemiterios á beira de espessos bosques para que as almas possam descançar á sombra das arvores e vir mais facilmente receber as offerendas que se lhes costumam pôr sobre os tumulos.

P.º João Alexandre Rulhe (*Lisbôa*)

Devemos *dormir* em casa que não seja extremamente pequena, e não devemos conservar flôres no quarto de dormir, porque viciam o ar que respiramos.

~~~~~~~

A JUSTIÇA

A justiça é na humanidade uma face da divina auctoridade, e o magistrado é no templo o representante d'esta justiça, que é divina, porque é eterna, e eterna, porque é divina. A magistratura é um sacerdocio, e o logar onde preside chama-se com razão sanctuario.

Conégo, A. R. Serpa Pinto

~~~~~~~

CHARADA. — Nº 80.

Na America, estando nos arsenaes, usam os navios... uma veste!... 1, 1, 2.

(*Casebeque*)

Ca jodiseda
(Loanda)

A VIDA É A VIDA

> Ágradecendo ao meu amigo, Porphyrio P. Tavares a sua poesia de fl°. 174 do *Luso-Africano*.

Fui risonho entoar os cantos meus
    Pelas praias do mar;
Joven, crente, n'um mundo d'illusões,
    Quiz aprender a amar.

Abri meu seio ás virações marinhas
    Na noite dos desejos,
E em balde das visões da mocidade
    Quiz colher ternos beijos.

Sorriu co' a solidão em vago harpejo
    Minha lyra d'amor,
Cantou co' a vaga doces harmonias
    No suave rumor

Minh'alma, ave que ao ninho se abrigava
    Co'as flôres d'abril,
Gozava a calma da estação risonha
    Em descuido infantil.

Como a bonina a despontar louçã
    Prateada d'orvalho,
Humida e bella, a callidez não teme
    Que a torna em velho galho;

Assim o joven, nas manhãs sem brumas
    Da florea primavera,
Não sonha o gelo d'hybernal noitada
    Que mais além o espera.

Mas elle vem! pr'a nos despir de galas
    Em vandalo despojo!...
Sonhos de gloria, uma mentira é tudo,
    Amor, um doido arrojo.

Mas elle vem, desillusão cruel!...
   N'um sonho de tormenta,
Quando sopra o vendaval medonho
   Quem é que nos sustenta?!

Mas inda és moço, e em teu caminho medra
   O virgineo arbusto;
D'elle ainda não pende a flôr mimosa
   Pisada em solo adusto.

Deixa ao naufrago p'la soberba treva
   O pranto compungido;
Vibra na lyra que te inspira a fé
   Outro canto ao perdido.

A senda do dever contém abrolhos
   Que ao pobre viajor
A planta ensanguenta em lucta ingente,
   Mas não percas o ardor.

Chora saudades d'infantil edade
   Em morno soluçar,
Mas não chores remorsos que compungem
   Tu'alma no penar.

Ávante! que o caminho do porvir
   Já te chama á fileira,
Unge-te em benções d'essa crença forte,
   Segue dos bons a esteira.

S. Nicolau.

EDUARDO LOPES

A EDUCAÇÃO DA MOCIDADE NAS ESCOLAS

Cabe ás escolas instruir, e é esse um dos seus deveres officiaes, mas cumpre-lhes como o primeiro e o mais sagrado dos deveres formar o caracter moral d'aquelles que são confiados á sua direcção, e digo isto com tanto mais convencimento quanto é certo que a primeira qualidade que se aprecia no homem é o seu caracter moral.

Que importa que o homem seja dotado de muita erudição, de muita sabedoria até, se não tem um caracter moral bem definido e bem determinado, se ao lado das virtudes civicas não abriga em seu coração as virtudes christãs.

Eu não posso attribuir a outras causas os desequilibrios individuaes e sociaes senão á falta de direcção moral com que a instrucção é ministrada. É de todo o ponto indispensavel que o homem tenha a noção nitida e clara da complexidade dos seus deveres. Acostume-se á crença, encaminhe-se o alumno a comprehender esta necessidade da sua existencia moral.

O relaxamento e desleixo, seja de que ordem fôr, na educação da mocidade, é sempre uma nodoa que deixa, nos tenros espiritos dos que aprendem as primeiras lettras, vestigios que só tarde e ás vezes nunca se farão desapparecer.

F. Ferreira da Silva

A CIDADE DE CHICAGO

Tão fallada ha pouco por causa da exposição universal que n'ella se realisou, diz um jornal estrangeiro, tem uma origem bastante curiosa e que muito depõe a favor do trabalho das Ordens religiosas.

Em 1673 dois Jesuitas das Missões canadenses, o Padre Joliet e o Padre Marquette, emprehenderam uma viagem de exploração á região, chamada dos Grandes Lagos, que era então desconhecida dos europeus e habitada por tribus nomadas. Depois de terem costeado o immenso lago ou mar interior, chamado Michigan, chegaram a uma lagôa que desembocava n'um lago que recebia pelas suas extremidades dois grandes rios procedentes um do norte e outro do sul. Alli fundaram uma Missão, á qual acudiam os indios do inverno, dispersando-se depois para se entregarem á caça dos bufalos, ficando alli estabelecidos os que iam sendo convertidos pelos zelosos missionarios.

530 ALMANACH LUSO-AFRICANO

Entretanto os canadenses affluiam a este logar para trocarem os seus productos pelas pelles dos bufalos caçados pelos selvagens, e assim continuaram as coisas até que em 1804 o governo dos Estados Unidos mandou alli construir uma fortaleza, em torno da qual estabeleceram uns 100 negociantes as suas vivendas, ao principio de madeira e mais tarde de pedra. Sete annos depois, a aldeia contava 4:000 habitantes, elevando-se este numero a 30:000 em 1860, sendo hoje a segunda cidade dos Estados Unidos, com mais de um milhão de habitantes, aquella antiga Missão fundada pelos Jesuitas em 1673.

~~~~~~~~~~~~

O mappa geral da *receita e despeza da provincia de Cabo-Verde* no exercicio de 1897-1898 é o seguinte: receita, 299:384 $ 000, assim dividida: impostos directos, 103:954 $000; idem, indirectos, 180:000 $ 000 ;proprios e rendimentos diversos, 15:430 $ 000; despeza, réis 295:036 $ 869, assim dividida: governo e administração geral 100:645 $ 140; a dministração de fazenda, 47:559 $ 200; idem de justiça, réis 12:912 $ 800; idem ecclesiastica, 13:875 $ 000; idem militar, 40:051 $ 875; idem de marinha, 12:824 $ 000; encargos geraes, 36:604 $ 024; diversas despezas, 23:460 $ 830; exercicios findos, 2:104 $ 000; despeza extraordinaria, auctorisa dapelo artigo 5º. do decreto de 26 d'Outubro do corrente anno 5:000 $ 000, ficando existindo um saldo positivo de 4:347 $ 131.

~~~~~~~~~~~~

ENIGMA PITTORESCO. — Nº 26.

(Retribuição a Pancracio Encerrabodes

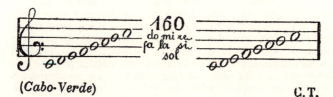

(Cabo-Verde)   C. T.

OFFICIO MODELO

(authentico)

De um professor primario (particular), respondendo a uma nota do administrador do respectivo concelho, que lhe pedia os mappas mensaes.

S. Nicolau, 5 de março de 1897.

Ill.mo Ex.mo Snr. Administrador do Conselho.

Recebendo e attendendo ao mandado de V. Ex.cia o Professor particular no sitio de Juncalinho, e não podendo mandar os mappas, tam pouco appresentar pessoalmente, se chega este ao conhecimento de V. Ex.cia quaes os fins de sua incuria.

Acha-se gravemente doente de dôr de barriga, e febre, ha mais de tres dias — aquella como de sua velha enfermidade principal e a esta como de nova.

Deus g.de V. Ex.cia.

O Professor particular.
F.

CHARADA (novissima). — Nº 81.

(Ao ex.mo iniciador do presente annuario)

Este peso, homem, é homem.— 2, 2.

Adelina Cabral Varella

(Ilha do Maio)

O ESQUELETO DO CAVALLO

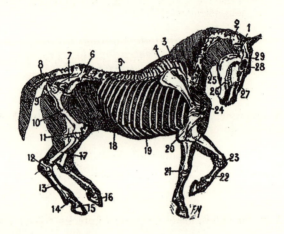

1. Atlas, 1ª vertebra.
2. Axis, 2ª vertebra.
3. Acromion.
4. Apophyse da espinha dorsal.
5. Vertebras dorsaes e lombares.
6. Angulo externo do ilion.
7. Coxal.
8. Ossos coccygios.
9. Ischion.
   Femur.
   ula.
   alcaneo.
13. Canhão, osso metatarso
14. Osso da ranilha.
15. Osso da corôa.
16. Osso do pé.
17. Tibia.
18. Costellas.
19. Cartilagem das costellas.
20. Humero.
21. Osso adunco.
22. Canhão, osso metacarpo.
23. Osso carpo.
24. Omoplata ou scapulum.
25. Vertebras cervicaes.
26. Maxilla inferior.
27. Osso subnasal.
28. Cavidade orbitaria.
29. Aʰ bada zygomatica.

IGNORANCIA

A ignorancia é a noite do espirito; mas esta noite não tem lua nem estrellas.

***

A ignorancia é uma infancia prolongada, a que não faltam senão os encantos d'ella.

***

A ignorancia marcha, quasi sempre, acompanhada da vaidade e do orgulho.

***

A nossa maior ignorancia consiste em nos ignorarmos.

***

A maior enfermidade do genero humano é a ignorancia

***

A ignorancia é a mais perigosa das molestias, e a causa de quasi todas.

***

A ignorancia é um grande mal; porém a falsa sciencia é um mal ainda maior.

Cons.º Bastos

ENIGMA. — N.º 27.

Qual é o nome d'homem que, invertido, é remedio purgativo?

***

Brava.

O PRIMEIRO CHEFE DO PROTESTANTISMO NA INGLATERRA

« Henrique VIII sacrificou ás suas paixões 2 rainhas, 2 cardeaes, 3 arcebispos, 18 bispos, 13 abbades, 500 priores, monges e sacerdotes, 14 arcediagos, 60 conegos, mais de 60 doutores, 12 duques, marquezes e condes com seus filhos, 29 barões e cavalleiros, 335 nobres menos distinctos, 124 cidadãos e 110 senhoras de distincção. Estas 1:282 pessoas foram condemnadas por terem desapprovado o schisma e as desordens do rei.

« As duas rainhas, Anna Bolena e Catharina Howard, foram degoladas em consequencia da inconstancia dos amores d'este principe, que teve seis mulheres. — Eis o que foi o chefe do protestantismo em Inglaterra. »

ANNIVERSARIO

(A minha mãe)

Vinte e oito já lá vão, meu Deus,
Depois que a luz do dia eu vi sorrindo!
Vendo-te logo Teu C'ração m'abrindo,
A mim chamando p'r'os recantos seus,

Fugi e prestes de perversa terra;
De ti eu soube conhecer o bem,
E a malicia que o homem tem
E como ella tão constante aberra:

Da lei Tua então jurei-me escravo,
Que é suave, que é de mel um favo,
Que extingue o *fames* que a nós devora:

Se n'esse tempo, pois, meu Deus bondoso
Hei delinquido, — misericordioso,
Ao arrependido Tu perdoa agora —

(Tarrafal de S. Thiago)

A. C.

AS CATHEDRAES

Ao meu amigo, o rev^{mo}. Padre Antonio Manoel da Costa Teixeira, reedificador da Egreja da freguezia do « Norte » da ilha da Bôa-Vista.

>   LES EDIFICES ELOQUENTS...
>   BALZAC-SERAPHITA

Quando sobre a ruina esplendida d'um templo
Um outro se levanta, as bençãos de Jesus
Costumam inundar com torrentes de luz
A mão que reedifica — esse sagrado exemplo!

Ó domos de Veneza, ó cathedraes do Rheno,
Que mergulhaes no azul as cupulas gigantes!
Em vão a tempestade em uivos lancinantes
Procurará turvar o vosso olhar sereno.

O vosso corpo branco e o vosso aspecto vago
Reflectir-se-hão no céo e no crystal das aguas,
Conselheiras feudaes das nossas grandes maguas,
Grandes como o Progresso e mansas como um lago.

Albi em vão prégou sua doutrina ignara.
Contra a Egreja christã em vão ergueu os braços.
A cruz ha de rasgar a sombra nos espaços,
Como ella resgatou a Humanidade escrava.

Soluços de granito, ó cathedraes antigas!
Sois as almas do Bem e sois feitas de pedra?
Sonhos da Renascença, onde a alegria medra,
Falla a vossa mudez, ó gothicas amigas?

Edificios da Paz, moradas eloquentes,
Amo a fórma ideal d'uma Egreja de Deus,
A subir, a subir por esse azul dos ceus,
Entre nuvens d'incenso alegres, rescendentes!

Eu adoro tambem as sagradas ruinas
D'uma Egreja christã cahida pelo chão,
Porque desfaz-se assim no nosso coração
O enganador altar das crenças infantinas..

***

O padre, eu creio em Deus, porém não sou fanatico.
Bemdigo a tua fé, porque sou tambem crente.
Eu não pertenço á classe, ó Padre, d'essa gente,
Que ainda crê que Deus é um *nihil* problematico:

Levantaste do chão a Egreja do «Norte»,
Como da consciencia arranca-se um remorso,
E esse templo christão levantando o dorso
Sustentará no céo tua futura sorte...

Como Esdras levantou o templo dos Hebreu,s
Levantaste tambem o templo dos christãos.
Ensinas a orar a infancia — os teus irmãos, —
Ensinas-lhe a implorar as bençãos do teu Deus.

Eu amo as cathedraes solemnes, eloquentes,
Fendendo o immenso azul, subindo nos espaços,
Onde a cruz vae abrir os lacrimosos braços
Aos que esperam vêr Deus na terra dos viventes

E tu, que levantaste uma egreja em ruinas,
Agazalhando Deus na terra onde eu amei,
Es digno do louvor, que a orgulhosa grei
Entoa-te em canções frementes, diamantinas.

(*Cabo-Verde*, 1893.)

José Lopes

PENSAMENTO

Grandes tristezas achei
Em uns olhos sem luz;
Mas de outras maiores sei:
A de um coração sem fé,
A de uma tumba sém cruz.

N. M.

AS COLONIAS

As colonias não servem unicamente para arranjar collocações a um certo numero de funccionarios, pois o seu fim principal é dar ao excesso da população de um paiz uma terra aonde pode ainda continuar a viver debaixo da sua bandeira e com os costumes e usos de seus paes. Qualquer que seja a distancia da aldeia em que nasceu, um homem sempre se achará em terra sua, n'uma colonia sua.

Que esteja no Canadá, na Australia, na Africa do Sul, sempre um inglez pisará um solo britannico e viverá protegido pelas suas instituições.

Mas, ao mesmo tempo que recebe os emigrantes, abre uma colonia, uma sahida aos productos do seu paiz. Que resultado teriam tido os sacrificios de Portugal para com o Brazil, se este não pagasse agora, com os seus milhões, os usos e as necessidades portuguezas? Sem ter os encargos do governo, recebe agora Portugal os beneficios da colonisação feita outr'ora e continuada ainda hoje pelos milhares de pessoas que, cada anno, vão lá trabalhar.

N'um futuro mais ou menos proximo, as colonias acabam por deixar a mãe patria e formar uma nação nova, mas que conserva a lingua, a tradição, o amor de quem as fundou. Portugal poderia desapparecer da Europa, que bastaria o Brazil para dizer ao mundo que existiu o povo lusitano.

III

. . . .

Obedecendo á grande marcha dos povos, chegará o dia em que, como aconteceu á Inglaterra com os Estados-Unidos, a Hespanha com as colonias americanas, Portugal com o Brazil, a Africa Central formará a grande confederação africana. Já o Transwal e o Estado de Orange estão independentes.

Ha quem pense em formar no sul da Africa uma vasta federação e talvez não seja tarde o dia em que estes paizes proclamarão a sua independencia.

(*Lisbôa*) A. L.

BOA-VISTA

FORTE « DUQUE DE BRAGANÇA »

No *ilheu* « *Sal-Rei* »

É assim denominado o fortim edificado no Ilheu de «Sal-Rei» fronteiro a esta povoação do mesmo nome, e hoje completamente arruinado e obstruido pelas areias.

Ilheu Sal-Rei (Bôa-Vista)

Foi construido e artilhado a expensas do então prefeito da Provincia, Conselheiro Manuel Antonio Martins, que fez doação d'elle ao Estado, conjuntamente com o caés d'alvenaria tambem mandado construir por elle. A este caés está hoje ligada a Ponte.

J. A. P.

ANTHROPOMETRIA

7º —*Pé esquerdo;* 8º — *Dedo médio da mão esquerda*
9º — *Cotovelo esquerdo.*

(Vid. a 1.ª grav., pag. 471)

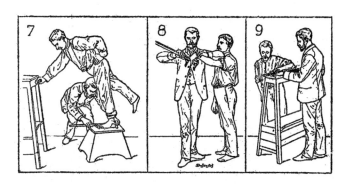

Com estas medidas calculam-se facilmente, por suh-tracção, os comprimentos do tronco, do braço, do ante-braço, da coxa, etc.

~~~~~~~~~~

OS DEVERES PARA COM OS MAGISTRADOS

Estes deveres são : o *respeito*, a *consideração*, a *obediencia*, e o *auxilio*, para que possam desempenhar utilmente a sua missão social.

Um grupo de individuos composto de *irmãos* e de *pae* e *mãe*, fórma uma *sociedade*. O chefe d'esta sociedade é o *pae*, que tem a seu cargo velar pela conservação e pelos direitos da sua pequena sociedade, da sua *familia*. Como chefe e protector, os membros da familia são obrigados a respeita-lo, a obedecer-lhe, a auxilia-lo, a estima-lo.

A aggremiação de muitos milhares de *familias*, ligadas pelas mesmas tendencias, pelos mesmos costumes, pelos mesmos destinos e regida pelas mesmas leis, forma o que se chama uma *nação* ou um *estado*.

Este estado tem o seu *chefe*, que é como que o *pae* da grande familia que constitue a *nação*. Este chefe tem o dever de proteger a todos e velar pelos direitos de cada familia, garantindo-lhe a justiça, distribuida com egualdade, velando pelas pessoas e pela propriedade de cada um. E claro que desempenha no *estado* approximadamente as mesmas funcções que na *familia* desempenha o *pae*.

Conseguintemente, e por egual principio, todos os membros do *estado* devem ao *chefe* : *respeito*, *obediencia* e *auxilio*, para que possa desempenhar devidamente as suas funcções de *protector* e *conservador* da grande familia.

O chefe, só por si, não poderia attender e servir a todos os interesses da grande familia, do *estado*; por isso tem *auxiliares* em quem delega uma parte das suas funcções : são os *juizes*, os *ministros* da religião, os *magistrados* de todas as categorias. Portanto, a estes *funccionarios* do *estado* devem egualmente todos os seus membros o mesmo *respeito*, *obediencia* e *auxilio*.

A. Simões Lopes

A CAPELLA DE LORETTO

A capella de Loretto é a pequena casa em que habitava a santa virgem quando, á voz de Gabriel, o verbo de Deus se encarnou no seu ventre purissimo. Esta casa, antes de estar em Loretto, tinha sido transportada pelos anjos, de Nazareth para Dalmacia no tempo de Clemente V, depois que os christãos perderam os Santos Logares da Palestina. Tres annos e sete mezes mais tarde, os anjos transportaram-na, pelo mar Adriatico, para o territorio de Recanati, n'um bosque pertencente a uma dama chamada Loretta. Sete mezes depois, elles tornaram a leva-la uma milha distante, deixando-a adeante do bosque e sendo, tempo depois, removida para o meio da estrada, onde ella se achava em 1867. A verdade d'estas translações é provada : 1º por innumeros milagres; 2º pelo testemunho de escriptores os mais estimaveis que estudaram e discutiram o facto com toda a severidade da critica, e o demonstram incontestavel; 3º pelas diligencias officiaes feitas em Dalmacia e em Nazareth; 4º pelas constituições dos Soberanos Pontifices que, depois de exames os mais severos, estabeleceram uma festividade, missa e officio, para celebrar a memoria d'este acto admiravel; 5º pela crença de toda a christandade. Depois da segunda translação para Recanati, uma immensa multidão de romeiros de toda a Europa foi visitar esta santa casa, e não teem cessado até hoje.

NOTA EXTRAHIDA D'UMA VELHA... CARTEIRA

(Ao Exmo Sr. Pedro José Delgado)

Em tempo já ido, vinha amiudadas vezes a um dos portos d'esta Provincia um navio baleeiro, não só em procura de refrescos, como tambem de rapazes que quizessem dedicar-se á pesca da baleia.

O capitão d'este navio, que era americano, notára que, todas as vezes que elle fosse áquelle porto, não faltavam rixas a bordo, em resultado das quaes tinha que fazer curativos a muitos tripulantes do seu navio.

Pôz-se a estudar o caso, que não deixava de tomar o caracter de um enigma dos mais difficeis. A unica chave, que poude encontrar, era : que indubitavelmente a bordo entrava *rhum*. Effectivamente, elle não se enganou. Mas faltava-lhe saber quem o levava — o que em breve tempo tambem conseguiu descobrir, como se vae mostrar :

No mesmo dia em que lhe viera á mente estas reflexões, atracou ao navio uma lancha, onde vinham seis robustos *machacazes*. Pedem licença para subir e fazer permutação d'alguns generos, como cocos, ovos — por algumas roupas usadas, bolachas, etc., o que logo obtiveram como sendo cousa do costume. Combinaram entre si para que cada um fosse de sua vez, afim de o negocio ser mais vantajoso. Assim succedeu : Sobe um d'elles, dirige-se logo ao *rancho* dos marinheiros, mas oh! Ceus! em logar de ser recebido por estes, a recepção foi mais pomposa — pois, quem representou o papel de *mestre-sala*, foi o proprio capitão, que alli se achava postado, adrede. Examina elle os objectos trazidos pelo recem-chegado, cassa-lhe a aguardente e mimoseia-o com doze vergalhadas, afóra um formidavel pontapé, que, felizmente, não o apanhou.

Depois de tão inesperada troca, desce o homem no bote com a cara enxutinha como se nada lhe tivesse acontecido. — Pergunta-lhe um dos cinco que alli ficaram : *Então? Que tal?*... Elle, sem dar a conhecer aos seus companheiros a grande recepção de que fôra alvo, respondeu, fingindo estar satisfeito pelo negocio : *Lá não tem tal, nem til* : É como do costume. Sobe então o segundo, que, minutos depois, voltou com as costas tão aquecidas como as do seu antecessor, não tendo podido escapar-se ao celebre pontapé; usou, porém, do seu estratagema, afim de que alguem o seguisse e provasse aquillo de que nem os burros gostam. Lá vae o terceiro e successivamente os outros que não foram mais nem menos felizes.

Já que não temos mais trocas a fazer, vamos p'ra terra, disse aquelle que primeiro tinha subido no navio. Vamos, responderam os outros. De bordo á terra, até meio caminho, ninguem pronunciou uma palavra; — mas, reparando aquelle mesmo que primeiro provára o vergalho no silencio e cabisbaixo de todos, perguntou-lhes qual fôra a causa de tanta tristeza que estáva notando n'elles. Estes, em côro, responderam-lhe : « A causa da nossa tristeza é teres tu levado nas costas doze vergalhadas bem bôas »......

Sim, eu ao menos só levei vergalhadas, porque me livrei, por um acaso, d'aquelle respeitavel pontapé do *gentleman*. E os meus amigos que n'aquellas angustiosas horas de ai! hui! não só levaram vergalhadas como... — *Como quê?* É falso : foram só vergalhadas; lá não andou ponta pé nenhum.

Finalmente, que não fallassem mais em similhante assumpto, foi a ultima cousa que se combinou, porque o que se passa a bordo não se diz em terra (philotimia da parte d'elles). Quizeram que tudo ficasse em rigoroso sigillo, mas fugindo este pela borda fóra da lancha... expandiu-se de bôcca em bôcca até que veiu parar na minha velha... carteira.

O navio continuou tocando sempre n'áquelle porto; mas, jámais por aquelle meio entrou aguardente a bordo d'elle, nem o capitão teve que usar de *sparadrapo*, em compensação do uso que fez do vergalho, pondo, assim, termo a tudo.

(*Ilha do Maio*)

ADELINA CABRAL VARELLA

À SOMBRA D'UMA ARVORE

(Ao Ex.mo Sr Joaquim Pedro Frederico.)

Que importa á folha sêcca estar ao ramo unida,
Ou o suave bafejar da briza enternecida?
O sol é ardente. As auras param, silenciosas,
Nem mesmo respirar, esquivar, receiosas...
Um fresco abrigo ostenta a sombra do arvoredo;
Mas, triste quadro! As folhas, de soffrer e medo,
Tão pallidas, s'inclinam para a humilde relva...
Um murmurio confuso faz-se ouvir na selva,
E, ledas, estremecem, ledas exultando:
Era a briza, que, terna, vinha suspirando
N'um osc'lo repassado de ternura immensa;
Mas já tarde vinha ella, pois á dôr intensa,
Apenas receberam o bafo derradeiro,
Ah! succumbiram, caindo d'ellas um chuveiro!
E, emquanto na ramada as outras vão folgando,
Em baixo, sobre a relva, eil-as tristes rojando...!
. . . .
Assim talvez, meu Deus! de mim será um dia,
Quando, ai! tarde chegar o ideal que me sorria,
Da duvida me arrojando á rocha da certeza,
Ao termo do impossivel, á triste deveza...!
Que importa á folha sêcca estar ao ramo unida,
Ou o suave bafejar da briza enternecida?

(*S. Nic. 28 de Setembro de 1894.*)

PORPHYRIO P. TÁVARES

QUE MAIS RESTA?

Coveiro desalmado, ó meu penar!
Não te basta ir cavando-me essa valla?
Mãos á obra, seu patife! Terminal-a!
Certamente, inda queres mandriar!?
Mas, quê, meu Deus! Segunda vez finar...!
Não, pois ha muito que expirei, sem fala,
E desde muito que o meu peito exhala
Trementes ais de dôr, cruel penar!
Se já cortado sinto o fio vital,
Se da sorte findei no escarceu,
Que val andar um morto n'este val'?
A flôr tostada que infeliz pendeu
Só espera inquieta o bafejar final
Da terna briza que a estremeceu...!

(*Cabo-Verde*)

Porphyrio P. Tavares

CRENÇAS AFRICANAS

PRIMEIRA HABITAÇÃO DO HOMEM

Acêrca d'isto escreveu o Rev°. Padre Lecomte:

Acabo de descobrir, segundo a tradição da terra, o logar onde habitou o primeiro homem, cahido do céo, o pac de todas as raças que cobrem o globo comprehendendo até a raça branca!

A cidade d'onde sahiram todos os povos era, pelo menos, tão grande como Lisbôa.

Situada na confluencia dos rios Cunéne e Gunhungana, era defendida do terceiro lado do triangulo por um fosso que, apezar do entulho continuo de areia, que durante seculos se deve ter amontoado, ainda mede 6 metros de profundidade, sobre egual largura, estendendo-se n'um comprimento de 10 a 12 kilometros, d'um a outro rio. Um grande numero de objectos curiosos, lá encontrados, indicavam, ainda ha poucos annos, que esta cidade havia sido a residencia de uma missão, e é o que faz dizer aos pretos que os brancos tambem são oriundos d'este paiz; acharam-se alli alguns sinos, um cão de metal, varões de ferro, arcos de cobre, etc., etc. Esta missão deve ser muito antiga, visto que os indigenas imaginam ter sido alli o principio do mundo.

P° João A. Rulhe

O COMBATE DE MAGUL

Nem só os antigos portuguezes sabiam defender intrepidamente a liberdade da sua terra e a honra d'esse pedaço de lã ou de seda, que se chama a bandeira nacional, e que, nas suas côres e nos seus emblemas, representa a nação, a patria, Portugal, emfim.

Os portuguezes de agora, chegada a hora do perigo, não são nem menos valentes, nem menos soffredores, nem menos dedicados ao seu paiz que os d'outro tempo.

Provam-no as ultimas guerras de Africa. Quereis um exemplo? Ahi o tendes no combate de Magul, em terras selvagens do districto de Lourenço Marques.

Foi em 7 de Setembro de 1895. Duzentos e setenta dos nossos soldados vão travar combate com uma turba enorme de gente aguerrida, da mais valente de Africa, gente destemida do celebre regulo Gungunhana.

Eram seis mil e quinhentos negros, armados de espingardas e azagaias, contra aquelle punhado de soldados nossos! Um portuguez para cada vinte e quatro d'aquelles ferozes filhos de Africa. Era uma lucta, como nos antigos tempos das conquistas da India, por Duarte Pacheco e Affonso de Albuquerque!

Não esmorecem os nossos valentes. Era preciso defender a bandeira que n'aquella hora lhe estava recordando o Portugal distante, o céo da sua terra, a sua aldeia, o seu lar, as mães, pobres velhinhas, algumas d'ellas, que muito longe rezavam talvez por elles, pedindo ao Christo, morto na cruz, que velasse pelos seus filhos no sertão.

Formar quadrado! Alli, ou se morre pela honra de Portugal, ou se vence pela gloria da sua bandeira.

O quadrado pareee uma pinha de homens. Os corações sentem-se uns aos outros. Não se acabaram os valentes soldados d'este paiz.

Os negros avançam aos gritos e aos pulos como animaes ferozes. Chegou a hora terrivel. — *Rapazes, fogo, e que o velho Portugal tenha mais um dia de gloria, conquistado por vós, intrepidos soldados!*

Foi terrivel e heroico! A fumaceira da polvora envolve o quadrado, como se fosse uma grande nuvem, rasgada pelos relampagos dos tiros. Batem-se com a serenidade dos heroes os nossos soldados.

Os negros investem com elles furiosamente, mas não podem esmagar aquelle punhado de brancos, firmes como rochedos. Afinal, hesitam, retiram, fogem espavoridos.

Era nossa a victoria! Em volta do glorioso quadrado estão duzentos cadaveres de negros; mas dos nossos muitos ficaram feridos, e alguns cahidos no chão, alguns que nunca mais poderão voltar a Portugal, porque morreram defendendo-lhe a bandeira.

Mães, abençoados filhos os vossos, que morreram pela honra da patria! Bemditos os valentes,. que venceram por ella.

Antonio de Campos Junior

A VISÃO DA CREANCINHA

Não fallo ainda; meus labios
Affeitos ao mel dos céos
Murmuram doces palavras
Que só entende o bom Deus

O Deus que os anjos envia
A perfumarem o berço,
Que d'aureos sonhos povòa
O sonho em que fico immerso.

Vejo então por entre as sombras,
Com azas d'ouro e de luz,
Os cherubins que me embalam,
Vejo o menino Jesus.

O loiro Deus que me afaga
E me diz : « És innocente;
A aurora que não tem nuvens,
O labio que ainda não mente. »

Acordo; fogem-me os sonhos:
E se digo por entre o pranto
Porque me deixas sósinho,
Menino que eu amo tanto?

Jesus, apenas desperto,
Os anjos fogem de mim;
Mas eu que não faço maldades,
Porque me punes assim?

E diz-me Jesus : « Creança
De face côr de cecem,
Tens um anjo que te vela
E esse anjo é... tua mãe. »

Pinheiro Chagas

MAXIMAS

A ADVERSIDADE

A adversidade é o cadinho, em que a virtude se apura; e a pedra de toque, em que a amizade se prova.

* * *

Ha mais força em soffrer com paciencia as adversidades, que em procurar pôr-lhes termo com a morte.

Rodrigues de Bastos

NECROLOGIO

Á SAUDOSA MEMORIA DO MEU ESTREMECIDO AMIGO, PEDRO M. CHANTRE

Ao am.º, Manoel N. Mello (Loanda)

> « A morte é o único credor que tem a ventura de encontrar sempre os seus devedores solvaveis ».
>
> Pº. SENNA FREITAS

Ao crepusculo matutino do dia 6 de Julho de 1895 vem a morte pedir o seu crédito a uma bondosa familia. E, deixando-a em doloroso pranto, lá lhe levou um dos seus idolatrados membros, separando-os para jámais se tornarem a vêr cá na terra. Oh! triste separação...! mas adoravel decreto da Providencia!

* * *

Pedro M. Chantre é nome que perdura, nome do individuo a quem eu queria bem, e deixou opprimido de vivas saudades o coração de dedicados amigos.

Era urbano, modesto e bondoso: assim partiu para a eternidade... contando apenas 33 annos — éra de Christo.

— Chorei, e chorarei, não sei até quando, a ausencia d'esse amigo; porque, na epocha actual e no meio das paixões que se agitam no campo social, difficilmente se encontra amizade tão verdadeira e sincera como era a d'elle.

A sua alma, que era extremamente bondosa, espero esteja na companhia de Deus, no logar reservado aos que na terra praticaram actos de virtude.

Descança lá em paz, prestimoso amigo, que cá na terra por ti orarei noite e dia.

(*Cabo-Verde, Santo Antão.*)

FIDELIS PINTO

NODOAS DE GORDURA NO SOALHO

1º Applicar barro molhado em aguá, ou grêda, e lavar passado algum tempo.

2º Esfregar a nodoa com cortume, substancia extrahida da casca de carvalho, ou de outras cascas adstringentes.

3º Esfregar a nodoa com sabão e lavar depois com aguardente muito forte; esfregar com escova e depois com agua a ferver, empregando novamente a escova, e tirando a agua suja com esponja.

(Encyclopedia das familias)

CHARADA. — Nº 81.

1, 2. Em França a mulher tem carta de excommunhão.

CHARADA. — Nº 82.

2, 3. O nobre sentimento é uma insignia.

CHARADA. — Nº 83.

1, 1, 1. É principio a primeira lettra do sacerdote.

CHARADA. — Nº 84.

2, 1, 2. O governador faz parar a balisa para não espantar a ave.

CHARADA. — Nº 85.

2, 1, 3. Verifiquei que em Roma o vate tem uma imagem.

(*S. Gonçalo de Una, Pernambuco.*)

Antonio Franklin Lindoso

GALÉS D'EL-REI

(Á chegada de Vasco da Gama)

Lá vêm galés Tejo acima!
Lá vêm as galés d'el-rei!
Quero ir vê-las á Ribeira;
Minha mãe, comvosco irei.
Lá vêm, lá vêm Tejo arriba,
Lá vêm as galés d'el-rei.

Lá vêm as naus da conquista
Sobre os marinhos cachões;
Conheço a nau do almirante
Entre os outros galeões
Abertas as azas brancas!
Soberba co'os seus pendões!

Oh! que espelho é nosso Tejo,
Que essas praias vem beijar!
Que lustrosa a nossa armada,
Que ao Tejo soube tornar!
Co'as bandeiras e trombetas,
Oh! que lindo que é o mar!

Vão os grandes da cidade,
Vae toda a côrte d'el-rei
N'aquelles bateis doirados
Saudar a chegada grei.
Vêde-as; que lindas são ellas,
As altas galés d'el-rei!

Surgirão todos em frente
Da nossa garrida Alfama
« Chegarão naus! vem das Indias »
A vozes o povo clama.
O grão capitão que as rege,
Tem nome — *Vasco da Gama.*

Lá desce da capitaina,
Lá entra ao seu bergantim.
Vem tão triste o capitão!
Sabeis quem o pôz assim?
Seu irmão Paulo da Gama,
Que no mar teve o seu fim.

Por isso elle vem tão triste
Tão triste o capitão-mór!
Não lhe valem as riquezas
Nem o ser descobridor;
Chega a Lisbôa viuvo
De um irmão, seu doce amor.

Saltou no caes. Lá vem elle,
Com seu sáio de solia,
Com seu barrete redondo
E a comprida barba esguia,
Que nunca mais foi cortada
Desde que a barba sahia.

Olhae, sabeis? ha um mar,
(Que m'o disse João de Sem)
Lá nas partes das moiramas,
D'onde a nossa armada vem,
Um mar, o *Mar Tenebroso*,
D'onde não volta ninguem.

Pois voltaram, por São-Bento!
Voltárão os galeões,
Derrocados, destruidos
Co'a força dos vagalhões,
Mas leaes, mas portuguezes,
Com seus berços e falcões.

Ai! nas laradas de inverno
Agora é que é recontar
Longas terras que lá viram!
Festas de tanto folgar!
E as riquezas do Oriente,
E as saudades do seu lar.

Restruge o ar co'o festivo
Retroar das bombardadas,
Fidalgos correm as ruas
Em vistosas cavalgadas!
Tangem os sinos de festa
Nas altas torres sagradas!

Ó mãe! não ser eu mancebo!
Não ser eu aventureiro!
Nas azas dos meus navios
Não correr o mundo inteiro!
Que lindo ha de ser o mar
Aos olhos do marinheiro!

Lá sáe el-rei a cavallo;
Atraz d'elle o povo a pé;
Lá vae co'o capitão-mór,
Lá se vão, cheios de fé,
Dar graças á Virgem Santa
Nas abóbadas da Sé.

Que alegrias vão no povo!
Oh! que saudades matadas!
Oh! que abraços e que lagrimas,
Tantos mezes represadas!
Mãe, mãe, não ser eu marujo
Por vir nas nossas armadas!

JULIO DE CASTILHO

CONSELHOS DE HYGIENE

INSOLAÇÃO:

Na insolação deve-se transportar ò doente para logar fresco, deita-lo, retirar-lhe o fato que possa difficultar a circulação, e fazer-lhe fricções energicas nos membros inferiores.

Ao mesmo tempo se applicarão loções com vinagre destemperado na face, pescoço e peito. Se o doente pudér engolir, administra-se-lhe chá ou café fraco e agua alcoolisada, mantendo-se o descanço. No dia immediato um purgante, e nos casos mais graves, se houver perda completa dos sentidos, fazem-se applicações de agua fria sobre a cabeça e corpo, sinapismos nos membros inferiores, clystéres purgativos e respiração artificial.

A SAGRADA FAMILIA

(*Van-Dyck*)

Por aquelles dias appareceu um Anjo a José e lhe disse: « Levanta-te, toma o menino e sua mãe, e foge com elles para o Egypto. » Obedeceu José promptamente

á ordem do Anjo, partindo de noite com o menino e sua Mãe para o Egypto.

Esperava, entretanto, Herodes os Magos; e, vendo que não chegavam, mandou degolar todos os meninos de

Belem e seus contornos até á edade de dois annos, pelo que levantou-se um grito de dôr, acompanhado das lamentações das mães. Viveu, pois, a Sagrada Familia no Egypto; morto Herodes, de novo appareceu a José o mesmo Anjo, dizendo-lhe que voltasse á sua patria; a cujo aviso se tornou com a Virgem e o menino a Israel, e foi fixar sua morada em Nazareth de Galiléa.

A ira do homem não faz a justiça de Deus.

O homem propõe;
Mas Deus dispõe.

ENIGMA. — Nº 29.

(Ao Snr. Theophilo de Mello)

As direitas, padre-mestre,
Vae na aldeia encontrar;
As avessas pelas arvores
Ha de vê-lo a se trepar.

(*S. Caetano*)

CAÇADOR PARAHYBANO

CONSELHOS DE HYGIENE

MORDEDURA DAS VIBORAS (*São mais perigosas em jejum*):

O seu tratamento consiste em ligar fortemente a parte superior á ferida, abrir esta com um canivete e sugal-a, tendo a precaução de enxaguar préviamente a bocca com aguardente. Cauterise-se depois a ferida com acido phenico, ou com a solução de permanganato de potassio (1:10), ou d'acido chromico (1:100). Depois de bem agazalhado, o enfermo deve tomar vinho quente, ou uma tizana aromatica alcoolisada.

MAXIMAS

Não fazer aos outros aquillo que não quereriamos que elles nos fizessem, é a simples lei natural : fazer aos outros aquillo que quereriamos que nos fosse feito por elles, é a *Moral Evangelica*. Uma prohibe o mal, outra determina o bem,

* * *

Esperae o exito dos acontecimentos, antes de vos alegrardes ou de vos queixardes.

* * *

É impossivel que duas pessoas vivam entre si de acôrdo sem ceder uma á outra muitas vezes.

Rodrigues de Bastos

CHARADA. — N° 86.

(A A. Spencer, auctor da ch. *Rosalia*, da pag. 156, do 1.º anno d'este almanach)

O temão é fonte e planta. 2, 3.

Osorio de Barros

(Palmeira de Garanhuns, Pernambuco)

LUCTUOSA

Além de outros que em remotas paragens hajam sido chamados á vida real da eternidade, roubou-nos a parca inclemente da morte seis dos nossos mais dedicados collaboradores n'esta provincia de Cabo-Verde:

Francisco Ferreira Santos, Conego José F. Machado, Antonio José Teixeira, P° Lucio Antonio de Brito, Manuel Epiphanio Almeida e Joaquim S. Ferreira Nobre.

— Francisco F. Santos.

Natural da ilha da Bôa-Vista, não cursou mais que as aulas de instrucção primaria da sua freguezia. Dotado de um espirito perspicaz e investigador, possuia um modesto cabedal de conhecimentos litterarios e juridicos; exerceu o cargo de professor primario e desempenhou diversos cargos publicos na sua ilha.

Exaltado, dedicado, enthusiasta, teve na terra o premio que esta costuma conferir aos que não podem endireitar o mundo com o capricho decidido de um privilegiado. Assim foi-se como viéra, deixando a terra como sempre a viu desde o nascente ao poente da sua luz.

Foi nosso collaborador sob o pseudonymo de Baptista Ramos.

Ainda novo, deixou o mundo, a esposa, os filhos e os amigos em 1894.

Paz á sua alma.

Conego José Felix Machado.

Natural de Coimbra, veiu em 1866 para Cabo-Verde,

como cónego da sé e professor do seminario-lyceu da provincia, onde foi mestre de cantos e ritos e de Portuguez. Falleceu em 1895, na cidade da Praia, aonde fôra a tratamento de uma grave doença que o venceu alfim.

Dedicado, popular, obsequioso, viveu o cónego Machado sempre rodeado de corações amigos que o pranteiam saudosos.

Enthusiasta por festas, festejos e regozijos, era sempre o primeiro a romper as manifestações dedicadas.

Compoz muitas obras musicaes, destacando-se entre todas: *Kyrie, Te-Deum, Libera-me, Hymno* do actual Ex.mo e Rev.mo Bispo da Diocese, *Hymno* do Ex.mo Cons.º Lacerda, e as *Saudades da Patria*, em que elle chorava com o murmurio das folhagens do seu Mondego, em que meditava como o fazia, de joven, no Penedo da Saudade.

O nome do Conego Machado perdurará na bocca dos seus numerosos discipulos (em cujo numero está o auctor d'estas linhas), e jamais sahirá do coração grato de seus amigos. Requiem æternam!

**

Antonio José Teixeira.

Infeliz velho que horas amarguradas passou na terrivel doença que lhe roubou a luz dos olhos!

Descança, meu veterano, meu primeiro collaborador, que o teu amigo jámais te esquecerá nas suas mais ardentes preces ao Deus, a Quem serviste na Terra, ajudando a louva-lo nas sagradas funcções da nossa Egreja.

Descança dos teus soffrimentos na santa paz de Nosso Senhor.

Falleceu em 1897.

**

P.e Lucio A. de Brito.

Sob as iniciaes *L. A. de Brito*, foi nosso collaborador o inolvidavel amigo e companheiro, P.e Lucio, cuja morte surprehendeu a todos os que tiveram a felicidade de o conhecer.

Victima de uma traidora doença, succumbiu na ilha de S. Vicente, em 1897, esse padre exemplar, esse amigo sincero, esse empregado dedicadissimo, que preferia o bom serviço á propria saude.

Natural da ilha da Bôa-Vista, recebeu a ordenação no seminario diocesano, de que foi prefeito até á morte.

Anjo, goza da tua herança! Ambiciono a tua felicidade!

* * *

MANUEL EPIPHANIO ALMEIDA

O Luso-Africano a despedir-se da terra natal para se entregar á imprensa, e tu, meu caro cooperador, meu secretario, meu dedicado amigo, a despedires-te para a Eternidade!...

Sê eternamente feliz, meu amigo, meu companheiro, meu bom rapaz, bom filho, bom irmão, bom empregado.

Com lagrimas escrevo-te esta ultima carta, para estreitar até á eternidade o nosso abraço do fim do anno de 1897...

Falleceu em 1898 (Janeiro), de uma febre que o surprehendeu atacado de influenza.

Adeus!

Que Deus te dê no céo a recompensa da tua dedicação á egreja da tua freguezia, que em peso te chora.

Adeus!

* * *

JOAQUIM I. F. NOBRE

Em 2 de Fevereiro de 1898 deixava a terra que o viu nascer, os filhos a quem acariciava, os parentes a quem sorria, e o povo a quem protegia, — o bondoso, o amavel tio-Joaquim, o tio de todos e *nho* Joaquim de muitos.

Pobre velho, infeliz viuvo, dedicado amigo, que deixaste á orphandade filhos e sobrinhos, a quem amparavas com as tuas caridosas azas!

Se os desgostos te consumiram a vida, se a vida não foi para ti mais que uma illusão, vendo premiados os teus trabalhos com um profundissimo golpe ás tuas cans, —

repousa no seio da Bondade Divina, que será o pae dos teus filhos e de teus sobrinhos.

Collaborador extremado e enthusiasta, foi nosso correspondente na ilha de Santo Antão o nosso chorado amigo *Draco*, que assim escondia modestamente uma intelligencia robusta e uma perspicacia privilegiada.

Adeus, meu Nobre !

Que o Deus de Bondade te tenha no Seu Reino.

Lux perpétua lūceat eis !

INDICE DAS MATERIAS

A

	Pag.
Açafrão	380
Acrósticos	299
Adamastor	400
Adeus!	164
Adoração do Cordeiro Mystico (A)	3
Adversidade (A)	547
Afogados (Não mais)	237
Agoiros	347
Agricultura em Cabo-Verde (A)	294
Alfandega (Boa-Vista)	462
Alimentação dos pintainhos	429
Alma (A)	525
Amizade (A)	152
Amòr e felicidade	84
Anagrammas	17
Analphabetos	404
Andar pelas ruas (Do modo de)	390
Andorinhas (As)	522
Anecdotas (O rei e o historiador)	480
Anniversario	534
Annos de-Geninha — Polka (Os)	305
Anthropometria	471
Argamassa americana	52
Arithmogrammas	19
Asseio no calçado	252

562   ALMANACH LUSO-AFRICANO

	Pag.
Asseio do corpo	283
Associação Escolar «Esperança»	353
Associações	474
Associações de beneficencia	289
Ausencia e saudade!	481
Avarento	211
Ave Maria	286
Avenida (Na)	356
Ave Regina	450
Avesinha (A)	24
Aves uteis á agricultura	297

B

Bagatellas	427
Bandeira (A primeira)	312
Baptisado (N'um)	461
Barba (Modo de bem fazer a)	42
Bem e o mal (O)	67
Beneficencia (A)	415
Bôa-Vista (Ponte cáes)	230, 538
Braz sorteadu (Nhô)	12
Brevidade da vida humana	259
Burro perante o tribunal (Um)	436

C

Cabo-Verde	452
Cábula (O)	391
Calendario agricola	406
Calendario de 1895 (O)	63
Calendario — Folhinha de Cabo-Verde (1899)	cxxv
Calendario juridico	lxxxvii
Calendario synoptico	vii
Camelo e o rato (O)	509
Caminho de ferro de além-campa	77
Caminhos de ferro	lxxiv
Camões	465

ALMANACH LUSO-AFRICANO 563

	Pag.
Canna de assucar e a primeira cruzada (A)	110
Canto da Orphã (O)	118
Caridade (A)	315
Carta da guia de casados	116
Carta inedita	395
Carteira do Almanach	v
Carteira d'um mentiroso (Na)	81
Casas de 28 andares	210
Castigo d'um soberbo	368
Catecheses (As)	326
Cathedraes (As)	535
Cavallo (O) Regiões exteriores	362
Centenario do carvão de pedra (O)	159
Charadas	8
Charitas!	50
Choriphone-contrabaixo de Dumont (O)	225
Claviphone Dumont (Pequeno)	246
Christianismo (O)	10, 261
Chuva de sangue	225
Clareira da serra (Na)	86
Clou da exposição de 1900 (O)	306
Coisas que são impossiveis	438
Collaboradoras do Almanach	xiii
Collaboradores do Almanach	xv
Collegial modelo (O)	249
Combate de Magul (O)	545
Commemoração dolorosa	497
Commettimentos portuguezes	520
Computo	xxxii
Concurso enigmatico	xliii
Concursos	xli
Confissão por um canudo (A)	447
Confissão	166
Congo	341
Conselho a um filho	336
Conselhos de hygiene	37
Conselhos proveitosos	262
Conselho (Um bom)	366
Conservação das flôres	167
Conservação de pipas vazias	199
Conversação (Da)	45
Correio litterario (correspondencia)	civ

ALMANACH LUSO-AFRICANO

Pag.

Correspondencia (extracto).................... CXVI
Correspondentes............................... XXIII
Costumes africanos 467
Costumes de Ambaca 357
Couve (A)..................................... 371
Creação do homem 60
Crenças africanas 60
Crepuscular................................... 37
Criôlo — cartas (Sto. Antão).................. 29
Cryptographia................................. 23
Cu-cu-ru-cu !................................. 441
Cultura (A)................................... 369

D

Decalogo de Lynneu (O)........................ 156
Decifrações................................... XLIV
Demonio (Má casta de) 212
Descarado (Um) 340
Descida da Cruz............................... 145
Despedida..................................... 384
Deveres para com Deus (Os).................... 418
Dialectos e poesias indigenas (Balantas)...... 275
Dialectos indigenas (S. Thomé)................ 337
Dialectos indigenas (S. Manatuto)............. 324
Dias de jejum................................. XXXII
Dispensas e concessões ecclesiasticas......... CIII
Disputas (Evitae as).......................... 80
Distribuição dos mares........................ LXXXV
Distribuição da terra......................... LXXXVI
Dizem... 322

E

Ecloga 148
Economia...................................... 428
Economia importante (Uma) 163

ALMANACH LUSO-AFRICANO 565

Pag.

Educação.... 78
Educação (A) 385
Egreja (Santa Izabel de Boa-Vista)............... 61
Ei-lo !..................................... IX
Elementos de musica..................... 454
Emolumentos (Alfandegas) LIX
Em pleno mar....................... 193
Emprego da almofaça (O) 57
Empregos publicos 457
Encommendas postaes (extrangeiro)............... LVII
Encommendas postaes (provincial) LVI
Enigmas....................... 15
Egrejas (Capacidade).................. 70
Escola (A)....................... 403
Escravatura na Africa (A)................. 273
Espairecendo 179
Esperança (Só a)................. 473
Espirito (Como se enriquece o)............. 123
Estações postaes (Portugal)................. XLIX
Exame de consciencia..................... 365
Expediente..................... XXXIX
Exposto (O)..................... 243

F

Familia (A Sagrada)..................... 553
Fé.......................... 97
Fé e a razão (A).................. 105
Febre.......................... 444
Febres paludosas (girasol).................. 520
Feijoeiro escarlate..................... 358
Festa do Orago (A).................. 470
Festas moveis (1900-1910) XXXVI
Filippe II visitando o mausoléo do Condestavel.... 426
Flôres......................... 441
Florestas....................... 412
Florestas e clima 286
Força do direito (A).................. 485

	Pag.
Formigas	222
Frade (um banqueiro e Um)	8
Fretes entre Cabo-Verde e Guiné	LXIX
Fretes entre Lisbôa, Cabo-Verde e Guiné	LXIX

G

Gafanhotos na Rhodesia (Os)	338
Galés d'El-Rei	550
Gallinhas (O piolho das)	340
Garridice feminina	300
Gastronomia antiga (A)	331
Geographia	333
Goivos	409
Gorgulho (Contra o)	217
Gosto (O)	345
Governação em França (A)	228
Graça (Tem)	352
Grammatica rudimentar	208
Grandeza de Deus (A)	140
Guindaste electro-magnetico	350

H

Historia de França	38
Homem e o mundo (O)	481
Homem (O que é o)	100
Humanidade — Os heroes (A)	361
Hurrah	94
Hygiene da habitação	124
Hypocondriaco (O)	141

I

Ilha de S.to Antão	234
Ilha de S. Nicolau (A)	287

ALMANACH LUSO-AFRICANO 567

Pag.

Importancia da Religião........................... 69
Incendio (O)..................................... 93
India (A)... 113
Influenza ou grippe............................... 410
Insecto (maçãs).................................. 302
Instrucção secundaria............................ 72
Intemperança (A)................................. 337
Invenção da Santa Cruz.......................... 236
Itinerario dos vapores correios................... LXVIII
Itinerario dos vapores da Empreza Nacional....... LXXX

J

Jacob e Rachel................................... 197
Jesus !... 259
Justiça [A]....................................... 526

K

Kinkélibah (O)................................... 413

L

Latitudes e Longitudes........................... LXXXII
Legislação....................................... 52
Lei do sello...................................... LXXIX
Lembranças (Tres)............................... 116
Lettras commerciaes.............................. LXXIX
Leva-me !.. 5
Lições da lingua materna......................... 249
Logogriphos...................................... 501
Lombo das Vaccas (Um passeio).................. 467
Longevidade das arvores.......................... 295
Longevidade humana............................. 156
Lucto.. XXXIV

ALMANACH LUSO-AFRICANO

Pag.

Lydia (Valsa). 370
Lyra doente (A) 76

M

Mandamentos (O maior dos).......... 367
Maria!.......... 215
Maria.......... 301
Matrimonio (O).......... 30
Maximas.......... 74
Medico (O melhor).......... 445
Memoria (A).......... 31
Memoria do doutor Julio J. Dias (A).......... 319
Menino modelo (O).......... 102
Mentir (Do).......... 307
Microbios nos legumes crus (Os).......... 402
Microscopio (O).......... 492
Miguel Pulnâro (Nhô).......... 251
Milho.......... 406
Minhocas.......... 177
Monsenhor Peyramale.......... 33
Morrer!.......... 257
Morte (A).......... 237
Moscas e as aranhas (As).......... 269
Movimento commercial.......... 407
Mysterio da Trindade (O).......... 378

N

Napoleão e a lettra M.......... 413
Natalicia (Calendario).......... CXLIX
Natus est Jesus.......... 44
Navegação aérea (A).......... 506
Necrologio.......... 548
Nodoas de gordura no soalho.......... 549
Noite.......... 29

Noivado (O meu) 174
Nostalgicas 276
Notabilidades scientificas 64
Nota extrahida d'uma velha carteira 541
Noticias coloniaes 323
Novidades já velhas 433

O

Observanda XXXVII
Officio curioso (Um) 351
Olhar negro 256
Orando 459
Ordem dos factores (A) 498
Origem das parochias e dos parochos 122
Origem das flôres 360
Origem da palavra mandarim (A) 231
Orphão (O) 71
Orthographia popular portugueza 268
Outono (O) 10

P

Palavra (A) 278
Pantanos 139
Papel (O) 507
Papel pintado 159
Participação classica 51
Passeio a Fanjã (Um) 443
Patetinha (O) 204
Patriarchas 146
Pauta B, mercadorias isentas LXVI

	Pag.
Pauta C, exportação	LXVII
Pautas das Alfandegas	LX
Pêga (A)	48
Penitencia	383
Pensamentos	49
Pensamentos moraes	482
Perlendas infantis	194
Pesca do pirarucú (A)	231
Pesca das perolas (A)	207
Phases da lua	XXXIV
Phonographia	267
Phenomeno curioso	201
Photographia das côres (A)	492
Pintura sobre o zinco	460
Plebeu e um nobre (Um)	370
Pobrezinho (O)	458
Poesia typographica	202
Policia	245
Pollen	439
Ponte de marmore	339
Ponte monstro (Uma)	339
Porco (Morte e aproveitamento) (O)	455
Porcos (Engorda de)	472
Portes (tabella nº 1)	LIII
Portes (tabella nº 3)	LV
Portugal	241
Potencias coloniaes (estatistica)	LXXXIV
Povoação singular (Uma)	32
Pranto	477
Presidente da Camara comendo burro (Um)	511
Producção e riqueza	254
Prophecia phrenologica (Uma)	60
Professorado primario (O)	487
Pronunciação	300
Prosodia portugueza	160
Proverbios indianos	298
Proverbios de Salomão	335
Providencia (A)	380
Publicista (O que é um)	397
Publico (O)	404

Q

Quadro curioso..........................	cxxiii
Quadro synoptico (dias uteis e feriados)..........	xxxv
Quinze d'Abril................................	499

R

Ratoeiras e ladrões............................	422
Ratos (Os)...................................	78
Receitas diversas..............................	330
Receita......................................	147
Recordações do passado........................	223
Reflexões....................................	338
Refrigeração do ar............................	445
Relação entre a estatura e o peso...............	405
Remedio para as vaccas recobrarem o leite........	221
Respiração...................................	504
Resposta.....................................	261
Resta? (Que mais)............................	544
Rheumatismo e dôres de cabeça.................	67
Rosa de Jericó (A)............................	151
Rouxinol.....................................	351

S

Sacha (A)....................................	417
Salvè!.......................................	4
Salvè Rainha.................................	313
Santa Hildegarda..............................	488
Sapatos de papel..............................	381
Sarampo (O)..................................	126
Saudação.....................................	3
São José (Morte de)..........................	21
São Vicente de Cabo-Verde.....................	422

	Pag.
Seculo em que nasceu a Virgem (O)	270
Seculo XIX (O)	522
Semana do mandrião	389
Semeia o pae para que o filho colha	198
Seminario de Cabo-Verde	185
Senhora do Sameiro (A')	128
Septicismo	26
Serviço postal (vales de correio)	XLVI
Simplicidade de appellidos	191
Soberania popular (A)	503
Socialismo	393
Sombra d'uma arvore (A)	543
Sombras	82
Sombras (Nas)	296
Soneto (ultimo)	55
Sonhos do passado	329
Sonhos (Os)	252
Sorrisos d'um velho	254
Summa formosura (A)	27
Surrexit Dominus!	90

T

Tabaco (Uso do)	468
Tabella de passagens	LXX
Tabella de trabalho	LXXXIII
Tabella de nascimentos e occasos do sol	XXXIII
Taras (Alfandegas)	LVIII
Telégraphos	LXXVI
Tem graça	47
Tempestade (A)	440
Tempo perdido	105
Tunneis da Europa (Os maiores)	376
Theatro (O)	294
Theatro (No)	318
Thermometro de precisão (Um)	205
Threno	206
Tiby	42
Tolices da humanidade	111
Transformismo	364
Tristeza	285
Templo de Salomão (Riquezas do)	412

U

Unidade catholica	68
Urbanidade (Contradizei com)	80
Uso da urtiga como pasto	503

V

Vales de correio	XLIX
Valor accidentado das lettras	172
Valor accidental das lettras	187
Valor normal das lettras	162
Valores diversos das lettras	386
Valor tonico (relativo)	316
Valsa	9
Vanitas	85
Vasco da Gama (D.)	6
Velhice (A)	372
Velocidade — Comboios	75
Verdade (A)	499
Verdade e o dever (A)	494
Verdadeira riqueza (A)	484
Vida (A)	396
Vida é a vida (A)	527
Villa da Ribeira Grande da ilha de S^{to}. Antão	124
Vingança	309
Vingança e caridade	43
Virgem Immaculada (Á)	398
Virgem Nossa Senhora (Á)	444
Virtude!	235
Visão	89
Visão da creancinha (A)	546
Vulcão do Fogo (O)	416
Votação do merito litterario	XLI

Z

Zabumba (O) 437